管理进阶
——组织精细化管理

衡　虹　金驰华　何丽峰　著

中国言实出版社

图书在版编目(CIP)数据

　　管理进阶：组织精细化管理 / 衡虹，金驰华，何丽峰著. —北京：中国言实出版社，2014.10
　　ISBN 978-7-5171-0860-3

　　Ⅰ.①管… Ⅱ.①衡… ②金… ③何… Ⅲ.①组织管理学 Ⅳ.①C936

　　中国版本图书馆CIP数据核字（2014）第219401号

责任编辑： 周汉飞

出版发行　中国言实出版社
　　　　　地　　址：北京市朝阳区北苑路180号加利大厦5号楼105室
　　　　　邮　　编：100101
　　　　　编辑部：北京市西城区百万庄大街甲16号五层
　　　　　邮　　编：100037
　　　　　电　　话：64924853（总编室）64924716（发行部）
　　　　　网　　址：www.zgyscbs.cn
　　　　　E-mail：zgyscbs@263.net
经　　销　新华书店
印　　刷　三河市祥达印刷包装有限公司
版　　次　2015年1月第1版　　2015年1月第1次印刷
规　　格　710毫米×1000毫米　1/16　29印张
字　　数　470千字
定　　价　58.00元　　ISBN 978-7-5171-0860-3

前　言

　　管理学是当下比较热门的学科，近代管理学以西方尤其是美国为甚。管理学是实践经验的总结，理论是否被认可很大程度上依赖于实践成功与否。在工业革命时代，随着社会化大生产的迅速普及，以英国为代表的欧洲国家纷纷进入工业化社会，期间产生了许多研究社会化生产的经济模式和管理方式的理论家。20世纪以来尤其是第二次世界大战结束之后，美国作为全球最大的经济体，一直是企业经营最活跃的地区，缔造了大量成功的企业，客观上促进了管理理论的发展与繁荣。到20世纪80年代，日本经济飞速发展，大有赶超美国之势，引发美国管理学界竞相研究日本企业管理的浪潮。20世纪末到21世纪初，东南亚金融危机和美国次贷危机对全球经济产生了破坏性的冲击，大量企业深受其害，使得人们对美国式的管理体系产生了质疑，引发了思索。而在这一过程中，中国经济依然保持了旺盛的增长势头，对稳定全球经济态势起到了积极的作用，中国模式引发了全球关注。早在1995年，德鲁克就预言，21世纪美国和欧洲将会出现大量关于中国式管理的书籍，就像20世纪80年代关于日本式管理的书籍一样。虽然德鲁克的预言尚未成为现实，但是不可否认，随着中国经济的崛起，中国本土企业在全球化竞争中陆续取得成功，势必会吸引全球管理学界的广泛关注和深入研究。

　　近年来，随着资源的短缺、竞争的加剧、政策的转向等外在宏观形势的转变，传统的粗放式管理已经无法满足企业实现持续增长的需要，管理精细化是企业的必然选择。而精细化正是中国管理哲学的弱项所在。中国是文明古国，传统文化博大精深，对东方社会的影响尤为深远。中国传统哲学追求的是"微言大义"，因此古代先哲的论述或者著作往往都是简短和精炼的。比如我们都知道孔孟哲学的核心是"仁"，那么什么是"仁"呢？子曰："仁者爱人。"那么如何才能做到"仁"呢？就语焉不详了，读者只能从儒家典籍中的零散记录中摘取只言片语并加以揣度，结果往往是仁者见仁、智者见智，这是中国哲学的逻辑。

西方管理学的逻辑则完全不同。西方近代文明起源于文艺复兴和工业革命，而直接推动工业革命的则是数学、物理等自然科学的迅速发展和突破。因此西方近代工业的基础实质是自然科学中的数理逻辑。通过数理逻辑，西方人可以推导出万有引力，可以推算出地球自转的轨迹，可以计算出蒸汽机的动力……正是精确的数学计算和物理推导，使得西方科学迅猛发展，实现了一次又一次的工业革命。在这样的大背景下，将数理逻辑应用于组织管理，将管理过程进行分解和细化，并进行精确地计算和推演，由此产生"精细化管理"，就不足为奇了。在西方一些经典管理学著作中，充满了严密的论证，充分体现了西方管理学的逻辑。

中国近代经历了西学东渐的文化融合历程，这个历程也是东西方文化不断碰撞的过程。两种文化衍生出的管理理念和管理方式各有所长，用中国哲学来解释这种差别，可以认为东方的管理理论更注重"势"，比如讲修身齐家、仁政治国，比如讲道法自然、无为而治，等等，都是从宏观的角度阐述管理的基本原则，引导人思考管理的意义；而西方的管理理论更注重"术"，比如讲项目管理、流程管理、绩效管理、战略管理，等等，都是阐述和论证某方面的管理内容，并给出一系列具体可操作的方法，对实践更具有指导意义。因此，当东方管理逻辑遇到西方管理逻辑，两者并非是冲突对立的关系，而是一种互补相成的关系。

中国曾经是辉煌的强国，创造了灿烂的文明和繁荣的经济。到了近代由于未能及时跟上工业革命的步伐而落后于人。近代洋务运动的先驱们提出"中学为体，西学为用"的口号，主张在继承传统文化的基础之上，引进西方先进的科学技术学以致用。虽然洋务运动迫于各种压力最终未能取得成功，但这是中国人意识觉醒的重要标志。中国哲学一直主张"博采众长，为我所用"。即使在古代，也发生过多次文化交流和融合的过程，才缔造了辉煌的华夏文明。同时，中国哲学又主张"和而不同"，即加以区别地吸纳、融合别人的文化，因此即使在融合过程中，依然能保持中国传统文化的主体地位并取长补短。

在管理学盛行的今天，市面上各种管理学书籍层出不穷，以国外引进管理学著作为主，其中一些经典教材甚至一版再版。这些教材理论扎实、案例丰富，大都立足于西方实际，从西方管理学的逻辑阐述，书中很多案例都是美国国内的公司，中国读者对其背景了解甚少，可能造成理解的不便。国内的一些学者也曾推出了结合中国实际的教材，收到不错的成效。本书则是结合东、西方两者的管理逻辑介绍管理学知识和概念的一个尝试。"精细化管理"是西方管理学的概念，却率先在东方文明熏陶的日本取得成功。这本身就是东西方管理文化融合的典型之一。精细化管理起源于"现代科学管理之父"泰勒的科学管理理论，主张将管理的每一个环节进行细化、分析、优化，并总结成流程加以推广，从而提高工作效率。精细化管理最初应用于车间作业，逐渐被引申到管理的各个方面，包括对作业流程的精细化管理，对管理制度的精细化管理，对组织资源的精细化管理、对组织人员的精细化管理，甚至对组织文化的精细化管理。"精细化"体现的是一种工作态度，更是一种工作方法，体现在管理的每一个方面、每一个细节。

本书围绕着职业经理人及其组织所需要掌握的管理学知识和工具，按照不同的层次展开，将各个领域里现有较为成熟的管理理论进行总结和阐述，并试图在其中融入中国管理理念以及中国管理案例。希望通过本书的介绍，能够为中国地职业经理人及其组织，以及希望涉足此领域的人士在获取管理学知识时提供捷径。如果本书能够启发读者更多地思考如何将这些管理学理论应用到中国具体的管理实践中，则吾心愿足矣。

管理学的知识丰富广泛，内容博大精深，并非这一本书所能完全覆盖的。我们也只能管中窥豹，从一些角度试图论述其中的逻辑。本书对管理学内容的划分方法是一次尝试，希望通过本书的介绍，让读者能够了解上述各项管理工作的主要内容和其中蕴含的管理思想。管理学的学习和实践也是一个不断改进与提升的过程，也遵循 PDCA 循环。读者在学习时，首先需要明确自己学习管理学的目标是什么，希望获得哪些方面的提升；然后根据学习目标规划好学习进度，有目的、有重点地阅读学习本书中的相关内容；在学习的过程中，如果有条件，可以尝试将所学的理论应用到管理实践中，并定期检查管理的效果，根据管理效果对理论进行总结和反思；最后理论与实践相结合，不断地加以改进，从而提升自身的管理水平。

本书从策划到最终定稿长达三年，其间经历了多次改稿，并增删大量内容。在这个过程中参阅了大量的管理学书籍，从中汲取精华、融会贯通，并通过对比阅读相互启发，可谓受益颇多。书稿撰写过程中得到了陈全训、郭振英、温亚震、李垣辰、方虹、黄加林、张秋生、崔咏梅、苏文平、姜万军、喻志军、孟瑜磊、陈育芳、王惠芬、朱新月等人的支持和鼓励。王一童、傅文辉、迟骋、成笑、黄肖山、陈文涛、陈颖冰等人为本书提供了大量的资料，并参与其中部分章节的整理工作，在此对上述人员致以诚挚的谢意！并对中国言实出版社王昕朋社长的帮助和支持，表示衷心地感谢。

衡　虹

于 2014 年仲秋

目　录

5

第1章
追根溯源——管理简史

> 从事于道者，同于道。同于道者，道亦乐得之。
>
> ——《道德经》

科技和管理被公认为是推动社会进步的两大驱动力。近代管理学大师彼得·德鲁克（Peter Drucker）认为管理学是 20 世纪最重要的创新。管理理论在上个世纪得到迅猛发展，各种理论层出不穷，创造出"百花齐放"的新局面。管理理论的不断创新和发展，极大地促进了社会生产效率的提高，人们因此才得以创造出更加丰富多彩的物质世界。

科技和管理被公认为是推动社会进步的两大驱动力。近代管理学大师彼得·德鲁克（Peter Drucker）认为管理学是 20 世纪最重要的创新。管理理论在上个世纪得到迅猛发展，各种理论层出不穷，创造出"百花齐放"的新局面。管理理论的不断创新和发展，极大地促进了社会生产效率的提高，人们因此才得以创造出更加丰富多彩的物质世界。

虽然管理学到近代才成为一门系统的学科被人们广泛重视，但是管理活动自古以来就一直存在。管理活动随着人类的集体劳动而产生。在原始社会里，组织以部落的形式存在，人们在部落中分工有序地寻觅食物、哺育后代，形成了群体管理的模型，因此管理是人类社会活动的产物。被称为"世界奇迹"的中国万里长城、埃及金字塔都是古代管理实践的见证，在当时的技术条件下建造如此浩大的工程，充分体现了古代人民的管理智慧。古人不仅在管理实践方面取得显著成就，同时也重视对管理思想加以总结归纳，古代社会的管理思想散见于中国、埃及、希腊等文明古国保存的史籍和宗教文献中，最早的文字记录至今已有六千多年的历史。

美国创新管理大师克莱顿·克里斯坦森（Clayton M. Christensen）认为，无论承认与否，客观世界都存在决定其运作方式的物理法则和心理法则，当我们理解、尊重并遵循这些法则时，就能够有效地激发我们的潜能。克里斯坦森特别指出这一观点和中国道家经典《道德经》的中心主题如出一辙。中国传统道家哲学主张"道法自然"，"道"实际上指的是事物运行的客观规律。管理学就是研究如何开展管理工作的"道"，如果能抓住人、组织和环境运作的规律，就能做好管理。为此，管理学者们付出了大量的心血和智慧，试图从管理实践中总结出一些管理的规律，以帮助管理者提升管理能力、实现管理目标。

在这一章中，我们首先回顾一下东西方管理思想的发展渊源，给读者一个简要的概况。本章只介绍主要管理思想的演进历程和主体脉络，所涉及管理理论的具体内容将在后续各章中详细介绍。

1.1 中国古代管理思想

根据中国最早的甲骨文记载，在奴隶社会中后期，社会管理实践就已达到了较高的水平。战国时期的都江堰和秦代初期的长城等大型工程反映了当时在测量、规划设计、建筑和工程管理等方面的水平，充分展现出我国古代劳动人民高超的工程设计和管理水平。从中国古代管理实践可以看出，一些大型工程或管理活动都是以政府的名义展开的，因此中国古代的管理思想集中于国家行政管理。战国时期著名的"商鞅变法"就是通过管理变革提高国家竞争力的一个实例。

中国先秦时代是思想较为繁荣的时期，这期间出现了"百家争鸣"的现象，其中影响力较大的儒、道、法、兵等学派都有各自独立的思想体系，各有侧重，很多思想至今仍为管理者奉若圭臬。总体来说，中国古代的管理思想侧重宏观层面，重理念而轻细节，微言大义，不同人可以做出不同的解读。需要注意的是，中国的管理思想建立在农耕社会的基础之上，因此中国古代思想中的管理与行政是融为一体的。而西方近代对管理理论的研究则是建立在工业革命之后的社会化生产之上，因此两者具有较大的不同，但是对人和组织的管理思想在实质上又有许多相通之处。

1.1.1 易经管理思想

《易经》被认为是中国传统思想文化中自然哲学与伦理的起源，对后世的儒家、道家、法家、兵家等各学派都有着深远的影响。易经的主要管理思想可归纳如下。

● 管理目标：阴阳平衡、和谐共生

阴阳平衡：《易经》认为客观世界是由阴、阳两大势力所组成，世界上所有事物处于普遍的联系之中，构成一个完整的系统，表现为生生不息、变化日新的动态过程，其内在的动因是阴、阳的相互作用。阳的性质体现为刚健，而阴的性质体现为柔顺，两者对立统一、相互依存、相生相克、协调并济。《易经》认为阴、阳相互作用处于平衡时，才能促进事物健康有序地发展，才能形成"天地交泰"，达到宇宙和自然的和谐；一旦阴阳失衡，就会出现"物极必

3

反"的负面效果。

和谐共生：《易经》认为"太和，和之至也"，即"太和"是和谐的最高境界，它包括人与自然的和谐以及人与人之间的和谐。通过人的主观努力，对不同事物不断地进行协调，使之交互融合、长久保持，从而造就一种万物繁庶、天下太平的和谐局面。

从管理学角度看，组织内外部关系复杂，存在各种各样的利益团体，彼此之间存在千丝万缕的联系；同时，任何组织内部的机构和成员都会有不同的个性和利益追求，组织和外部环境也有着各种矛盾和冲突，这些联系和矛盾构成了组织运转的大系统。管理者需要通过良好的管理促使其成员达成一致，同时还要和外界环境有机交互，求同存异、实现共赢。只有彼此之间相互协作，共生共长，达到平衡的状态，这样管理才会有效，组织才会发展。西方近代管理理论中的社会系统理论和系统管理理论，许多内容和上述观点有相似之处。

● 人性假设：自强不息

《易经》提出"天行健，君子以自强不息"。自强不息反映的是一种积极进取的拼搏精神，是人类生生不息的精神源泉，就像天体运转一样，永不停歇。《易经》虽然主要记载占卜之术，但又充分肯定了人的智慧和力量，鼓励人们通过积极的行动把握自身命运。比如鼓励人们重视道德修养，"立人之道，曰仁曰义"、"地势坤，君子以厚德载物"；鼓励人们要勤勉努力、坚持不懈，"君子终日乾乾，夕惕若厉，无咎"；甚至鼓励人们变故革新，"穷则变，变则通，通则久"、"革而当，其悔乃亡。天地革而四时成。汤武革命，顺乎天而应乎人"……这些思想都体现出《易经》充分肯定人的主观能动性的一面。

从管理学角度看，自强不息代表了一种开拓进取的企业家精神。在激烈的市场竞争中，唯有自强者才能生存和发展。

● 管理理念：变易、不易、简易

"易"是《易经》的主旨，具体又体现在三个方面，即"变易、简易、不易"。

变易：世上万事万物都是不断变化的，没有不变的人、事、物，因此需要用发展的眼光看待事情、考虑问题。

不易：万事万物虽然是变化的，但是有一定的规律可循，变化的是事物外在的表现形式，而其内在的本质始终不变。只有认清事物的规律，才能从错综复杂的表象中找到头绪，化繁为简。

简易：大道至简，万事万物的原理都是非常简单的。因为在变易中存在不易，当人们寻找到事物的规律时，事情就变得简易了。因此当遇到解决不了的问题时，不妨化繁为简，从简单的一方面考虑，可能会找到新的思路。

从上述解释可以看到，"变易"、"简易"、"不易"三者实际上是相辅相成、辩证统一的。看似"变易"，实则"不易"，因为"不易"，所以"简易"。

从管理学角度看，组织的内部因素和外界环境错综复杂，不断发生变化，管理者需要从这些变化中找出规律，才能解决管理所面临的难题。管理学的宗旨正是试图从影响组织发展的"变易"因素中找到"不易"的规律，从而将管理工作变得"简易"。

● 管理方式：顺时守正、居安思危

顺时守正：《易经》认为"时止则止，时行则行，动静不失其时，其道光明"，意为根据形势的变化灵活行动，把握时机果断采取决策，前途就会光明。顺时就是遵循规律、审时度势、把握机遇、待时而动，"顺乎天而应乎人"。"顺乎天"就是要遵循自然规律，"应乎人"就是要符合民心所向。当各方面条件还不成熟时，要"待时蓄势"；时机一旦到来就不能错过，要"见机而作"；当发展到顶点不能维持平衡时，要"与时俱进"。"守正"是《易经》推崇的处世原则，即天地万物各有其位，每个人都应找准自己应处的位置。"守正"体现的是客观世界的有序性和坚守本位的精神。

居安思危：《易经》提醒人们："安而不忘危，存而不忘亡，治而不忘乱"，激励人们要有忧患意识和危机意识，即使身处安稳之中，也不要满足现状，放松懈怠，要考虑可能到来的危机和困难，及早做好准备。

从管理学角度看，"顺时"体现的是主动顺应客观规律，积极适应外部环境的发展和变化，看准形势，根据时机调整行动计划，使自身的生存与发展更适合客观环境的变化；"守正"体现了管理中权责分明的要求，强调管理者在其位尽其责，做到克尽职守、敬业负责，因此"守正"是组织有序运作的保障。

居安思危更是管理者所必需的危机意识，盛极而衰的企业生命周期律让无数曾经辉煌一时的大企业成为历史，管理者要清晰地认识到市场竞争的残酷，对未来形势作出准确的判断并未雨绸缪，组织才能持久稳定发展。

1.1.2 儒家管理思想

儒家思想对中国乃至整个东方社会的发展都起到深远的影响，先秦儒家学说的代表人物包括孔子、孟子、荀子等。在后世的发展中，汉代董仲舒、宋代朱熹等人都对儒家思想做出了重要发展，使之更好地为当时的政权服务，但是与最初的儒家思想已经有较大的不同。以孔孟为代表的儒家管理思想归纳起来，主要包括如下内容。

● 管理目标：治国平天下

儒家思想力求经世致用、治国兴邦，修身、齐家、治国、平天下是儒家修炼的四部曲。儒家学说提倡一种积极的入世精神，主张将内在的思想转化为积极的行动，解决现实社会的问题，"以天下为己任"。

从管理学角度看，儒家学说代表了一种面向现实、面向实践的管理思想。管理者从事管理活动，不仅仅是为了自己养家糊口，同时还肩负着促进组织发展、创造社会财富的任务，即管理者的社会责任。彼得·德鲁克认为企业家应当承担三个责任：一是取得合理的经济效益；二是使企业具有生产性，并使员工有成就感；三是承担企业的社会影响和社会责任。德鲁克的观点正体现了企业家需面向社会服务的责任意识。

● 人性假设：人性本善与人性本恶

儒家的两个代表人物在人性本质上有着截然不同的观点，孟子主张"人性本善"，认为人的本性都是善良的，天生具有仁义礼智之心，人之所以不能发挥这些善良的本性，是受到外界不良因素的影响，因此需要通过道德教化的力量使其彰显出来；荀子则主张"人性本恶"，认为人的本性好利多欲，"饥而欲饱，寒而欲暖，劳而欲息，好利而恶害"（《荀子·非相》），人有这么多的欲望，就会产生满足欲望的行为，因此要通过教化礼法对人性进行改造。可见，无论是孟子的"性善论"，还是荀子的"性恶论"，都强调通过教化来改善人的行为。

从管理学角度看，上述两种人性假设和两千年后的美国行为科学家道格拉斯·麦格雷戈（Douglas M. McGregor）提出的"X-Y理论"非常相似。X代表了人性恶的一面，而 Y 代表了人性善的一面，麦格雷戈认为对不同本性的人员应采取不同的激励方式。

● 管理理念：中庸之道、和而不同

中庸之道：中庸观念认为凡事都有一个限度，"过犹不及"。"君子惠而不费，劳而不怨，欲而不贪，泰而不骄，威而不猛"（《论语·尧曰》），孔子认为作为管理者，给下属恩惠却不需要下属花费太多精力，让下属工作却没有怨言，对待下属态度平和而不傲慢，有威信却不凶猛，这些都是指为人做事应该把握适当的分寸，恰如其分。

和而不同：儒家提倡"和为贵"，主张"和而不同"。孔子认为君子应以"和"作为处理问题的准则，但又不能盲从附和。儒家主张在认识和处理实际问题的过程中允许不同事物和不同方面的存在，在观念不一致时追求对立面的平衡和统一，而不是无原则地追求绝对等同。

从管理学角度看，中庸之道代表一种平衡的管理技巧，体现为在组织管理中能够不偏不倚，协调好各方关系，才能获得下属的拥护和爱戴。"和而不同"体现为组织中的个体要在组织目标上达成一致，而具体执行时可以保持各自的风格。儒家"和而不同"的思想在跨文化的管理中发挥着重要作用。在一些跨国企业中，常常会有不同文化的冲突，最重要的管理原则就是"以和为贵、求同存异"。

● 管理方式：以人为本，为政以德

以为人本：儒家管理思想的核心是"仁"，体现为"仁者爱人"。儒家十分重视人在管理过程中的地位，"治人"和"治于人"分别指的是管理者和被管理者。儒家管理思想有着鲜明的人本主义色彩，认为"民为邦本，本固邦宁"，"民为贵，君为轻，社稷次之"。可以说，儒家思想最早建立了以人为本的管理理念，并提出"富民"、"安民"的管理目标。这一点对中国古代管理思想的影响尤为深远，历代思想家、为政者对此都有相当深刻的认识。

为政以德："德治"是儒家极为重要的管理思想，即"道之以德"。子曰："为政以德，譬如北辰居其所而众星拱之"（《论语·为政第二》）。在孔子看来，管理者如果将道德作为治国方针，那么其他人就会围绕着它运转。因此儒家认为要治理一个国家，应集中精力制定好的道德规范并带头实行。"德治"分为两个层次，一是管理者自身的道德修养，二是民众的道德教化。修身是管理者从政的前提，要想使一种政治措施能够迅速地推行，管理者就要以身作则。道德教化是国家管理的重要手段之一，通过道德教化将管理理念灌输给民众，使其认可并遵从。儒家不赞同苛刻的法律和刑罚，认为"道之以政，齐之以刑，民免而无耻；道之以德，齐之以礼，有耻且格"（《论语·为政第二》），这一观点与法家有着很大的不同。

儒家管理思想中与"德"相应的另一个重要内容是"礼"，即"齐之以礼"。"礼"是社会各种活动的规则，其本质是在于规范各种各样的社会关系，使整个社会按照一定的秩序运作。儒家希望建立一种稳定的社会秩序，即"君君、臣臣、父父、子子"。每个人都从事各自本分的事情，所谓"君子务本"。

从管理学角度看，儒家管理思想体现了对人的重视和对组织价值观的塑造，要求管理者通过自身的模范行为，把一定的价值观念灌输到组织成员的头脑中去，使之转化为成员发自内心的自觉行为，来实现管理的目标。儒家思想还注重组织规范的制定和遵守，倡导把"德"作为管理的基本原则，"礼"作为外在的行为规范，"信"作为管理的信赖基础，再利用"本"来进行约束，从而促进组织的稳固发展。

儒家思想对中国传统社会乃至东方各国的影响都是深远的。日本、韩国及东南亚的一些国家都受到儒家文化的浸染，其管理实践也受到了无形的影响。20世纪七八十年代，日本经济迅速腾飞，在许多方面甚至一举超越美国，引起美国管理学者的关注和反思，美籍日裔学者威廉·大内（William Ouchi）经过深入研究日本企业的管理理念和方式，将日本企业管理文化归纳为"J组织"，其中大量管理思想都带有儒家思想"以人为本"、"和而不同"等思想的烙印。

1.1.3　道家管理思想

道家对东方哲学的影响最为深远，其中不乏精辟的管理哲学，并被现代东西方管理学家所推崇。道家的代表人物是老子、庄子等，其主要管理思想可归纳为如下几点。

● 管理目标：天人合一

老子认为道、天、地、人是构成宇宙的四种重要因素，人只是其中一员，即"道大、天大、地大、人亦大。域中有四大，而人居其一也"。道家的管理目标是道、天、地、人的和谐，不能仅仅重视人的需要而忽视其他元素的利益，只有四者和谐才是可持续发展的基础，因此道家追求的是"天人合一"的最高境界。

从管理学角度看，组织管理最终需要实现的是人与组织、社会、自然的可持续发展。如果管理者仅仅盯住眼前利益，不从长远考虑问题，则可能会破坏整个产业生态链的健康发展，最终损人害己。比如煤炭企业过度开采容易导致地质灾害和矿难事故，损失最大的还是企业自身；奶粉企业通过添加剂降低成本，最终被法律惩罚以破产告终……当今社会企业的社会责任越来越受重视，管理者应致力于追求企业发展与社会进步的良性循环。

● 人性假设：人性自然

老子认为人性没有善恶之分，人的行为受到欲望支配，而欲望有合道和不合道之分，合道的欲望将引导人做出正确的行为，而不合道的欲望则会把人引入歧途，因此一个人的善恶主要看其以什么样的心态做什么样的事情。

从管理学角度看，组织成员的行为和动机与组织自身的激励机制有着直接的关系，作为管理者，应该建立合理的管理制度和良性的企业文化，引导人们从善。

● 管理方式：道法自然、无为而治

道法自然：在道家学说中，"道"不仅是世界的本原，也是为人处事的普遍法则。老子认为，天地万物的根源都具备永恒不变的原理。天地万物有它的运行规律，而且不以人的意志为转移。道家提倡管理者从天道原则出发，顺从天道和人道。老子最为提倡的是水的模式，"上善若水，水善利万物而不争，处众人之所恶，故几于道"，老子认为水的模式是最接近道的。

无为而治：道家推崇"无为而治"的管理境界。"无为而治"的精髓在于遵循事物发展的客观规律，按照自然法则办事，而不是以自己的主观意志横加干涉。因此道家主张管理者应该精简政令、清静少事，以不扰动百姓、使民休养生息为原则。道家的无为实际上是一种积极的、动态的管理过程，可分成三个阶段：有为、无为、无不为。管理者应该"有所为，有所不为"，真正高水平的管理，应该是"指约而易操，事少而功多"，即政令非常简约而且非常易操作，政事不多举行然而效果却很理想。"无为"还体现在职责的划分之上，即"天道无为、人道有为"，"君道无为、臣道有为"，"上无为而下有为"。

从管理学角度看，管理者应该将精力集中于组织的宏观层面，使组织的战略方向和管理制度符合客观发展规律，在此基础上尽可能少地直接指挥，下面的员工就可以放开手脚，有所作为。

● 管理理念：辩证统一

道家认为由阴阳相互作用而形成了对立统一的矛盾规律，比如福祸相依、有无相生、难易相成、欲夺先予，等等，这些规律对管理实践有着重要的意义。道家提出了"刚柔相济"、"宽严结合"的领导原则。"刚"体现的是积极进取、刚强坚毅，是事业建立和发达的基础；"柔"体现的是柔顺、谦让、宽厚的性格，是与外界妥协的智慧。中国人崇尚外柔内刚的管理风格，做到刚柔兼济，能屈能伸。

从管理学角度看，组织管理也是各方面因素的辩证统一，市场同行既是竞争对手也是合作伙伴，环境变化既是风险也是机遇……因此管理者必须用辩证的眼光看待事物的发展，从系统的、全局的、动态的角度思考问题，应对挑战。

1.1.4　法家管理思想

先秦法家的主要代表人物有管仲、商鞅、韩非子等。法家的管理思想主要包括：

● 管理目标：富国强兵

法家学派将国富兵强、成就霸王之业作为治国目标。管仲是提出富国强兵目标并予以实施的首位法家人物。韩非曰："圣人之治也，审于法禁，法禁明著则官治。必于赏罚，赏罚不阿则民用。民用官治则国富，国富则兵强，而霸王之业成矣"（《韩非子·六反》）。法家认为，通过严明的法治，可以使官吏治理得当、百姓听从使唤，从而实现国富兵强。

从管理学角度看，企业管理的主要目标是实现经济目标，既包括企业利润增值，也包括员工个人增收。组织管理离不开明确的管理制度和行为规范，作为管理者管理的依据和员工行为的准则。

● 人性假设：好利恶害

法家认为人都有"好利恶害"的本性。管子认为人的各种行为都是在"趋利避害"的人性下进行的，比如"商人通贾，倍道兼行，夜以继日，千里而不远者，利在前也；渔人之入海，海深万仞，就彼逆流，乘危百里，宿夜不出者，利在水也"，因此"民之情莫不欲生而恶死，莫不欲利而恶害"。商鞅也指出："民之性，饥而求食，劳而求佚，苦则索乐，辱则求荣，此民之情也"。有了这种相同的思想，所以商鞅得出结论："人生有好恶，故民可治也。"

从管理学角度看，法家这一观点和西方管理学中的"经济人"假设颇为相似，即人会考虑自身利益的最大化，因此管理者要满足员工的利益诉求，才能激励其更好地工作。

● 管理理念："不法古，不循今"，"法、术、势"结合

法家反对保守的复古思想，主张锐意改革。他们认为历史是向前发展的，一切的法律和制度都要随历史的发展而发展，既不能复古倒退，也不能因循守旧。商鞅明确地提出了"不法古，不循今"的主张，韩非进一步发展了商鞅的主张，提出"时移而治不易者乱"。法家学派的代表人物都是改革的实践者，管仲通过变革帮助齐桓公实现了霸业，商鞅在秦国推行的变法极大提升了秦国国力，为兼并六国奠定了基础，成为古代变法成功的典范。到宋代王安石时，更是喊出了"天变不足畏、祖宗不足法、人言不足恤"的改革宣言。

法家思想的集大成者韩非子提出了将"法"、"术"、"势"三者结合起来。"法"是法令，是为民众制定的制度和规范，并通过行政力量保证其施行。"术"指的是驾御下属、推行法令的策略和手段。管子曰："明主操术任臣下，使群臣效其智能，进其长技，故智效其计，能者尽其功。"因此，"术"主要是为了统治者更好地管理和控制下属，使下属更好地为其服务，以维护统治地位。"势"指的是统治权势，令人服从的权威。韩非子曰："君执柄以处势，故行令禁止。柄者，杀生之制也，势者，胜众之资也"，即君主之"势"是依靠手中的杀生大权来维护，同时韩非子又指出，"古之能致功名者，众助之以力，近者结之以成，远者誉之以名，尊者载之以势"，即统治者不仅要运用他名义上的正式权力，还要赢得民众的尊重和拥戴，才能统治长久。韩非子认为，作为统治者要同时运用上述三种方式来达到令民众服从的目的。

从管理学角度看，外界环境不断发展变化，因此要求组织自身也要及时变革，使之适应环境的变化。组织变革不是一件容易的事情，需要管理者具有高瞻远瞩的视野和不破不立的魄力。

在组织管理中，"法"是组织的规章制度，"术"是管理者的管理技巧，"势"是组织赋予管理者的权力以及管理者自身的威望，要成为一名优秀的管理者，既要利用规章制度约束员工行为，也要善于通过一些管理技巧促进组织绩效提升，比如有效沟通、授权管理等等，更要通过职权和自身素养建立个人威望，提升影响力，赢取员工的信任和尊重。

● 管理方式：以法为本、明令赏罚

法家反对儒家的礼治，主张以成文公开的法令取代那些主观的、空洞的、不切实际的道德规范，"法律政令者，吏民规矩绳墨也"，即通过客观的、具体的、强制的法律作为民众的行为准则。商鞅更进一步指出："法令者，民之命也，为治之本也"，即法律是保障百姓生命、建立良好统治秩序的根本，因此法是实现富国强兵目标的基础。

法家认为通过明确的赏罚制度可以保障法令的施行，因为人不是靠自觉就能遵守法律的。"赏不足权，则士民不为用；刑罚不足畏，则暴人轻犯禁"，因此必须做到"赏必足以使，威必足以胜"。商鞅认为"民信其赏，则事功成；信其罚，则奸无端"，因此明令赏罚可以扬善惩恶。

从管理学角度看，管理必须依靠完善的组织制度，同时合理的激励机制可以引导员工的行为，促进其向着组织期望的方向发展。

从上述总结可以看到，法家对社会的认识、对人性的认识和对人的管理思想，在某种程度上和西方近代的某些管理思想不谋而合。但是也要看到，法家思想和现在所提倡的民主形式的法治有根本的区别，最大的不同就是法家主张绝对的君主集权，其管理思想根本上还是为统治政权服务。

1.1.5　兵家管理思想

春秋战国时期是一个战乱纷争的时代，产生了一批杰出的军事家，孙武、司马穰苴、吴起、孙膑等人就是其中的佼佼者，这些人不但在战场上屡立功勋，而且著书立说，总结战略战术，形成了兵家思想。与儒家、道家、法家关注治国之道不同，兵家侧重关注军事问题，因此兵家思想主要是针对军事组织的管理，其中涉及很多有价值的管理思想，包括领导理论、人才理论和战略理论等，也可应用到治国之中，并被后世统治者所重视。兵家的管理思想归纳如下。

● 管理目标：止战安民

兵家虽然研究战争，但是兵家认为战争是一种实现和平的手段，在于"止战"、"去杀"、"安人"、"爱民"、"唯民是保"，只有万不得已才会发动战争。因此兵家思想极为重视战争的正义性。

《孙子兵法》在开篇就提出："兵者国之大事，生死之地，存亡之道，不可不察也。"这是关系到国家生死存亡的大事，必须要仔细地进行深入的研究。他提出了军事斗争的重要性，把它提到了一个涉及到生死的高度。

从管理学角度看，市场竞争是企业不得不面临的现实和挑战，在有限的市场总额下，企业之间的竞争就是一场无声的战争。管理者只有将竞争上升到组织战略的层面，才能适应市场的发展。美国管理学大师迈克尔·波特（Michael E. Porter）对企业竞争战略乃至国家竞争优势进行深入的研究，提出竞争战略理论，被誉为"竞争战略之父"。

● 人性假设：人情之理

孙子清晰地认识到人是决定胜负的关键因素，因此必须认真考察"人情之理"，反映在如下几个方面：

第一，尊重民意。《孙子兵法》曰："道者，令民与上同意也，故可以与之死，可以与之生，而不畏危"，必须使君主与民众的意愿相一致，民众才会不畏生死，充分显示出对民意的重视。

第二，肯定人的主观能动性。孙子不迷信鬼神和星象，而是充分依靠人去及时、准确、全面了解和掌握敌人的有关信息。

第三，重视人才。孙子认为"知兵之将，生民之司命，国家安危之主也"，充分肯定了人才在实现安国全军的目标中所起的决定性作用。在用人方面，孙子重视对将才的选拔工作，指出决策者的素质是军事制胜的一个非常重要的条件，认为一个优秀的将领应该具备智、信、仁、勇、严这五种素质。

第四，多维激励。在士兵管理方面，既有物质上的激励，比如"故车战，得车十乘已上，赏其先得者"，又有精神上的激励，孙子提倡爱护士卒，比如

"视卒如爱子，故可以与之俱死"，除此之外，孙子还鲜明地提出了危机激励，比如"投之亡地而后存，陷之死地然后生"。

从管理学角度看，组织最重要的资源要素是人，管理者必须重视人的意识以及对人员的培训、激励。美国领导力研究大师詹姆斯·库泽斯（James Kouzes）等人在《领导力》一书中提出领导力的五种行为，包括以身作则、共享愿景、挑战现状、使众人行、激励人心等，都可以从《孙子兵法》中找到原型。

● 管理理念：庙算制胜，机宜权变

庙算制胜：兵家十分重视运用谋略，孙子非常重视"庙算"，即在决策前进行周密的分析，"夫未战而庙算胜者，得算多也；未战而庙算不胜者，得算少也。多算胜少算，而况于无算乎！吾以此观之，胜负见矣。"孙子强调对环境的分析和利用，即天时、地利、人和等因素，提出庙算要"经之以五事"，即"道、天、地、将、法"：道是历史发展的规律，天是客观的形势，地是所处的各种条件，将是领导人物的素质，法是行军作战的纪律。因此孙子非常重视情报工作，尽可能多收集自身和对方的信息，做到"知己知彼，百战不殆"。通过谋略做到"不战而屈人之兵"，孙子认为这是用兵的最佳境界。

机宜权变：孙子认为"兵者，诡道也"。行军布阵需要根据环境进行变化，使敌人陷于被动地位，造成对自己有利的态势。孙子的权变思想可以细分为"形势之变"、"虚实之变"、"奇正之变"。形势之变是对战争中的各种因素所形成的整体情况和变化趋势进行把握，既包括双方的军事实力，也包括将士的精神斗志，所谓"勇怯，势也；强弱，形也"。虚实之变对敌我双方力量分布进行动态把握，所谓"能而示之不能，用而示之不用，近而示之远，远而示之近"。奇正之变是根据敌我力量灵活选择行动策略，"以正和，以奇胜"，"攻其无备，出其不意"。

从管理学角度看，市场形势变化多端、错综复杂，管理者需要根据组织内外部的环境进行战略分析与规划，管理战略和策略的正确运用是管理能否成功的关键。在战略执行过程中，也要根据具体实际情况做到灵活机动，既不违背战略方向，又能够因地制宜、解决具体问题。战略思维是对管理者的高级素质要求。

这里要说明的是，市场竞争毕竟不同于战争，战争往往是你死我活，非赢即输；而市场竞争还可以实现双赢、多赢乃至共赢。因此既要认识到兵家战略思想对市场竞争规划和部署的积极意义，也要突破陈规，寻求共赢之道。

● 管理方式：修道保法，赏罚分明

孙子认为用兵之道在于"善用兵者，修道而保法，故能为胜败之政"。道就是使民众与管理者同心一意，"法"是经国治军的各种管理制度、法令，保法就是要健全各项规章制度，维护法律的权威。孙子要求在平时训练中就必须做到有法必依，赏罚分明，"令素行以教其民，则民服"。"校场杀妃"的典故就是孙子从严治军的一个典型例子。孙子主张赏罚并用，结合具体情况有所侧重，"卒未亲而罚之，则不服，不服则难用；卒已亲附而罚不行，则不可用。"

从管理学角度看，管理者需要树立自己的权威，既要善于激励下属同心同德，为共同目标努力工作，更要通过明晰的管理制度引导和规范下属的行为，对表现优异者予以奖励和提拔，对表现恶劣者则进行惩罚甚至开除。组织结构越庞大，制度的重要性越明显。

在当今的市场竞争中，尤其是第二次世界大战以后，兵法在市场上的应用有着十分重要的影响。主要是日本在经济发展中将中国的兵家思想充分应用于国际市场的竞争，并取得了令世人瞩目的成绩，使中国的兵家思想在世界上又一次的发扬光大。兵家的思想为后世许多管理者所青睐，日本著名企业家松下幸之助对孙子推崇备至，他曾说"中国古代先哲孙子是天下第一神灵，我公司职员必须顶礼膜拜，认真背诵，灵活运用，公司才能兴旺发达"；海尔集团董事长张瑞敏对《孙子兵法》也极为推崇，经常引用《孙子兵法》中的警句来指导企业的指导工作；军人出身的华为创始人任正非更是《孙子兵法》理念的积极践行者。

1.1.6 商家管理思想

春秋战国时代，各国之间频繁的经济往来促进了商业经济的发展，司马迁在《史记》中记载了这一时代经济繁荣的局面，即"天下熙熙，皆为利来；天下攘攘，皆为利往"。这一时期出现了一些优秀的商人，其经商管理思想也被发展成为商家学派，主要代表人物有范蠡和白圭。商家思想中体现了大量的经营策略。由于中国古代是传统的农业社会，统治者认为农业是天下之本，而工商业则最末，"重农抑商"长期成为统治者的基本政策，因此商家思想没有被广为重视。但是在中国古代社会中，不论是国家管理还是小农商品经营中，都在不时地运用这些思想。因此研究中国古代管理思想，商家是不得不研究的对象。

● 管理目标：商以致富

商家经商的目的很直接，就是"致富"，这一点和当时儒家"重义轻利"的思想以及道家的"清静寡欲"是背道而驰的，因此历来不受中国正统文化所接受。但是经商活动对社会经济的促进意义是无法抹杀的，司马迁就高度评价商家的意义和贡献，并提出"以末致富，用本守之"，充分肯定了人们追求物质利益的合理性。

从管理学角度看，从事商业活动的目的就是要创造社会财富，德鲁克就一针见血地指出：管理的根本目的是追求经济效益，管理者必须能够为组织创造绩效。当今社会对商业活动的正当性予以充分的保护，同时，管理者自身需要"守本"，即遵循商业规范和职业道德，从而获得长久的发展。美国能源巨头安然公司的倒塌正是惨痛的教训，管理者丧失职业道德最终将导致组织损失巨大。

● 人性假设：利来利往

司马迁认为："天下熙熙，皆为利来；天下攘攘，皆为利往"，明确指出人的天性是追逐利益的。商家正是利用人对利益的追逐，来预测市场形势并进行决策。比如白圭提出"人弃我取，人取我予"，正是利用人的贪婪和从众心理对价格走势做出预测，并采取相应的取舍措施。

从管理学角度看，消费者的心理行为决定了市场的走向，因此管理者必须重视消费者心理的分析，一方面及时调整自身的经营策略，满足消费者的需求，另一方面可以通过营销等手段引导消费者，使之向着自己所期望的方向发展。如今"消费心理学"已经成为心理学的一个重要分支，也是从事市场和销售等工作的管理人员必修的课程之一。

● 管理理念：薄利多销，义利相长

薄利多销：白圭主张"欲长钱，取下谷；长石斗，取上种"，即要想多挣钱，就应该种植普通的谷物，这样普通老百姓都买得起，可以卖很多；而要想

长期发展，就必须买上好的种子，这样来年才能丰收。同时，白圭反对在粮食紧缺时哄抬物价，认为这种只注重眼前利益的商人生意不会长久。

义利相长：商家主张经营要做到义利相长，既要追求利润，又要讲求"义利"。商家的"义"体现在三个方面：一是"于时逐而不责于人"，即不能通过欺诈蒙骗的方式经营；二是重视商品的质量，要求"务完物"、"腐败而食之货勿留"，即必须保持物品完好，容易腐败的东西不要久留；三是"富好行其德"，《史记》记载范蠡"十九年之中三致千金，再分散与贫交疏昆弟"。

从管理学角度看，真正长久发展的企业，都是将经营市场定位为面向大众的普通市场，通过增加销售量来获取利润。美国管理学家吉姆·柯林斯（Jim Collins）等人在《基业长青》一书中总结了 18 家长盛不衰的长青企业，可以发现，这些企业都是面向大众市场服务的。大众最普遍、最持久的需求是企业不断发展的基础和根本。同时，诚信经营、取信于顾客的企业，才能获得顾客的信任和信赖，从而获得持续发展。

● 管理方式：于时逐利，多元相济

于时逐利：商家注重对市场形势的预测并采取行动，比如"知斗则修备，时用则知物"，即预估市场需求，按照时令准备充足的物资。商家认为经营者要做到"乐观时变"，并"于时逐"，即善于分析和把握市场的时机。范蠡还提出"旱则资舟、水则资车"的思想，以及白圭提出的"人弃我取，人取我予"，都是充分利用市场供求关系的变化来进行经营决策。范蠡根据市场价格的变化总结出"论其有余不足，则知贵贱。贵上极，则反贱；贱下极，则反贵。一贵一贱，极而复反"，这些观点和市场经济的价格规律如出一辙。

多元相济：即通过同时经营多种相互关联相互补充的产品来分散经营的风险。范蠡是这一思想的实践者，据史书记载他既"居货"，又"耕畜"、"养鱼"，可谓农牧工商并举。白圭则主张将货物流通和生产发展相联系，促进商品互通，以足补缺，各得其所，也是为了避免单一经营可能造成的风险。

从管理学角度看，市场的变化和波动是必然的，管理者对此应有充分的准备，提前做好规划，利用市场变化的规律掌握市场时机，从而获得成功。市场经营的风险客观存在，管理者既可以通过多元化经营分散风险，也可以通过加强产业链上下游的合作共同对抗风险，这些风险防控手段都是富有成效的。

从上述介绍可以看出，商家的管理思想是最接近现代管理理论的，其本质原因是因为两者的管理目标是一致的，即通过商品经营活动获得利润，围绕着这一目标研究市场的变化、经营的规律，得出相似的管理理念和经营策略。虽然当今社会环境和两千年前已经大为不同，但是这些经商致富的基本原则仍然是适用的。

1.1.7　其他管理思想

除了上述儒、道、法、兵、商几家外，其他学派的理论对后世也有较大影响，其中一些管理思想可以借鉴。

● 墨家——兼爱交利

墨家的创始人墨翟最初师从儒家，后来独立出来自成一派，与儒家思想有较大的不同。墨家认为"天之义"是人们行动的最高准则，其管理目标是"义政"，区别于儒家的"仁政"。"义政"即实现"兼爱"、"交利"、"尚同"的"正治"社会，"兼爱"要求不加区别地爱所有人，"交利"要求人们互利互惠，"尚同"则要求人们的思想和行动达到高度统一。墨家反对攻伐，认为攻伐消耗物资、荒废农时，造成民众伤亡，因此主张"非攻"和"备御"，即既不主动攻伐，同时注重战备。墨家极力反对儒家礼制的繁缛铺张，主张"节用、节葬、非乐、非命"，即节约财物，减少浪费；简易殡葬，取消无谓的礼节；取消耗财耗力、不利于生产的娱乐活动；反对"天命论"，认为人不为命运所左右。

从管理学角度看，墨家思想中最为值得借鉴的是"交利"和"节用"，其中"交利"体现为互惠原则，组织以追求整体利益的最大化为目标，追求在竞争合作关系中获得共赢，而不是局限于一己私利；"节用"体现为成本控制，对企业而言，增加利润的方式除了扩大生产之外，另一种方式便是成本控制，这一思想在质量管理和流程再造等现代管理思想中广为应用。

● 纵横家——合纵连横

纵横家的主要思想是合众连横的外交策略和游说技巧，其代表人物有鬼谷子、苏秦、张仪等。纵横家认为外交活动是关系国家安危的头等大事，苏秦指出"安民之本，在于择交；择交而得，则民安；择交不得，则民终身不得安"，因此建立国家联盟是稳定政权、安稳民生的重要举措。这一点认识和战国当时诸侯分裂、错综复杂的国际形势是密切相关的。苏秦通过合纵策略使得"诸侯休，天下安，二十九年不相攻"，而张仪则通过连横计谋拆散齐楚联盟使得秦国坐收渔利，纵横家的外交谋略对当时的政治形势起到巨大的影响。纵横家的这一思想对如今多极分化、复杂多变国际形势下的外交策略，仍然有很强的借鉴意义。

纵横家通过游说的方式使当时的执政者接纳自己的建议并推行相应的外交策略。游说技巧综合了心理学、口才学等多方面因素，对个人素质的要求极高。纵横家的代表著作《鬼谷子》对此有较多的总结，其中"捭阖术"、"反应术"、"揣摩术"、"权谋术"、"决断术"等内容为后世谋略家所津津乐道。

从管理学角度看，企业经营也不是单打独斗，而是与整个产业界产生各种利益关系。如何选择合作伙伴，比如建立供应商渠道、维护客户关系、建立产业联盟等，来巩固自身的市场地位，提高竞争力，对企业的生存和发展尤为重要。市场形势在变化，企业的合作竞争关系也在变化。没有永远的朋友，只有永远的利益，是市场竞争弱肉强食的生存法则。在争取合作关系的过程中，商务谈判技巧是管理人员的基本素质之一，纵横家的游说之术不无借鉴学习之处。

● 轻重家——宏观调控

轻重家的思想来源于《管子·轻重篇》，其中提出了大量的宏观经济思想，比如"重视农业"、"盐铁专卖"、"谷币轻重"等观点。轻重思想的本质在于通过货币、商品的"轻重"关系来调控国家的经济。在当时的社会条件下，轻重家提出重视农业生产，盐和铁等特殊商品由国家专卖，通过货币和商品的对应关系，平衡社会经济的发展，达到"来天下之财，治天下之民"的目标。轻重家提出"谷贱伤农，谷贵伤末"的重要思想，认为市场物价的暴涨暴跌会引起社会动乱，因此国家必须人为地控制这种变化，而最重要的调控商品就是谷物和货币，具体措施包括"敛积之以轻，散行之以重"、"谷贱则以币予食，布帛贱则以币予衣"等。

从管理学角度看，轻重家的这些宏观调控的管理思想和西方二战后盛行的凯恩斯主义有许多相似之处。英国经济学家约翰·凯恩斯（John M. Keynes）在其著作《就业、利息和货币通论》中总结了国家干预经济的实践与理论，形成了凯恩斯主义，主张政府对经济的积极干预，在宏观上实现供给平衡。

从上述介绍可以看出，中国古代先哲对管理的认识已经达到很高的高度，但是由于中国哲学整体上注重理念和思想，没有系统而具体地分析，缺乏现代科学要求的严谨论证，因此不能严格地称之为管理理论。然而中国古代的这些管理思想内容丰富，博大精深，有许多值得深入发掘的观点。庆幸的是，中国当代许多管理学者已经认识到这一点，并进行系统地整理，形成了一系列重要的成果，比如台湾一些学者对《易经》、道家、儒家等管理思想的研究成果，形成了特色的"中国式管理"。大陆近年来对国学中管理理论的研究和应用也呈现出深化之势。

表 1—1　中国古代主要学派的管理思想

学派	管理目标	人性假设	管理理念	管理方式
易	阴阳平衡 和谐共生	自强不息	变易、不易、简易	顺时守正 居安思危
儒	治国平天下	人性本善 / 人性本恶	中庸之道 和而不同	以人为本 为政以德
道	天人合一	人性自然	辩证统一	道法自然 无为而治
法	富国强兵	好利恶害	"不法古，不循今" "法、术、势"结合	以法为本 明令赏罚
兵	止战安民	人情之理	庙算制胜 机宜权变	修道保法 赏罚分明
商	商以致富	利来利往	薄利多销 义利相长	于时逐利 多元相济

1.2　国外古代管理思想

西方文明与中华文明发源不同，因此在管理思想上也有着较大的不同之处。下面简要介绍以古埃及、古巴比伦、古希腊为代表的西方文明在管理思想上的创举。

1.2.1　古埃及管理思想

作为四大文明古国之一的古埃及早在公元前两千多年就建立了中央集权的专制政权，森严的等级制度体现了层级管理思想，其中最高统治者法老主要负责神权、军权，而宰相负责行政事务的管理，体现了分权的管理原则。埃及人还首先意识到"管理幅度",认为每个监督者大约管理十名奴仆为宜。古埃及孕育了灿烂的文明,也产生了高超的管理艺术,留存至今的金字塔是古埃及工程管理能力的最好见证。

1.2.2　古巴比伦管理思想

另一个西方文明古国古巴比伦曾经也是强大的中央集权国家,有着完善的行政管理结构,其最著名的《汉谟拉比法典》是迄今为止发现的最早的成体系的法律文件。在该法典中,对当时各种职业、各个层面人员的权、责、利关系进行清晰的定义,内容涉及财产、借贷、租赁、转让、抵押、遗产等各个方面。比如在《汉谟拉比法典》中明确规定了"最低工资",工厂根据纺织女工的生产量支付相应数额的食物,这可以认为是"计件工资制"的雏形。

1.2.3　古希腊管理思想

古希腊是欧洲文明的发源地,从古希腊的城邦管理中已经可以看到一些西方议会制的端倪。雅典城邦设立了议会、法庭、执政官等职能机构和职位,表明当时已经意识到了管理职能的划分。在当时工商业发达、自由辩论激烈的区域,诞生了一批优秀的思想家,对后世影响很大。

苏格拉底(Socrate)是西方社会公认最著名的先哲之一,他一生致力于研究哲学和教育。苏格拉底倡导专家治国,认为普通群众缺乏理智和政治能力,治理国家只能依靠那些少数优秀人物,因此他提出教育目的是要培养造就有专门知识、有管理才能和训练有素的治国人才,他甚至把培养治国人才看成比自己亲自从政更为重要的事情。苏格拉底认为管理具有普遍性,不同管理工作实际上有着相同的管理职责和管理手段,成功的管理者是那些了解这些普遍原则并在各个领域中正确应用的人,但是苏格拉底并没有总结提炼这些普遍原则。

苏格拉底的学生色诺芬(Xenophon)根据自己经营和管理庄园的实践经验写成《家庭管理》一书,这是西方流传下来第一本专门论述管理问题的著作。该书虽然标题为"家庭管理",实际上讲述的是奴隶主如何更好地管理好家庭奴隶的问题,因此有组织管理的影子。在当时,奴隶地位低下,被看成会说话的工具,色诺芬提出将奴隶看成管理对象并研究其行为,是管理思想上的突破。色诺芬还研究了训练奴隶的方法,指出通过分工可以提高工作效率,建议让不同的奴隶学习不同的技艺,该思想两千年后被亚当·斯密(Adam

Smith）发展为劳动分工理论。

苏格拉底的另一个学生柏拉图（Plato）主要研究国家层面的管理思想，并著有《理想国》一书来阐述他的治国思想。柏拉图将人分为三等：治国贤哲、卫国武士和民间艺工。治国贤哲是具有统治才能的人，他们的职能是管理国家；卫国武士是具有军事才能的人，他们的职能是保家卫国；民间艺工是有体力劳动能力的人，他们的职能是生产劳动。在柏拉图的理想国中，各个阶层的人相互协调，各尽其责。

亚里士多德（Aristotle）是柏拉图的学生，是一位涉猎丰富、博学多识的集大成的思想家。他的管理思想主要体现在其著作《政治论》和《伦理学》这两本书中。亚里士多德提出了"天赋人性"的思想，认为每个人天生擅长不同的工作，并由此进一步发展了色诺芬的分工理论，当然他的这一点观点主要还是为了奴隶制辩护。他认为商品不是为了交换而是使用，发现了商品交换过程的等同关系并提出了交换的公平性，认为以货币为尺度的交换才会平等，他的这一思想对后世的商品价值理论影响深远。

1.2.4 西方宗教管理思想

宗教对西方社会的政治活动和管理方式影响至深，直至今日依然深入人心。

基督教典籍《圣经》中体现了大量的管理思想。比如《圣经出埃及记》中记载摩西在率领希伯莱人摆脱埃及人奴役而出走的过程中，他的岳父叶忒罗对他事必躬亲、疲于奔命的做法提出了批评，并提出三个建议：一、制定法令，选举代表；二、建立等级、授权管理；三、各司其职，只有重大事务才向摩西汇报。这些建议中体现了现在管理学中的一些重要原则，包括人们所熟知的授权原理和例外原则。

罗马天主教有着严密的管理制度，并延续至今。天主教建有森严的等级制度，组织结构层次分明，教徒必须服从教会权威，教士有天主赋予的权力。天主教在决策过程中采用"幕僚职能"，即各地教会在进行重要事件决策时，不能由地方主教一人决定，必须征询其幕僚甚至全体僧侣的同意，而且这些幕僚必须由上级代为选定，从而对主教形成约束效力。

1.3　西方近代管理理论

西方近代管理思想起源于英国的工业革命，以蒸汽机发明为代表的第一次工业革命极大地改变了人类生产方式，传统的小作坊已经满足不了资本家的需求，社会化的大规模生产成为可能。英国著名经济学家亚当·斯密（Adam Smith）在研究社会化生产的过程中，提出了"劳动分工理论"。他在其著作《国富论》指出，随着分工的精细化，工人技术熟练程度不断提高，各个工种所需的时间削减，从而大幅提高工作效率；同时，分工还有利于促进技术进步，许多方便操作且节约时间的劳动工具被制造出来，因此分工能够提高工作效率。亚当·斯密认为经济活动是人们出于利己的动机而产生的，如果能够刺激工人的利己之心，就能更容易达成目的，这一观点构成了"经济人"的人性假设。

英国数学家和经济学家查尔斯·巴贝奇（Charlers Babbage）在亚当·斯密劳动分工理论的基础上，进一步对专业化问题进行了深入研究。他在《机器与制造业经济学》一书中，对专业化分工、机器使用、时间计划、批量生产、均衡生产、成本记录等与劳动效率相关的问题都作了充分的论述。巴贝奇强调要注重人的作用，认为管理者应鼓励工人提出合理化建议等等。这些研究工作和管理思想在当时都是开创性的，为管理学的发展奠定了重要基础，因此该书被认为是管理史上的一部重要文献。

工业革命之后，社会化生产的进程显著加快，极大地促进了管理理论的发展，由此产生了各种理论和学说，按照其发展的历史阶段来看，可以大致分为四个阶段，即古典管理理论阶段、行为科学理论阶段、管理理论丛林阶段和经济全球化的管理理论阶段。

1.3.1　古典管理理论阶段

这一阶段是近代管理理论最初形成的阶段，主要发生在 19 世纪末到 20 世纪 30 年代，在这期间正是西方社会普遍进入工业化生产的时期，一批优秀的管理者在工业生产实践中总结了大量的管理思想，为后世系统研究奠定了基础，其中最卓越的先驱者包括"科学管理之父"弗雷德里克·泰勒（Frederick W. Taylor）、"管理理论之父"亨利·法约尔（Henry Fayol）以及"组织理论之父"马克斯·韦伯（Max Weber）。

● 科学管理理论

泰勒在担任美国某钢铁公司经理时，发现工人的实际工作效率非常低下，于是他开始研究在工厂管理中如何提高效率，为此开展了"搬运铁块"、"金属切削"等一系列的实验。泰勒通过动作分解、操作标准化等方式改进操作方法，并将其方法推广到生产中，使得工作效率大幅提高。泰勒将实验的手段引入到经营管理中，认为管理也是一门科学，其科学管理思想主要包括：科学管理的中心问题是提高劳动生产率，为此必须精心挑选工人，并且训练他们掌握标准化的操作方法；对工人采取有差别的"计件工资制"，即根据工人的实际工作量支付报酬，提供适当的激励；泰勒主张把计划职能和执行职能相分开，通过调研来确定工人工作量的定额，并依此制订计划，避免工人随意生产，改变了凭经验工作的方法，代之以科学的工作方法；泰勒还积极推行职能工长制，将工作分工进一步细化为多个职能，每个职能由专人负责，并指定工长负责管理；在职能工长制基础上，泰勒提出在管理控制上实行例外原则，即一般任务授权给下级管理人员处理，自己保留对一些例外的重要事项的决策权和控制权。从泰勒开始，管理不再仅仅依赖个人的经验，而上升为一门可以广泛适用的科学，其管理思想被总结在《科学管理原理》一书中，泰勒本人因此被誉为"科学管理之父"。

科学管理学派的其他代表人物还包括泰勒最得力的助手卡尔·乔治·巴思，发明甘特图的亨利·劳伦斯·甘特，开创动作研究的吉尔布雷斯夫妇等人。经过这些先驱们的努力，科学管理发展成为一套较为完整的管理理论体系。

科学管理理论是管理思想发展史上的重要突破，它使得管理成为一门科学而成为独立研究的对象，并建立了一套研究方法和理论体系。企业管理从此由经验式管理向科学管理转变，极大地促进了生产效率的提升和生产力的发展，因此科学管理理论是管理学乃至人类发展历史上一次具有划时代意义的里程碑。

● 组织管理理论

法约尔在巴黎一家煤矿公司担任了长达 30 年的总经理，将其管理经验总结写成《工业管理与一般管理》一书。与泰勒不同的是，泰勒侧重从一线生产方式的改进来提升工作效率，而法约尔则直接从管理者的角度阐述如何管理组织并归纳成系统的理论，因此法约尔被称为"管理理论之父"。法约尔认为企业职能不同于管理职能，后者应该包含在前者之中。他将企业的全部活动划分为技术、商业、财务、会计、安全和管理等六种基本活动，并将所有活动所需进行的职能归纳为五个：即计划、组织、指挥、协调与控制，该理论对后来的管理职能研究具有深远影响，法约尔也因此被认为是管理过程学派的创始人。法约尔根据他长期的管理经验提出了分工、职权与责任、纪律、统一指挥等十四条管理原则，这些管理原则被广泛接受，至今已经成为组织管理中普遍遵循的准则。法约尔还论证了管理教育的必要性与可行性，认为管理的知识是可以通过教育来传授，他在巴黎创办中央管理学院，开创了教授管理课程的先河。

表 1—2　法约尔的十四条管理原则

1. 劳动分工
2. 职权与责任
3. 纪律
4. 统一指挥
5. 统一领导
6. 个人利益服从整体利益
7. 报酬
8. 集中
9. 等级制度
10. 秩序
11. 公平
12. 人员的稳定
13. 首创精神
14. 人员的团结

● 行政组织理论

马克斯·韦伯的主要贡献是行政组织理论。韦伯认为任何组织都是以某种形式的权力为基础的，只有合理的、法定的权力才能保证经营管理的连续性和合理性，因此行政组织应该通过职位和职权来管理，而不是通过传统的世袭地位来管理；任何组织都必须有明确的目标，并通过分工将实现目标的全部活动分解落实给每一个成员；每个职位都应有明文规定的权利和义务，成员通过相应的职位行使权力并履行义务，形成完整有序的组织制度，这样才能对人进行有效的控制，提高劳动生产率，完成组织目标。因此，他提出了建立一种高度结构化的、正式的、非人格化的"理想的行政组织体系"，他认为这种组织体系是最符合理性原则的，在生产效率、精确性、稳定性、纪律性和可靠性等方面都优于其它组织形式，这种组织体系不仅适用于企业，还适用于国家机构、学校、教会等各种组织。韦伯的这套行政组织管理思想对社会学和政治学都产生了重要影响，其中一些管理原则已经广泛体现在现代组织管理中，他本人也被誉为"组织理论之父"。

古典管理理论指出了管理的重要性和普遍性，并通过科学的研究方法提出了一些重要的管理原则和管理职能，奠定了管理学发展的基础，其中大量理论成果被后来的许多管理学者深入研究并加以系统化，促进了管理学的发展和繁荣。更为重要的是，企业在生产实践过程中，开始将这些管理理论付诸于行动，用于指导企业的实际生产活动，并显著改善企业的生产效率。

1.3.2　行为科学理论阶段

古典管理理论主要建立在"经济人"的假设基础之上，侧重于从管理职能、组织方式等方面研究工作效率，对个体的心理因素关注很少。20 世纪 30 年代，美国哈佛大学教授乔治·梅奥（George E. Mayo）带领的研究团队在与西方电气公司合作开展的"霍桑实验"中发现，除了工作条件、工作时间外，员工之间的人际关系对工作效率有明显的影响，这一发现引起了管理学者对个体行为研究的兴趣，从而促进了行为科学理论的发展。该理论主要研究个体行为、团体行为与组织行为，重视研究人的心理、行为等对实现组织目标的影响和作用。行为科学理论最重要的贡献之一是提出了"社会人"的假设。

● 霍桑实验

梅奥在"霍桑实验"的结论中指出，影响个体工作积极性的因素除了物质利益外，还有社会心理方面的因素，个体之间存在差异，需要区别对待，即工人是"社会人"；工人们在工作的过程中，彼此之间相互联系，会形成正式工作组织之外的联系并逐渐发展成相对稳定的非正式组织，这种非正式组织会对工作产生不可忽视的影响。梅奥认为，要提高生产效率，就必须注重提高工人的工作满意度，既包括薪酬等物质收益，更要重视工人的人际需求。在此基础之上，梅奥建立了人际关系理论，这一理论成为行为科学理论的前身。

● 需求理论

亚伯拉罕·马斯洛（Abraham H. Maslou）是一名心理学家，他在研究人的工作动机时提出了著名的需求层次理论。马斯洛认为，人的需求分为生理需求、安全需求、感情和归属需求、受尊重的需求以及自我实现的需求等五个层次。不同需求层次反映了不同人的不同工作动机和目的，通常情况下越低级的层次越容易实现，当某一层次的需求得到满足之后，该需求就不再具有激励作用。管理者需要针对处于不同需求层次的人采取不同的激励手段。

克莱顿·奥尔德夫（Clayton P. Alderfer）在马斯洛的需求层次基础之上进一步提炼，认为人的基本需求包括三种：生存需求、关系需求和发展需求。

戴维·麦克利兰（David C. McClelland）直接从人的成就动机方面出发，认为人的激励需要包括三个方面：对权力的需要，对关系的需要，对成就的需要。麦克利兰指出，在任何一个为了实现目标而集合在一起的组织或工作群体中，不同层次的人具有不同的成就动机，因此主管人员要根据不同人的不同动机需求来进行激励，尤其应设法提高人们的成就需要。

● 双因素理论

弗雷德里克·赫茨伯格（Frederick Herzberg）将企业中影响人员行为绩效的管理因素分为满意因素和不满意因素，其中满意因素可以使人获得满足，导致高水平的激励，属于"激励因素"，而不满意因素指当缺乏该因素时会引起不满，称为"保健因素"。"激励因素"和"保健因素"的区别在于保健因素得到后没有不满，得不到则会产生不满，比如薪酬、地位、工作环境、安全、人际关系等，而"激励因素"得到后会感到更加满意，得不到不会不满，比如成就、赞赏、责任感、进取心、个人成长等。改善保健因素能够消除员工的不满，但是只能维持其原有绩效水平，而改善激励因素可以提高员工的积极性，促进生产效率的提高。

●X-Y 理论

道格拉斯·麦格雷戈（Douglas M. McGregor）从人性的角度出发，提出两种截然相反的人性假设，即"X-Y 理论"，其中 X 理论认为人生来是好逸恶劳、不求上进的，必须通过外界督促才能工作，而 Y 理论则认为工作是人的本能，如同休息和娱乐一样，组织需要激励人的自主性使个人目标和组织目标协调一致。

埃德加·沙因（Edgar H. Schein）在其《组织心理学》一书中对不同的人性假设归纳出四种人性假设：经济人、社会人、自我实现人和复杂人。可以认为上述"X 理论"是对"经济人"假设的概括，而"Y 理论"是对"社会人"和"自我实现人"假设的概括。沙因认为人性是复杂的，不同人在不同的环境下需求是不一样的，因此提出了"复杂人"的假设，他认为管理者需要根据具体情况选择激励方式。

● 超 Y 理论

约翰·莫尔斯（John J. Morse）和杰伊·洛希（Jay W. Lorsch）根据"复杂人"的假设提出一种超 Y（Super Y）理论，认为没有一成不变的、普遍适用的最佳管理方式，管理者必须根据组织内外环境自变量和管理思想及管理技术等因变量之间的函数关系，灵活地采取相应的管理措施，管理方式要适合于工作性质、成员素质等。莫尔斯和洛希在对 X 理论和 Y 理论进行实验分析比较后发现，人们有不同的满足方法，所以对管理要求也不同，有人适用 X 理论管理方式，有人适用 Y 理论管理方式，因此超 Y 理论主张权宜应变的管理理念。

1.3.3 管理理论丛林阶段

二战结束后到 60 年代，各国经济处于恢复期，美国由于几乎没有受到二战的冲击，经济水平得到大幅发展，管理理论也随之大为丰富。这在期间，除了行为科学理论得到长足发展以外，许多管理学者（包括社会学家、数学家、人类学家、计量学家等）都从不同的角度发表各自对管理学的见解，由此出现了各种理论学说。这一阶段被美国管理学家哈罗德·孔茨（Harold Koontz）称为管理理论丛林，其中较有影响的是以孔茨为代表的管理过程理论，以切斯特·巴纳德（Chester I. Barnard）为代表的社会系统理论、赫伯特·西蒙（Herert A. Simon）为代表的决策理论、彼得·德鲁克（Peter F. Drucker）为代表的经验管理理论、以亨利·明茨伯格（Henry Mintzberg）为代表的经理角色理论以及爱德华·戴明（W. Edwards Denming）为代表的质量管理理论等。

● 管理过程理论

管理过程理论认为管理就是在组织中通过别人或者同别人一起完成工作的过程，其研究对象是管理的过程和职能，他们试图对管理过程和管理职能进行分析并加以概括，形成可用于指导管理实践的原则、理论和方法。孔茨认为这些管理的基本原理和方法可应用于任何实际情况。

管理过程的思想可以追溯到"组织管理之父"法约尔，他最早将管理的职能分为计划、组织、指挥、协调和控制。到 1937 年，美国管理学家卢瑟·古利克（Luther H. Gulick）概括提出了管理的七项职能，包括计划、组织、人事、指挥、协调、报告和预算。孔茨将管理工作归纳为计划、组织、人事、指挥和控制五项基本职能。美国管理学家斯蒂芬·罗宾斯（Stephen P. Robbins）在此研究基础之上，将指挥、协调、人事等合并为"领导"职能，认为组织的管理活动可归纳为四项基本职能，即计划、组织、领导和控制。这些理论在现代管理理论中占有重要的一席之地。

图 1—1　罗宾斯关于管理的四种基本职能

● 社会系统理论

社会系统理论从社会学的角度来研究管理，其代表人物巴纳德在《经理人员的职能》一书中提出，组织是一个开放的系统，组织内部的所有人员都在不断调整内部和外部的各种力量，以寻求系统的稳定状态。组织中的成员为了实现确定的目标必须采取协作的方式开展活动，系统是否稳定，取决于协作的效率、效果以及协作目标能否适应环境。巴纳德提出正式组织的协作系统包含三个基本要素，即协作的意愿、共同的目标和信息的沟通。管理者的作用就是通过信息沟通来协调组织成员协作开展活动，促进组织目标的实现。因此组织理论是以系统观念为依据的，管理人员具备哪些职能应该由组织的性质和过程决定。

● 管理决策理论

管理决策理论是在社会系统理论基础上发展起来的，并吸收了行为科学的一些观点。西蒙认为现代企业内部结构复杂、目标具有多重性等因素导致难以实现"最优的"决策，取而代之的是以"令人满意的"作为决策准则。西蒙认为组织是作为决策的个人所组成的系统，决策贯彻于管理的全过程，因此管理就是决策。西蒙等人认为决策程序应当科学化，并提出程序化决策和非程序化决策的方法及思维过程。因为对决策理论的贡献，西蒙被授予1978年的诺贝尔经济学奖。

● 系统管理理论

系统管理理论是随着系统科学的兴起而发展起来的，该理论从系统观点出发，认为企业是由各个相互联系共同协作的子系统组成的开放系统，同时，企业又是社会大系统中的一个子系统，它和外界环境，包括客户、供应商、竞争者等存在着动态的相互作用，时刻与环境进行物质、能量、信息的交互，能够通过内外部的信息网络进行自动调节，以适应环境和自身发展的需求。该理论主张用系统的观点对组织进行分析和管理，认为系统观点、系统分析和系统管理三者都是以系统理论为指导，既有联系又有区别。为了研究一个系统，既要将其与外界环境结合起来看成一个整体，又要将其分解成各个结构子系统加以分析。

表 1—3 系统管理理论

	系统观点	系统分析	系统管理
观点	概念的	优化的	实践的
方法	思考	建模	综合
组织子系统	战略的	作业的	协调的
任务	把组织和环境结合起来	有效利用资源并实现目标	把组织内部各项活动结合起来

［来源：郭咸纲.西方管理思想史（第二版）[M].北京：经济管理出版社］

● 权变管理理论

权变理论基于超 Y 理论假设，认为企业管理的内外部环境都在不断变化，员工的需求也在不断变化，因此管理也需要随机应变、机动灵活。权变理论的实质上是要求将工作、组织、个人、环境等因素作最佳的配合，组织结构、管理层次、职工培训、工作分配、工资报酬和控制水平等都要随着工作性质、工作目标及人员素质等因素而定，才能提高绩效。权变学派致力于寻找出影响组织管理的变量，继而研究相应的管理方法和技术。权变学派归纳的环境变量和管理变量如表 1—4 所示。

表 1—4　权变学派的环境变量和管理变量

环境变量			管理变量			
外部环境		内部环境	管理程序变量	计量变量	行为变量	系统变量
一般环境	特定环境					
社会	供应商	组织结构	计划	决策	学习	一般系统
科学技术	顾客	决策程序	组织	经济批量	激励	理论系统
经济	竞争者	联系与控制	指挥	排队模型	团体动力	设计与分析
政治法律		技术状况	联系	模拟模型	组织发展	管理信息系统
			控制			

[来源：郭咸纲.西方管理思想史（第二版）[M].北京：经济管理出版社]

● 经验管理理论

经验管理理论又称为经验主义，实质上并非是一种严格的理论科学，而是基于管理实践总结的经验。经验主义学派认为管理学应该从企业管理的实际出发，通过研究管理中的成功和失败，从中归纳和概括出实际的管理经验，传授给管理人员。经验主义学派的代表人物是彼得·德鲁克，德鲁克明确提出管理的目标是取得经济成果，并提出了"目标管理"的思想，使管理者和员工在工作中实行自我控制并达成目标。因为对管理理论和管理实践的深入研究和总结，德鲁克被誉为"现代管理学之父"。该学派的其他代表如通用汽车公司总裁艾尔弗雷德·斯隆（Alfred P. Sloan），福特汽车公司创始人亨利·福特（Henry Ford）等人，他们既是成功的企业管理者，也是优秀的管理理论家。

斯隆在担任通用汽车总裁期间对公司进行改组，采用集中控制下的分权制，建立事业部，成为组织分权管理实践的先驱。

● 经理角色理论

经理人员指一个正式组织或组织单位的主要负责人，拥有正式的职位和权责。经理角色理论以经理人员所担任的角色为研究对象来分析管理者的职务和工作，以提高管理效率。经理角色理论是在现代企业组织理论基础上发展起来的，通过对经理人员的角色、工作性质、职能以及如何培养经理人员等一系列内容进行分析和阐述，得出对实践有指导意义的理论。该理论的主要代表人物是加拿大管理学家亨利·明茨伯格，在其著作《经理工作的性质》中，明茨伯格将经理人员划分为 10 种角色，这些角色相互结合，构成经理人员所从事的管理工作内容。

● 质量管理理论

爱德华·戴明提出的质量管理理论对日本经济的腾飞起到了有力的推动作用，之后被美国管理学界所重视，他本人也因此被誉为"质量管理之父"。戴明在质量管理中提出计划—实施—检查—改进（PDCA）的"戴明环"，强调生产质量的持续改进。约瑟夫·朱兰（Joseph M. Juran）也是倡导质量管理的先驱者，他的著作之一《质量控制手册》成为质量管理的经典参考资料。美国质量管理专家阿曼德·费根堡姆（Armand V. Feigenbaum）在此基础之上首倡全面质量管理（TQM），使得质量管理上升为一种先进的组织管理思想，被世界各国广为传播和接受。质量管理对产业界的影响深远，摩托罗拉公司应用"六西格玛（6σ）"质量管理使得产品质量大幅提高。"六西格玛"管理被通用电气等公司学习和推广，取得显著的效果。

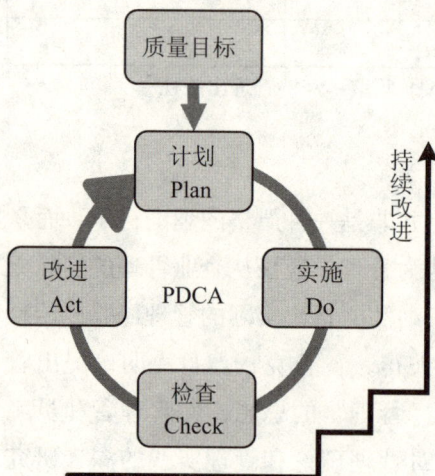

图 1—2 戴明质量管理的 PDCA 循环

1.3.4　经济全球化的管理阶段

20 世纪 70 年代之后，世界经济形势发生了深刻的变化。在经济上，随着欧洲经济的复苏和日本的崛起以及第三世界的飞速发展，经济全球化逐步成为必然趋势，随之而来的全球化竞争使得企业面临着空前的压力和挑战；在科技上，以信息技术为代表的新兴科技发展突飞猛进，产品周期大大缩短，竞争愈演愈烈。经济形势的巨变和产业技术的变革必然引发产业结构的调整，势必要求组织转变管理理念、改进管理方式，从而对管理者提出了新的挑战。管理学界开始重点研究如何适应不断变化、充满危机和动荡的环境，谋求企业的生存发展，并赢得竞争优势。

● 战略管理理论

"战略"一词来源军事词汇，因为市场竞争和军事战争的相似性被一些学者引入管理学界。1962 年，美国管理学家艾尔弗雷德·钱德勒（Alfred D. Chandler Jr）在《战略与结构》一书中开辟了战略管理研究的先河，钱德勒研究了环境、战略和组织结构之间的相互关系，认为企业经营战略应当适应环境变化的需要，而组织结构又必须适应企业战略。随后，伊戈尔·安索夫（H. Igor Ansoff）的著作《公司战略》和《战略规划到战略管理》相继出版，标志着现代战略管理理论体系的形成。安索夫将战略管理明确定义为"企业高层管理者为保证企业的持续生存和发展，通过对企业外部环境与内部条件的分析，对企业全部经营活动所进行的根本性和长远性的规划与指导"。他认为战略管理与以往经营管理理念的不同之处在于战略管理面向未来，动态地、连续地完成从决策到实现的过程。

20 世纪 80 年代，哈佛商学院教授迈克尔·波特（Michael E. Porter）相继推出《竞争战略》、《竞争优势》以及《国家竞争优势》"竞争战略三部曲"，将战略管理的理论研究推向了高峰。波特通过对产业演进和各种基本产业环境的分析，得出不同的战略决策。他的许多思想被视为战略管理的经典理论，比如竞争五力模型、三种基本战略、价值链等。波特的竞争战略思想在全世界范围内产生了深远的影响，他本人也被称为"竞争战略之父"。

20 世纪 90 年代初，哈佛商学院的罗伯特·卡普兰（Robert Kaplan）和戴维·诺顿（David Norton）提出平衡计分卡，并将其发展成为"战略中心型组织"的管理工具，从财务、客户、内部流程、学习与成长四个方面评价组织战略。平衡计分卡自发明以来，在理论界和商业界引起强烈反响，被《哈佛商业评论》评为 75 年来最具影响力的管理工具之一。

● 企业文化理论

20 世纪 80 年代，日本经济的腾飞引发美国管理学界的重视和反思，通过比较日本企业和美国企业管理方式和理念的差别，部分学者认为日本的文化对其经济发展起到了重要作用。美籍日裔学者威廉·大内（William Ouchi）在比较日本管理文化（J 组织）和美国管理文化（A 组织）之后，提出了符合美国文化、又融合日本管理长处的 Z 组织理论。企业文化理论认为企业的竞争力不仅仅取决于先进的技术和设备，还包括社会文化、心理状态等因素。企业文化深植于员工的心中，影响员工的行为。企业文化理论的代表著作包括特伦斯·迪尔（Terrence E. Deal）和阿伦·肯尼迪（Allan Kennedy）合著的《企业文化》、埃德加·沙因所著《组织文化和领导》以及约翰·科特（John P. Kotter）和詹姆斯·赫斯克特（James L. Heskett）合作的《企业文化与经营业绩》等。企业文化理论是经济全球化的典型产物，正是不同文化背景下的企业之间的短兵交接，引发了管理者对组织文化的反思，并进一步汲取对方之长为己所用。

● 组织再造理论

信息技术的迅猛发展改变了企业的工作方式，传统的组织模式和工作流程越来越不能适应新的、竞争日益激烈的环境，美国企业从 20 世纪 80 年代起开始了大规模的"企业再造革命"，日本企业也于 90 年代开始所谓的"第二次管理革命"。在这样的背景下，美国麻省理工学院教授迈克尔·海默（Michael Hammer）与詹姆斯·钱皮（James Champy）提出了"企业再造理论"，在其合著的《企业再造——管理革命的宣言书》中明确指出：现代企业普遍存在着"大企业病"，面对日新月异的变化与激烈的竞争，只有采用激进式的变革，从根本上对组织和流程进行梳理重建，才能提高企业的运营效率，改善状况，应对生存与发展的挑战。海默和钱皮发展了一整套"业务流程再造（Business Process Re-engineering，BPR）"的思想和工具，指出信息技术与高素质人才是实施 BPR 的两大基础，以 BPR 为起点的"企业再造"将全面提升企业竞争力，使企业获得新生。由于对企业再造理论的贡献，海默被美国《商业周刊》评为90 年代最具影响力的"四大管理宗师"之一。

● 知识管理理论

随着经济全球化的快速发展，客户的个性化和消费的多元化决定了组织必须通过不断地学习和变革，才能快速合理地组织全球资源，获得可持续的生存和发展。另一方面，经济全球化的加快也促进了各国管理理论的交流、融合和发展，使得管理知识极大丰富。这一发展趋势被德鲁克定位为"知识经济"。知识经济的到来使得信息与知识成为企业重要的战略资源，而信息技术的发展又为获取这些资源提供了可能。对管理者而言，快速地学习无疑有助于自身管理水平的提升。

1990 年，彼德·圣吉（Peter M. Senge）在其著作《第五项修炼》中指出，企业唯一持久的竞争优势源于比竞争对手学得更快更好的能力，学习型组织正是人们从工作中超越自我、实现共同愿景和获取竞争优势的组织蓝图。圣吉提出建立学习型组织的五项修炼，包括自我超越、改变心智、共建愿景、团队学习和系统思考，其中第五项修炼"系统思考"是必不可少、也是难度最高的"修炼"。该书出版不久即在全球范围内引起轰动，"学习型组织"很快成为广为接受的重要概念，圣吉也因此被誉为 90 年代的"四大管理宗师"之一。与之相呼应，阿里·德赫斯（Ariede Geus）在《长寿公司》一书中，通过考察40 家国际长寿公司得出一个结论："成功的公司是能够有效学习的公司"。在他看来，知识是组织最重要的资本，只有持续学习才能为不断的变革做好准备。

从上述介绍可以看出，西方近代管理思想是随着工业革命和经济形势不断的变化而逐步发展起来的，每一种理论都能用来解释部分问题，又不够全面，从而产生新的理论，因此才会出现"管理理论丛林"的现象，这是由于管理的复杂性造成的。事实上，没有一种理论能够解决所有问题，过去成功的理论在现在未必适用，西方成功的理论在东方未必适用，因此管理学仅仅是提供一些分析问题和解决问题的框架，便于管理者从纷繁复杂的表象中梳理出头绪，从而抓住最重要的方面。管理学的奥妙之处在于它是一种实践的艺术，管理者需要结合具体实践对理论加以灵活运用，"运用之妙，存乎一心"，才能将理论正确地指导实践活动。

1.4　本书结构

如上所述，管理理论的内容博大精深。在实践中，对不同层次的管理者所要求掌握的管理技能有所不同。美国管理学家罗伯特·卡茨（Robert L. Katz）将管理者需要的技能划分为三大基本技能，包括专业技能、人际技能和概念技能，其中专业技能指完成特定工作所需的知识和技术，人际技能指与个人或组织打交道的能力，概念技能指对复杂情况进行抽象思考和概念化的能力。每项技能所包括的具体内容以及其与管理职能的对应关系如表1—5所示。不同层次的管理者对上述三种技能的要求不同，大致比例如图1—3所示。对于基层管理者，比如现场主管，对专业技能要求较高，要求其能熟练掌握现场所要求的专业知识并用来解决实际问题；对于中层管理者，对人际技能的要求较高，要求其能组织协调好团队中的成员，并与其他团队进行沟通合作；对于高层管理者，则要求其具有较强的概念技能，能够将组织看成一个整体，理清各部分的关系，从全局思考问题，明确战略，把握方向。

表1—5　管理技能及其与管理职能的对应关系

技能		职能			
		计划	组织	领导	控制
概念技能	解读组织文化		√	√	
	评估差异性				√
	审视环境	√			
	创造性地解决问题	√			
	设计富有挑战性的工作		√		
人际技能	获取权力		√	√	
	选择有效的领导方式			√	
	授权			√	
	教练辅导			√	
	创建有效地团队		√	√	
专业技能	设立目标	√			
	制定预算	√			

技能		职能			
		计划	组织	领导	控制
专业技能	减少变革的阻力		√	√	√
	谈判技能		√		
	有效地主持会议		√		
	执行纪律			√	

［来源：整理自斯蒂芬·P.罗宾斯，玛丽·库尔特.管理学（第9版）.北京：中国人民大学出版社］

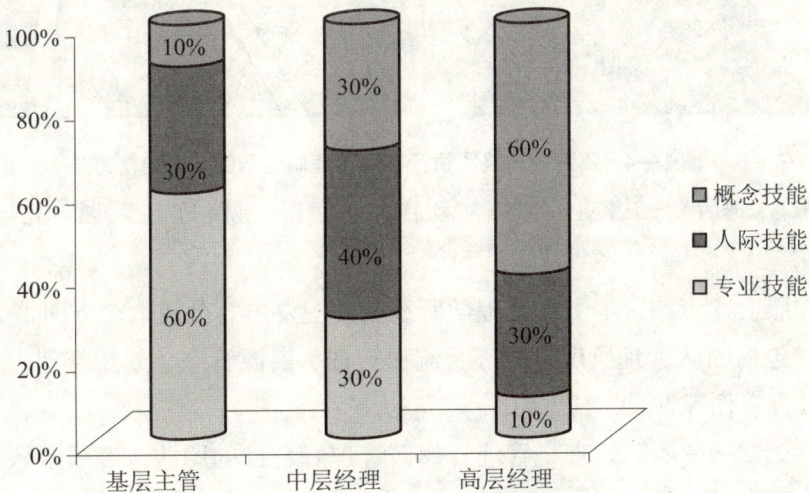

图1—3　不同管理层次所需的管理技能

　　在管理实践中，不同层次的管理者对不同管理职能所需投入的精力也是不同的，如图1—4所示。对于基层管理者，主要职责是执行，即带领其团队完成工作任务，实现绩效目标；对于中层经理人员，主要职责是管理，相比较基层主管，中层经理的组织协调工作有所增加；对于与高层管理者，主要职责是决策，其主要精力应投入到制定战略和过程控制中。

　　在具体的管理活动中，不同层次管理者所具体负责的管理任务和内容也是不同的。管理好一个团队，完成好一个项目，是对基层管理者的基本要求；设计优秀的业务流程，全面整合企业资源，是中层管理者的主要管理内容；引导组织学习创新，规划战略发展方向，则是高层管理者的主要任务，同时高层管理者还肩负着带领组织履行企业社会责任的重任。上述分类并非将各项管理内容机械、分裂地分配给不同层级的管理人员，而是指不同层次的管理者分别有所侧重。作为基层管理者，也需要有创新意识和战略思维，但是并不要求所有基层管理者都必须具备高度的创新能力和战略管理能力；而对高层管理者而言，对其资源整合能力的要求要更甚于中层管理者。

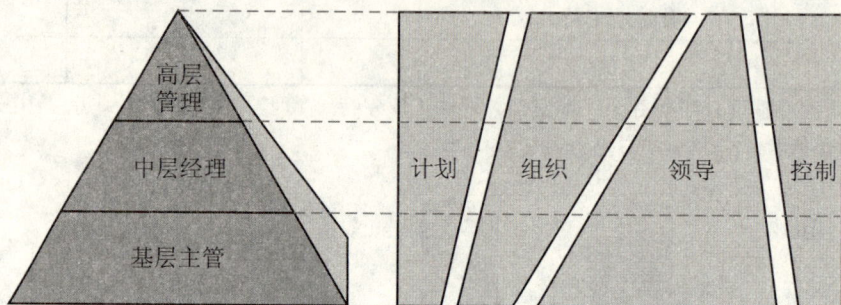

图 1—4　不同管理层次执行不同管理职能所需投入的精力

［来源：海因茨·韦里克，马克·V.坎尼斯，哈罗德·孔茨.管理学：全球化与创业视角（第 13 版）[M].马春光译.北京：经济科学出版社］

按照上述思路，本书将管理学所涉及的主要内容分成七个方面，如图 15 所示，包括团队管理、项目管理、流程管理、资源管理、创新管理、战略管理、社会责任等方面，具体为：

第 2 章——团队管理：管理者如何管理好自己的团队，带领团队完成任务，实现组织目标；

第 3 章——项目管理：项目管理的内容和方法是怎样的，如何管理好项目，满足客户的需求；

第 4 章——流程管理：业务流程是什么，如何优化业务流程，当流程不再适应组织的发展，如何进行流程再造、甚至组织再造；

第 5 章——资源管理：组织的资源包括哪些方面，如何管理好组织的各项资源，如何实现资源整合；

第 6 章——创新管理：组织为什么需要创新，组织创新的主要内容有哪些，组织如何创新；

第 7 章——战略管理：管理者如何分析组织环境并制定战略，在战略执行过程中如何做好风险控制，当外界形势发生巨变时，管理者如何带领组织进行战略变革；

第 8 章——社会责任：组织为什么要履行社会责任，组织如何履行社会责任。

从中国传统哲学上看，管理思想旨在归纳总结管理的客观规律，属于悟"道"的范畴；而团队管理、项目管理和流程管理都是具体的管理方式，依赖于组织的规章制度，即"法"，以及管理者个人的管理技巧，即"术"；资源管理和创新管理不仅仅依赖个人，更要依赖整个组织的力量，因此是管理者从"术"向"势"的进阶；战略管理要求管理者纵览全局、高瞻远瞩，是"势"的极致发挥；社会责任强调个人和组织对社会乃至整个自然界的责任，体现了儒家"仁"的思想。通常而言，基层管理者倾向于法家的管理，注重管理制度和管理技巧；中高层管理者倾向于儒家的管理，注重以人为本和中庸之道；而一个事业取得辉煌的成功管理者，必然是洞悉了管理的本质和规律，在无为中显作为，于平淡中见传奇，真正践行了管理之"道"！管理的最高境界，在于实现个人价值与社会价值的完美统一，实现人类与自然的和谐共生，即"天人合一"。

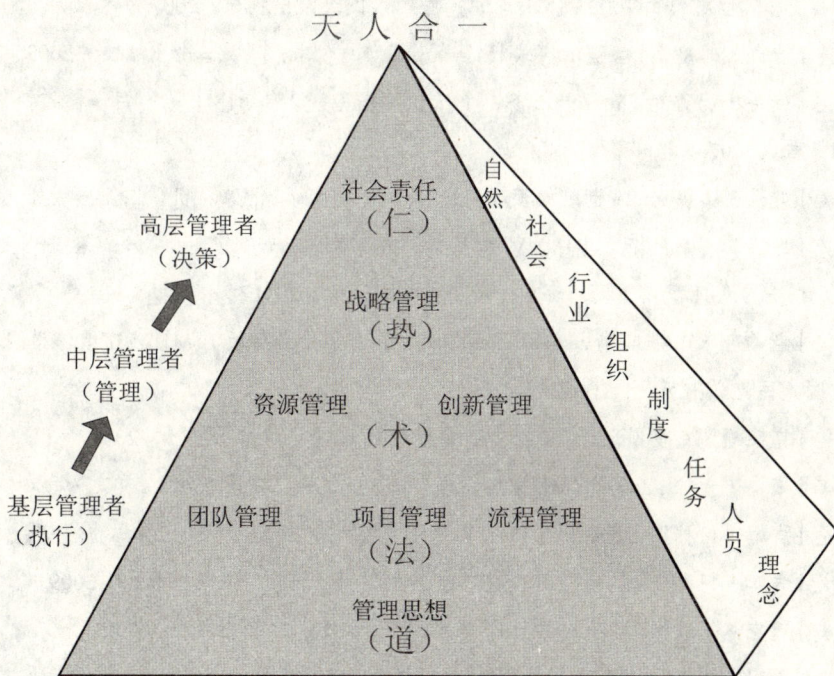

图 1—5　本书主要内容结构

参考资料

[1] 冯友兰 . 中国哲学简史 [M]. 北京：北京大学出版社，2013.

[2] 吴照云 . 中国管理思想史 [M]. 北京：经济管理出版社，2012.

[3] 姜杰 . 中国管理思想史 [M]. 北京：北京大学出版社，2011.

[4] 曾仕强 . 中国式管理 [M]. 北京：中国社会科学出版社，2005.

[5] 成中英 .C 理论：中国管理哲学 [M]. 北京：中国人民大学出版社，2006.

[6] [美] 丹尼尔·A. 雷恩，阿瑟·G. 贝德安，管理思想史（第 6 版）[M]. 孙健敏等译 . 北京：中国人民大学出版社，2012.

[7] 郭咸纲 . 西方管理思想史（第二版）[M]. 北京：经济管理出版社，2002.

[8] 姜杰 . 西方管理思想史 [M]. 北京：北京大学出版社，2009.

[9] 张文昌，于维英 . 东西方管理思想史 [M]. 北京：清华大学出版社，2007.

[10] 赵志军，赵瀚清 . 中外管理思想史 [M]. 长春：吉林人民出版社，2010.

[11] 方振邦 . 管理思想百年脉络 [M]. 北京：中国人民大学出版社，2007.

[12] [美] 彼得·德鲁克 . 管理的实践 [M]. 齐若兰译 . 北京：机械工业出版社，2009.

[13] [美] 彼得·德鲁克 . 管理：任务、责任和实践（第 2 部）[M]. 陈小白译 . 北京：华夏出版社，2007.

[14] [美] 彼得·德鲁克 .21 世纪的管理挑战 [M]. 朱雁斌译 . 北京：机械工业出版社，2009.

[15] [美] 海因茨·韦里克，马克·V. 坎尼斯，哈罗德·孔茨 . 管理学：全球化与创业视角（第 13 版）[M]. 马春光译 . 北京：经济科学出版社，2011

[16] [美] 斯蒂芬·P. 罗宾斯，玛丽·库尔特 . 管理学（第 9 版）[M]. 孙建敏等译 . 北京：中国人民大学出版社，2008.

[17] [美] 克莱顿·克里斯坦森 . 创新者的窘境 [M]. 北京：中信出版社，2010.

[18] [美] 威廉·大内 .Z 理论 [M]. 朱雁斌译 . 北京：机械工业出版社，2007.

[19] [美] 吉姆·柯林斯 . 基业长青 [M]. 真如译 . 北京：中信出版社，2006.

[20] [美] 吉姆·柯林斯 . 从优秀到卓越 [M]. 俞利军译 . 北京：中信出版社，2009.

[21] [美] 迈克尔·波特 . 竞争战略 [M]. 陈小悦译 . 北京：华夏出版社，2005.

[22] [美] 迈克尔·哈默，詹姆斯·钱皮 . 企业再造 [M]. 王珊珊等译 . 上海：上海译文出版社，2007.

[23] [美] 彼得·圣吉 . 第五项修炼：学习型组织的艺术与实践 [M]. 张成林译 . 北京：中信出版社，2009.

第 2 章
众志成城——团队管理

上下同欲者胜。

——《孙子兵法》

团队的英文表述 Team 一词在《韦氏辞典》中解释是：两匹或三匹马套在一起拉同一个犁。美国管理学家斯蒂芬·罗宾斯（Stephen P. Robbins）在原意基础上将团队演绎成"由两个或者两个以上的相互作用、相互依赖的个体，为了特定目标而按照一定规则结合在一起的组织"。在现代管理学中，团队是由管理层和员工组成的一个共同体，利用每一个成员的知识和技能协同工作，实现共同的目标。

2.1　团队管理概述

中国儒家先哲荀子有一段关于"群"的论述：

"力不若牛，走不若马，而牛马为用，何也？曰：人能群，彼不能群也。人何以能群？曰：分。分何以能行？曰：义。故义以分则和，和则一，一则多力，多力则强，强则胜物。"（《荀子·王制篇》）

荀子认为，人之所以胜过牛马，在于人懂得群体的力量。荀子还进一步指出，人要组成群体，还需要"分"（名分、秩序）和"义"（制度、规范）。因此，当人们团结在一起形成一个有秩序、有规范的团队时，可以形成很强大的力量，战胜一切外物。

团队的英文表述 Team 一词在《韦氏辞典》中解释是：两匹或三匹马套在一起拉同一个犁。美国管理学家斯蒂芬·罗宾斯（Stephen P. Robbins）在原意基础上将团队演绎成"由两个或者两个以上的相互作用、相互依赖的个体，为了特定目标而按照一定规则结合在一起的组织"。在现代管理学中，团队是由管理层和员工组成的一个共同体，利用每一个成员的知识和技能协同工作，实现共同的目标。

2.1.1　团队要素

简而言之，团队就是一起工作的一群人，但是并非一群人在一起就可以称之为"团队"。团队具有几个重要的构成要素，可总结为5P，即人员、目标、定位、职权、计划，如图2—1所示。

（1）人员（People）——以人为本

人是构成团队最核心的力量，所以成员的选择是团队建设中非常重要的内容。在一个团队中需要不同角色的人员，通过分工来共同完成团队的目标，因此在人员选择方面要考虑人员的价值观如何、能力如何、经验如何、技能是否互补等。

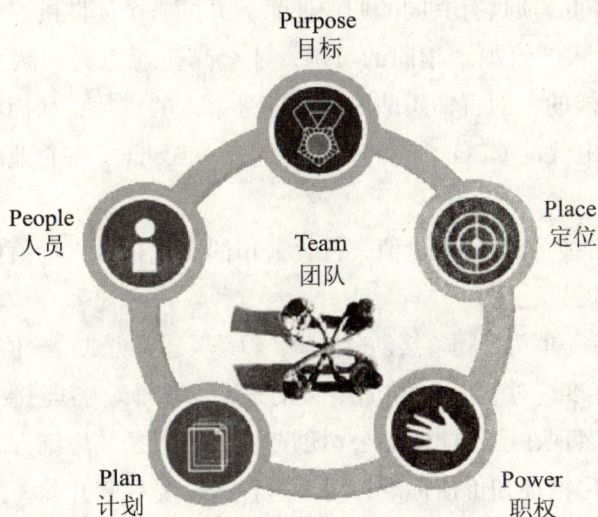

图 2—1 团队的五要素

（2）目标（Purpose）——共享愿景

团队应该有一个共同的目标，引导成员向同一个方向努力。卓越的管理者能够向成员描述一个美好的蓝图，并让大家认同这个愿景，一起为之付出努力。管理者还要善于将宏伟的大目标分解成一个个具体的小目标，落实到具体责任人，让成员清晰地知道如何完成任务、实现目标。

（3）定位（Place）——审时度势

在制定团队发展目标之前首先需要明确整个团队的定位，团队在发展过程中处于什么阶段，正在走向何方，团队最终对谁负责，团队采取什么方式激励成员等。同时团队成员也要明确个体的定位，自己在团队中扮演什么角色，能否胜任现在的工作。

（4）职权（Power）——各司其职

团队中每位成员都应当拥有各自的职责和权限，并对团队管理者负责。在团队发展的初期阶段管理权会相对比较集中，随着团队的成熟、制度的完善，管理者应该懂得下放权限，让下属分担责任。

（5）计划（Plan）——运筹帷幄

实现目标需要一系列具体的行动方案，可以把计划理解为达成目标的具体工作程序。按计划进行可以保证团队任务进度的顺利。只有在周密的计划下运作，团队才会一步一步地接近目标，最终实现目标。

团队成员之间必须具有共同的职业愿景，并同整个团队的目标、理念保持一致。只有和团队价值观念相同的员工，才会真正愿意为团队贡献自己的理想，因为对于这样的人而言，团队的成功即是个人的成功，从而将自己和团队融为一体。通用电气前CEO杰克·韦尔奇（Jack Welch）将企业的员工分为这样三类：

第一类人既能为公司创造价值又符合公司的文化精神、价值标准，对于这样的员工，应该提拔重用；

第二类人目前不能为公司直接创造价值，但是其思维方式、价值观符合公司的文化精神、价值标准，对于这样的员工，要对其进行培训，为其创造发展机会；

第三类人虽然现在已经能够为公司创造价值，但是其思维方式、价值观却不符合公司的文化精神和价值标准，对于这种人，要果断开除。能力反而会使他们在背离公司利益发展的方向上越走越远。

表 2—1 杰克·韦尔奇对员工的分类

员工分类	为公司创造价值	符合公司 文化精神、价值标准	对待方式
第 I 类	√	√	提拔要职
第 II 类	×	√	培训发展
第 III 类	√	×	果断开除

杰克·韦尔奇的人才观与中国古代史籍《资治通鉴》中的论述如出一辙：

"是故才德全尽谓之圣人，才德兼亡谓之愚人，德胜才谓之君子，才胜德谓之小人。凡取人之术，苟不得圣人、君子而与之，与其得小人，不若得愚人。何则？君子挟才以为善，小人挟才以为恶。挟才以为善者，善无不至矣；挟才以为恶者，恶亦无不至矣。"

"才"是一个人的工作能力，而"德"是一个人的品格与价值观。司马光认为与其任用有才无德的人，不如任用有德无才的人。后者尚有培养发展的空间，而前者则可能会给组织造成严重的破坏。

管理者通过行使其管理职能，致力于打造一个高效的团队，共同实现组织目标。一个高效的团队应该具备如表2—2所示的五个方面特征：

表2—2 高效团队的五个特征

目标明确	● 明确而具体的目标会产生更好的承诺、信任与协调。个体为了追求共同的目标而工作。
互相信任	● 团队成员彼此信任，并且形成依赖的关系。个人正直和诚实是团队成员之间良性互动的前提，也是团队行动力的保障。
分工协调	● 个体能够与团队中的其他成员协同工作。最终输出是集体成果，而非个人成果。
自我满足	● 内部责任感和成就感比任何由上司或外人强加的命令和评价都强烈。自我评估与满足感是高绩效团队的特征。
创造绩效	● 高效的团队必须是实干家，用绩效说话。高效团队的产出通常超出预期，令客户感到惊异和满足。

　　评估一个团队是否真正高效，最重要的衡量标准就是绩效。盈利能力是企业生存的根本，企业需要其员工为企业创造价值，因此一个有效的团队需要通过成绩证明自己存在的意义。一群在一起工作、但不以绩效为目的的人，不能称之为团队。如果团队始终不能实现正的绩效增长，意味着团队管理出现了严重的问题，必须进行重组和调整，找到问题的症结。只有目标明确、精诚团结、不断创造新业绩的团队，才是真正的团队、高效的团队、卓越的团队。

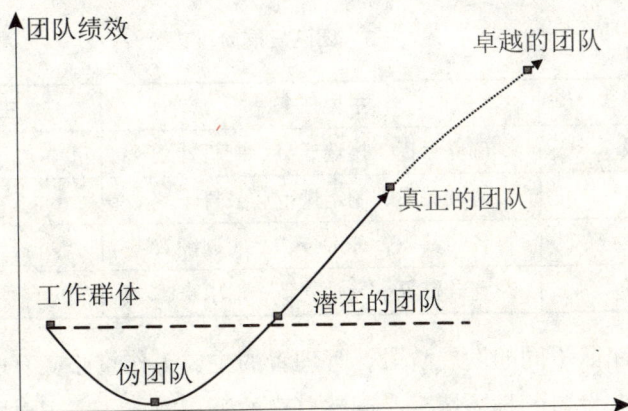

图2—2 团队绩效表现

2.1.2 发展阶段

　　若希望组建的团队能够最大程度地发挥其功效，达到一个有效团队的高绩效标准，需要首先了解团队发展的一般过程。美国管理学家布鲁斯·塔克曼（Bruce W. Tuckman）认为团队发展可以分为四个阶段：

第一阶段：形成阶段。团队刚刚形成时，大家彼此之间比较陌生，需要在工作中逐步建立信任和依赖关系，并达成一致的目标。此时团队管理者的主要管理职能是计划，明确团队发展方向，制订具体行动计划，并为成员分配各自的职责。

第二阶段：动荡阶段。在日常工作中，大家对一些事情意见不同，各执己见，会出现不服从领导、不愿受团队纪律约束的现象。此时团队管理者的主要管理职能是组织，约束并激励员工，改善协调员工的关系，令成员认识到团队和个人的利益关系。

第三阶段：规范阶段。经过一段时间磨合后，每个人对自己在团队中担任的角色有所定位，并就共同解决问题的方法达成共识，整个团队处于一种平衡的状态。此时团队领导者的主要管理职能是控制，对团队运作过程进行监控，为员工提供支持性的反馈并促进工作改进。

第四阶段：成熟阶段。经过长期共事，团队成员之间建立了稳定的联系，彼此能够互相关心、互相支持，从而有效圆满地解决问题、完成任务，团队内部达到高度统一，最终共同达到目标。此时的团队领导者的主要管理职能是领导，支持团队成员的新观点、协调他们的工作共同追求超常绩效。

表 2—3　团队发展阶段

发展阶段	主要任务	主要职能
形成阶段	确立目标、挑选成员、制订计划	计划
动荡阶段	协调关系、制定规范、鼓舞士气	组织
规范阶段	各司其职、分工合作、实现绩效	控制
成熟阶段	整合资源、鼓励创新、追求卓越	领导

因此，在团队不同的发展阶段，管理者的主要工作重心应有所差异，管理者需要根据团队发展的具体情况，调整自己的管理方式，实现对团队的有效管理，促进团队完成绩效、实现目标。

2.2 人员管理

人是团队最重要的要素，也是最为复杂、最难控制的因素。团队管理从根本上讲都是对人员及其行为活动的管理。管理者需要尝试洞悉人性的特征，才能实现对人员的有效管理。

2.2.1 人性假设

中国古代有"人性本善"和"人性本恶"的辩论。同样是儒家学派的代表人，孟子认为"人之性善也"（《孟子·告子上》），人生下来的时候都是善良的，受到后天环境的熏陶，逐渐成为各式各样的人；而荀子则认为"人之性恶，其善者伪也"（《荀子·性恶篇》），人的本性是邪恶的，善良是人为的，因此需要后天的教育。

美国行为科学家道格拉斯·麦格雷戈（Douglas Mc Gregor）提出著名的管理人"X-Y 理论"，该理论基于一对两种完全相反的假设，X 理论认为人们有消极的工作源动力，而 Y 理论则认为人们有积极的工作源动力，具体如表 2—4 所示。

表 2—4 管理人的"X-Y 理论"

X 理论	Y 理论
• 一般人的本性是懒惰的，工作越少越好，可能的话会逃避工作。	• 人们并非天性懒惰，大部人并不抗拒工作，在工作上体力和脑力的投入跟在娱乐和休闲上的投入一样，工作是很自然的事。
• 大部分人对组织的目标不关心，因此管理者需要以强迫、威胁处罚、金钱利益等诱因激发人们的工作源动力。	• 人们愿意为集体目标而努力，在工作上尽最大的努力，发挥才智和创造力。人们希望在工作上获得认同感，会自觉遵守规定。
• 一般人缺少进取心，只有在指导下才愿意接受工作，因此管理者需要对他们施加压力。	• 人们具有自我调节和自我监督的能力。即使没有外界的压力和处罚的威胁，他们一样会努力工作以期达到目的。

持不同理论的管理者会有不同的管理观念和采用不同的管理方式。持 X 理论的管理者会趋向于设定严格的规章制度，以减低员工在工作中的消极性；

而持 Y 理论的管理者主张用人性化的管理，使个人目标和组织目标一致，会趋向于对员工授予更大的权力，让员工有更大的发挥机会，以激发员工对工作的积极性。

西方管理学中对人性的假设分成若干个历史阶段，如表 2—5 所示。

正如"复杂人"假设所指出的，人是非常复杂的个体，管理者需要根据实际情况，针对不同员工灵活选取管理手段，以激励其工作积极性，由此产生了管理的"权变理论"。

表 2—5　西方不同历史阶段的人性假设

人性假设	基本观点	管理模式
工具人	●将劳动者看成是工具，不需要思维，只需要根据要求完成既定的操作即可，比如奴隶主将奴隶仅仅看成没有思想的工具，资本家将雇佣工人看成机器甚至只是机器的一个组件。	强制管理
经济人	●人是有理性的，且追求自身利益最大化，工作的动机出于经济诱导，因此在管理中强调用物质上和经济上的利益来刺激工人的努力工作。	科学管理
社会人	●人不仅仅关心个人的物质利益，还会追求人与人之间的友情、安全感和集体归属感。组织中人与人之间的关系是决定员工工作努力程度的主要因素。因此，管理者应当建立和谐的人际关系来促进工作效率和效益的提高。	人本管理
自我实现人	●人的需要是多层次的，人们有着最大限度的利用和开发自己才能的需要，希望能够有机会获得自身发展与成熟，"自我实现"是工作的最大动力。组织给予有挑战性的任务才能激发出员工的强烈工作热情。	
复杂人	●每个人的需求都不相同，工作动机复杂而且变动性较大，不仅因人而异，随时间和地点也不尽相同，由于人的需要不同，能力各异，对于不同的管理方式会有不同的反应，因此没有一套普遍行之有效的管理方法。	权变管理

"海底捞"餐饮公司成立至今，已经成为一种口碑相传的餐饮文化。去过海底捞的人都会被海底捞的服务深深触动，这是一家与众不同的火锅店，井然有序的侯餐区，随意选取的零食、水果，尤其是殷勤热情的服务员，让顾客在就餐的同时享受到人性化的关怀。在海底捞，对店长的考核只有两个指标，一

是顾客的满意度，二是员工的工作积极性，利润指标反而不在考核之列。海底捞创始人兼董事长张勇认为：服务上去了，顾客满意了，利润自然就来了。而顾客的满意度通常取决于员工的积极性，因此员工激励成为海底捞服务管理的核心。

[来源：黄铁鹰，梁钧平，潘洋."海底捞"的管理智慧[J].哈佛商业评论（中文版），2009年第4期]

2.2.2 管理角色

团队管理者需要对自身角色的三个层次进行细分，明确自己的定位，同时处理好自身和上司以及下属的关系，图2—3归纳了团队管理中不同层次的主要管理内容。一方面，管理者需要保持和上级的沟通，以确保自己能够准确理解上司意图，掌握组织整体发展目标；另一方面，能够将上级要求和团队目标准确传递给团队成员，激励其实现目标。管理者还应该加强自身学习与启发，在管理实践中不断提升自身素养和管理技能，这是重中之重。

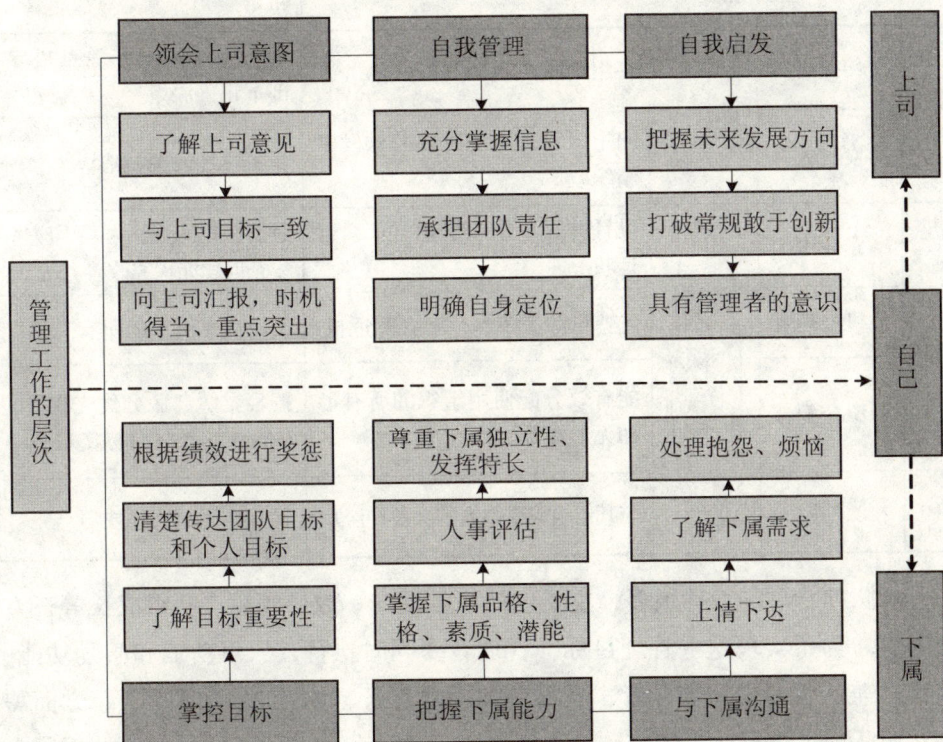

图2—3　团队管理工作的不同层次

● 管理者角色

团队管理既是科学，又是艺术。要掌握管理的要领，管理者首先要认识自己的角色内容并进行准确的定位。根据加拿大著名管理学家亨利·明茨伯格（Henry Mintzberg）的经理角色理论，管理者必须在各种场合分别扮演十种角色，形成相互联系的三大方面，具体内容归纳如表2—6所示。

表2—6　团队管理者的角色和功能

	角色		功能	理想状态
1	名义首脑	与人际相关	团队象征	员工引以为荣
2	领导者		制定目标、培育指导激励部下	以身作则精神激励
3	联络者		建立、维护关系网络	保持良好关系、影响能带来潜在利益者
4	监察者	与信息相关	获取信息、了解营运状态	及时准确掌握信息、适时决策
5	传播者		在组织内控制和发布信息	在适当的时间和地点指导部下正确决策
6	发言人		向上级管理者和外界公众发表组织政策	具备熟练公关技巧
7	企业家	与决策相关	设计并控制组织变化、革新营运状况	具备敏锐的观察力善于应付复杂问题能探究改善方法
8	危机处理者		迅速排除故障，化解各种危机	及时应对组织的所有变化
9	资源分配者		能有效分配使用组织的所有形和无形资源	按轻重缓急区分优先次序，保证组织整体目标实现
10	谈判者		与其他组织或个人进行各种谈判	具有熟练的谈判技巧

团队的管理的目标很多，主要包括绩效提升、成员满意、获得成长等三方面内容。为了实现这些管理目标，管理者要同时执行其人事功能和激励功能，通常身兼三重身份：督导者、教导员和啦啦队长，如图2—4所示。一方面需要对团队成员进行适当的控制，尤其在团队创建和动荡时期，组织协调下属之间的关系以增加团队效率，这期间需要管理者作为教练员为成员提供必要的培

训和指导，以帮助他们快速了解工作、适应岗位；同时作为富有激情的啦啦队队长，激励推动团队成员的工作进度以提高个人效率，加速工作进程；还需要作为督导者检查绩效。能够全方位多角度地整合能力，最大限度地提升团队价值，是管理者卓越领导力的体现。

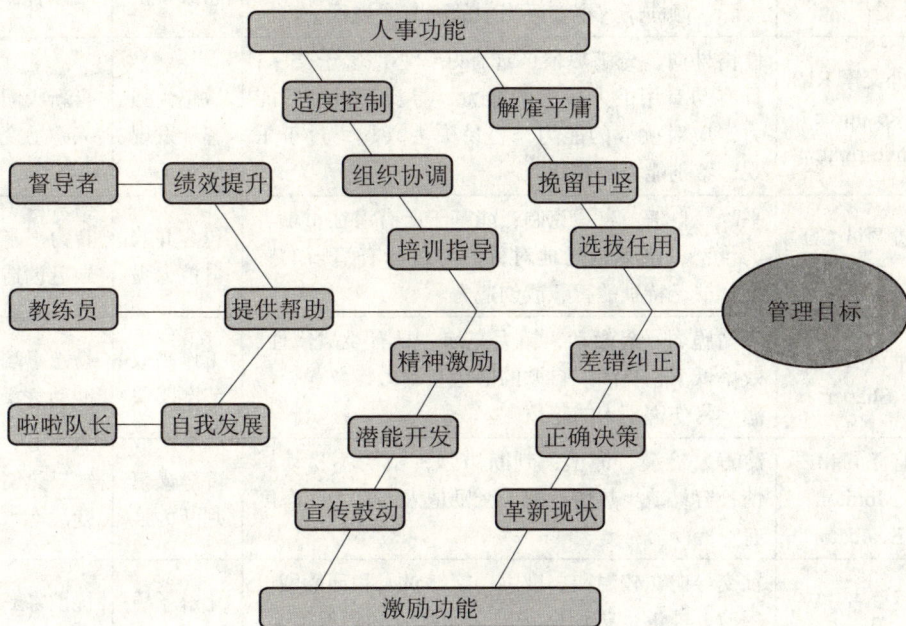

图 2—4 管理者的角色功能

● 成员角色

一个团队由具有不同个性和能力的成员组成，每个人贡献各不相同但都很重要。从领导者的观点出发，了解人们的各种角色非常重要，这样可以帮助团队发展得更好更快。剑桥大学雷蒙德·贝尔宾博士（Raymond M. Belbin）和他的同事们经过多年研究与实践，提出了著名的贝尔宾团队角色（Belbin Team Roles）理论，认为一个团队中应该包含九种不同的角色，如表 2—7 所示。

贝尔宾认为，人无完人，但是一个团队通过不同类型的人进行组合，可以是完美的。一个成功的团队需要不同能力的人，实现技能上的互补。通过对团队角色的分析，管理者应该对自己的团队进行审视，团队中各种角色是否具备，当然，并非要求将员工和角色对号入座，而是要求团队具备所需的能力素质，以保证能够处理各种可能遇到的问题。

表 2—7　贝尔宾的团队角色

成员角色	典型特征	积极品质	潜在弱点
智多星 PL Plant	个人主义、严肃认真、不保守；有天赋、想象力，高智力、知识丰富；能处理难题；容易脱离实际，倾向于忽视实际当中的细节或规程。	天分极高 想象丰富	好高骛远 难以合作
外交家 RI Resource Investigator	性格外向、充满热情、富有好奇心，善于交际；具有与有用的人接触的能力，寻找新机会的能力，应对挑战的能力；容易失去兴趣，过于乐观，鉴别能力较差。	敏感性强 善于发现	喜新厌旧 兴趣易变
协调员 CO Coordinator	平静、自信、自我克制；能基于所有潜在贡献者的优势，毫无偏见地对待，对目标有清晰的感悟，缺乏特别的智慧或创造力。	包容并兼 自控力强	智力平平 缺乏创造
推进者 SH Shaper	感情脆弱、易激动，精力充沛；具有挑战惰性、效率低下、自满或自欺的愿望与动力；急躁、易怒，易伤害别人的感情。	工作高效 节奏明快	易惹事端 冲动急躁
监督员 ME Monitor Evaluator	冷静、冷漠、谨慎；判断力强，精明不易动感情；容易缺少热情，缺少激励他人的能力，态度有点冷淡。	冷静谨慎 判断力强	缺乏热情 爱泼冷水
凝聚者 TW Team Worker	社交导向，较温和、敏感；能够对人和环境做出反应，能够促进团队精神；危机时刻犹豫不决，倾向于适应环境而不是变革环境。	化解矛盾 体察人情	优柔寡断 逃避压力
实干家 CW Company Worker	尽职、本分，行为可以预测；具有组织能力及实践常识；勤奋工作、自我约束；缺乏灵活性，对新想法反应慢，反对变化。	条理性强 善于组织	缺乏灵活 阻碍变革
完美主义者 FI Completer Finisher	能吃苦、有条理、辛勤工作，认真负责；能够实现誓言，追求完美；容易过度忧虑，不愿意委派工作，爱挑剔。	坚持不解 精益求精	焦虑感强 吹毛求疵
专家 SP Specialist	专注、积极主动，有奉献精神；能在回报较少的情况下提供知识和技能；仅仅专注于有限的领域，不能注意问题的宏观方面。	专注积极 奉献精神	视野狭窄 思维局限

　　蚂蚁给人的印象是勤勤恳恳，然而日本一个生物研究小组经过观察却发现，在蚁群中有少量的蚂蚁无所事事，东张西望，几乎不干活。但是当实验人员故意切断食物来源或破坏蚁穴时，这些蚂蚁则会挺身而出，带领蚁群寻找食

物和新居。其实这些蚂蚁并不是偷懒，而是在观察蚁群的整个生活环境，侦查备用的资源。

这就是所谓的"懒蚂蚁效应"。对应到一个团队中，所有人都非常忙碌，并不见得是件好事。团队中需要有人腾出时间和精力来掌握市场的全局状况，并思考权衡发展战略。一个高效的管理者，不需要事必躬亲，而是能把握全局，在关键方向上引导团队前进。

2.2.3　领导力

很多人常常将"领导者"和"管理者"划上等号，认为"管理者"就是"领导者"。实际上领导者和管理者在严格意义上是不同的。通常来说，管理者是"正确地做事"，而领导者是"做正确的事"。管理者是问题解决者，在既定的目标下组织团队完成任务，注重理性和控制；而领导者却需要主动设立目标，并以极大的热情带领团队前进去实现目标，更注重开拓和激励。管理者倾向于在既定的规范中组织、协调团队成员的关系及任务，让观点不一致的各方通过妥协达成问题解决方案；而领导者则擅长先给人们描绘愿景，再制订解决方案，并带领团队实现突破。表 2—8 列举了管理者与领导者典型的行为特征差异。

表 2—8　管理者与领导者的行为特征差异

管理者	领导者
● 强调效率	● 强调效用
● 注重任务	● 注重人
● 强调命令	● 注重双向沟通
● 强调控制	● 激发信任
● 运用职位权力	● 运用个人魅力
● 要求员工服从规范	● 引导员工进行变革
● 运用制度	● 强调价值观和理念
● 强调方法	● 强调战略
● 注重短期目标	● 强调长远发展方向
● 接受现状	● 追求未来

想成为一名领导者，需要拥有卓越的领导力。《领导力》一书的作者詹姆斯·库泽斯（James Kouzes）和巴里·波斯纳（Barry Posner）认为领导力就是动员大家为了共同的愿景一起奋斗的能力，并将领导力归纳为五种行为十项使命，如表2—9所示。

表2—9　卓越领导者的五种行为、十项使命

五种行为	十项使命
以身作则	● 明确理念
	● 树立榜样
共享愿景	● 描绘愿景
	● 感召他人
挑战现状	● 搜寻机会
	● 试验冒险
使众人行	● 促进协作
	● 助人发展
激励人心	● 认可他人
	● 庆祝胜利

领导者最为重要的品质是责任、能力与人格，这是不能用职位、头衔、财富来进行衡量的。一个成功的领导者必定充满人格魅力和决断力。在创业初期，领导者的个人魅力发挥主要作用；而当组织发展到成熟阶段时，随着管理范围的扩大、深度的加强，就不能仅仅通过个人魅力管理组织，需要通过规范的管理制度和完善的工作流程指导员工的行为。在一些大型组织中，组织关系错综复杂，工作任务繁多，如果缺乏良好的管理，组织必将陷入一团糟的局面，引发各种危机。有效的管理能够为组织提供规范的工作流程和可以预期的收益，从而保障组织有序稳健地发展。因此，著名领导力专家、哈佛商学院教授约翰·科特（John P. Kotter）指出：领导补充了管理，但不能替代管理。

中国一些家族企业的创始人都是优秀的创业家，靠个人的能力和魅力开拓了一片天地。在他们的悉心经营下，企业蒸蒸日上、发展迅猛，但是到第二代时，往往都会走下坡路，有的甚至陷入困境、一蹶不振。这正是因为创始人过分依赖个人的领导能力，而忽视了企业管理制度的建设。一旦企业交接给接班

人，创始人的影响力逐渐消逝，企业运转也随之失去方向。因此，华为创始人任正非尤其重视华为的制度建设。任正非指出，当公司小的时候，靠个人的力量是可行的，当公司达到一定规模后，必须将文化深植到管理制度之中。

● 领导风格

不同的领导者在管理团队时有着不同的领导风格，因而对团队成员的工作绩效和工作满意度有着不同的影响。美国心理学家库尔特·勒温（Kurt Z. Lewin）在研究中归纳出三种领导风格，包括专制型、民主型和放任型，具体特征如表2—10所示。三种不同风格可以从领导者的关注点加以区分，其中专制型的领导者倾向于集中职权，单方面做出决策，强制规定工作方法，并限制员工行为，专制型领导仅仅关心完成任务和提高效率，对团队成员不够关心，在处理事情时喜欢独裁，有家长作风；民主型的领导者致力于营造一种民主的氛围，鼓励员工参与制定决策，并通过授权给予员工较大的自由度，民主型的领导者力求在任务和人之间取得平衡，注重对成员加以鼓励和协助以促进其更好地完成任务，团队中一些重要事件都会经过所有成员充分协商讨论才做出决策；放任型的领导者对团队成员的工作采取放任的态度，把完成任务寄托于员工的自觉性，团队成员有充分的自主性，用自己认为合适的方式做出决策并完成工作，放任型领导仅仅提供一些必要的资料和咨询。

表2—10　不同领导风格的主要特点及其优缺点

领导风格	主要特点	优缺点
专制型	● 只注重工作目标，仅仅关心完成任务和工作效率； ● 各种决策由领导者独自做出，独断专行，不考虑别人的意见； ● 领导者自行制订团队目标和工作方针，并预先安排工作内容和方法，成员只能服从； ● 团队成员处于从属地位，没有参与决策的机会，只能奉命行事； ● 主要靠行政命令、纪律约束、训斥惩罚来维护领导者的权威。	● 执行效率高，资源配置集中，能够集中力量办事； ● 领导者与成员之间存在较大的心理距离和隔阂； ● 团队成员对工作的建议很少会被采纳； ● 团队缺乏合作与创新精神； ● 人际关系紧张，成员之间攻击言行明显。

领导风格	主要特点	优缺点
民主型	• 注重对团体成员的工作加以鼓励和协助，关心并满足成员的需要； • 团队目标和工作方针经过共同协商决定，在做出重要决策之前也会协商达成一致； • 鼓励有关工作的各种意见和建议； • 成员可以自己决定工作的方式和进度，有较多的选择性与灵活性； • 主要靠运用个人威信，而不是靠职位权力和命令使人服从。	• 工作效率比较高； • 团队成员的工作动机和自主意识较强，责任心强； • 成员之间关系融洽； • 整个团队富有创造性。
放任型	• 对和团体成员的工作采取放任的态度，不重视，无要求； • 对团体目标和工作方针没有指示，对具体工作和人员调配也不做明确安排； • 对成员的工作情况既不主动协助，也不主动监督和控制，听任其自主发展； • 对工作成果不做评价和奖惩，没有有效的激励机制； • 非生产性的活动很多，工作进展不稳定，成员之间人际关系淡薄。	• 工作效率最低； • 组织成员缺乏责任感； • 情绪消极，士气低落。

　　需要注意的是，勒温所谓的"放任型"领导风格和中国管理哲学中的"无为而治"不是一个意思。这里的放任即不作为，对团队采取不负责的态度；"无为而治"事实上是"有所为有所不为"，是一种当管理者在团队中营造了良性的工作氛围，团队成员能够发挥主观能动性后，管理者较少干预的状态。

　　勒温认为，不同的领导风格会导致不同的工作效率和员工满意度。为了验证他的假设，勒温开展了一系列的研究，结果发现放任型领导者的团队绩效最低，而且成员满意度也不高；专制型领导者的团队与民主型领导者的团队在工作数量上相当，但是民主型领导者的团队工作质量更高，而且成员的工作满意度更高。勒温根据上述结果得出结论，认为民主型的领导风格是最有效的领导风格。但是需要注意到，勒温的研究仅仅关注了领导者本身的风格，没有充分考虑领导者所处的实际情境。事实上，领导者行为的效果不仅仅取决于其自身的领导风格，还受到被领导者以及周边环境因素的影响，比如当团队承担的任务难度系数很高、具有相当程度的挑战时，专制型的领导风格具有更高的工作效率。

　　美国行为科学家罗伯特·布莱克（Robert R. Blake）和简·莫顿（Jane S. Mouton）在勒温的基础上进一步提出"管理方格"理论。布莱克和莫顿从领导者对任务的关心程度和对人员的关心程度两个维度来考量领导者的风格，用横轴表示对任务的关心，纵轴表示对人的关心，并按照关心程度由低到高划分为九个小格，共有八十一个方格，如图 2—5 所示，其中每一小格代表对"任务"和"人员"的不同关心程度组合形成的领导方式。

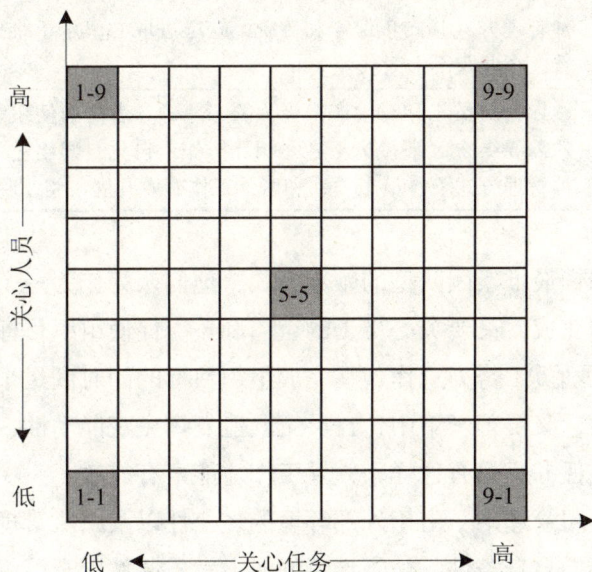

图 2—5　管理方格

　　在上述管理方格图中，布莱克和穆顿重点列举了五种典型的领导方式，包括放任型（1-1）、专制型（9-1）、俱乐部型（1-9）、中庸型（5-5）、团队型（9-9），具体表现如表 2—11 所示。

表 2—11　管理方格理论的五种典型领导方式

领导风格		具体表现
1-1	放任型	●领导者对员工的关心和对生产任务的关心都很少，采取放任不管的态度，只做一些维持自身存在最低限度的工作，这种方式无疑会使企业失败，但在实践中也很少见到。

续表

领导风格		具体表现
9-1	专制型	● 领导者只注重任务的完成，不重视员工的需求和满足，采用"大棒"的专制方式，强迫员工完成任务，员工只能奉命行事，容易丧失进取心和创造力。
1-9	俱乐部型	● 领导者特别关心员工，倾力维护同事和上下级的关系，认为只要员工关系和谐，生产效率自然提高。这种管理方式过于依赖人的主观能动性，一旦人际关系受到了影响，生产业绩会随之而下降。
5-5	中庸型	● 领导者既关心人，也关心任务，但是程度适中，避免顾此失彼。这种管理方式倾向于保守和传统，缺乏进取心，乐于维持现状，从长远看，企业跟不上时代发展。
9-9	团队型	● 领导者对员工和对生产都极为关心。领导者努力使组织的目标和员工的需要结合起来；员工之间相互协作，自觉自愿出色完成工作。在这种管理方式下，员工关系和谐，工作有效开展，组织目标顺利实现。

　　布莱克和穆顿最推崇团队型的领导方式，他们认为作为一个领导者，既要关心企业任务的完成，又要关心员工的正当利益，促使组织目标和个人目标保持一致，从而激励员工努力工作，在完成组织目标的同时满足个人需要；领导者既要发扬民主，又要善于集中，让员工既能发挥主观能动性，又能准确有序地按照计划完成任务。只有这样，领导工作才能卓有成效。

　　在实际的组织管理中，由于外部环境的多变性以及团队管理的复杂性，团队领导者需要根据自身条件、被领导者的能力素质条件以及组织内外环境，灵活选取合适的领导风格，在不同的情境中获得最佳效果。在某些环境下需要领导者独断专行，迅速决策，而在另外一些相似的环境中却需要通过民主的方式促使所有成员达成共识。领导者能够在不同环境中综合运用自身的领导技能，实现不同管理风格的转换，这是领导力很高的表现，需要领导者具有高超的"环境智慧"。

　　● 环境智慧

　　哈佛大学教授理查德·哈克曼（J. Richard Hackman）等人在研究团队领导者的行为时指出，如何领导团队并无定规，领导者必须能够完整地构建情景模型，掌握该模型下行为执行所需技能并从实践中总结积累经验，在面对未知问题时，尽管不能总是做出科学预测，但是可以通过直觉感知不同情景下的重要因素，从而快速做出决策。这种"直觉"就是所谓的"环境智慧"。宋朝优秀将领岳飞曾这样描述行军布阵的奥妙："阵而后战，兵法之常，运用之妙，存乎一心。"对于管理也是如此，只有熟稔各种可能的情景，积累大量的管理实践经验，并根据实际情况灵活决策，才能真正获得成功。

管理面临的外界环境是复杂多变的，个人的力量也是有限的，领导者要善于借助各种力量，准确地把握时机，做到"四两拨千斤"。外界环境变化有其客观的规律，只有把握时代的脉搏，顺应经济发展的大潮，事业才能发展和昌盛。《孙子兵法》云："激水之疾，至于漂石者，势也。"极速奔泄的水流能够令石块漂起来，完全是因为流水的"势"造成的。领导者也要善于利用这种"势"来推动事业的成功。要想在信息爆炸、变化无常的市场环境中有效地展开领导工作，就需要领导者掌握环境智慧，巧妙地识别环境、感知外界的变化规律，利用好外在环境的力量，正确有效地推动团队前进。不仅如此，团队中每个成员所擅长的角色不同，在不同的情境下所能发挥的作用不同。《孙子兵法》又云："择人而任势。"只有看清所处的环境，选择合适的人去解决不同的问题，做到知人善任、人尽其才，才能驾驭好不同的团队。

金山软件董事长、小米科技创始人雷军有一个被业界广为流传的"飞猪理论"。雷军说："做事情的核心在于顺势而为。只要站在风口，猪也能飞起来。"雷军参与的第一次创业处于中国互联网发展的浪潮中，他准确地看到了人们对互联网应用的需求，领导金山软件团队开发了一系列成功的软件产品。他的第二次创业又适逢移动互联网的发展大潮，这一次他敏锐地意识到移动终端（手机）在移动互联网中的主导地位，领导团队推出小米手机，大获成功。

环境智慧是一种可以学习的技巧，人们可以通过有意识地训练可以改善对复杂问题的思考能力，更好地体验所处的情景，摆脱思维定势的束缚。环境智慧还与情商有着密切的关联。有的人很聪明，他们能把一些小事做到极致，但是却办不好大事，这是因为缺少办大事的智慧。他们的视野受限，只能看到自己手上的一些琐事，不能纵观全局，整体谋划，只见树木，不见森林。如何打开视野，把自己之前的办事经验融会贯通，形成宏观而缜密的决策思维，并应用到对未来的判断决策之中，正是培养环境智慧中"直觉"的精髓所在。

2.3 目标管理

个人没有目标，则会失去前进的动力；团队没有共同的目标，则会导致成员无法向同一个方向努力。试想如果拉犁的几匹马向不同的方向使劲，其结果可想而知。在企业中，如果一个领域没有明确的目标，这个领域的工作必然被忽视；如果一个目标没有落实到具体责任人，这个目标必然难以实现；如果没有方向一致的分目标来指导各级人员的工作，那么企业规模越大、人员越多时，发生冲突和浪费的可能性就越大。因此，企业的使命和任务必须转化为明确而具体的目标。

彼得·德鲁克（Peter Drucker）在 1954 年提出"目标管理（Management By Objective，MBO）"的概念。德鲁克认为，做正确的事比正确地做事更加重要，人们不是有了工作才有目标，恰恰相反，有了目标才能确定每个人的工作。"目标管理"就是根据组织的战略规划，把各项管理目标逐级分解，形成一项项目标清晰、主次分明、责任明确、可管可控的活动，激励员工共同参与，以实现组织和个人目标。"目标管理"强调管理者必须卓有成效，所有管理活动都必须确保取得最终成果，因此也称为"成果管理"。

2.3.1 管理原则

目标管理作为一种先进的管理思想，与传统的管理方法相比具有以下几个革新的管理原则：

（1）自我控制

德鲁克认为，员工是愿意负责的，他们愿意在工作中发挥聪明才智和创造性去创造业绩，获得认可和回报。目标管理是一种民主的、自我控制的管理制度，主张把个人需求与组织目标结合起来，使个人目标与组织目标相一致，用"自我控制的管理"代替"压制性的管理"，使员工在工作中实现自我激励和自我控制，从而调动员工的积极性。这种自我控制实际上基于 Y 理论的人性假设，管理者通过引导使得员工个人的奋斗目标符合组织发展的需要，并给予员工以充分信任。

（2）参与管理

传统的管理是一种"压制性的管理"，组织目标由最高管理者制定，然后分解成子目标落实到组织的各个层次上，中下级管理者和一般员工只能被动地执行。目标管理则强调全员参与，组织目标的制定要由上下级共同协商，目标的达成过程是上下级共同参与的结果，因此目标任务的最终执行者同时也是目标的最初制定者。通过员工参与目标制定过程，调动员工的主观能动性，让员工从"要我干"转变为"我要干"。

（3）重视成果

目标管理不关注完成目标的具体手段与方法，工作成果是评价管理工作绩效的唯一标准。因此，在目标管理制度下，监督的成分很少，同时通过制定目标考核体系，为客观评价员工的实际贡献大小提供参考，因此这种方式控制目标实现的能力很强，有利于充分发挥执行者的主观能动性，在工作弹性和灵活性的前提下保证结果的可控性。

表2—12　目标管理与传统管理方式比较

比较维度	传统管理	目标管理
目标制定	●上级制定并下达任务	●上下级共同讨论制定
员工参与	●仅仅是执行者	●能充分参与并发表意见
管理方式	●命令管制	●自我管理
管理导向	●注重过程	●结果导向
绩效评价	●由上级考核	●上下级共同评价

2.3.2 目标体系

实行目标管理，首先要建立一套完整的目标体系，从企业的最高主管部门开始，然后自上而下地逐级确定目标。有时候一个复杂的项目，还需要将目标层层分解。

在组织层级维度上，按照管理层级分为组织目标、部门目标、小组目标和个人目标。首先将组织总体目标分解为部门目标，再将部门目标分解为小组目标，最后将小组目标分解为个人目标，形成一个层层支撑、环环相扣，责、权、利明确的目标体系。

在时间维度上，可将长期目标分解成几个中期目标，然后分解成具体的大目标，大目标再一直分解下去，直到知道现在应该做什么。实现目标的过程则是由现在到将来，由低级到高级，由小目标到大目标，循序渐进的；而设定目标的办法则是相反，可以运用"剥洋葱法"，由将来到现在，由大目标到小目标，由高级到低级层层分解。

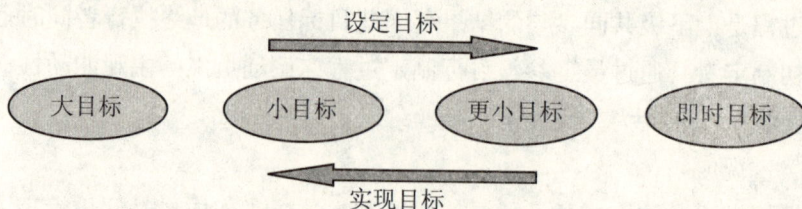

图2—6 设定目标与实现目标

在职能维度上，可以按照职能不同分为经营目标和管理目标，经营目标包含销售额、费用额、利润率等指标，管理目标包含客户保有率、新产品开发计划完成率、产品合格率、安全事故控制次数等；

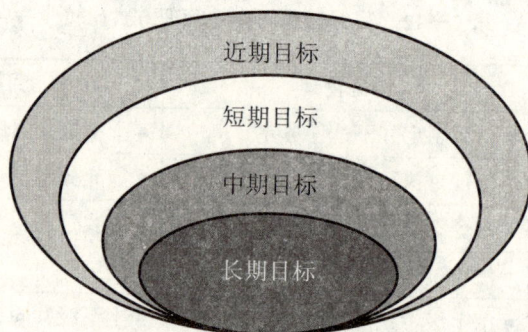

图2—7 "剥洋葱法"设定目标

根据评价方法的客观性与否，还可以分为定量目标和定性目标，定量目标包含销售额、产量等，定性目标包含制度建设、团队建设和工作态度等。

上述这些目标往往有交叉，如公司年销售额是经营目标、公司目标、定量目标，也是客观目标、关注结果的目标；人力资源制度完善是管理目标、部门目标、定性目标，也是主观指标、关注过程的指标。因此，应该根据企业发展的成熟程度不同选择合适可行有效的目标体系。

2.3.3 管理步骤

目标管理的过程可以分为三大步骤，包括目标设定、计划执行、成果评价，如图2—8所示。

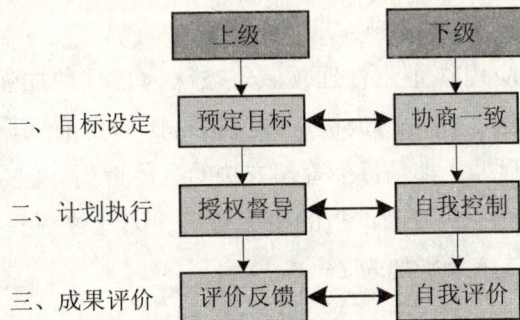

```
                        上级              下级

一、目标设定          预定目标    ◄──────►    协商一致

二、计划执行          授权督导    ◄──────►    自我控制

三、成果评价          评价反馈    ◄──────►    自我评价
```

图 2—8   目标管理步骤

第一步：设定目标。

设定目标应具体明确，每一个目标都有明确的评价指标和明确的完成时间，具体可以分成如下三个层次：

（1）高层管理者预定总体目标。高层管理者必须根据组织的使命和长远战略，估计客观环境带来的机会和挑战，对组织的优劣有清醒的认识，对组织应该能够完成的总体目标心中有数。

（2）与下级协商具体目标。高层管理者使下级明确组织的总体规划和目标，然后商定下级的分目标。分目标要具体量化，便于考核；每个员工和部门的分目标要和其他的分目标协调一致，支持本部门和组织整体目标的实现。目标设置要坚持员工参与、上下沟通，使拟定的工作目标在组织及个人之间达成一致，并形成书面协议。

（3）审视回顾目标体系。对整个组织的目标体系绘制出目标图，高层管理者需要重新审视现有的目标体系，明确所有目标的责任者，保证"目标到人、人有目标"，并协调彼此之间的协作关系。

第二步：计划执行。

目标制定之后，管理者应授予下级相应的资源配置权力，依靠执行者的自我管理和控制完成目标。管理者的主要责任在于综合管理、指导协助、提出问题、提供信息、整合资源以及创造良好的工作环境等方面。

第三步：成果评价。

目标管理要求管理者不断地将任务的进展情况反馈给个人，以便他们能够调整自己的行动。反馈绩效的方式包括正式的评估会议、上下级共同回顾和检查进展情况，等等。

● 优点缺点

目标管理广泛应用在企业管理领域，被认为是一种加强计划管理的先进的、科学的管理方法，在中国也被广为应用，比如目前采取的企业承包责任制、干部政绩考核制等，都是目标管理方法的具体运用。但是这种结果导向的管理理念也可能引发一些较为严重的负面效果，因此被一些管理学者所诟病。目标管理的优点和缺点分别如表2—13所示。

表2—13　目标管理的优点和缺点

优点	
有效激励	● 目标管理将具体目标落实到每个员工身上，通过上下级协同制定目标，并制定明确的激励体系，引导员工进行自我管理，将个人利益和组织利益紧密联系起来，调动了员工的主动性、积极性、创造性。
高效管理	● 目标管理是一种结果式管理，迫使组织的每一层次、每个部门及每个成员首先考虑目标的实现，尽力完成目标。目标管理不限定完成各自目标的方式、手段，给大家一定的发挥空间，提高了组织管理的效率。
职责明确	● 目标管理使组织各级主管及成员都明确组织的总目标、组织的结构体系、组织的分工与合作及各自的任务。为了完成目标，主管人员必须赋予下级相应的权力。
有效控制	● 目标管理通过目标分解后的推进保证组织总目标实现，强调结果控制，但并不意味着目标分解下去便没有事了；组织高层在目标管理过程中要经常检查、对比目标、进行评比，如果有偏差就及时纠正。
缺点	
目标制定困难	● 组织内的许多目标难以定量化、具体化；许多团队工作在技术上不可分解；组织的内部活动日益复杂，使组织活动的不确性越来越大，这些都使得组织的许多活动难以制订量化的目标。
人性假设过好	● 人通常有自私的一面，尤其在监督不力的情况下，因此许多情况下，部门和个人可能只关注自身的目标，忽略了相互协作和组织目标的实现，容易导致本位主义、急功近利、不择手段。
增加管理成本	● 目标商定时要上下反复沟通、统一思想，耗时耗力。
考核难以公平	● 奖惩不一定都能和目标成果相匹配，很难保证公正性，从而削弱了目标管理的效果。
目标不够灵活	● 组织必须根据不断变化的内外部条件对目标进行不断地修正，而稳定性又是目标管理所必须的一个要求，从而使得目标管理缺乏灵活性。
注重短期收益	● 目标管理所确定的目标一般都比较短期，很少超过一年。过于强调短期，容易忽视企业长期的发展，对以后的项目造成一定的困扰。

"质量管理之父"爱德华·戴明（Edward Demming）曾对目标管理提出严厉的批评，甚至将其称为"对今日美国管理最具有破坏性的力量"。戴明指出，目标管理过分注重结果而忽视过程控制，会导致带来压力和控制，导致上下级之间不信任，而在这种压力之上建立的目标和考核体系，不可能给员工提供真正的动力；企业在制定目标时，往往只注重追求取得成果，很少会同时建立一套帮助员工改进工作方式的系统。

批评者在指责"目标管理"时常常援引纽约交通警察局的案例。该警察局有一段时期出现多起非法逮捕事件，许多无辜的人被指控有罪。事件曝光以后警察局开展调查，发现一个分局的4位警察对这些非法逮捕事件负有主要责任。可令人惊讶的是，这4位警察居然是该分局的优秀职员。调查人员经过深入分析后发现，原来这个分局采用了所谓的"目标管理法"，根据警察的逮捕数量，尤其是对重罪和性骚扰罪逮捕数量评定该警察的工作业绩、表彰、提升。这几位警察为了完成指标，滥用权力，用栽赃、诬陷等非法手段逮捕居民，反而得到分局的认可和奖赏。这种唯绩效是图的执法手段使得民众对警察机构丧失信任，对社会稳定造成了巨大的破坏。上述现象在中国也时有发生，沸沸扬扬的"钓鱼执法事件"不仅对被处罚的群众造成了伤害，也严重损害执法机构的公信力。

事实上，戴明所指出的问题并非德鲁克提出"目标管理"的本意。目标管理强调员工参与与自我的控制，目标由上级和员工本人协商制定，通过目标推进团队协作和激励员工。一个组织如果有一套明确的可考核的目标体系，那么其本身就是进行监督控制的最好依据，但是这一点在实际中却难以真正落实。鉴于上述分析，在实际中推行目标管理时，除了掌握具体的方法以外，还要特别注意把握工作的性质，分析其分解和量化的可能；作为管理者，必须随时跟踪每一个目标的进展，发现问题及时协商并采取正确的补救措施，使目标管理的推行建立在科学管理基础上。推行目标管理要做好相关配套工作，如提高员工的素质，健全责任制度，等等，做到逐步推行、长期坚持、不断完善，才能达到良好的效果。

2.4　绩效管理

中国古代行政管理一直强调对各级官吏进行考核，称为"考课"。考核的内容主要包括两个方面，一个方面是政绩，即官员行政管理工作的绩效，第二个方面则是个人品行方面，比如为清廉、忠孝等。比如在明代，京官每六年"京察"一次，地方官每三年一次"大计"，根据考核成绩分成若干等级，并有相应的奖惩机制。但是在具体执行中却无有效的监督，使得这些考核制度流于形式化，甚至成为考察者以权谋私的手段。明代著名的张居正改革，其中一项重要内容就是改革"考成法"，通过六部与都察院上下级相互监督，并建立问责制，做到"立限考事"、"以事责人"，以加强对考核过程的监督。"考成法"形成了一套的完整的考核管理机制，对于管理者的主要启示在于绩效目标需要明确、责任人员需要落实、考核过程需要监督。

政府治理需要成效，企业经营需要效益，管理者升迁需要业绩，因此绩效对管理者而言至关重要。彼得·德鲁克在《卓有成效的管理者》一书中明确指出：管理者必须卓有成效。企业聘用职业经理人，就是希望他的工作能够为企业创造绩效，实现盈利。管理者必须在他的组织中开展有效的工作，否则就有负于聘用他、信任他的董事会或投资方。

2.4.1　绩效涵义

从管理学角度来看，绩效是组织为实现其目标而采取一系列行动获得的成果。绩效包括个人绩效和组织绩效两方面。组织的绩效往往按一定的逻辑关系被分配到每一个具体的工作岗位上，只有每个人都完成各自的绩效，组织的绩效才可能实现。但是如果组织战略失误，则可能导致即使个人完成绩效但是组织绩效依然失败的局面。

从经济学角度看，绩效意味着组织的产出超过投入，实现正向增长，因此绩效与企业成本密切相关。从个人来看，个人的绩效与薪酬形成对等关系，因为企业在确定具体薪酬时，主要参考员工的工作表现，即个人绩效。

从社会学角度来看，绩效意味着组织的每个成员需要承担组织内部分工所确定的职责。组织绩效并不取决于某个人单独的绩效，而是所有个体的绩效综合，因此个人的贡献和价值也需要得到其他人绩效的保证。组织共同的利益使得每个个体形成一个有效的整体。

从绩效的内容来看，绩效可分为任务绩效（Task Performance）和关系绩效（Contextual Performance）。任务绩效即通常意义上的工作业绩，指个人在完成生产和服务活动的本职工作方面取得的成果和效用。与任务绩效相比，关系绩效不是直接的生产和服务活动，而是体现在工作过程中对他人的支持、对组织的支持和对工作的态度等，具体包括个人的人际技能提升、维持良好的工作关系和支撑他人完成工作任务的动机。由于现代工作交错复杂，协作配合日益重要，团队协作对组织绩效的促进作用是巨大的，即使个人的任务绩效非常突出，但是如果此人不懂得与人配合，甚至暗中破坏他人工作，对组织整体绩效的影响是非常负面的，因此关系绩效的重要性也日益凸显。虽然目前关系绩效尚无法有效衡量，但是它可以提高整个组织的运作效率，从而促进组织绩效的达成，这一点已经得到管理学界的公认。

从绩效的衡量方式来看，可分为单一指标绩效和综合绩效。单一指标绩效中一个常用指标是财务绩效，即从财务角度评价个人或组织的工作成果，常用方法包括关键绩效指标（KPI）体系等。综合绩效则是从全方位多角度来评价个人或组织的工作，常用方法包括 360 度反馈、平衡计分卡等。

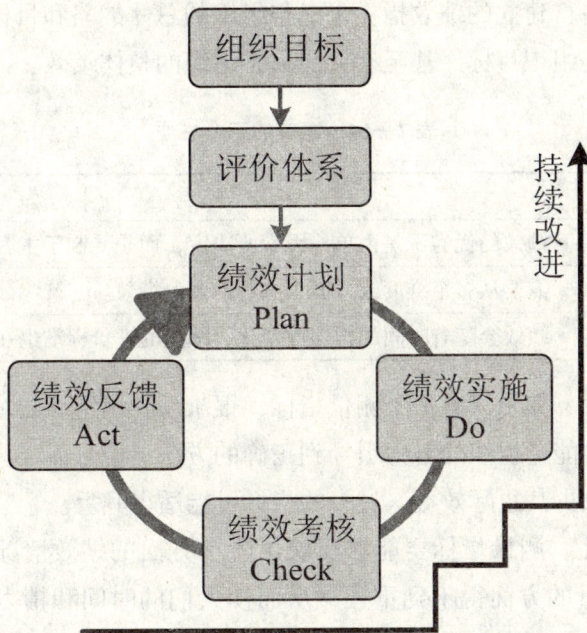

图 2—9 绩效管理体系

67

很多人简单地把绩效管理等同于绩效考核，实际上，绩效考核只是绩效管理的一个环节，是绩效管理的一种手段，绩效考核实质上反映的是过去的绩效，而不是未来的绩效。而绩效管理更注重的是对未来绩效的提升，着眼于未来的发展战略。绩效管理不仅是人力资源管理的重要组成部分，更是企业强有力的管理手段之一。

完整的绩效管理流程主要包括：绩效计划、绩效实施、绩效考核、绩效反馈几个步骤往复循环，最终实现组织和成员的绩效不断提升，如图2—9所示。

2.4.2　评价体系

由上述介绍可知，绩效是一个复杂的评估体系，具有多因性、多维性、动态性。要想有效地考核评估员工和组织的绩效成绩，首先必须建立科学全面的绩效评价体系。

完善的绩效指标评价体系具有四个基本要求：

（1）一致性。绩效指标体系必须与组织的战略和目标相协调。有些组织甚至没有就其战略达成共识就开始制定考核指标，这样的指标体系就成了一种摆设。有的组织建立了整体战略却未能将其分解为一系列协调一致的可测量指标，使得员工自行建立的绩效指标未必与组织的总体战略和目标相一致，如果他们的努力偏离组织目标，甚至有可能损害组织的整体绩效。

表2—14　绩效的三个性质

性质	特点
多因性	●绩效的优劣不是由单一因素所决定，而是受制于主客观多种因素。
多维性	●需要从多个维度或方面去分析与评价绩效。
动态性	●绩效会随着时间的推移而变化，绩效的评价标准也在变化。

（2）均衡性。如果只有一个测量指标，很难反映出组织的绩效全貌。建立多指标的体系才能把组织的努力引导到正确的方向。但是需要注意的是，指标数量的增加会减少其边际效益，过多的指标可能适得其反。

（3）完整性。测量指标要能够反映出各个方面的绩效情况。不完整的指标会使未被测量的方面得不到重视，从而使人们的时间和精力的分配难以达到最优。

（4）可控性。如果测量的指标只受到可预测因素的影响，这个指标就是可控的，它对绩效的反映就是可靠的。但是这种理想状况在实际中难以实现，比如销售人员的业绩不仅与个人努力程度有关，也受市场波动影响。测量指标受到外部因素的影响越大，该指标所反映出的绩效状况与个人或部门努力之间的关联性就越差。

2.4.3　绩效计划

人们往往只重视年终的绩效考核，而忽视年初的绩效计划。事实上，成功的绩效管理是从做绩效计划开始的。只有进行精心地计划，才能够明确奋斗的目标，因此绩效计划是绩效管理走向成功的第一步。在制定绩效计划时，各级管理者需要和员工进行充分沟通，并将沟通结果落实为正式的书面绩效计划和评估表。通过绩效计划可以在组织内部建立起一套科学合理的管理机制，有机地将组织战略与员工的具体目标相结合。

绩效计划准备

在制定绩效计划前，必须事先准备好相应的信息，包括：

（1）组织目标。员工的绩效计划应当与组织目标结合在一起，在制定绩效计划之前，管理者和员工需要就组织的战略目标和年度经营计划进行沟通，并确保双方的理解没有任何歧义。

（2）部门目标。每个部门的目标是根据组织的整体目标逐渐分解而来的，员工应当充分了解本部门的长远计划和年度目标。

（3）个人信息。员工应当清楚自己的岗位职责，保证个人的工作目标与职位的要求联系起来；还应当对上个绩效考核期的工作进行回顾，反思存在的问题和不足，同时根据本期的变化调整工作计划。

绩效计划沟通

绩效计划是双向沟通的过程，管理者应该与员工一起做决定，而不是代替员工做决定。员工是真正最了解自己所从事的工作的人，因此在制定工作计划时应更多地发挥员工的主动性。管理者的主要作用在于如何使员工个人工作目标与团队业务目标乃至整个组织的目标结合在一起，以及员工如何在组织内部与其他人员或其他部门的人进行协调配合。

在这个阶段，管理人员与员工必须经过充分的交流，对员工在本次绩效期间内的工作目标和计划达成共识。绩效计划会议是进行沟通的一种普遍方式，在进行绩效计划会议时，首先回顾一下已经准备好的各种信息，在沟通的时候气氛要尽可能宽松，把焦点集中在开会的原因和应该取得的结果上。

绩效计划确认

当绩效计划结束时，应达到以下的结果：

（1）员工的工作目标与组织的总体目标紧密相连，并且员工清楚地知道自己的工作目标与组织总体目标之间的关系；

（2）员工的工作职责和描述按照现有的组织环境进行了修改，可以反映本绩效期内主要的工作内容；

（3）管理者和员工本人对其主要工作任务的内容、各项工作任务的重要程度、完成任务的标准、员工在完成任务过程中享有的职权都已经达成了共识；

（4）管理者和员工都十分清楚在完成工作目标的过程中可能遇到的困难和障碍，并且明确管理人员所能提供的支持和帮助；

（5）形成一个经过双方协商讨论的绩效计划表，包括员工的工作目标，实现工作目标的主要工作结果，衡量工作结果的指标和标准，各项工作所占的权重，并且管理人员和员工双方要在该文档上签字确认。

2.4.4　绩效辅导

在绩效计划实施过程中，员工应当及时向主管汇报工作进展，并就工作中遇到的个人能力无法克服的障碍向主管求助，以寻求帮助和解决办法，这就需要管理者进行必要的绩效辅导。对管理者而言，绩效辅导不是简单地花费时间指导员工如何工作，绩效辅导是管理者对员工绩效计划进行控制的过程，是绩效管理不可忽视的重要环节，具有如下三点重要的意义。

第一，有助于掌握员工工作进展状况。

管理者和员工沟通达成绩效计划后，不等于员工的绩效计划能顺利完成。管理者应及时掌握下属工作的进展情况，了解员工在工作中的表现，有助于管理者客观评价员工的实际能力和工作态度，对员工工作中出现的偏差进行及时的纠正。如果员工遇到困难，还应提供必要的辅导。如果发现某些高效、先进的工作方式，可以总结推广工作经验，使部门甚至整个组织所有员工绩效都得到提高。

第二，对员工工作进行必要的辅导支持。

在工作过程中，员工可能因为工作环境和条件的变化遇到在制定绩效计划时没有预期到的困难和障碍，这时员工应该及时向上级汇报，以获得帮助指导和资源支持。对下属员工进行工作指导是管理者的重要职责之一，管理者要与员工共同分析问题产生的原因。如果属于员工本身技能缺陷，管理者则应该提供技能上的辅导和培训，帮助员工实现自我提升；如果属于外部障碍，管理者应在职权范围内合理调动各方资源，尽量帮助下属排除外部障碍。

第三，在必要时对员工绩效计划进行调整。

绩效计划是基于对外部环境和内部条件判断的基础上做出的。然而这些内外部环境是不断变化的，比如市场竞争环境的变化使产品价格政策发生变化，从而导致产品销售额的目标发生变化；或者由于某个技术问题无法解决，导致产品不能及时上市等等意外情况，在这些情况下最初的绩效计划可能变得无法实现，然而产生这些问题却不是被考核者的责任。管理者通过绩效实施过程中和员工的沟通，可以对绩效计划进行必要的调整，使之更加适应组织内外部环境的变化。

2.4.5 绩效考核

绩效考核并不仅仅是考核本身，而是包括三个步骤：第一，测量实际工作绩效；第二，将实际绩效和绩效计划进行比较；第三，对绩效误差进行分析改进。

第一步：测量绩效

管理者在测量实际绩效时，通常可以采用个人观察、统计数据、口头汇报和书面报告等形式。这些方式各有优缺点，结合使用可以大大增加信息的来源并提高信息的可信程度。

个人观察的方式有助于获得关于实际工作情况的第一手资料，这样获取的信息未经过过滤，可以观察到很多细微的情况。这种方法的缺点包括：管理者对员工可能存在偏见导致评价标准不一、被考核成员缺乏信任导致信息不全甚至失真、耗费大量时间等。

统计数据报告可以清楚地显示各种数据间的关系，不仅有文字还包括各种图形。但是统计数据反映的只是少数可以用数值衡量的因素，还有大量无法量化的信息无法衡量。

口头报告如汇报、谈话或电话交谈等也是获取信息的重要形式。这种方式快捷方便，直接反馈，还可以通过语气表情等来传达信息。

相比上述三种方式，书面报告的方式更为正式，比口头报告更精确和更全面，也更容易存档和查找。

考核工作对信息的要求可从以下五个方面来考虑：

（1）信息是否及时？

（2）测量单位是否适宜？

（3）信息的可靠性和准确性如何？

（4）信息是否使用有效，即对所要解决的问题有用么？

（5）信息是否送达到了适当的地方？

第二步：绩效比对

考核工作结束后，还需要将实际绩效和绩效计划进行比较，确定有无偏差及偏差大小，从而发现计划执行的问题。出现偏差是在所难免的，并非所有的偏离计划的情况均需作为问题来处理，因此必须确定一个可以接受的偏差范围。若偏差在允许范围内，则考核完成；若偏差过大，则需要进行分析纠错。

第三步：分析纠错

分析纠错是考核的第三阶段。管理者和员工必须花大力气找出偏差的真正原因，而不能简单地头疼医头脚痛医脚，一味地追求消灭偏差并不能解决真正的问题。在分析造成偏差的原因时，可以采用"鱼骨图法"，从绩效误差的表象一层一层分解深究下去，最终找到根本原因并加以消除，这才是解决问题的根本思路。

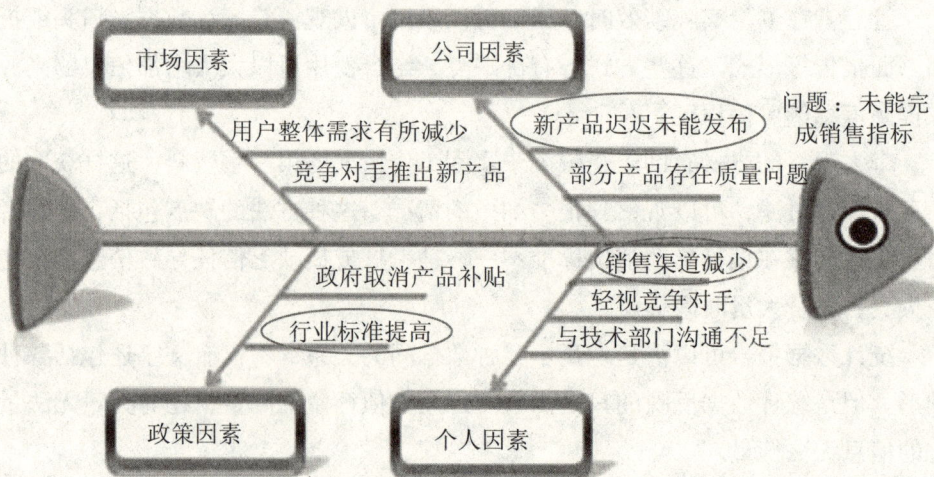

图2—10 "鱼骨图法"分析问题的原因

　　绩效实施的过程是一个复杂的系统，对于一个系统而言，其输出有一定的变异或波动是不可避免的。根据变异的表现形式，可以将之区分为两种主要类型：正常变异和异常变异。前者由于很多微小的随机偶然因素产生，后者则是因为系统性原因导致。对于以上两类变异应采取不同的对策。系统性原因应当查明原因，坚决消除；而随机因素引起的正常变异则应该控制在一个可以接受的范围内，通过持续改进，将变异降低到最低水平。

　　在对偏差原因作了彻底的分析之后，管理者就要确定应该执行采取什么样的纠偏行动。具体措施有两种：一是立即执行的临时性应急措施，另一个是永久性根除措施。对于那些直接迅速地影响组织正常活动的紧急问题，多数应立即采取补救措施，相当于"救火"。现实中不少管理者在控制工作中常常局限于充当"消防队员"的角色，忙于救火，却没有认真探究失火的原因，并采取根治措施消除偏差的根源和隐患。长此以往，必将自己置于被动的境地。

　　绩效考核方式对绩效管理非常关键，绩效考核内容对成员具有非常明确的指引意义，如果不能采取客观、公正、科学的评价方式，则可能引起严重的负面影响。下面介绍几种典型的绩效考核方式。

　●360 度反馈

　　360 度反馈在 20 世纪 80 年代由美国人爱德华（Edwards）和埃文（Ewen）等学者在研究中发展而成的绩效评价方法，也被称为全方位评价或多源反馈评价，由被评价者的上级、同事、下属和客户以及被评价者本人担任评价者，采取匿名的方式，从多个角度对被评价者进行 360 度的全方位评价，达到改变行为、提高绩效等目的。

　　顾名思义，360 度就是全方位或全视角对被评价者进行评价和反馈。在 360 度评价方法中，将评价过程假设成一个圆球，被评价者处于球心，评价者（包括上级、同事、下属以及客户等与被评价者工作密切相关的人员）分布在被评价者的四周，如图 2—11 所示。这种方法的出发点就是扩大评价者的范围和类型，从不同层次的人员中搜集评价信息，从多个视角对员工进行综合评价。然后，由人力资源专员根据有关人员对被评价者的评价，与被评价者的自我评价进行对比，向被评价者提供反馈，以帮助被评价者提高其能力水平和业绩。

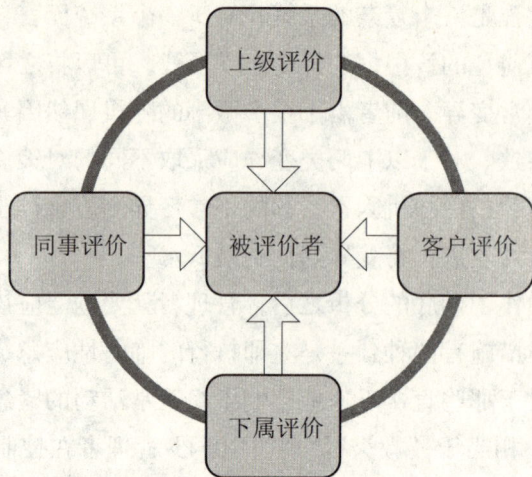

图 2—11　360 度反馈

采用 360 度反馈法来评价员工的绩效表现，主要包括以下几个方面内容。

（1）上级评价

上级评价意味着绩效评价的工作是由上级主管来执行。主管评价是绩效评价中最常采用的方式。身为主管必须熟悉评价方法，对下属进行充分的了解，必要时候可以面对面地沟通以便对工作中的问题进行深入了解。同时要善用绩效评价的结果作为指导部属、发展部属潜能的重要依据。

（2）同事评价

同事评价是指由同事之间互相评估绩效，来达到绩效评价的目的。对于处于同一级别的同事，由于彼此接触较多，相处时间也比较长，成员之间相互了解程度比较深刻，得到的评价效果相对客观。同事之间的互评可以让彼此知道自己在人际互动这方面的能力；评价的结果也可以让每个个体都对自己工作表现有一个更为全面的看法。另外，如果将绩效评价的结果用于选拔人才，同事评价这种方式往往更具有说服力，在同事评价中得分较高的员工，往往具有相对突出的工作能力和良好的人际关系，提拔后在同事中也有较高的威信。但是需要注意的是，同事之间的人际关系可能会影响评价的客观性，比如人缘好的员工往往得到的评价较高，而业务能力突出的员工往往由于遭人妒忌难以获得公正评价。

（3）下属评价

通过下属员工提供的评价，更加明确自我印象与下属印象之间的差距，进而通过这个差距了解其中的原因。下属此时提出的评价意见非常值得被评价者参考，将会对其以后的工作及领导方式产生积极作用。

（4）客户评价

在服务业以及销售业等行业中，客户评价对于从业人员特别重要。因为这些岗位是直接面向服务的，客户最清楚员工在服务质量、客户关系、行销技巧等方面的表现与态度如何。同时，客户评价也是组织对外交流沟通信息的一个反馈，对客户评价作出积极反应，不但可以提高个人绩效，对于整个组织的业绩提高也有着显著的促进作用。

（5）员工自评

让员工对自己在工作期间的绩效表现进行评价。员工在自我评价时，一方面可以对已经完成的工作进行一定程度上的总结和反思；另外将自我评价作为一个参照物，与外界评价进行对比，将会明显看出自己工作中的盲点和误区，为未来的工作方向指明道路。

（6）多主管、矩阵式的评价

在一些扁平化的组织中，跨部门、跨项目的合作时有发生，因此一些组织成员可能会同时与多个主管一起共事。在建立绩效评价系统时，可以采用多主管、矩阵式的评价方式，即每位曾经担任过跨部门合作领导的主管，在项目结束后，需要分别独立对每一位下属进行绩效评价。通过这种多角度评价，会让员工的能力在多方面得到反馈，不但可以得到更为全面客观的评价，对于发现员工潜力也有一定指导作用。

360度考核由于其考核的全面性、系统性，得到很多国际大型企业的推崇，但是在实施过程中一定要注意做好与员工的沟通工作，帮助员工正确理解360度考核的积极意义和效用，避免沦为根据彼此亲密程度打分的"人缘考核"；同时，考核工作组织者有义务做好保密工作，防止评价结果造成同事间紧张关系。因此，组织管理者有必要营造彼此信任的工作氛围，360度考核才能发挥效用。

● 关键绩效指标

关键绩效指标（Key Performance Indicator，KPI）指在实现组织宏观战略目标过程中起到决定性作用的重要指标，是衡量组织战略实施效果的评价方式。KPI的目的在于建立一种机制，把组织的战略目标分解为可操作的工作目标，以此不断增强组织的核心竞争力保证持久盈利。KPI 评价系统不仅仅是激励约束手段，更是一种战略实施工具。

要建立组织的 KPI 体系，必须首先明确所建立的 KPI 体系的导向是什么，比如组织的战略是什么、成功的关键因素是什么等等。明确导向后，就要开始分解 KPI。在建立 KPI 体系中，通常有三种方式来建立：依据部门承担责任的不同来建立 KPI 体系；依据职业种类工作性质的不同来建立；依据平衡记分卡建立。在建立 KPI 体系后，就必须确定关键绩效指标。确定关键绩效指标的方法主要有如下两种。

（1）标杆基准法

标杆基准法的基本思路是选择一个合适的标杆（Benchmark），作为参考评判标准。通常会选择那些在行业中领先的、最有声望的企业或者最强劲的竞争企业的关键绩效行为作为基准，和自己的关键绩效行为进行评价与比较。通过分析这些标杆组织的绩效形成原因，帮助本组织明确工作目标和发展方向，寻找自身存在的差距，以便更好地确立重点、改进工作。

同时也要注意到，在具体设计 KPI 数值时，还应该考虑到企业自身的特点和发展阶段，如果仅仅单纯地模仿对方，而实际上自身发展水平尚未达到相应阶段，可能适得其反。

（2）成功关键分析法

成功关键分析法的基本思想是通过案例分析，研究企业获得成功或取得市场领先地位的关键因素，归纳出导致成功的关键绩效模块，再把绩效模块进行层层分解，形成若干关键要素，继而对这些可能导致企业成功的关键要素进行重点监控。为了便于对这些要素进行量化的评价与分析，还需要进一步将这些要素细分为各项可衡量的具体指标，即 KPI。

● 平衡计分卡

KPI 考核虽然有效，但是必须投入大量的时间、精力、人力和财务资源，而且在执行过程中通常容易只注重当前的收益，而忽视组织的长期发展，只注重财务指标这些可见的资产收益，看不到流程改进、创新学习等无形资产的收益，因此 KPI 并不能完全反映组织的整体战略的执行情况。事实上调查显示，仅有 35% 的企业认可其绩效评价系统是有效的。企业亟需一种行之有效的绩效考核方法，能够有效地反映企业收益的真实价值并考虑长久发展，平衡计分卡应运而生。

平衡计分卡（Balanced Score Card，BSC）是 20 世纪 90 年代初由哈佛商学院的罗伯特·卡普兰（Robert Kaplan）和戴维·诺顿（David Norton）研究小组提出的一种绩效评价体系，它打破了传统的只注重财务指标衡量业绩的方法，在财务指标的基础上加入了客户、内部经营管理流程和员工的创新与学习等非财务的要素，从而克服了传统 KPI 考核方法的上述缺陷。平衡计分卡体现了一种先进的管理思想，即组织战略的达成需要考核多方面的指标，只有量化的指标才是可以考核的，必须将要考核的指标进行量化。因此平衡计分卡是一个集战略管理与绩效评估于一体的科学管理系统，在企业战略规划与执行方面发挥重要的作用。

卡普兰和诺顿认为，组织不能仅仅注重财务指标，必须通过在客户、供应商、员工、组织流程、技术和创新等方面的投资获得持续发展的动力，因为这些因素同样创造着未来可预见的业绩。平衡计分卡从四个角度审视组织的业绩，如图 2—12 所示：

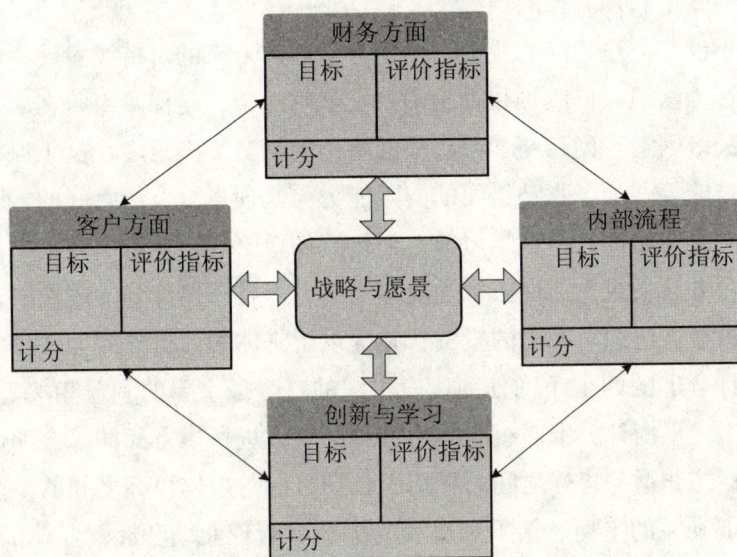

图 2—12 平衡计分卡基本框图

（1）财务（Financial）：如何在财务方面取得成功，以满足股东期望？

财务层面指标显示了组织战略的实施和执行是否为组织盈利做出贡献，因此在平衡计分卡中，财务指标依然占有重要的地位。常见的财务衡量指标包括营业收入、净利润、资本回报率、经济增加值等。财务指标相对容易评估，财务指标高低通常与组织的盈利能力有关。

（2）客户（Customer）：为了提高客户的满意度，应该向客户提供什么？

管理者需要针对其目标市场和客户为业务单位确定衡量指标，以便专注于满足核心客户的需求。客户层面指标通常包括客户满意度、客户保持率、客户占有率、客户盈利率，以及在目标市场中所占的份额等。客户层面指标使业务单位的管理者能够阐明客户和市场战略，从而创造出色的财务收益。

（3）内部流程（Internal Processes）：为了给客户和股东创造价值，应该在哪些业务处于领先地位？

内部流程是组织的核心竞争力，是组织完成财务等各项指标的基本保障。管理者要确认组织关键的内部流程，这些流程能够帮助业务单位提供价值主张，以吸引和留住目标细分市场的客户，并满足股东对财务回报的期望。关于流程管理将在本书第4章详细介绍。

（4）创新与学习（Innovation & Learning）：为实现战略，要取得什么样的进步来适应变革和发展？

组织不仅要关注当前的业绩，还要考虑面向未来的可持续发展，创新与学习层面指标为组织获得成长和提高确立了基础框架，是保障组织在未来获得持续成功的关键因素。创新与学习层面的指标包括员工满意度、员工保持率、员工培训和技能等。为了弥补组织的实际能力与实现卓越业绩之间的差距，组织必须投资于员工培训、组织学习等。在传统的单财务指标考核方式中，组织在创新和学习方面的投入往往被视为成本支出，而在平衡计分卡理论中，这些投入更多地被视为组织对未来的投资，并提供了具体的评价方式。

平衡计分卡的四个角度分别代表组织的三个最主要的利益相关者：股东、客户、员工。平衡计分卡对组织战略管理的绩效进行多方面的综合评价，反映了财务指标与非财务指标之间的平衡、长期目标与短期目标之间的平衡、内部利益和外部利益的平衡、结果和过程的平衡、管理业绩和经营业绩的平衡等，因此能反映组织的综合经营状况，使业绩评价趋于均衡和完善。

平衡计分卡的使用流程主要包括四个步骤，具体如下：

第一步：围绕组织战略，依据组织结构，将宏观战略转化为各责任部门在财务、客户、内部流程、创新与学习等四个方面的具体系列目标，并设置相应的四张计分卡。

第二步：各责任部门依据财务、客户、内部流程、创新与学习等四个方面具体可操作的目标，分别设置对应的绩效评价指标体系，这些指标不仅与战略目标高度相关，而且需要同时兼顾组织的长期目标与短期目标、内部利益与外部利益，有形收益与无形收益等，综合反映战略管理绩效的财务与非财务信息。

第三步：主管部门与各责任部门共同商定各项指标的具体评分规则。

第四步：以综合评分的形式，定期考核各责任部门在财务、客户、内部流程、创新与学习等四个方面的目标执行情况，及时反馈，适时调整战略偏差，或修正原定目标和评价指标，确保战略在正确的方向上顺利推进。

上述几种绩效考核方式各有优劣，综合起来如表2—15所示。组织在实践中需根据自身的发展状况和业务性质，建立合适的绩效评价体系，促进组织目标的实现。

表 2—15　几种常用绩效考核方法比较

绩效考核方法	优点	缺点
360度反馈	● 考核成本较低、容易操作； ● 员工参与度高，考核全面； ● 有利于建立内部竞争体系，促进相互提升。	● 定性考核为主，主观性较强； ● 如果彼此了解较少，难以保证客观； ● 易流于形式，沦为"人缘考核"。
KPI考核	● 目标明确具体，利于战略实现； ● 追求量化指标，评价标准客观，避免主观随意性。	● 指标设计难度大，难以均衡； ● 考核过程复杂，考核成本较高； ● 指标弹性小，容易机械化管理。
平衡计分卡	● 综合考虑企业多个方面经营状况； ● 结合长期战略，避免偏重短期收益。	● 考核方法复杂，实施成本最高； ● 不适用于个人绩效考核。

员工绩效计划表

绩效计划填写说明	1. "重点工作"一般不超过 6 项。 2. "衡量标准"要具体并能够衡量，一般从数量、质量、时效性、资源成本、客户评价等方面确定。 3. "关键策略"要求把重点工作按照时间和关键节点进行展开，以制定具体的阶段性分目标，便于落实。 4. "资源支持承诺"指为达成目标所需的资源和上级的支持，经双方确认后填写。				
姓名		考核期		年 月 日至　　年 月 日	
部门		岗位			
	重点工作项目	目标衡量标准	权重 （%）	实现方法	资源支持承诺
1					
2					
3					
4					
5					
6					
计划确认：				本人_____　____年__月__日 主管_____　____年__月__日	

员工综合绩效考评表

评分指南	1. 根据员工的表现进行评级：A—优秀，B—良好，C—合格，D—不合格 2. 性格特征、业余爱好项目在填写相关内容后再打分，以利于上级和人事了解员工的个性专长。 3. 评语栏填写内容为考核项目未包含事宜及对被考核人的行为综合评价，由主管填写。					
姓名				日期		
部门				岗位		
类别	考评项目	权重	衡量标准	自我考评	上级考评	主管考评
工作业绩	工作数量		工作量是否满负荷			
	工作速度		工作完成快慢的程度			
	工作质量		工作是否正确、清楚、完全			
工作能力	专业知识		岗位必需专业知识的掌握程度			
	工作技巧		解决问题的形式、途径			
	工作经验		由工作实践积累的知识或技能			
	理解能力		对意图、事物、事件的理解程度			
	坚韧性		工作是否持之以恒			
	表达能力		以口头或文字等形式表达意思			
工作态度	主动性		无人监督指导下的工作能力			
	责任心		能否自发工作，能否主动承担责任			
	协作性		与他人在工作上的协作程度			
	纪律性		自我约束力及是否违反劳动纪律			
	学习能力		接受新知识的速度、方法、积极性			
个性特征	性格特征					—
	兴趣特长					—
评分	自我评价 = Σ 权重 × 评级分（其中评级分 A=10，B=8，C=6，D=4）=					
	上级考评 = Σ 权重 × 评级分（其中评级分 A=10，B=8，C=6，D=4）=					
	同事评价 = Σ 权重 × 评级分（其中评级分 A=10，B=8，C=6，D=4）=					
	下属评价 = Σ 权重 × 评级分（其中评级分 A=10，B=8，C=6，D=4）=					
	客户评价 = Σ 权重 × 评级分（其中评级分 A=10，B=8，C=6，D=4）=					
	考评总分 = 自我评价 × 0.1 + 上级考评 × 0.5 + 同事评价 × 0.1 + 下属评价 × 0.1 + 客户评价 × 0.2 =					
评语				主管：		

部门绩效考核评价表

部门					年度			月份	
发展战略：									
年度目标：									

考核角度	指标名称	单位	权重	目标	结果	差异值	简要说明	计分	下月计划
财务指标									
客户指标									
内部流程									
学习与创新									

其他重要工作内容：（短板要求或临时任务）		
1	评价	
2	评价	
3	评价	
4	评价	
5	评价	
计分总计		
上级主管		部门主管

2.5 沟通管理

在组织内部建立自由沟通、和睦友好的气氛，可为组织实现管理目标提供精神支柱和思想动力。一个组织中如果成员沟通交往机会多、信息沟通状况好，则员工关系会较融洽，工作效率也普遍较高。管理者与员工之间进行有效地沟通，不仅能够了解员工的工作现状，还包括员工真实的工作感受，甚至思想和情感。沟通双方在交换信息、交流思想和分享感受的过程中，无形之中加深了理解和信赖。所以沟通不仅是信息传递的重要手段，还是建立良好员工关系的主要方法。

调查发现，工作中70%的错误是由于沟通不畅造成的。沟通之所以不畅是因为沟通过程中存在所谓的"漏斗效应"，人在想表达的意思和实际说出的内容之间存在偏差，而接收方由于自己的理解又会存在偏差，导致接收方实际获取的信息与表达方原意存在较大的出入。

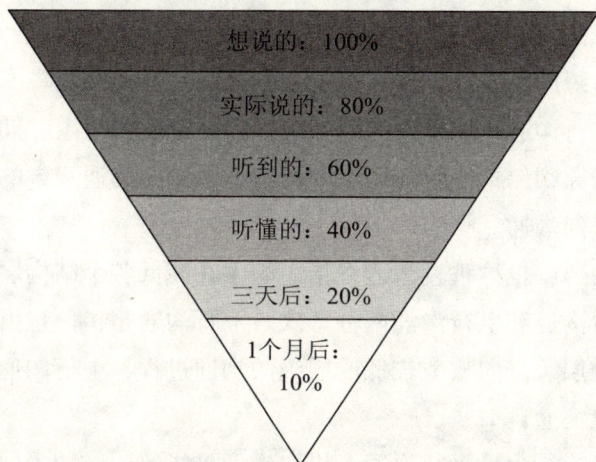

图2—13　沟通过程中的"漏斗效应"

2.5.1 沟通原则

沟通技能是团队管理者及成员极为重要的基本技能。在沟通的过程中需要遵循四大原则，即相互尊重、标准准确、换位思考、坚持原则，具体表现如表2—16所示。

表 2—16　沟通的原则

沟通原则	具体表现
相互尊重	● 相互尊重是人与人之间交往最起码的要求。无论是对待上级、还是对待同事、或是对待下属，尊重对方是彼此坦诚沟通的前提。
表述准确	● 准确传达信息是沟通的目的。在交流的过程中，保持信息准确地表述，并确认对方理解无误，才能算是完成一次沟通。
换位思考	● 每个人所处的位置、接触的信息、个人的利益等方面不同，思考问题的角度也是不同的。在沟通的过程中，不能总站在自己的立场上思考问题，也需要站在对方的角度想一想，自己所表述的观点能否被对方接受。
坚持原则	● 为了达成一致意见，沟通的双方往往会各自做一些妥协，但是在必要的情况下需要坚持原则不动摇，避免根本利益的损失或者发生方向性错误。

2.5.2　沟通技巧

沟通包括人际沟通和组织沟通。人际沟通指个人与个人之见的信息交流，而组织沟通指组织内的人际沟通，以及不同组织之间的交流。

在组织中进行沟通，需要遵循组织结构，分清职责权限，同时明确自己的工作职责与公司原则保持一致。组织中的沟通，按照沟通双方的位置划分可分为纵向沟通和横向沟通。

（1）纵向沟通：也称垂直沟通，指组织中在高低各个结构层次之间进行的沟通，包括下行沟通和上行沟涌两种形式。下行沟通是指信息由群体或组织中具有较高权威的层级流向权威较低的层级的沟通过程，上行沟通是指由下属向上级进行的信息流通。

（2）横向沟通：也称平行沟通。横向沟通是指组织结构中同一层次的人员之间所进行的沟通。横向沟通的主要优点和功能是加强彼此协作，而且，由于有更多的人加入沟通，加快了信息传递的速度。横向沟通对于部门间工作的协调也是必须的，常常是管理层中的主要沟通形式。

● 沟通形式

常见的沟通形式通常包括书面沟通、语言沟通以及非语言的沟通。

（1）书面沟通：书面沟通包括信函、备忘录、书面报告、通知、刊物、邮件等方式。书面材料可以长期保存，不易失真，是最正式的沟通方式。书面表达力求围绕中心、突出主题、简洁明了、文字清晰，能够同时发送给多人，提高信息传播速度和范围。相比较语言表达，书面表达可以有较长的措辞时间和反复修改的余地，因此可以更清晰地表达需要传达的意思。公文写作是管理者最基本的工作能力之一。

（2）语言沟通：语言沟通是最直接的人与人的沟通方式，包括面谈、会议、小组讨论、演说、电话交谈、非正式的讨论等。语言沟通比较灵活、速度快，双方可以自由讨论，便于双向沟通。口头沟通具有时效性，通常都是即兴的表达，因此需要快捷的思维能力和流畅的语言表达能力，对个人的能力要求较高。交谈时的语调高低、语速快慢，都会影响到沟通的效果。在交流时，避免使用过于深奥的术语，有助于对方理解。

（3）身体语言：在沟通过程中，身体语言往往容易被忽视。而实际上根据美国心理学教授米拉比安的统计，在面对面的沟通过程中，只有7%的信息通过语言直接传达，38%的信息是说话语气所起的效果，而肢体、表情等非语言的沟通占55%，该统计结果称为"7-38-55公式"。因此，通过适当身体语言能够促进双方的有效交流。比如目光交流，通过目光表示对对方的关注和兴趣，既不能游离在对方之外，又不能总直视对方；面部表现出热情和善意；讲话时适当地辅以手势。

● 倾听技巧

在沟通过程中，不仅有自我陈述，更多的时候需要倾听。倾听是一种非常重要的沟通技巧。每个人都渴望被对方重视，因此，在沟通的过程中，认真倾听对方的表达，有时候能达到比陈述更好的效果。

倾听的时候应当表现出神情专注、精力集中，并根据对方陈述的内容做出反应，表示听者的态度。如果倾听者表现出心在在焉，则会严重破坏陈述者的心情，影响沟通的效果。

在倾听的过程中，还应该及时反馈，包括提问、建议等等，这样才能表现出真正对对方的内容感兴趣，自己在倾听的过程中做了认真的思考。在反馈时，可以对自己没有听明白的地方发问求证，或者对其中的某个内容提出自己的意见或者建议，提出意见要具体，能够从对方的角度看问题。

如果对陈述者的观点有不同看法，可以在合适的场合下提出异议，异议应该客观公正，做到"对事不对人"。不仅仅提出反对意见，还应当找出异议的根源；并提出建设性的意见，不能为反对而反对，而应该一起想办法来解决问题。

2.5.3　沟通方式

组织中的正式沟通方式主要包括个人面谈、工作报告、召开会议等，除此之外，组织中的非正式沟通也是不容忽视的重要沟通方式。下面介绍几种常见的沟通方式。

● 个人面谈

面谈是工作中经常用到的沟通方式。工作面谈是管理者和下属之间一对一的会谈，主要目标是帮助提高个人的工作绩效、人际绩效，以及整个组织的业绩。这种面谈通常是定期的，且面谈内容要求保密。工作面谈与交谈相似，都是人与人直接交流的方式，但是面谈是为了与特定任务相关的目标而事实的一种特殊形式的交谈。因此，面谈必须经过计划并严格执行，才能达到有效的沟通效果。有效的面谈主要包括如下三个步骤：

第一步：计划面谈。

面谈之前首先要明确此次面谈的目的是什么，根据目标考虑需要获得什么信息，并列出面谈所需要包括的所有议题，并安排各个议题优先级。

提问是面谈中获得信息的基本方法。提出问题并不难，但是只有准备非常充分的面谈实施者才能提出好问题，获得他们真正需要的信息。不同种类的问题有不同的作用，开放式问题用于使受访者无拘束地进行交谈，而封闭式问题则用于获得指定的信息。在设计问题时，需要避免准备一些难以回答的问题，这些不合适的问题可能获取不了自己所需的信息，反而会使面谈气氛紧张。

在准备面谈时，还应该考虑到自己可能会被问到什么问题。想象受访者可能会对你提出什么样的问题，并对这些问题做好准备。

面谈地点的选择可能对面谈的氛围和结果产生重要影响。在正式工作场合进行面谈和在餐馆茶馆进行面谈的气氛和内容会有很大不同，应该力图在能够增强你所需要获得信息交流的气氛环境中进行面谈。

第二步：实施面谈。

面谈是一种人际交流的情境，因此面谈前的寒暄是必要的。通过双方的寒暄，形成融洽、信任的气氛，并逐渐切入到此次面谈需要讨论的主题中，并开宗明义，将此次面谈的目的告知对方，开始正式面谈。

面谈的主体会按照你准备的面谈计划来进行。面谈实施方式按照面谈内容的开放性通常分为三类：结构化，半结构化和非结构化。结构化的面谈只需要按照计划中的问题依次问答并记录；半结构化的面谈是在每个主题下都列举若干推荐的问题，需要面谈者根据情景选取合适的问题提出；非结构化的面谈只有一个粗略的议程，为了获得充分的信息，面谈者应采取探求性的问题来继续。非结构化面谈的效果依赖于面谈双方的接受能力和理解力，要求面谈者能够把控住面谈的方向，引导受访者回答自己期待的答案。

第三步：结束面谈。

在确认完成面谈目标后，可以结束面谈，这时应该注意四点：第一，清楚地指出面谈即将结束；第二，努力概括你得到的信息以便受访者纠正；第三，让受访者知道后续计划；最后，通过表达感谢来继续建立关系。

面谈结束后，还需要记录相应的结论和信息。单凭面谈双方的记忆是不可靠的，你需要在事先征得受访者同意的情况下，在面谈的过程中做笔记或者使用录音机等其他设备记录。面谈记录主要用于备案并指导双方后续的工作。

● 工作报告

工作报告是组织日常工作内容之一，可以是向上级汇报工作进展情况，并寻求指导和帮助，也可以是向下属介绍工作情况，传达信息、布置任务，或者向客户介绍产品情况，推销宣传，争取商机……

工作报告按照方式不同，可以分成两类，一种是详细文档，包含工作计划、工作内容、取得成果，用具体事实和统计数据全面介绍情况，这种文档适合作为正式材料，呈报上级或客户，或留作备案；另一种是演示文档，主要用于口头汇报时的辅助材料。

演示文档是现场交流最主要的文字材料，因此在现代工作中日益重要。演示文档由于版面限制，要求简明直接，将对方最关心的内容放置在文档中；由于人的大脑对于图表的接受能力较强，演示文档中尽量避免出现过多的文字，宜用图表的方式呈现。同时要记住，演示文档只是现场呈现的一种辅助手段，最重要的还是口头的表达陈述，因此在准备好演示文档的同时，还应当加强口头的演练，熟悉内容，在现场报告的时候能够和演示文档配合流畅、相互印证、互为补充。

市场有一些常用的演示文档制作软件，比如微软公司的 PowerPoint（PPT），苹果公司的 Keynote 等，通常内置很多的模板和工具，方便工作人员制作丰富多彩的演示文档。一方面，演示文档不能过于简单，显得对报告不重视；另一方面也不宜过于繁冗花哨，让人眼花缭乱，适得其反。

表 2—17 制作演示文档的五大原则

原则	具体要求
定位	●报告的受众是谁，想要传达什么样的内容，最终要达到的目的是什么？
逻辑	●提纲是演示文档的"骨架"，反映了整个报告的逻辑和思路，做到结构严谨、层次清晰。
内容	●内容是演示文档的"果肉"，做到内容完整、论据详实、数据准确、结论明确。
效果	●演示文档是现场交流的材料，务必简洁美观、条理清晰。可在排版布局、色彩搭配、演示动画等方面做些美化，多用一些形象直观的图表、避免堆砌文字。
细节	●细节决定成败，演示文档做完后，需要仔细检查，不要出现错别字等低级错误。

● 召开会议

会议筹划和召集是管理者实现管理和组织有效性的必要技能。管理者的职位越高，需要参加的会议越多。一场高效的会议，能够解决问题、凝聚人心，反之，一场漫无目的的会议，会令参与者感到疲倦，浪费时间。因此，会议组织者需要注意改善会议质量，提高工作效率，具体举措包括：

（1）废除不必要的会议

（2）排除不需要与会的主管

（3）强调准时开始、准时结束

（4）重视开会结论

想要有效地组织会议，首先需要了解有效会议的5P组成，如表2—18所示。

会议纪要和备忘录是召开会议必须留下的总结性材料，应当遵循简洁全面的原则。宝洁公司的"1页备忘录"备受推崇，他们认为多于1页的备忘录是无益而有害的。

表 2—18　有效会议的 5P 要素

要素	具体内容
目的 Purpose	● 此次会议的目的是什么？ ● 要解决什么问题？ ● 要达到什么效果？
参与者 Participant	● 参与人员有哪些？ ● 分别担任什么角色？ ● 各自的任务是什么？
计划 Plan	● 确定会议议程； ● 准备场地和设备； ● 召集人员。
过程 Process	● 按照会议议程进行； ● 让参与者互相认识并使整体气氛融洽； ● 鼓励全体平等参与并各抒己见； ● 控制会议内容不要偏离议程； ● 通过回顾、概括、总结、展望等方式结束会议； ● 明确后续行动计划（Action Point，AP）； ● 安排下次会议； ● 整理会议纪要并备案。
效果 Performance	● 是否达到会议召开的目的？ ● 参与者是否都有机会表达自己的观点？ ● 参与者是否就问题结论达成一致意见？ ● 后续行动计划是否都责任到人？

● 非正式沟通

在组织中，除了一些正式沟通的渠道外，还有大量的非正式沟通渠道。非正式沟通就是指在正式沟通渠道之外进行的各种沟通活动，一般以人员之间的交往为基础，在各种各样的社会交往活动中产生。在正式沟通场合下，人们会限于身份、气氛等原因，在表达中常常有所保留，使得管理者只能获取一些片面信息；而在非正式的沟通中，人们没有条条框框的束缚，比较容易把真实的思想、情绪、动机表露出来，因此非正式沟通可以弥补正式沟通渠道的不足，获取正式沟通无法传递的信息，比如团队成员私下表达的真实看法等。非正式沟通的途径非常多且没有定式，例如同事之间随意交谈、部门聚餐，甚至在博客上的互动，等等，都是非正式沟通的方式。

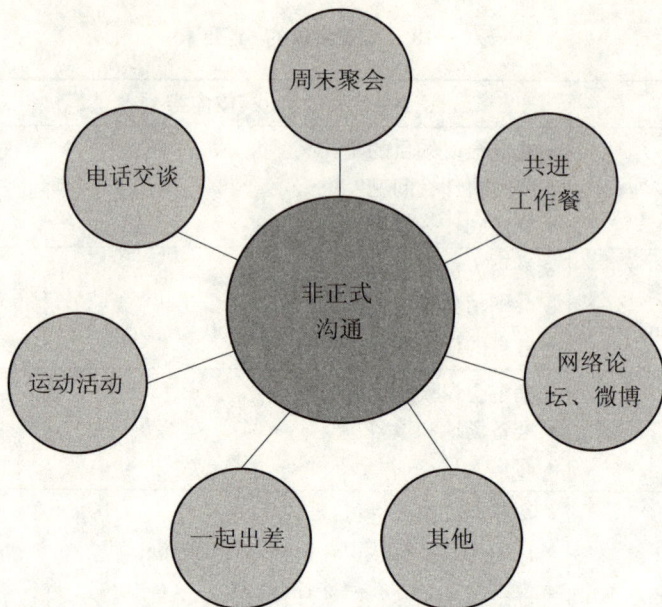

图 2—14　非正式沟通的方式

　　任何组织都或多或少地存在着各种非正式沟通途径。由于非正式沟通一般以口头方式传递信息，通常不留证据，也不负责任，许多不方便通过正式沟通传递的信息，却可能在非正式沟通中透露。如果能够对企业内部非正式的沟通渠道加以合理利用和引导，就可以帮助管理者获得许多无法从正式渠道取得的信息，在促进理解的同时解决潜在的问题。

　　另一方面，正因为多数通过口头方式交流，非正式沟通的信息容易遭受歪曲而成为"谣言"，而且无从查证。由于人们对"小道消息"保持强烈的好奇心，这些通过非正式渠道获得的信息散布往往非常迅速，尤其一些与员工个人关系较密切的问题，例如晋升、待遇、部门调整之类不实消息，往往对于组织造成较大的困扰。非正式沟通还可能造成组织内的小集团、小圈子等各种非正式组织滋生，影响员工关系的稳定和团队的凝聚力。关于非正式组织，在第2.8 小节中还会详细介绍。

　　如上所述，非正式沟通是一把双刃剑。管理者既不能完全依赖其获得必需的信息，也不能完全加以忽视，而是应当密切关注信息的来源，加以区分。对于这些非正式信息中暴露出的管理问题，要保持警觉并加以纠正；对于可能给组织造成负面影响的谣言，需要及时出面澄清，提供客观清晰的事实，让谣言止于真相。

表 2—19　正式沟通与非正式沟通的比较

比较点	正式沟通	非正式沟通
地位	● 团队信息沟通的主体	● 信息沟通渠道的补充
主要方式	● 例会、报告、文件、书面通知等	● 座谈会、私下交流等
优点	● 制度化，通常定期举行 ● 传递信息准确可靠 ● 可存档、追究责任	● 非制度化，随意性 ● 传递方式灵活、速度快 ● 目的性和针对性强
缺点	● 效率较低 ● 正式的书面材料准备复杂	● 信息可靠性难以保证 ● 难以追究责任
采取措施	● 建立完善的正式沟通渠道	● 加强引导和控制

美国通用公司 CEO 杰克·韦尔奇（Jack Welch）上任后针对公司内部等级森严、结构臃肿的症状进行大刀阔斧的改革。韦尔奇将"非正式沟通"的管理理念引入公司，他经常给员工留便条和亲自打电话通知员工有关事宜。他努力使公司的所有员工保持一种近乎家庭般的亲友关系，使每个员工都有参与和发展的机会，从而增强管理者和员工之间的理解、相互尊重和感情交流。

李开复在《世界因你而不同》一书中讲述他在 2000 年回到微软总部担任全球副总裁，作为一个从未在总部从事领导工作的人，他需要倾听和理解员工的心声。为了达到这样的目标，他选择了"午餐会"沟通法。每周选出 10 名员工，与他们共进午餐。在进餐时，详细了解每个人的姓名、履历、工作情况以及他们对部门工作的建议。为了让每位员工能畅所欲言，尽量避免与一个小组或一间办公室里的两个员工同时进餐。通过午餐这样非正式的沟通方式，能够在融洽的气氛中迅速建立彼此的信任关系，并了解到员工真实的想法。不仅如此，午餐后李开复会立即发一封电子邮件给参加"午餐会"的同事，总结下"我听到了什么"、"哪些是我现在就可以解决的问题"、"何时可以看到成效"等，表达对员工的重视。

2.5.4　跨部门沟通

在组织内部，经常有跨部门之间的沟通，比如部门相互协作，共同解决一个问题；比如工作流程，需要一个部门做完之后，传递给另外一个部门；比如部门之间人员调动，需要协商等。很多时候，部门之间会存在意见不一致的情况，因此需要进行有效沟通。

上下级直线管理可以通过授权、指派等强制性方式，管理者对下属具有领导和指挥权力，而跨部门之间由于缺乏直接制约力，只能通过请求、建议、辅导、咨询等方式进行沟通。除了缺乏权力制约性外，常见的跨部门沟通的障碍还包括：

表 2—20 常见的跨部门沟通的障碍

障碍	表现
本位主义	● 过分强调本部门的利益，不愿意合作
职权划分不清	● 对于定义模糊的责任范围，不管不问
部门利益冲突	● 两个部门的利益无法有效统一，非此即彼
流程不规范	● 没有专门的接口人，沟通过程复杂
回避责任	● 对于应付的责任，采取逃避推卸的态度
缺乏同理心	● 不能从对方的角度考虑问题

由于跨部门沟通的复杂性，在沟通时需要注意如下要点：

（1）坚持原则：捍卫自身最重要的利益，按照职权和公司规定行事，尽可能提供双赢的解决方案。

（2）提供建议：提供不带强制性意味的建议，批评意见对事不对人，主动询问他人的想法、意见或期望。

（3）学会拒绝：在牵涉到原则问题时，懂得拒绝，并直截了当说明拒绝的原因，通过拒绝的方式表达自身的立场，反而有利于问题的解决。

（4）绩效分享：找到利益共同点，吸引对方参与。

（5）换位思考：推己及人，从对方的角度思考问题的关键所在。

（6）请求支援：部门之间有冲突无法解决的时候，通常是向高层领导反映，让高层领导进行决策。

（7）建立非正式沟通的渠道和文化。非正式沟通在跨部门的沟通中，能够起到正式沟通无法达到的效果，比如通过不同部门个人之间的私下感情，能够起到对双方合作起到一些正向的促进作用。因此在跨部门合作中建立非正式沟通的渠道非常重要。当然，这种非正式沟通，并非指"走后门、拉关系"等违法违纪行为。

2.6　冲突管理

在团队运行过程中，难免会产生冲突。美国管理学家斯蒂芬·罗宾斯认为，冲突的过程始于一方感觉到另一方对自己关心的事情产生消极影响或将要产生消极影响。国际冲突管理协会原主席乔斯沃德教授（Dean Tjosvold）认为：冲突是指个体或组织由于互不相容的目标认知或情感而引起的相互作用的一种紧张状态。任何组织（包括政府、企业、非盈利机构甚至家庭等）都时刻面临着冲突问题，与客户之间、与上级机构、与下属部门、与平级部门、以及组织内部也不断出现冲突问题。据美国管理学会一项对中高层管理人员的调查，管理者平均要花费 20% 的工作时间处理冲突。由此可见，冲突管理已成为现代组织管理中的一项不可忽视的重要内容。

史蒂夫·乔布斯是 IT 界的天才，对产品往往有着独到的见解，但是他性格偏执、一意孤行，经营理念与当时大多数管理人员（包括他请来的总经理约翰·斯库利）不同。当时 IBM 公司推出个人电脑抢占大片市场，苹果产品节节惨败，使得董事会与乔布斯之间的冲突日益严重，终于在 1985 年 4 月董事会决议解除乔布斯的一切权力。乔布斯愤而辞去苹果公司董事长，苹果公司因此次风波蒙受巨额损失。

由上述案例可见，冲突可能会严重影响组织的绩效以及目标的达成，只有及时解决冲突、化解危机，才能避免损失。

研究发现，组织内部产生冲突并不都是坏事，在解决问题过程中产生的某些冲突往往还具有价值。随着管理学的发展，人们对冲突的认识也在不断变化。管理学界对冲突的认识可分为三个阶段：

阶段一：冲突的利害观点。该观点认为组织内部的冲突是有害的，会使组织产生紧张、矛盾，甚至造成分裂和瓦解，因此管理者应该使组织内部尽可能避免发生冲突。

阶段二：冲突的人际观点。该观点承认冲突是不可避免的，存在即合理，但是冲突不一定给组织带来不利的影响，冲突可以使得组织中存在的潜在问题暴露出来，如果管理者及时加以解决，有助于组织的健康发展。

阶段三：冲突的互动观点。该观点认为一个表面上融洽安宁的组织容易丧失活力，对外在环境变化表现出冷漠和迟钝，拒绝或逃避变革。一定水平的有益冲突会使组织保持旺盛的生命力，有利于在批评和自我批评中发现问题，在解决矛盾的过程中不断变革发展，因此管理者要鼓励有益的冲突。

有日本"经营之圣"美誉的稻盛和夫在刚创办京瓷公司时，招纳了 10 名新员工。经过一年的精心培养，这 10 名员工终于可以胜任工作，但是这时他们却联名上书，要求稻盛和夫提高待遇，并威胁"如果你不保证我们的将来，我们就辞职"。这突如其来的矛盾令稻盛和夫非常痛苦，经过持续三天三夜的谈判和沟通，稻盛和夫用坦诚和信念赢得了这些员工的信任，使大家回心转意，重新投入到工作中。这次事件促使稻盛和夫开始思考经营企业的真正意义，并由此提出"阿米巴经营"，追求全体员工物质与精神两方面的幸福。

（来源：稻盛和夫，阿米巴经营 [M].陈忠译，中国大百科全书出版社，2009.）

根据冲突的互动观点，适当的冲突有助于对问题的深入理解，寻找可能的解决方法。通常将对组织起着促进作用的冲突称为建设性冲突；反之，对组织起阻碍作用的便是破坏性冲突。两者的不同表现如表 2—21 所示。

表 2—21　破坏性冲突与建设性冲突的不同表现

比较维度	破坏性冲突	建设性冲突
目标方向	赢得各自观点的胜利	解决组织面临的问题
利益考虑	关心个体局部利益	关心组织集体利益
冲突焦点	由问题争议转为人身攻击	以解决问题的方法为焦点
沟通方式	不愿听取对方的意见和观点	不断交互意见，取长补短

绩效水平与冲突水平之间的关系可用图 2—15 的模型来表示。在 A 点，团队几乎没有冲突，所有成员都循规蹈矩、按部就班，对外界变化没有反应，缺乏创新意识；在 B 点，团队成员对问题各抒己见，并能够迅速对行动方案达成一致意见，团队充满活力，在彼此激烈的讨论中寻找新的思路，有利于创

新，因此能够产出较高的绩效；在 C 点，团队成员之间冲突严重，大家各执己见、互不相让，矛盾无法协调，对团队绩效产生严重的负面影响。

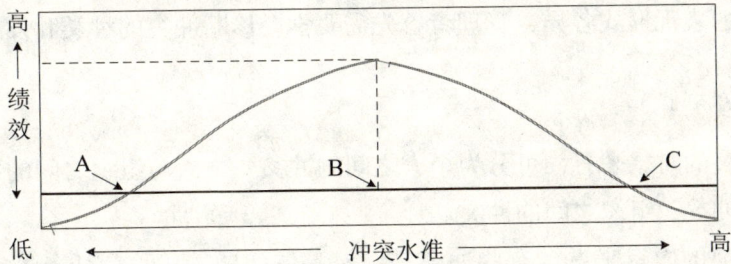

图 2—15　组织绩效与冲突水平的关系

表 2—22　冲突水平与绩效表现

情景	冲突水平	冲突类型	团队表现	绩效水平
A	低	破坏性	● 循规蹈矩、按部就班； ● 对外界变化没有反应； ● 缺乏创新意识	低
B	适量	建设性	● 充满活力，各抒己见； ● 迅速对方案达成一致； ● 在激烈的讨论中创新	高
C	高	破坏性	● 争执不下，没有秩序； ● 不合作，矛盾无法协调	低

　　管理者要善于对冲突进行管理，防止破坏性冲突的产生。很多管理者由于工作繁忙而没有时间去思考解决冲突的最好办法，往往只作出被动反应而不去深究产生问题的原因，只能解燃眉之急，却留下各种隐患。管理者需要善于察觉问题的苗头，在冲突发生之前防患未然。解决冲突可分为四个阶段，如图 2—16 所示。

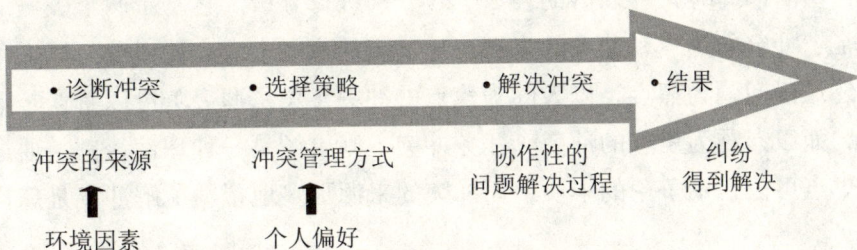

图 2—16　解决冲突的四个阶段

2.6.1　诊断冲突

冲突的表现形式各异，管理者首先需要学会诊断冲突的种类和发展阶段。

● 冲突分类

从冲突的对象来看，可分为个人之间的冲突、个人与组织之间的冲突、组织内部的冲突、组织之间的冲突。

从冲突的内容来看，有些冲突是针对具体问题的，称为任务冲突；有些冲突则是人际沟通方面的，称为关系冲突。任务冲突的存在有助于解决问题，大多数情况下有利于促进组织的发展，而关系冲突则对组织发展起着阻碍作用。

从冲突的表现来看，可分为利益冲突和情绪冲突：利益冲突指在某些实质性问题上产生不相容的利益；情绪冲突指产生负面的情绪，如不信任、恐惧、拒绝和愤怒等不相容的行为。

从冲突的来源来看，通常可分为四种：个体差异、角色差异、沟通问题、利益矛盾：

（1）个体差异：人们不同的背景、教育、经历而形成独特的个性特点与价值观，使得个体的思维方式和行为习惯有所不同，当不同思维、不同行为碰撞在一起，就会引发冲突。

（2）角色差异：组织中的角色要求、决策目标、资源分配等不同而必然产生的立场和观点的差异。

（3）沟通问题：由于双方缺乏正确有效的沟通方式或者信息渠道不畅，导致彼此发生误解等。

（4）利益矛盾：双方的根本利益不一致，发生对立，从而产生矛盾。

在诊断冲突时，可以借助表2—23分别进行分析。它基于两个关键的识别特征：冲突的焦点和冲突的来源。从冲突的焦点来看，冲突分为以人际为焦点还是以问题为焦点，以人际为焦点的冲突（关系冲突）可以看作是情绪纠纷，而以问题为焦点的冲突（任务冲突）则更像是一种理性谈判。通过冲突的焦点可以识别争论的本质，而冲突的来源更多地帮助了解冲突是怎样产生的。

表 2—23　冲突分析表

冲突来源＼冲突焦点	问题	人际
个体差异		
角色差异		
沟通问题		
利益矛盾		

●冲突阶段

一般而言，冲突的发展经历五个阶段，分为潜伏阶段、察觉阶段、意识阶段、处理阶段和结局阶段，具体表现如表 2—24 所示。

表 2—24　冲突不同发展阶段的特征

发展阶段	主要特征
潜伏阶段	●此时冲突处于萌芽状态，人们还没有意识到冲突的存在，但是产生冲突的隐患已经产生。随着环境的变化，潜伏的冲突可能会消失，也可能被激化。
察觉阶段	●此时已经感觉到冲突的存在，但是冲突还没有对当事人和组织造成实际的危害。如果能及时采取措施，可以有效缓和冲突，避免矛盾激发。
意识阶段	●此时冲突已经造成了情绪上的影响，并影响到当事人的态度、行为。不同人对冲突的感觉和反应是不同的，与当事人的个性、价值观等因素有关。
处理阶段	●此时冲突已经显现，并产生不良的影响，需要对冲突做出处理。不同类型的冲突、不同的个人需要采取不同的处理方式。
结局阶段	●不同的处理方式会产生不同的结果。冲突被化解后，影响仍会持续下去。很多情况下，冲突并没有被彻底解决，只是阶段性地平息，隐患仍然存在，可能引起其它冲突。

管理者应当尽早地察觉可能的冲突，将其消灭在萌芽状态，在处理冲突的过程中，尽量从根本上解决冲突，避免矛盾复发。

2.6.2　选择策略

在了解冲突的不同类型和发展阶段之后，针对不同类型的冲突，需要采取不同的管理方法。比如对于任务冲突，处理时必须着重问题的解决，如采取合作与谈判的方式，有利于增进冲突双方的利益；而对待关系冲突则应当强调修正冲突双方的观点和培养双方的正面关系。通常，人们对于冲突的反应可分为五类：强制、适应、回避、妥协和协作，如图 2—17 所示。

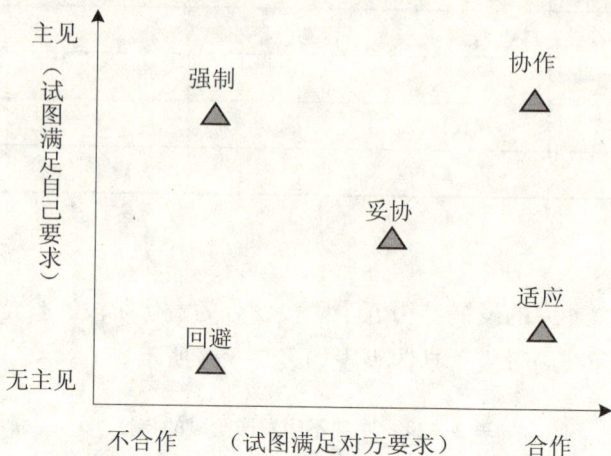

图 2—17 冲突反应策略

［来源：大卫·A.威坦，金·S.卡梅伦.管理技能开发（第 5 版）[M].清华大学出版社］

（1）强制：企图以对方为代价换得自己的要求，包括使用权威、身体恐吓、权术活动或忽略对方要求等方式。强制解决冲突是一种独裁的管理方式，长期使用这种管理方式很可能会导致敌意和仇恨。

（2）适应：着重满足对方的需求而忽视自己的需求。习惯性地使用适应方法去管理冲突会让其他人利用你完成他们的目标，而你却无力推进自己的计划。

（3）回避：通过对冲突置之不理或拖延，忽视双方利益，这通常是那些没有准备去处理与冲突有关的压力的管理者身上的典型反应。反复使用这种方法将导致其他人强烈的挫折感，因为问题似乎永远无法解决。

（4）妥协：妥协是企图获得双方满意的管理方式，这要求双方都作出让步，以维持共同利益。这种管理方式有着相当实际的吸引力，但是随意应用将带来许多不良后果，比如成员们将认为，管理者更感兴趣于解决冲突而非解决问题，这会导致成员习惯敷衍塞责。

（5）协作：试图同时顾及双方的立场和观点，通常被看作是"问题解决"

的模式。主要的意图是找到双方冲突的原因以解决问题，而不是挑剔或者责备。这是五种策略中唯一能带来双赢的策略。虽然协作并不是在所有情况下都适用，但是如果使用适当，它能使冲突双方得到最大限度的利益。

在解决冲突时，试图了解当事人的个人偏好非常重要。有许多因素会影响人们处理冲突的个人偏好，民族文化、性别和人格是其中比较重要的三个因素。

（1）民族文化对于处理冲突方式的影响比较明显。亚洲文化的个体偏好妥协和回避这类没有摩擦的风格，而美国人则偏好强制方式。总体而言，妥协是一种各种文化普遍偏好的方式。

（2）性别对于冲突管理风格的影响也较为明显，一般而言，男性更喜欢用强制的方式，女性则倾向于妥协。

（3）人格类型是个人偏好相关性较大的因素。按照 MBTI（Myers-Briggs Type Indicator）性格类型，思考型（T）的人倾向于据理力争，偏好强制方式，而情感型（F）的人则较容易换位思考，偏好妥协方式。

2.6.3　解决冲突

在解决冲突问题的手段上，协作无疑是最佳解决方案，但是在大多数情况下，协作往往难以达成。当事情看上去更复杂的时候，管理者很有可能会由协作转为命令式的强制方式。因此如何通过协作来解决冲突是一项相当需要技巧的管理技能，下面给出在解决组织内容冲突时常用的几种方式。

（1）建立目标，共享利益

利益冲突往往是最严重的冲突，一旦发生利益冲突，往往非常难以协调。因此组织必须保障内部所有人员的利益是一致的。所有人都为同一个目标努力，即使在过程中发生一些冲突，也能搁置眼前争议，共创成果。

（2）对事不对人

研究表明，以人际为焦点的冲突会威胁到关系，但是以问题为焦点的冲突则会增进关系，因为人们对此不会感到不舒服并且相信可以有效解决问题。因此鼓励遇到问题时"对事不对人"，有效的冲突管理应该善于把对人的冲突转化为对事的冲突。

（3）公平竞争，不偏不倚

在组织内部设立公平的竞争体系，保证员工在实现各自目标的过程中进行公平竞争，管理者在处理问题时"一碗水端平"，一视同仁，这样不论赢者、亏者，还是旁观者都会心服口服，发生冲突的情况就会少些。

（4）回避矛盾、转移视线

冲突发生后，若双方都有强烈的个性且双方都不认输，管理者应提出建议，将双方暂时调离，使之不在一个部门工作，减少甚至无接触机会，冲突便会逐步缓解以至消失。

（5）求同存异，和平共处

冲突对方是友邻组织或是内部成员，尽管存在严重冲突，但平时关系不错，可采取求同存异，和平共处。让时间来做冷却剂，不做决定比做决定好。

（6）运用权威、及时遏制

对于影响严重的冲突，如不及时制止，可能会蔓延与扩大，影响全局。这时应运用权威的力量来解决，请冲突双方的共同上级来听取双方意见，由上级裁定。当然，仅仅靠压制还不能完全解决问题，需要在冲突控制后持续开展思想工作。

（7）组织再造，实现新生

若一个组织内长期不断地爆发严重冲突，积重难返，阻碍组织发展。建议管理者应采取断然措施，对整个组织进行再造，打破原有的体系和制度，建设新的组织氛围。

如果冲突双方没有能够自行解决问题，就需要一位调解人。一般来说，第三者的介入可以帮助解决冲突，例如劳资冲突之间的调停者或仲裁者、部门之间冲突中的总经理等，都是调解冲突的力量。在调解冲突的过程中，首先要明确争论中的各个角色：冲突当事人中分为发起人和回应人。调解人首先需要使双方平静下来，重建建设性的沟通，并帮助调和他们的差异。调解人帮助发起人、回应人解决冲突问题，通常可以参照图2—18所示的流程进行。

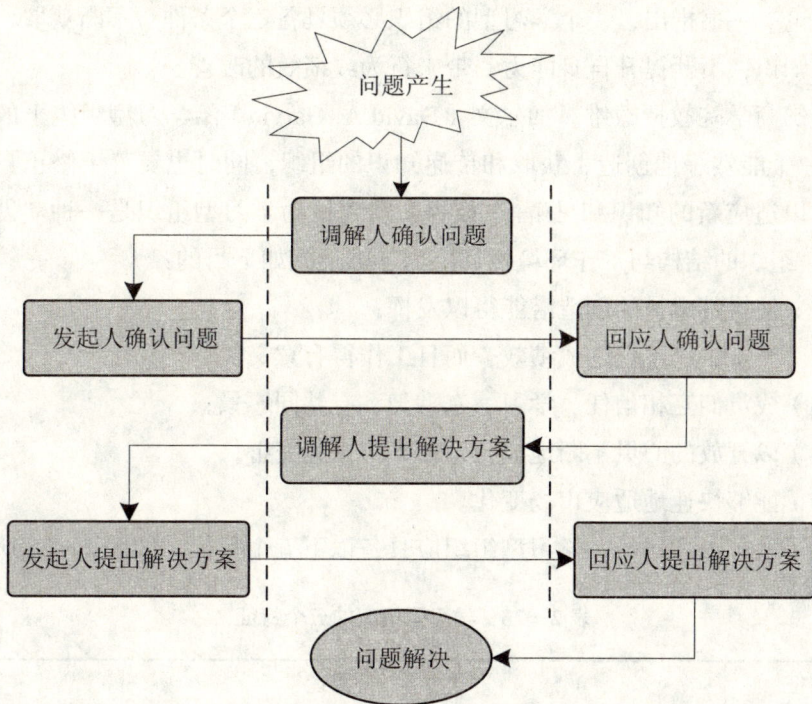

图 2—18 解决冲突的流程

2.7 学习型组织

在知识经济时代，技术发展日新月异，商业环境也瞬息千变，企业只有不断地学习，建立起与时代适应的知识能力体系，才能在激烈的市场竞争中赢得立足之地。1990 年，彼得·圣吉（Peter Senge）在《第五项修炼》一书中指出：随着世界经济一体化和知识经济时代的到来，企业之间的竞争会越来越激烈，只有"学习型组织"才能在这种激烈的竞争中保持不败，因为未来唯一持久的优势，就是比竞争对手学得更快。"学习型组织"的概念提出后，很快受到热烈响应，美国的微软、英特尔、苹果电脑、杜邦、联邦快递等世界一流企业纷纷宣布建立学习型组织。如今"学习型组织"已经成为一个广为重视的概念。

1977年，哈佛大学的克里斯·阿吉里斯（Chris Argyris）提出"组织学习"的概念，在他与唐纳德·舍恩（Donald A. Schon）发表《组织学习：一种行动透视理论》一书指出，一个学习型的组织必须具备三个条件：不断获取、传递并创新知识；不断提升自身能力；带来行为或绩效的改善。

哈佛商学院教授戴维·加尔文（David A. Garvin）给学习型组织下的定义为："一个能熟练地创造、获取和传递知识的组织，同时也要善于修正自身的行为，以适应新的知识和见解。"彼得·圣吉认为学习型组织是一种"创造性组织"，组织的结构与工作环境设计应当能够达到如下目的：

（1）使得其成员的创造潜能得以发挥；

（2）员工工作不仅达成绩效，而且工作得有意义；

（3）成员们互相信任、学习、有默契、有共同愿景；

（4）以开放的心灵不断地成长，使人格更趋完善；

（5）能够快速地适应市场变化。

为了实现上述目的，学习型组织应具备以下五个特征，如表2—25所示。

表2—25　学习型组织的五个特征

特征	描述
共享愿景	●组织中所有成员具有共同的愿景，学习不仅仅是为了个体获取信息或知识，而是为了解决组织面临的问题。
科学管理	●组织内部实行自主管理，打破传统的层级结构使组织趋于扁平化，形成民主、互动的成员关系，为学习营造良好的氛围。
高效沟通	●组织内部沟通顺畅，信息共享，建立横向交流机制，使得成员之间能够无障碍充分交流。
善于学习	●在组织层面建立起知识存储、传播、组合、共享和创造机制，将学习速度和能力上升为组织的战略性目标，组织成员的合作学习，不断提升。
创造价值	●组织中的个人既能积极主动地为组织创造价值，也能在工作中实现个人的价值，实现两者的统一。

2.7.1　五项修炼

为了创建学习型组织，圣吉提出了学习型组织的五项修炼，如图2—19所示，具体包括：

第一项修炼：自我超越。自我超越指通过不断学习提升实现自我极限的突破。员工的创造力是组织生命力的源泉，自我超越的精髓之处在于通过不断地学习产生更加丰富的创造力。建立个人愿景，在实践中保持创造力，通过不懈地努力逐步实现目标，才能实现自我超越。

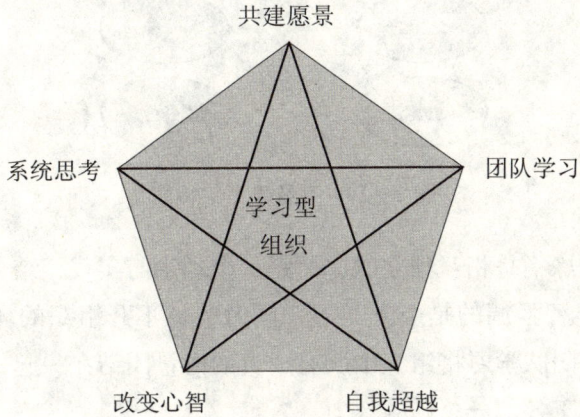

图 2—19　学习型组织的五项修炼

第二项修炼：改变心智。心智模式是个人思想方法、思维习惯、思维风格和心理素质等方面的综合反映。心智模式不仅决定着人们如何认知世界，而且影响人们如何采取行动。个人的思维习惯还会影响整个组织的行为。一些不良的心智模式，比如思维局限、固执己见、经验主义等，会妨碍组织学习。改善心智模式的目的是使组织形成一个不断被检验、能反映客观现实的集体心智模式。通过集体学习、自我反思等方式有助于帮助个人改善心智。

第三项修炼：共建愿景。个人建立愿景可以帮助个人实现超越，组织建立一个共同的愿景同样重要。愿景可以凝聚组织上下的意志力，使大家努力的方向一致，强化团队的向心力，使得团队中的每个人都具有强烈的组织认同感，乐于为组织目标奉献和奋斗。

第四项修炼：团队学习。在一个不能整体合作的团队中，成员个人的力量会被抵消浪费掉。只有大家团结一致，组织才能向期望的方向前进。通过团队学习，以集体的形式思考和分析，充分发挥每个团队团队的智慧，才能做出正确的组织决策，提高团队整体水平，继而实现创新。

第五项修炼：系统思考。系统思考是一种通过信息搜集掌握事件全貌，从而综观全局的思考能力，系统思考有助于了解清楚事件的因果关系，看清楚问题的本质，帮助组织以整体的而非局部的、实质的而非表面的、动态的而非静止的观点看问题。

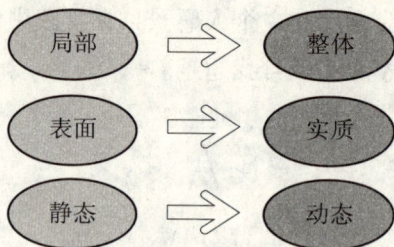

图 2—20　系统思考的特征

上述五项修炼不是相互独立的，而是一个理论与实践相结合的统一体。自我超越和改变心智强调的是个人学习，同时又离不开组织的环境和集体的帮助；共建愿景和团队学习将组织中所有成员的力量团结在一起，通过系统思考强化，能得到大于各部分总和的效力。

2.7.2　发展模式

一般组织向学习型组织过渡，通常需要经历五个发展阶段，如表 2—26 所示。

表 2—26　学习型组织的发展模式

阶段	重点	时间跨度	面临危机程度	对组织的冲击
无意识学习	个人	短期	低	小
消费式学习	↓	↓	↓	↓
引入团队学习				
确定学习进程				
学习与工作融合	人、团队、系统	长期	高	大

第一阶段：无意识学习。团队刚刚建立，为了适应工作，成员需要掌握相关技能所以会积极自主学习。由于面临诸多启动团队的问题，团队领导者很难充分考虑成员的学习任务。这一阶段，团队成员一般处于无意识学习状态。

第二阶段：消费式学习。随着团队逐渐磨合，对于成员要求的素质越来越高，要求掌握的技能增多。这时仅仅依靠成员自身学习难以满足需要，彼此之间的交流日益增多，通过相互学习和借鉴共同获得提升。

第三阶段：引入团队学习。在竞争的环境下，要求发展自身团队的核心竞争力，形成独特优势。为了达成目标，团队需要开发核心课程，培养成员专项技能。对于专业知识的需求需要团队从成员内部进行开发。

第四阶段：确定团队学习进程。之前的学习都是被工作推动的学习，由于学习成果有一定的延迟，学习对工作的反馈和推动不明显。因此管理者需要看到今后的发展方向和将来需要的技能，并进行长远规划，制定学习计划并提前安排，使团队拥有持续的发展力。

第五阶段：学习与工作融合。经过前四个阶段的学习后，成员和团队的目标达成一致，成员自发地学习交流，提升自身素质，实现内在价值。这时学习和工作已经融为一体，团队内部发展出一种高效的正反馈机制，学习和工作的相互促进效果会凸显出来。这是学习型组织的理想境界。

学习型组织能够将工作和学习融为一体，通过不断获得知识、共享知识，并及时利用知识来提高绩效，因此知识管理是学习型组织的重要工具，知识管理的详细内容可参照本书第 5.7 节 "知识管理" 的相关介绍。

施乐公司（Xerox）曾经是世界上最富创造力的公司之一，很多创造性的产品都源自该公司的帕洛阿尔托（Palo Alto）研究中心。该公司的战略社团（Strategic Community）是一种激发知识创造和分享的有效组织形式。为了解决全球分支机构 IT 标准化的问题，该公司在全球各大分支机构的技术主管们进行了一次集会，但是这次会议没有讨论出积极的结果，大家只好各自回到自己的岗位，继续通过网络交流信息并进行讨论处理。当再次聚集时，大家不但对本次 IT 标准化问题达成了一致意见，提出了很多新的创意。大家发现这种俱乐部式的跨机构线下交流、定期聚会的方式有助于发现新问题、启发新思想，于是便延续下来，成为公司内部学习、创造和分享知识的重要平台。

2.8 非正式组织

人与人之间除了在正式确定的组织中发生工作上的交往外，还会发生工作之外的接触和交往。不同的人可能因为共同的兴趣和爱好、暂时的利益关系或者相似的背景、生活习惯等因素而聚集在一起。长期的社会性接触和彼此影响会形成具有一定同质性的心理状态，使这些人的行为方式赋予一定的组织化、体系化特征，这种人们在相互交往中基于共同利益或认同关系自发形成的群体就是非正式组织。非正式组织通常是由于组织成员的感情和动机上的需要而形成的，这种群体没有正式组织所具有规范性，没有正式结构，甚至没有很强的约束力，仅仅使得一些人之间关系亲密而形成特定的关系网络，但是在组织管理中却不可轻视。

管理学上对非正式组织的研究起源于 20 世纪 30 年代对美国西方电气公司霍桑工厂的一系列试验。霍桑试验的初衷希望是考察工作条件与环境等外在因素对劳动生产率的影响，但是最终研究结果却出人意料：工人的生产效率与工作条件与环境无关，而仅取决于员工自身。美国社会学家乔治·梅奥（George E. Mayo）在《工业文明的人类问题中》一书中对霍桑实验进行总结，并提出了管理的"人际关系学说"。梅奥认为，企业成员在共同工作的过程中，相互间自然会产生共同的感情、态度和倾向，形成共同的行为准则和惯例，这就构成了一个在正式组织框架之外的团体。这个团体具有极强的凝聚力，以它独特的感情、规范和倾向左右着成员的行为，影响组织的运行，这就是非正式组织。这个现象是仅注重正式组织作用的古典管理理论所不能够解释的。事实证明，非正式组织不仅存在，而且与正式组织相互依存，对生产效率有重大影响，是正式组织中不可忽视的组成部分。

非正式组织在社会上非常普遍，比如老乡会，原本也许并不认识，仅仅因为是老乡的关系，彼此形成一种信任，并在工作和生活中互相扶持。校友会也是一种常见的非正式组织，虽然学校会以正式的名义成立校友会，但是校友会是独立于工作之外的组织群体，大家因为校友的身份更加亲近，自然形成了一个利益群体。

非正式组织的影响力有时甚至超过了正式组织。比如在民国时期，由黄埔军校毕业生组成的"黄埔系"成为国民党军队的中坚力量，黄埔生在军队里可以得到特别的重视和提携，晋升很快。在公司里，非正式组织的现象也普遍存在。往往会出现这样的情况，某位领导升任之后，他的团队成员很快也会随之升任。比如当李开复创立微软亚洲研究院时，他在美国的一些部下被推荐到中国，很快成为骨干。原因很容易解释，在选拔人才时，一起共过事的人更容易获得信任。

2.8.1 组织特点

非正式组织具有其独特的特点，影响着社会的运行，只有认识到非正式组织的特点，才能更好地应对它。相对于正式组织，非正式组织具有如下特点：

（1）自发性：非正式组织不是由于组织的决定而成立的，对成员没有约束性，往往是自发地加入。由于没有固定的组织结构，人员比较松散。

（2）情感性：在非正式组织里，共同的情感是维系群体的纽带，人们彼此的情感较密切，互相依赖，互相信任，有时甚至出现不讲原则的现象。因此非正式组织的凝聚力往往超过正式组织的凝聚力。

（3）无冕领袖：非正式组织内的"领袖"通常是在发展过程中自然形成的，虽然没有法定意义上的权力，但是由于成员的拥戴程度很高，具有很强的号召力。

（4）潜规则：在非正式组织中，以不成文的潜规则作为行为规范。这些潜规则看似无形，却有着很强大的影响力和约束力，而且极不稳定，变化多端。

表 2—27 正式组织与非正式组织比较

区别	正式组织	非正式组织
形成原因	为了实现共同目标有意识地组织起来	● 因性格、爱好、交际、感情等因素形成，没有自觉的共同目标
表现形式	● 有序的组织	● 无序的组织
成员范围	● 按组织设计规定的层次，部门配备合格的人员，人数相对稳定	● 自愿组合，不受正式组织规定的部门、职务等限制，人数不定
行为标准	● 以效率为标准，制定明确的方针、制度，要求成员严格执行	● 以感情为标准，只有不成文的约定
领导产生方式	● 按照相关规定任命产生	● 自然产生，往往是团体中威望最高者

2.8.2 组织类型

根据非正式组织的形成动机和活动性质，可以从"安全性"和"紧密度"这两个方面考察。安全性指的是积极的、正面的、有益的活动，比如开展学习研讨活动、感情交流活动等，能够帮助成员发展和提高，增强组织内的凝聚力，有助于实现组织目标。紧密度指的是组织是否有固定的领导和成员，以及彼此之间的密切程度。根据安全性和紧密度两个维度可以分成四个象限，对应四种不同的非正式组织类型，如图2—21所示。

（1）积极型：组织成员既积极参与活动，又能够紧密相处。一般出现在企业文化良好的企业，员工能够有相对比较自由的时间，并得到外部支持。比如某企业在内部鼓励员工形成学习型团队，通过"悦读之旅"、"心灵感悟"、"班组讲堂"等形式提高员工综合素质，并营造团队凝聚力。

（2）兴趣型：通常是由于具有共同的兴趣、爱好而自发形成的团体，成员之间自娱自乐。比如企业内部的各种体育、文艺俱乐部，通过兴趣爱好将一些人组织到一起，互相提高技术，放松身心，成为朋友，但是这些俱乐部本身不具有紧密性，对成员几乎毫无约束力。

（3）破坏型：在企业内部可能会出现一些小的利益集体，出于自身小团体的利益而不惜损害组织利益，团体内部成员不接受正式组织的领导，而听从团体内领袖的命令。这种非正式组织形成一股足以和正式组织抗衡的力量。这种利益集体并不以企业发展为目的，对企业具有一定的破坏性。

（4）消极型：这种非正式组织比较松散，内部没有一个得到全部成员认可的领袖，成员没有明确的目标，也无法开展有效的活动，可能是由于一些特定的原因扎堆到一起。比如一些工作不太如意的同事，出于同病相怜，经常在一起埋怨公司，结成一个小团体，结果导致大家的负面情绪更加浓烈。消极型非正式组织会企业有很强的负面作用，且具有传染性，影响士气。

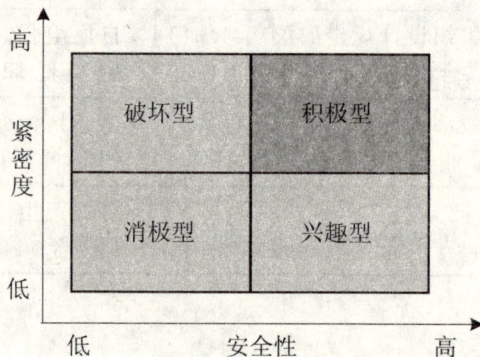

图2—21　非正式组织的4种类型

2.8.3　应对措施

管理者首先应该正确认识到非正式组织存在的原因、生存背景和发展空间，根据其性质区别对待，对于积极型的非正式组织要加以鼓励和发扬；而对于破坏型的非正式组织要立即加以阻止和取缔，以免其进一步发展和延伸；对于消极型组织应该加以正确地引导，将其成员尽可能分散，避免其互相影响加深恶化。

营造公平开放的企业文化有助于挤压非正式组织的生存空间。管理者需要加强与员工之间的沟通和交流，广开言路，让每一位员工都有表达自己想法的渠道；并能够公正地对待每一位员工，在涉及职务升迁、提高薪酬时，做到一碗水端平，以公正廉明之心使管理者本身成为强有力的团队领袖，形成稳固的凝聚力。

管理者更应从制度上规范正式组织的形式，并从多个方面弥补其不足，使得非正式组织存在的必要性减小。当人们能够从规范透明的正式组织中获得自己所需要的正当回报，其参与非正式组织的积极性就会减弱。

参考资料

[1] [美] 斯蒂芬·P. 罗宾斯，玛丽·库尔特，孙建敏等译，管理学（第 9 版）[M]. 北京：中国人民大学出版社，2008.

[2] [加] 亨利·明茨伯格 . 经理工作的性质 [M]. 孙耀君，王祖融译 . 北京：中国社会科学出版社，1986.

[3] [美]J. 理查德·哈克曼 . 高效团队：领导团队走向成功的 5 大黄金法则 [M]. 柯祥河译 . 海口：海南出版社，2006.

[4] 李洁 . 步入领导者的阶梯 . 北京：新世界出版社，2005.

[5] [美] 大卫·A. 威坦，金·S. 卡梅伦 . 管理技能开发（第五版）[M]. 北京：清华大学出版社，2004.

[6] [美] 彼得·德鲁克 . 卓有成效的管理者 [M]. 许是祥译 . 北京：机械工业出版社，2009.

[7] [美] 彼得·德鲁克 . 管理的实践 [M]. 齐若兰译 . 北京：机械工业出版社，2009.

[8] [美] 詹姆斯·库泽斯，巴里·波斯纳 . 领导力（第四版）[M]. 李丽林等译 . 北京：电子工业出版社，2011.

[9] [美] 安德鲁·J. 杜柏林. 领导力——研究·实践·技巧（第四版）[M]. 王垒译. 北京：中国市场出版社，2006.

[10] [美] 约瑟夫·奈. 领导力需要与环境共舞 [J]. 培训，第 11 期，2009.

[11] [美] 苏姗娜·杰纳兹，卡伦·多德，贝丝·施奈德. 组织中的人际沟通技巧（第 3 版）[M]. 时启亮，杨静译. 北京：中国人民大学出版社，2011.

[12] [美] 斯蒂芬·P. 罗宾斯，蒂莫西·M. 库尔特. 组织行为学（第 12 版）[M]. 李原，孙建敏译. 北京：中国人民大学出版社，2008.

[13] 焦叔斌. 管理的 12 个问题 [M]. 北京：中国人民大学出版社，2009.

[14] [美] 罗伯特·卡普兰，大卫·诺顿. 平衡计分卡 [M]. 刘俊勇等译校. 广州：广东经济出版社，2004.

[15] [美] 罗伯特·卡普兰，大卫·诺顿. 平衡计分卡战略实践 [M]. 上海博意门咨询有限公司译. 北京：中国人民大学出版社，2009.

[16] 邱伟年，张兴贵，王斌，绩效考核方法的介绍、评价及选择 [J]. 现代管理科学，2008 年第 3 期，第 81—82 页.

[17] [美] 彼得·圣吉. 第五项修炼：学习型组织的艺术与实践 [M]. 张成林译. 北京：中信出版社，2009.

[18] [美] 克里斯·阿吉里斯，唐纳德·舍恩. 组织学习（第 2 版）[M]. 张莉，李萍译. 北京：中国人民大学出版社，2004.

[19] [美] 戴维·加尔文. 学习型组织行动纲领 [M]. 邱昭良译. 北京：机械工业出版社，2004.

[20] 冯奎. 学习型组织：未来成功企业的模式 [M]. 广州：广东经济出版社，2001.

[21] 唐素珊，杨琳. 试谈对非正式组织的管理 [J]. 广西大学学报，第 29 期，2007.

第3章
以点带面——项目管理

现代管理，项目就是一切，每个人都是一个项目管理者。

——汤姆·彼得斯

项目管理指项目管理者运用专门的知识、技能、工具和方法，对项目涉及的全部工作进行有效地管理，使项目能够在有限资源约束条件下，达到设定的需求和期望。

3.1 项目管理概述

宋朝真宗年间，皇宫失火被焚，大臣丁谓受命重修皇宫。这是一个非常复杂的工程，从设计施工、到运输材料，最后还要清理废墟，任务十分艰巨。丁谓经过深思熟虑，决定首先在皇宫前凿开一条沟渠，把京城附近的汴水引入沟中，利用船只输运建筑材料直达工地，开沟取出的土正好用于烧砖。宫殿建好后，再将废弃物填入沟中，修成一条大街。这样一举解决了取土烧砖、材料运输、清理废墟三个难题，使工程如期完成。

修建皇宫是一个庞大的工程项目，丁谓就是这个项目的"项目经理"，通过巧妙的计划，解决了资源、人力、时间的问题，圆满完成了项目目标。虽然宋朝还没有系统的项目管理科学，但是上述案例体现出的项目管理思想，至今仍值得人们借鉴。

在日常工作中，人们常常会面临两种性质的任务：一种是重复性的、周而复始的工作，例如工厂流水线上的装配工人日复一日地将零件组装成产品，餐馆里服务员不断地点菜、上菜，超市工作人员上架、理货，银行柜员处理票据、点钞……这些工作称之为"操作"；另一种则是独特的、一次性的工作，例如搭建一条装配流水线，建一座房子，搞一次户外促销活动，等等，这些在一定的时间和一定的预算内要达到某个目的的工作，称之为"项目"。

在生产和生活中，项目随处可见。项目有大有小，2008年北京奥运会是一个大项目，奥运会的开幕式也是一个项目，组织一场足球比赛还是一个项目；国家体育馆"鸟巢"建设是一个项目，而"鸟巢"钢结构的承重设计也是一个项目。不同层次的项目，覆盖的范围不同，工作的属性不同，参与的人员不同，但是要想管理好一个项目，却有着共同的科学方法和经验，即项目管理。

项目管理指项目管理者运用专门的知识、技能、工具和方法，对项目涉及的全部工作进行有效地管理，使项目能够在有限资源约束条件下，达到设定的需求和期望。与一般的操作相比，项目具有以下五个特征，因而其管理更富有挑战性，如图 3—1 所示。

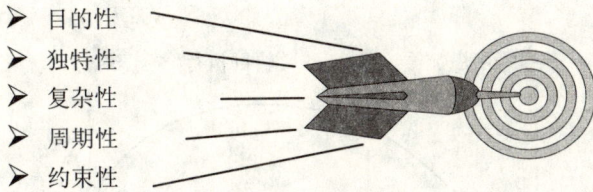

> ➤ 目的性
> ➤ 独特性
> ➤ 复杂性
> ➤ 周期性
> ➤ 约束性

图 3—1 项目的特点

（1）目的性。每个项目都要达成一定的目的，并通过一个可以衡量验收的结果将其固化，称之为"可交付成果"（Deliverables）。例如建筑项目最后需要交付一栋大楼，软件开发项目最后需要交付可以使用的软件产品。与操作活动相比，项目更加以结果为导向。

（2）独特性。项目是一次性的工作，因而是独特的。比如建筑项目可以有很多，但这些项目所面临的条件和所要达成的成果都不同，因此每个项目都是独特的。这与装配线上的重复劳动有着鲜明的区别。正是因为项目的独特性，难以用统一的标准来要求，但可以用同样的方法论体系进行管理。

（3）周期性。项目具有一定的生命周期，从项目的设立、开发、实施到结束，在不同阶段呈现出不同的特征，项目管理中也有不同的关注重点。

（4）约束性。项目面临各方面的约束，一个项目需要在规定时间之内、一定的成本之下，达到所要求的质量，即面临着时间、成本和质量的多重约束。资源的有限性与质量要求常常是矛盾的，因此需要通过项目管理的手段进行协调。

（5）复杂性。项目在执行过程中常常牵涉到复杂的关联方，称之为"利益相关者"（Stakeholders），不同的利益相关者对于项目有不同的要求，项目管理要求在有限的时间与成本约束下，满足各利益相关方的期望。项目一般不是一两个操作就能完成的，但可以层层分解、分而治之。

虽然项目管理早在人们的生产实践中得到应用，但是项目管理作为一门新兴学科，起源于第二次世界大战后期的美国。早期项目管理主要应用于国防工业和建筑公司。如今项目管理的理念和方法已经渗透到各行各业，如制药、电信、软件开发等。

● 项目生命周期

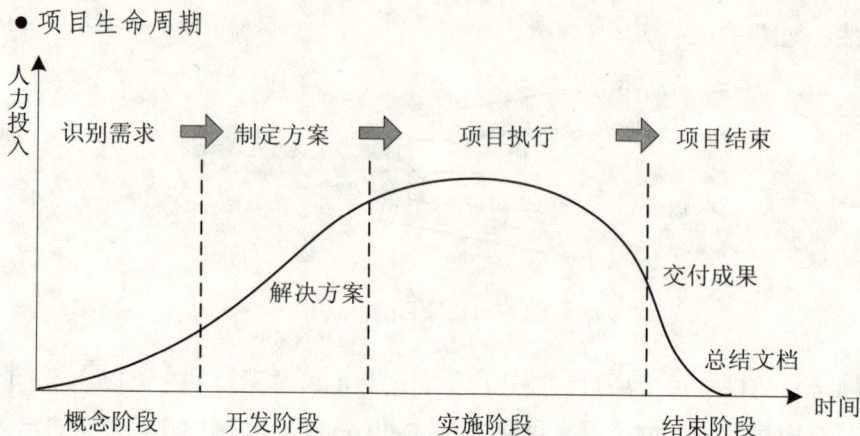

图 3—2 项目生命周期

项目管理的过程与项目的生命周期紧紧相连。图 3—2 给出典型的项目生命周期曲线，包括概念阶段、开发阶段、实施阶段和结束阶段等四大阶段。概念阶段包括对需求描述、问题确认、机会识别等，开发阶段主要设计解决需求或问题的方案，实施阶段执行解决方案，结束阶段终止项目并完成一些扫尾工作。图 3—3 给出一个项目运行流程的示例。

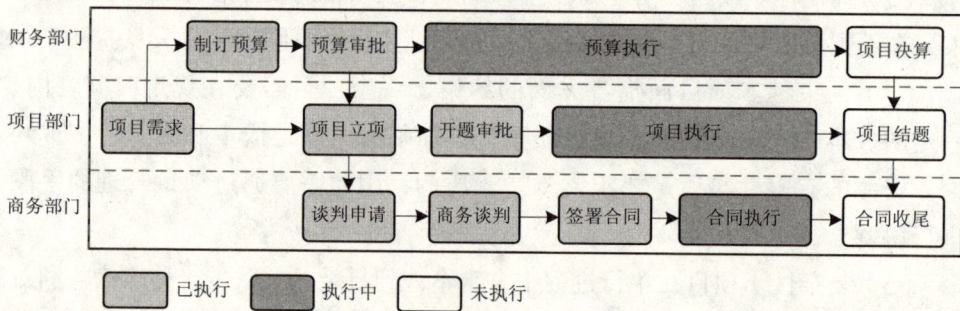

图 3—3 项目流程示例

与项目生命周期的各个阶段相对应，标准化的项目管理流程包括启动、计划、执行、监控和结束五大环节。在项目的概念阶段启动项目，开发阶段完成项目的计划，实施阶段执行项目，并根据执行的结果不断反馈调整，实现对项目的有效监控，最终向客户交付项目成果。在项目结束后，往往还需要开展跟踪调查，了解客户对项目的反馈意见，以便在后续工作中持续改进。

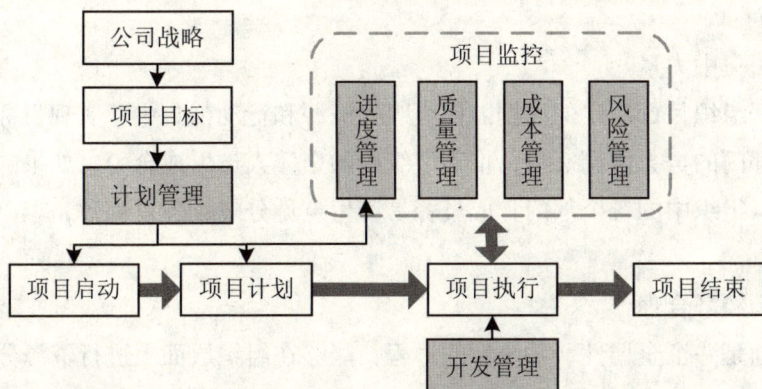

图 3—4 项目管理的流程与内容

3.2 计划管理

项目团队的集体活动要有效率，首先必须明确目标。只有确立了清晰明确的目标，团队及成员才有努力的方向。完成项目目标必须通过什么途径，采取什么方案，这就是管理的计划职能。任何项目要取得成功，都必须进行周密的计划，合理地利用人力、物力和资金等资源，协调组织内外各方面的生产经营活动，使项目团队的任何活动都处于可控状态下，提高运作效率。

计划管理指项目在一定时期内确定和组织全部生产经营活动的综合规划。计划管理不仅仅是制定计划，而是贯穿于计划的制订、执行、检查、调整的全过程，如图 3—5 所示。具体而言，计划管理的内容主要包括：根据项目目标编制执行计划；协助和督促执行单位实施计划任务；检查计划执行情况，并对计划完成情况进行考核；在计划执行过程中若环境条件发生变化时，及时调整计划，使计划依然能够指导和组织生产经营活动。

周密的项目计划对达成项目目标具有重要意义，主要体现在如下

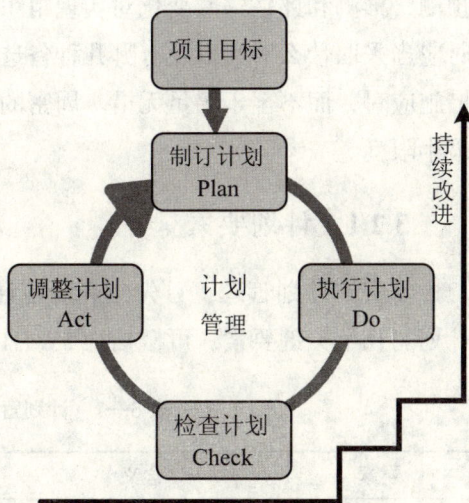

图 3—5 计划管理的内容

几个方面：

（1）集中力量

根据组织目标制定的计划能使组织的资源和行动都集中于实现目标，有利于使各部门的努力协调一致，推动组织中的全体人员形成合力。如果缺乏计划的指引，组织中的各个部门和成员容易产生意见分歧，各自为政，难以保证目标实现。

（2）经济合理

计划是一个全局性、系统性的过程，能够在组织层面上进行资源分配和整合，以目标明确的共同努力来代替互不协作的分散活动，以紧凑一致的工作流程来代替缺乏协调的随意行动，以深思熟虑的科学决策代替仓促草率的直觉判断。这将大大有利于减少组织活动中的浪费和内耗，提高资源的利用率，使组织活动高效合理。

（3）有效控制

如果没有既定的目标和计划作为基准，管理者就无法了解工作的进展是否在正常轨道上，无法考核下级任务能否保证目标的实现。因此，计划是控制的基础，它为有效控制提供了标准和尺度。没有计划，控制工作也将无法进行。

（4）应对变化

未来是不确定的，甚至是瞬息万变的。俗话说"计划赶不上变化"，因此完善、周密的计划往往不是简单单一的，而是对未来可能发生的各种变化进行预测，推测和评估这些变化对实现组织目标可能造成的影响，研究在变化发生时应当采取什么对策以及有哪几种备选方案。一旦出现变化，便可以及时采取措施应对，而不至于手足无措。周密的计划将使未来的不确定性和风险降低到最小限度。

3.2.1 计划要素

要实施计划管理，首先应弄清楚计划管理的关键要素。表3—1中列出了计划的几个关键要素，可概括为5W1H：

表3—1 计划管理的5W1H要素

要素	含义	考虑因素
Why	为什么做	组织战略、市场需求

要素	含义	考虑因素
What	目标是什么	项目范围、可交付成果
Where	在哪里工作	工作地点、活动范围
When	何时工作	任务期限、工作进度
Who	由谁做	任务分配、责权关系
How	如何工作、如何衡量	实现策略、成本控制、评价体系

项目计划的内容涉及到项目管理的各个方面，表3—2列出了一些常见的计划内容：

表3—2　项目计划的内容

计划内容	说明
范围计划	●描述项目的范围，哪些工作该做，哪些工作不该做。
进度计划	●项目中各项工作的开展顺序、开始时间、完成时间及相互依赖关系。
质量计划	●确定适用于该项目的质量标准，并确定如何达到这些标准。
资源计划	●决定在项目的每一项工作中需要什么样的资源，以及使用多少。
采购计划	●决定采购的内容、时间和预算。
沟通计划	●决定项目人员的信息和沟通的需求，包括需要什么信息，什么时间需要，以及如何获得这些信息等内容。
风险计划	●评估项目可能的风险，并准备好应对策略。
变更计划	●由于项目计划无法保证一开始就非常准确，在进行过程中的控制环节也往往出现偏差，因此必须提前考虑到计划的变更。

值得注意的是，上表最后提到变更计划，为了项目有序有效地进行，计划应尽可能稳定。但是项目计划和其他计划一样，在项目执行过程中经常出现偏差。计划管理不能一蹴而就、一劳永逸，需要根据工作计划的异常情况变化及时地调整工作计划，以便对下属进行有效地指导。

了解计划管理的关键要素后，就可以进行项目计划的安排。图3—6展示了最基本的计划管理流程图。

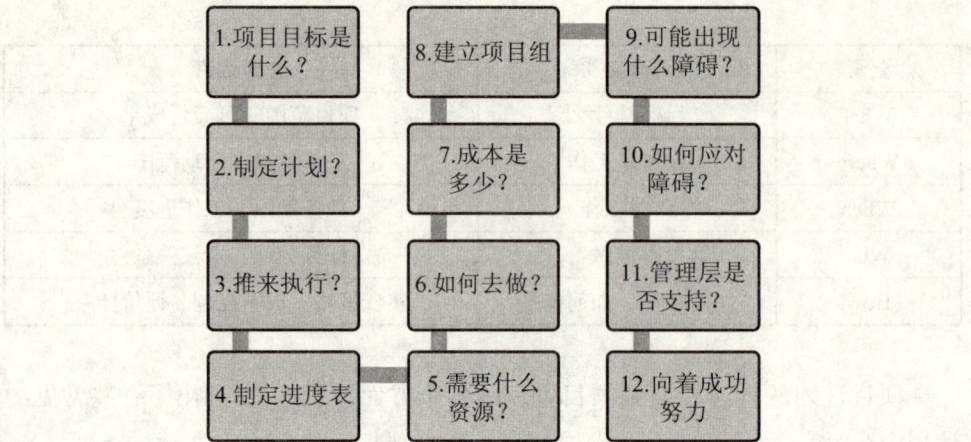

图3—6　计划管理一般步骤

3.2.2　项目目标

1980年任天堂开始经营儿童电子游戏机时，总经理山内认为，与其限定时间每年制造出二三件可售出2万件至10万件的软件，不如花二三年时间制造出一种可卖出几百万件的得到爆发性支持的软件。于是公司开始致力研制图像清晰、音响动人、反应速度快的硬件，终于在1983年推出用特别的家用音像电子游戏机"花迷康"，同时配之以有趣的游戏软件，价格也便宜，新产品一炮打响，至今已有约1700万台"花迷康"进入日本家庭。粗略计算，现在日本小孩中平均每2人就有一台任天堂的儿童电子游戏机。

从上述案例可以看出，目标对一个项目成败的重要性。明确的目标要比只要求人们尽力去做有更高的业绩，而且高水平的业绩是和高的目标相联系的。那么，如何制定项目的目标呢？

● 识别需求

在制定目标之前，首先必须了解项目最终服务的客户的真正需求。项目本身的目的就是为客户提供所需的产品和服务，因此准确掌握客户需求是项目成功的重要前提。

客户需求可分为项目需求和产品需求，项目需求包括商业需求、项目管理需求、交付需求等，产品需求则包括技术需求、安全需求、性能需求等。

了解需求的方法通常有客户访谈、问卷调查、市场观察、内部研讨、原型试用等方式，旨在全方面收集客户的真实意图，并论证项目的可行性。

在项目执行过程中，需求可能会随着市场的变化、客户的期望有所变化，因此在制定目标时，需要考虑到可能的变化，并做好准备。

$APPEALS 是 IBM 公司提出的一种便于了解客户需求、确定产品市场定位的分析工具。$APPEALS 从八个方面衡量客户对产品的关注，具体包括产品价格（$，Price），可获得性（Availability），包装（Packaging），性能（Performance），易用性（Easy to use），可靠性（Assurances），生命周期成本（Life cycle cost），社会接受程度（Social acceptance），如图 3—7 所示。根据 $APPEALS 分析结果可确定产品的哪一方面对客户是最重要的，企业需要在这些方面重点投入。

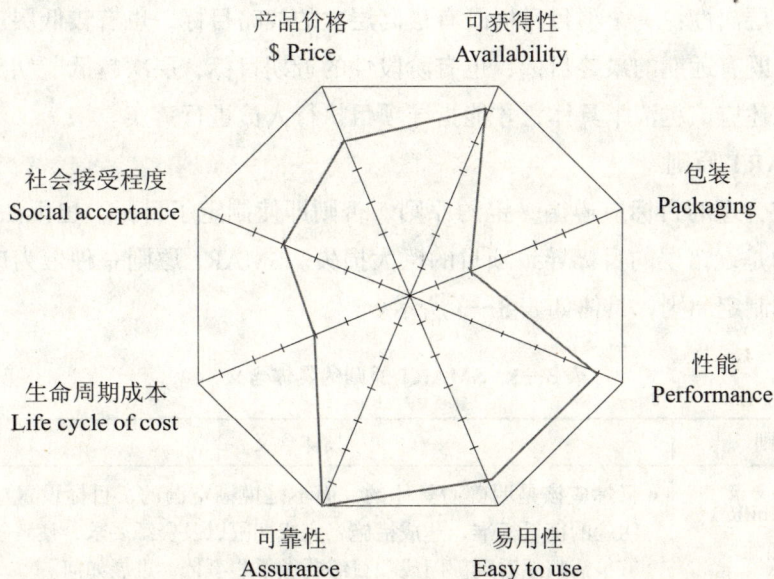

图 3—7 $APPEALS 需求分析模型

● 定义目标

项目目标主要表现为三大方面：时间（Time）、成本（Cost）、质量（Quality）。项目实施就是充分利用可获得的资源，使得项目在一定时间内、在一定的预算基础上，获得期望的质量成果。这三个目标之间往往存在冲突，例如，通常缩短时间要以增加成本为代价，而时间及成本投入不足又会影响产品质量，因此在定义项目目标时三者之间要做好平衡。

项目目标具有如下几个方面的特点：多元性、阶段性、层次性。

（1）多元性：一个项目的目标往往是由有一系列的目标组成，以满足客户多方面的需求。由于资源是有限的，因此不同目标之间往往会存在冲突，项目实施的过程就是多个目标协调的过程。企业对每一个项目都应当有一个定位合理的总体目标，整个产品开发活动都应该围绕这个总体目标来进行。

（2）阶段性：在项目的不同阶段，项目各个目标的重视程度也不同，比如在启动阶段可能更关注产品质量，在实施阶段主要关注成本控制，而在验收阶段往往最关注时间进度。当项目这三个基本目标发生冲突的时候，需要采取适当的措施进行权衡，进行优选。

（3）层次性：一个项目目标既有最高层次的战略目标，也有较低层次的具体目标，既有远期的最终目标，也有阶段性的近期目标，层次越低、期限越近的目标描述应该越清晰具体，才能指导项目执行人员进行落实。

SMART 原则

制定合理的目标应遵循一定的原则，否则即使制定了目标，也无法实现，更严重的是，错误的目标导致项目的巨大损失。SMART 原则一种最为广泛接受的目标制定原则，具体如表 3—3 所示。

表 3—3　SMART 原则的具体含义

原则	具体含义
S（Specific） 明确性	● 目标应该是明确而具体的，而不是模糊空洞的，目标设置应包括明确的衡量标准、达成措施、完成期限以及资源要求，使考核人能够很清晰地看到部门或项目组要做哪些事情、进展如何。
M（Measurable） 可衡量性	● 目标应该可以通过一组确切的数据作为衡量是否完成的依据，使制定人与考核人有一个统一的、标准的、清晰的可度量的标尺，能量化的指标必须量化，不能量化的则尽可能质化，避免在目标中使用形容词等概念模糊和无法衡量的描述。
A（Attainable） 可实现性	● 在制定目标时，要考虑到资源、成本、风险等方面的制约，同时还要考虑到员工自身的能力素质，既要使工作内容饱满，也要具有可实现性，让执行人可以实现、达到。

原则	具体含义
R（Relevant） 相关性	● 制定目标需要和组织总体目标相关联。如果某个目标与组织总体目标完全不相关或者相关度很低，那么即使该目标实现了，对组织的意义也不大。制定项目目标时不仅需要考虑当前目标，更要与组织的长远目标相关联。
T（Time-based） 时限性	● 目标完成要有具体的时间限制。在制定目标时应明确规定项目的开始与结束时间，并拟定出具体的时间计划，定期检查项目的完成进度，以便及时掌握项目进展。

无论是制定项目团队的工作目标，还是项目成员个人的绩效目标，都必须符合上述原则，五个原则缺一不可。

小练习：

请判断下列的目标陈述是否符合 SMART 原则，如果符合，则在"符合"栏中用该原则的代表字母标示；若不符合，则在"不符合"栏中打"√"。

序号	陈述	符合	不符合
1	把客户投诉率从 5% 降低到 2% 以下。		
2	到第三季度末实现目标。		
3	满足顾客需求。		
4	把前台收银的速度提升到行业平均标准。		
5	改变团队文化。		
6	确定目标前确保成员具备相关技能。		
7	采用规范可控的服务流程。		
8	我会听取你们的意见并在最后决定的时候加以参考。		
9	年底前进行考核。		
10	将销售业绩在原有基础上提升 10%。		

参考答案：

　　　　1.M;　　　2.T;　　　3.不符合;　　　4.S;　　　5.不符合;

　　　　6.R;　　　7.S;　　　8.A;　　　　9.T;　　　　10.M

3.2.3　项目范围

项目范围指为确保达成项目目标而必须完成的全部工作。定义项目范围是制定项目和产品详细描述的过程，明确哪些工作应包括在项目内，哪些不应包括在项目内，以及交付产品、服务或成果等应具备的特性与功能。

● 项目范围说明书

项目范围说明书用来详细描述项目的可交付成果，以及为提交这些可交付成果而必须开展的工作。在项目范围说明书中，必须明确提供产品描述、验收标准、主要可交付成果，以及项目的制约因素和假设条件等信息，以便于项目团队制定详细的工作计划，并在执行过程中指导实际工作。在项目执行过程中，一旦发生项目变更或额外工作，应当以项目范围说明书作为评价基准。为了保证项目范围说明书的权威性和有效性，项目范围说明书应当是上级管理部门与项目团队之间、以及项目团队成员之间经过正式沟通所达成的共识。

详细的项目范围说明书应包括以下内容，如表3—4所示。

表3—4　项目范围说明书应包括的具体内容

说明内容	具体描述
产品范围描述	● 在项目需求文件中详细描述最终交付的产品、服务或成果的特征。
产品验收标准	● 定义最终交付的产品、服务或成果的验收过程和标准。
项目可交付成果	● 可交付成果既包括组成项目产品或服务的各种结果，也包括各种辅助成果，如项目管理报告和文件。
项目的除外责任	● 明确说明哪些内容不属于项目范围。
项目制约因素	● 列出并说明与项目范围有关、且限制项目团队选择的具体项目制约因素，例如，客户或执行组织事先确定的预算、强制性日期或强制性进度里程碑，合同条款中明确指出的限制要求等。
项目假设条件	● 列出并说明与项目范围有关的具体项目假设条件，以及万一不成立可能造成的后果。在项目规划过程中，项目团队应该经常识别、记录并验证假设条件，以免发生意外。

● 工作分解结构（WBS）

工作分解结构（Work Breakdown Structure，WBS）是项目计划的重要管理工具，以项目最终可交付成果为导向对项目要素进行层层分解，首先将项目分解成任务，任务再分解成一项项工作，再把一项项工作分配到每个项目成员的日常活动中。WBS 是制定进度计划、资源需求、成本预算、风险管理计划等的基础，同时还是控制项目变更的重要基础。

WBS 定义了项目的整个工作内容，每一层分解代表对项目工作内容的更详细定义。项目分解的原则具体为：将主体目标逐步细化分解，每个任务原则上要求分解到不能再细分为止；最底层的日常活动要对应到人、时间和资金投入。

WBS 最低层次的项目可交付成果称为工作包（WorkPackage），具有以下特点：

（1）工作包可以按照子项目进一步分解为各个子项目的 WBS；

（2）工作包可以在制定项目进度计划时进一步分解为若干个活动；

（3）工作包可以作为一个独立的模块分配给其他项目经理执行；

（4）工作包可以由唯一的一个部门或承包商负责，用于在组织之外分担承包时，称为委托包（Commitment Package）。

工作包定义的原则是"短小迅速"，任何工作包的完成时间应当不超过 80 小时，即所谓的"80 小时法则（80-Hour Rule）"或"两周法则（Two Week Rule）"。当每 80 小时结束时，只报告该工作包是否完成。通过这种定期检查的方法，有助于控制项目总体时间进度。

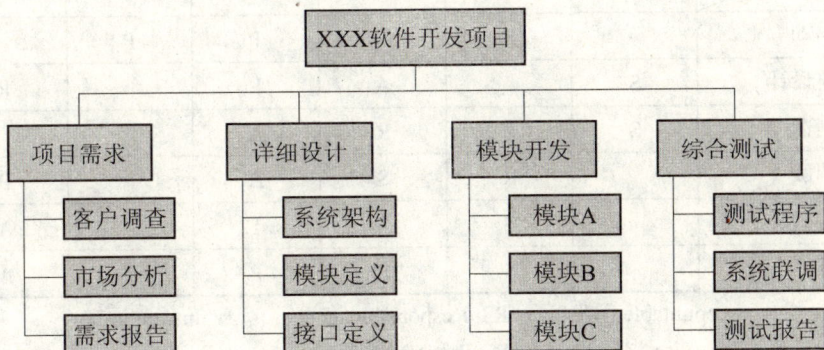

图 3—8　某软件开发项目的工作分解结构

WBS 可以通过树形的层次结构图或者表格表示。树型结构图的 WBS 层次清晰，非常直观，结构性很强，但不容易修改，对于大的、复杂的项目很难

表示出项目的全貌，一般在中小型的项目中使用较多，图3—8给出WBS树形结构图的一个示例。在实际应用中，特别是在项目管理软件中，表格形式的WBS应用比较普遍。

3.2.4 任务分配

项目的目标体系应与组织结构相吻合，使每个部门和人员都有明确的目标，同时每个目标都有相应的部门或人员明确负责。如果项目目标职责不清，则可能出现一个重要的子目标找不到负责的部门，而有些部门却很难为其确定重要的目标。因此，目标责任的落实对项目目标的达成有至关重要的意义。

● 责任分配矩阵（RAM）

责任分配矩阵（Responsibility Assignment Matrix，RAM）是一种对项目团队成员进行分工，明确其角色与职责的有效工具。责任矩阵中纵向为工作单元，横向为组织成员或部门名称，纵向和横向交叉处表示项目组织成员或部门在某个工作单元中的职责，矩阵中的符号表示项目工作人员在每个工作单元中的参与角色或责任。采用责任矩阵来确定项目参与方的责任和利益关系。图3—9给出责任分配矩阵的一个例子。通过这种矩阵式的安排，使得项目的每个具体任务都能落实到参与项目的团队成员身上，确保项目事有人做、人有事干。

职位 工作包	项目经理	发起人	设计经理	采购经理	营销经理	工程经理
项目启动	A	R		P	P	
开发与设计	S		A	P		P
样件制造	S		R	A	I	
样件测试		R	S	A		P
安装与调试		S	I	I		A
项目收尾		S	S	P	I	A

A：Accountable 问责；　　R：Responsible 有责；　　I：Inform 通知；
S：Supervise 指导；　　P：Participate 参与

图3—9　责任分配矩阵示例

3.2.5　计划评审

在确定项目目标、分配责任人员之后，对各级目标的完成情况，应在事先设定的时间节点上定期进行检查。检查的方法可灵活地采用自检、互检和责成专门的部门进行检查。检查的依据就是事先确定的计划。最终结果应当根据目标进行评价，并依据评价结果进行奖惩。评价是对整个过程的反馈，经过评价后进入下一轮的循环。

在项目执行过程中，项目经理不断地将计划执行的进展情况反馈给个人，以便他们能够调整自己的行动。下属人员不但承担实现个人绩效目标的责任，还具有同上司一起检查这些目标的责任。管理人员要努力引导下属人员对照预先制定的目标来评价业绩，积极参加评价过程，这样每个人对他所在项目的贡献就变得非常明确。用这种鼓励自我评价和自我发展的方法，鞭策员工投入工作，并创造一种激励的环境。

● 计划评审方法（PERT）

计划评审方法（Program Evaluation and Review Technique，PERT）是一种利用网络分析制定计划以及对计划进行评价、改进的技术。通过协调整个计划的各道工序，合理安排人力、物力、时间、资金，从而加速计划的完成。PERT被广泛应用在计划编制和分析上，是现代项目管理的重要手段和方法。

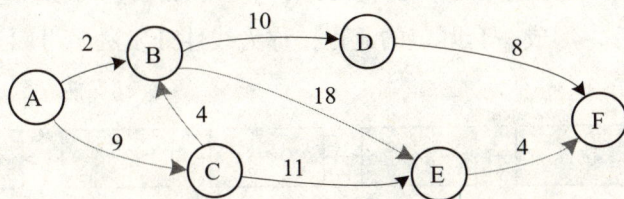

图3—10　项目实施的关键路径分析

对于一个项目而言，只有项目网络中最长的或耗时最多的活动完成之后，项目才能结束，这条最长的活动路线就叫关键路径（Critical Path），组成关键路径的活动称为关键活动。在项目管理中，编制网络计划的基本思想就是在一个庞大的网络图中找出关键路径，并针对各项关键活动，优先为其安排资源，采取相应措施尽可能压缩其需要的时间。而对非关键路径的各项活动，只要不影响工程完工时间，可以抽出适当的人力、物力和财力等资源转移到关键路径上，以达到缩短工期，合理利用资源等目的。在执行计划过程中，可以明确工作重点，对各个关键活动加以有效控制和调度。

关键路径法（Critical Path Method，CPM）是一种基于数学计算的项目计划管理方法，它适用于有很多作业而且必须按时完成的项目。关键路径法将整个项目分解成多个相对独立的活动并确定每个活动所需的工期，然后用逻辑关系将各个活动连接，从而能够计算项目的工期、各个活动时间特点（最早最晚时间、时差）等。在此基础之上，找出其中的关键路径并对其进行优化，从而加快项目进度。图 3—10 给出了一个关键路径分析的示例，可以看出，关键路径为 A-C-B-E-F。在关键路径上的活动加载所需资源后，还能够对项目的资源需求和分配进行分析。

3.3　开发管理

项目因为具体执行的内容不同，可以采用不同的开发方法，很多行业根据自身的特点，制定出适合本行业的项目开发方法。本小节以产品研发为例，介绍几种被广泛应用的开发方法。

3.3.1　线性开发

产品开发以识别机会为起点，到设计、生产、测试、市场推广等，按照顺序步骤依次进行，形成一套既定的流程，称为线性开发法，可归纳为图 3—11 所示的一套程序。

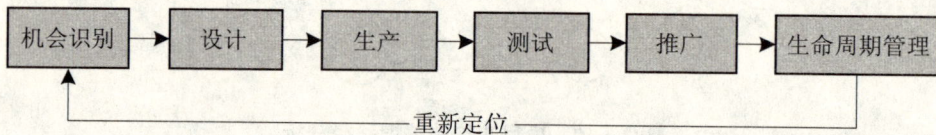

图 3—11　产品线性开发的一般程序

第一步：机会识别。企业首先需要发现新的商机，通过收集大量的信息，跟踪了解市场的需求和空缺，分析现有的竞争状况、市场预期等，决定是否进入该市场。一旦决定进入，还需要根据需求寻找创意，形成初步的产品概念。

第二步：设计。在产品初步概念的基础上逐步细化，淘汰掉不可行的想法，筛选出符合市场需求的创意，开发出产品的原型。

第三步：生产。产品原型通过验证后，即投入小规模生产，交付市场测试。如果上市反馈良好，则继续加大生产投入，扩大生产规模。

第四步：测试。产品在正式上市之前，需要经过一段测试期。测试包括产品测试和市场测试两个层次：产品测试指面对内部员工以及目标市场的抽样顾客，进行产品试用，获取使用反馈，以帮助改进产品的性能和质量；市场测试的目的是预测新产品上市后的销售量和利润，并在大规模市场运作之前进行营销方式、分销渠道等方面的实践。

第五步：推广。产品通过测试后，如果获得相当程度的认可，可以进入大规模推广阶段；如果产品反馈不佳，则需要暂缓上市，改进不足甚至停掉产品线。

第六步：生命周期管理。产品上市之后，并非意味着可以"功成身退"了。产品售后服务、客户使用反馈、竞争对手的应对策略，都需要产品开发团队继续跟进，并加以改进，以保证产品持续的竞争力。

3.3.2　并行工程

在线性产品开发过程中，产品开发的全过程被细分为很多工序，每个部门和个人都只做其中的一部分工作，而且是相对独立进行的，工作做完以后把结果交给下一部门，这种方式被形象地称为"抛过墙法"。在这种串行工作方式中，产品功能设计、生产工艺设计、生产准备等步骤按顺序生产方式进行，下一环节的工作通常依赖于上一环节，如果某个环节的工作延迟了，将会造成整个产品开发周期的延长，一旦发现前面的工作中有较大的失误，就需要对设计进行重新修改、对半成品进行重新加工，将会延长产品的开发周期，增加产品的生产成本，产品的质量也不可避免地受到影响。

并行工程（Concurrent Engineering）强调开发团队要面向整个过程或产品对象，其基本思想是将产品开发在纵向分为不同的层次，如技术层、设计层、加工层等，不同层次工作由不同的团队并行开发完成，每个层次都直接面向市场，通过严密的计划、准确的接口设计把原来的许多后继活动提前进行，从而减少下层对上层工作的制约。产品开发人员在整个开发工作中都要着眼于产品目标，考虑产品整个生命周期中从概念形成到产品报废的所有因素，包括质量、成本、进度计划和用户要求等。设计人员在设计时不仅要考虑设计，还要考虑这种设计的工艺性、可制造性、可生产性、可维修性，等等，工艺部门的人也要同样考虑其他过程，设计某个部件时要考虑与其它部件之间的配合。为了深入理解并行工程管理方法的优势，图3—12给出了传统串行开发流程与并行开发流程的形象化比较，可见并行工程是缩短新产品上市周期的重要手段。福特公司在汽车生产中引入了并行工程，将新型汽车的开发周期由36个月缩短至24个月。

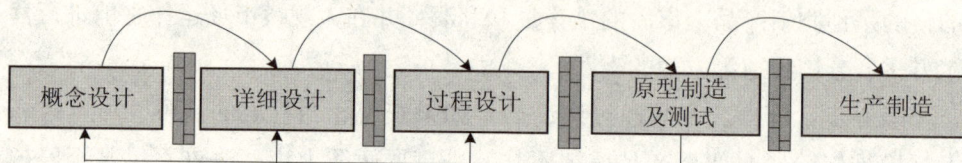

（a）"抛过墙"式的串行开发流程

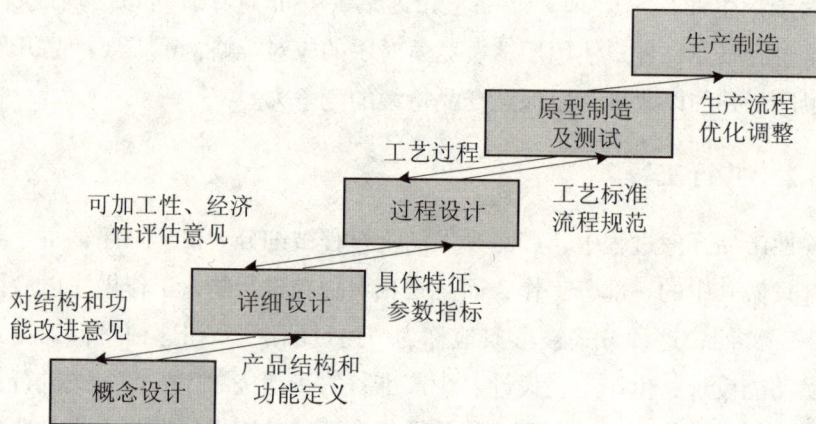

（b）并行开发流程

图3—12 串行开发流程与并行开发流程比较

● 实施要点

实施并行工程需要注意以下要点：

（1）协同工作

并行工程的实质就是要求产品开发人员与其他部门的人员一起协同工作。由于每个专业的员工受其专业知识的限制，往往只对产品的某一个方面的因素考虑较多，而忽视了产品的其他方面的指标。并行工程要求在产品设计初期就组织产品生命周期涉及的所有职能部门协同工作，围绕客户需求讨论确定一个全面的产品设计方案。每个职能部门不仅研究涉及本部门的业务，还需要与上下游部门进行协调，使后续环节中可能出现的问题在设计阶段就被发现并得到解决，从而使产品具有良好的设计质量，避免了大量的返工浪费，最大限度地缩短设计、生产准备和制造时间。

（2）系统设计

并行工程强调所有的设计工作要在生产之前完成，在设计阶段就要全局考虑产品的整个生命周期，推断产品制造及使用过程中阻碍并行工程实施的潜在问题，并提前做好准备。并行工程强调各种活动并行交叉，并不是违反产品开发过程必要的逻辑顺序和规律，而是在充分细分各项活动的基础上，找出子活动之间的逻辑关系，将可以并行的工作尽量并行。采用标准化的设计有利于更有效地分享设计信息，设计人员可以重复地使用现有的设计方案，同样的零件无需再进行重新设计，遇到相似的零件只需作少量修改即可，从而大大减少设计工作量。

（3）过程反馈

在传统线性开发过程中，只有等到产品设计图纸全部完成以后才能进行工艺设计，工艺设计图完成后才能进行生产技术准备和采购，生产技术准备和采购完成后才能进行生产，所有工作依次逐一进行。并行工程为了争取时间，要求将各有关活动细化后并行交叉开展，因此很多工作要在传统上认为信息尚不完备的情况下进行，因此必须通过详细的计划安排好各项工作，并加强各部门的协调沟通，建立高效的信息反馈机制。

（4）技术平台

实施并行工程还必须有相应的技术平台支持，包括统一的产品数据标准库和支持并行工作的计算机网络系统。在统一平台上的数据库中集成并行设计所需要的知识、信息和数据，并且以统一的形式表达。各方面人员可以通过计算机网络系统实时地沟通信息、发现并调解冲突。若某个工序发生变动，其他部门都可以看到并加以监控。

3.3.3　集成产品开发

集成产品开发（Integrated Product Development，IPD）是在迈克尔·麦克哥拉斯（Michael E. McGrath）等人提出的产品及周期优化法（Product And Cycle-time Excellence，PACE）基础上发展而来的产品开发方法，经过 IBM 公

司最先实践并总结形成一套先进的、系统的理念与方法。在路易斯·郭士纳
（Louis V. Gerstner Jr.）的领导下，IBM 公司在战略转型专注软件服务业后，通
过 IPD 迅速扭亏为盈，重返 IT 行业的霸主地位。IPD 也因此受到广泛关注。

IPD 集成了大量的业界最佳管理实践方法，将市场管理、流程再造、产品优
化三大方面贯穿整个产品生命周期，达到缩短产品研发周期、降低研发损失费
用、提高人均产出率，这三大方面具体又可归纳为 6 个要素，如图 3—13 所示。

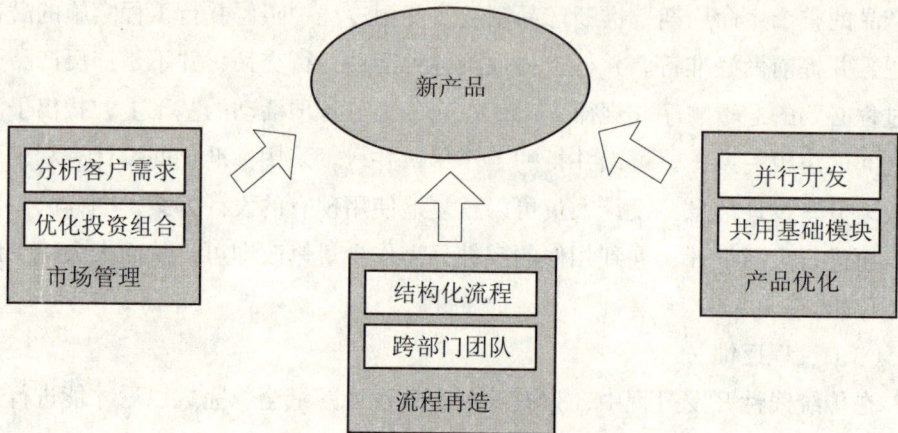

图 3—13   IPD 产品开发框架图

市场管理

IPD 强调产品需要直接面向市场，从客户、投资、市场等产品生存的外在
客观环境因素来决定产品的特性和生命。市场管理可从分析客户需求和优化投
资组合两方面努力。

（1）分析客户需求：只有准确把握市场需求，才能避免项目偏离方向而导
致产品失败，所以新产品开发必须面向当前或能预见到的未来市场需求。IPD
将准确把握市场需求、正确定义产品概念作为流程的第一步。

（2）优化投资组合：企业应当对产品开发进行全面的投资组合分析和管
理，正确评价是否需要开发一个新产品，正确地决定对各个新产品的资金、资
源分配份额，保证将有限的资源用于最有前途的市场机会和产品组合上。投
资组合分析应当贯穿整个产品生命周期。IPD 要求对新产品开发进行分阶段投
资，加强阶段决策，在开发过程中设置检查点，通过阶段性评审来决定项目是
上马、下马还是转向，以减少投资失误。

流程再造

IPD 中的流程再造主要关注于开发流程结构化和跨部门团队管理。产品开发通常包括成千上万项活动，涉及到组织的方方面面，产品开发过程必须成为结构合理、定义清楚的过程，并协调好参与产品开发流程的各个部门，才能管理好这些庞大而复杂的工作。

（1）结构化流程：IPD 产品开发流程被明确划分为概念、计划、开发、验证、发布、生命周期管理六个阶段，如表 3—5 所示，并且要求在整个流程中定义了清晰的决策评审点，只有完成了上一个决策点规定的工作才能够进入下一个决策点。在结构化流程的每一个阶段及决策点，由不同功能部门人员组成的跨部门团队协同工作，完成产品开发战略的决策和产品的设计开发，以保证项目开发顺利。

表 3—5　集成产品开发结构化流程

结构化流程	集成组合管理团队（IPMT）	产品开发团队（PDT）
概念	收集市场需求信息、评估新的市场机会、组建产品开发团队，√ 概念决策评审	了解未来市场调研详细信息制定产品计划
计划	√ 开发计划决策评审	综合考虑组织、资源、时间、费用等因素，形成总体开发计划
开发	协调、落实相关部门支持，保证产品开发所需资源	按照计划执行产品开发流程
验证		
发布	√ 产品上市决策评审评估考核产品开发团队业绩	对产品开发过程进行总结
生命周期管理	√ 产品寿命终止决策评审	

（2）跨部门团队：产品开发是一个跨部门的流程，必须有一个跨部门的小组协同各项活动，确保沟通、协调和决策的高效，并对最终结果负责。因此 IPD 中不仅有执行产品开发的产品开发团队（Product Development Team，PDT）外，还有一个集成组合管理团队（Integrated Portfolio Management Team，

IPMT）。集成组合管理团队主要由公司决策层人员组成，同时管理多个产品开发团队，主要职责是从市场的角度考察各个产品项目，确保在市场上有正确的定位，保证项目资源、控制投资；产品开发团队的工作是制定具体产品策略和业务计划，按照项目计划执行，确保及时将产品投放到市场。

产品优化

产品优化通过并行开发和共用基础模块来提高 IPD 开发效率。

（1）使用并行工程：并行工程是缩短新产品上市周期（TTM）的重要手段，它通过严密的计划、准确的接口设计，将产品开发按照最终产品、平台、子系统、技术分解为不同层次的任务，把原来的许多后继活动提前进行。并行工程不光是产品设计活动的并行展开，也包括其它相关部门的活动。

（2）共用基础模块：同一家企业的不同产品、系统之间，往往存在许多可以共用的零部件、模块和技术，如果在新产品开发过程中尽可能多地采用一些成熟的共用基础模块和技术，无疑可以加快开发进程、保障产品质量、降低开发成本，大大降低产品开发中的技术风险。因此，通过产品重整，建立共用基础模块数据库，实现在不同产品、系统之间共享零部件、模块、技术及其他相关的设计成果，并使不同产品开发团队之间可以互相共享已有的资源和项目成果。

由于上述优势，IPD 得到广泛重视。在国内，华为总裁任正非对 IPD 非常重视，亲自赴美考察，并责成企业主要负责人落实。1998 年华为开始率先引进并实施 IPD，使产品创新能力和企业竞争力大幅度提升。

3.3.4　敏捷开发

随着客户需求的变化和竞争的加剧，产品更新速度越来越快，产品生命周期越来越短。以手机为例，生命周期通常只有 4 个月左右，如果不能及时上市，必然要在激烈的竞争中淘汰出局。因此企业必须改进开发方法，以应对新产品开发带来的挑战。敏捷开发（Agile Development）是一种以人为核心，不断迭代、循序渐进的开发方法。在敏捷开发中，项目被划分成多个子项目，每个子项目单独经过测试完成后，再汇总到一起进行系统集成和测试。敏捷开发最初用于软件项目，由于软件开发周期一般比较短，并且在开发过程中需要大量的沟通工作以保证接口互通，因此适合采用这种快速高效的开发方式。随着项目管理的深化发展，敏捷开发被拓展用于开发金融产品、医药产品、军事项目等各个领域。

随着项目规模的扩大，团队沟通愈加困难，因此敏捷方法更适用于较小的队伍，10人左右甚至更少，或者将一个大项目分为多个相互联系但可以独立运行的小项目，并分别采用敏捷方法完成。

● 敏捷特征

与一般的项目开发方法相比，敏捷开发更加注重开发过程中人与人之间的交互，客户不再只是成果交付对象，而是参与到项目开发的全程，随时沟通需求并对项目进展进行检查，确保项目成果与预期一致。敏捷开发主要有四个方面的特点：

表3—6 敏捷开发的特点

人和交互	>	过程和工具
客户协作	>	合同谈判
响应变化	>	循规蹈矩
可以工作的系统	>	面面俱到的文档

（1）迭代交互

敏捷开发通常由多个不同职能的成员组成一个小规模的项目团队，每个成员都需要定时和团队的其他成员一起查看团队的整体进度，计划下一步工作，并一起探讨开发过程中遇到的问题，通过敏捷小组内部协作解决问题。

（2）客户协作

与传统项目开发将客户独立在项目组之外不同，敏捷开发将客户纳入进来，成为开发团队的一部分。开发过程中有频繁的中间可交付成果，使得客户可以更早地得到可以工作的软件，便于客户确认是否符合所需。

（3）响应变化

敏捷开发的一个关键原则是允许客户在项目过程中变更需求，敏捷开发承认在设计之初无法完全定义需求，更加关注开发团队如何快速响应不断出现的需求，并推出新解决方案。这是传统的计划管理方法不能轻易地解决的。

（4）成果导向

面面俱到的文档对客户来说并不重要，客户需要的是一个能够解决实际问题的、可以正常工作的系统。因此敏捷开发致力于提供一个可以实用的系统，不要求详尽的文档，仅需提供简明的系统说明文档和工作总结文档即可。

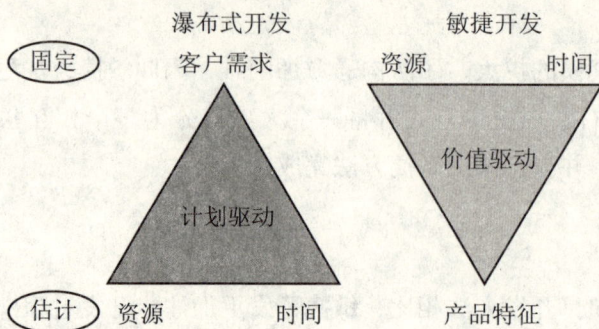

图 3—14 "瀑布式"开发与敏捷开发

传统的严格按照计划进行需求分析、设计、开发、集成、测试、维护的开发方式被比喻成"瀑布式开发"。瀑布式开发由计划驱动，客户提出需求，经过合同谈判后项目组制定计划并且遵循计划，通过详细的文档来定义不变的需求，根据项目工作量和时间要求协调人力物力。相比之下，敏捷开发是由价值驱动的，通过项目团队在有限的时间内在多次迭代过程中不断交付通过试用的功能，完成产品开发，因此更加适应快捷多变的市场需求。

●Sprint 会议

敏捷开发将项目分解成一个个短期（通常 2 周到 1 个月）的冲刺目标（Sprint）。敏捷开发提倡所有团队成员坐在一起工作，进行口头交流，通过Sprint 计划会议、每日站会、评审会议、回顾会议等形式加强项目上的沟通，相互敦促进度，并及时反馈问题，团队协作解决。

Sprint 会议包括如下几种形式：

（1）计划会议（Sprint Planning Meeting）：在每个冲刺之初，由产品负责人讲解需求，并由开发团队进行估算的计划会议。

（2）每日站会（Daily Standup Meeting）：团队每天进行沟通的内部短会，为了确保高效，一般只有 15 分钟且站立进行，因此得名。

（3）评审会议（Review Meeting）：在冲刺结束前给产品负责人演示并接受评价的会议。

（4）回顾会议（Retrospective Meeting）：在冲刺结束后召开的关于自我持续改进的会议。

Scrum 站会

为了保持项目组的高效沟通，每天都需要举行一次简短的项目状况会议，被称为 "Scrum" 或 "站会"，所有出席者都应站立，有助于保持会议简短。会议应当在每天的固定时间、固定地点举行，不论团队规模大小，会议被限制在 15 分钟以内。在会议上，每个团队成员需要下面回答三个问题并更新图 3—15 所示的 Scrum 例会检查表。

（1）今天你完成了那些工作？

（2）明天你打算做什么？

（3）完成你的目标是否存在什么障碍？

任务目标	启动	进行中	遇到困难	已被完成
任务 1 负责人：A			😞缺少测试仪表	
任务 2 负责人：B				👌
任务 3 负责人：C	🏴 已完成设计文档，提交客户反馈			
任务 4 负责人：D		🏴 第一轮测试通过，有若干 Bug		
……				

图 3—15 SCRUM 会议检查表

3.4 进度管理

项目管理强调时间性，制定的每一个目标都有明确的时间期限要求，计划一旦制定，必须严格执行，任何一个环节延期，都可能导致计划整体滞后，延误产品交付时间。因此，在项目执行过程中，进度的控制和管理非常重要。

3.4.1 进度控制

项目进度管理的关键是监控实际进度，及时、定期地将它与计划进度进行比较，一旦认定项目实际运行落后于进度计划，必须采取纠正措施以维持进度正常进行。

因此，进度控制一般可分为如下 4 个步骤：

第一步：分析进度现状，与计划进度进行比较，找出差距；

第二步：制定纠正措施，采用哪些措施能够减少影响，降低损失；

第三步：修改进度计划，将纠正措施列入新计划中；

第四步：重新评估进度，评估采取纠正措施后的效果。

项目进度控制的详细过程如图 3—16 所示。为了避免进度出现较大的偏差，项目组应该定期汇报工作进度，根据项目的总周期以周 / 月 / 季 / 年分别报告。

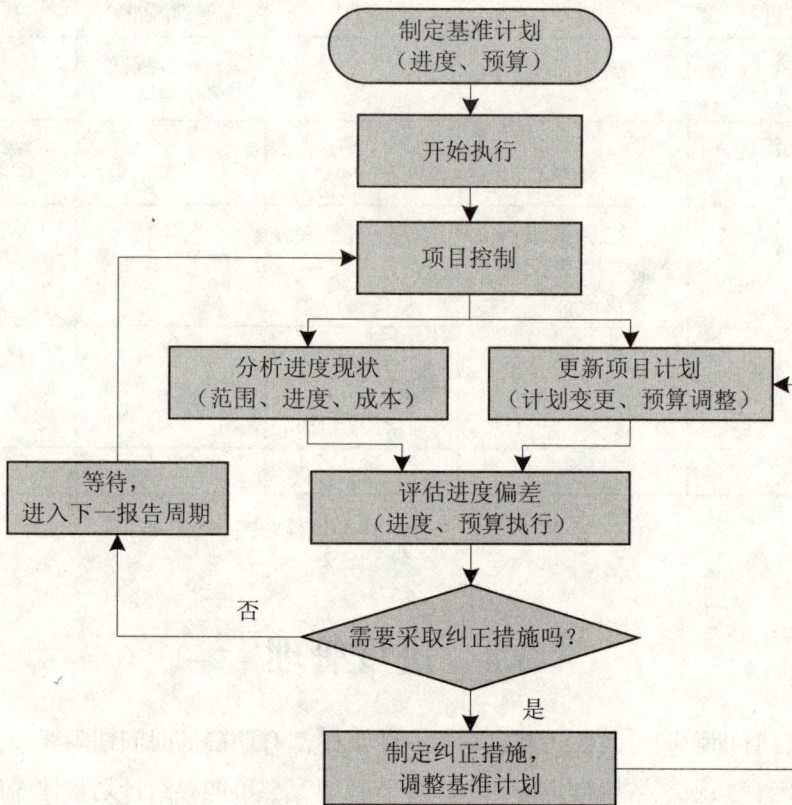

图 3—16 项目进度控制过程

［来源：杰克·吉多，詹姆斯·P. 克莱门斯 . 成功的项目管理（第 3 版）. 张金成译 . 电子工业出版社］

- 甘特图

甘特图（Gantt Chart）是由美国科学管理运动的先驱之一亨利·甘特（Henry L. Gantt）开发的一种进度控制工具，其形式比较简单，基本是一个线条图，横轴表示时间，纵轴表示项目的活动，用线条表示在整个时间段上计划和实际的活动完成情况，如图3—17所示。

ID	任务名称	开始时间	完成时间	持续时间	2013年02月		2013年03月										
					27	28	1	2	3	4	5	6	7	8	9	10	11	12
1	任务1	2013/2/28	2013/3/3	4天														
2	任务2	2013/3/1	2013/3/10	8天														
3	任务3	2013/3/7	2013/3/11	5天														
4	任务4	2013/2/28	2013/3/8	7天														
5	任务5	2013/3/9	2013/3/10	2天														

图3—17 甘特图示例

甘特图虽然简单，但却是一种非常有效的项目管理工具。管理者可以非常直观地弄清一项任务当前进度如何，还剩下哪些工作要做，从而将实际进展与计划要求进行对比。它可以方便管理者预测项目在时间、成本、数量及质量上的状况，以及在项目执行过程中考虑人力、资源、日期、项目中重复的要素和关键的部分，从而进行进度的调整、资源分配的优化等。

3.4.2 项目变更

俗话说"计划赶不上变化"，项目在执行过程中，受到外部环境的变化、各种资源的约束，进度会发生一些偏差。项目组需要分析进度偏差、审查项目进展报告，及时进行进度调整，对进度基准和项目管理计划中的其他受影响的部分提出变更请求。项目主管部门根据变更请求，实施整体变更控制过程审查和处理，通过权衡成本与进度，确定如何以最小的成本来最大限度地恢复进度，以降低进度偏差造成的损失。

- 进度压缩

进度压缩是指在不改变项目范围的前提下，缩短项目的进度时间，以满足进度制约因素、强制日期或其他进度目标。进度压缩通常包括以下两种方案：

（1）赶工。通过加班、增加额外资源等方式，加快关键路径上的活动，达到缩短工期的目的。赶工只适用于那些通过增加人力物力资源、加大工作强度就能缩短持续时间的活动。

（2）并行跟进。通过优化流程把正常情况下按顺序执行的活动改为并行执行，只适用于能够通过并行活动来缩短工期的情况。

由于进度压缩破坏了原有正常计划，使得部分环节采取了非常规手段，因此上述两种方案都可能造成返工和增加风险。比如建筑商为了在合同截止日期交付楼盘，迫使施工队连夜加工，可能会出现一些混凝土不够坚固的情况，造成安全隐患。因此当进度滞后不得不采用进度压缩手段时，必须严格把好质量关，严禁通过偷工减料的方式缩短工期。

● 项目终止

项目在执行过程中，可能会出现一些特殊情况，导致项目在完成之前不得不终止。比如市场快速变化，导致计划产品已经失去最佳时机，或者因为资金链断裂，无法维持项目继续运行，或者因为进度始终无法按期落实，客户对进度不满意要求终止合同……

对于被迫终止的项目，需要尽可能地通过各种方式挽回损失。在项目中积累的技术、人力、硬件设备，可以迅速进行重组，转投到其他项目中。

苹果电脑公司于1993年投入巨大研发力量开始制造 Newton 掌上电脑，这是世界上第一款个人数字助理（Personal Digital Assitant，PDA），但是因为 Newton 在市场上一直找不到准确的定位，需求量过低，不得不于1997年宣布停产。Newton 项目虽然失败了，但是苹果公司在个人手持终端开发上积累了相当丰富的经验，并促成了手机芯片厂商 ARM 公司的发展，为其日后开发 iphone、ipad 等智能终端产品奠定了基础。

3.5　成本管理

如前所述，项目管理常常面临着质量、时间和成本的约束，其中成本的约束就要求项目经理做好项目的成本管理。项目成本不应仅仅关注资金，还应该覆盖项目活动使用的全部资源，包括人工、材料、设备、服务、硬件设施、信息技术等，以及一些特殊的成本，比如通货膨胀、汇率变化等引起的成本变化。

项目成本按其经济用途可分为两大类：生产成本和非生产成本。

生产成本指产品在生产过程中发生的各项产品成本，具体包括：

（1）直接材料费用，指产品原材料、主要辅料、外购半成品，以及有助于产品形成的其他辅助材料等费用。

（2）直接人工费用，指生产中所耗用人力的工资、奖金、福利费和各种津贴等。

（3）制造费用，指在生产中除了直接材料及直接人工以外的各种费用，比如设备租赁费、修理费、折旧费、机物料消耗、低值易耗品摊销、水电费、以及修理期间的停工损失等费用。

非生产成本指与产品制造过程没有直接联系的非生产性开支耗费，具体包括：

（1）营业费用：指企业在销售商品过程中发生的各项费用，包括广告、促销费、展览费、交付产品给客户而发生的包装费、运输费、装卸费等，以及专设销售机构（销售网点、售后服务网点等）的人员工资及福利费、业务费等经营费用。

（2）管理费用：指企业行政管理部门为管理整个企业使其正常运作所发生的费用，以及研究与开发费、无形资产摊销、房产税、印花税和职工教育经费等费用。

（3）财务费用：指企业在筹集生产经营所需资金、调剂外汇等财务活动中所发生的各项费用，包括利息支出、汇兑损失和相关的手续费等。

此处，项目成本还包括那些由于计划不周或者执行不当导致的浪费，这些支出对项目没有任何的促进作用，务必将其减少至最低。

3.5.1　资源计划

在制定成本预算之前，首先要确定完成项目所需资源的种类和数量，在什么时间投入什么资源、投入多少，即制定项目资源计划。

制定项目资源计划，应当结合项目范围、进度等多个因素综合考虑，可依据下列信息：

（1）项目范围说明书：项目应该做什么、不应该做什么，从而考虑资源的需求；

（2）工作分解结构（WBS）：根据工作包自上而下逐层分解，考虑每个工作包的每项活动需要的资源数量，最后再自下而上逐级累积得到总需求量；

（3）项目进度计划：资源计划必须服从于进度计划，在什么时间投入什么资源必须围绕进度计划制定；

（4）项目资源说明：所需资源的类型、数量、质量、何时需要何种资源、每种资源的特性要求；

（5）项目组织的管理政策和有关原则：企业文化、人员聘用、设备租赁与购置的规定、资源消耗量计算等；

（6）历史资料：往期项目的资源计划和实际执行支出可以作为制定此次资源计划的重要参考。

项目资源计划最终通过资源计划说明书详细描述，应包括：项目资源计划和项目资源计划补充说明。通常采用表格形式表明资源需求计划，如资源计划矩阵、资源数据表、资源需求甘特图等。

（1）资源计划矩阵：表示项目各项工作与资源需求量的关系，可直接根据项目工作分解结构指定，缺点是无法囊括信息类的资源。

表 3—7　项目资源计划矩阵

WBS 元素	资源需求量					备注
	资源 1	资源 2	资源 3	……	资源 n	
工作包 1						
工作包 2						
工作包 3						
……						
总计						

（2）资源数据表：表示项目进展各个阶段的资源使用情况和安排情况的关系。

表3—8 项目资源数据表

资源种类	项目阶段				需求总量	备注
	阶段1	阶段2	……	阶段n		
资源1						
资源2						
资源3						
……						

（3）资源需求甘特图：表示资源在项目进展各个阶段的耗用情况，缺点是无法显示资源配置效率方面的信息。

表3—9 项目资源需求甘特图

资源种类	需求总量	项目阶段										
		1	2	3	4	5	6	7	8	9	…	n
资源1		■	■	■				■	■			
资源2				■	■	■						
资源3						■	■	■				
……												

3.5.2 成本预算

项目成本预算指预估完成项目各工作所需资源（人、材料、设备等）的费用，并在一定的成本约束条件下为各项活动分配相应的成本比例。因此，项目成本预算主要包括两大步骤：成本预测和制订预算。

● 成本预测

成本预测是对项目在运营中所需的各种成本进行测算，估计出大致的需求和可能的变化。成本预测是项目运营决策的重要依据，也是制定预算的基础。

成本预测不能笼统、粗略地估计，而是需要结合项目活动的具体工作范围、质量要求、项目工期、项目消耗和占用资源的数量和价格进行尽可能精确的计算。成本预测依赖的主要依据包括：

（1）工作分解结构：根据项目工作分解结构中每一个工作包建立预算。有两种方法：一种是自上而下法，在总项目成本之内按照每个工作包的工作范围考察，将总项目成本按照一定的比例分摊到各个工作包中；另一种方法是自下而上法，根据每个工作包的具体活动估算各自的成本，最后汇总统计总的项目成本。

（2）项目进度计划表：成本的分配和安排应该与进度计划相适应。一旦为每个工作包建立了总预算成本，还需要进一步将成本分配到每个工作包的整个工期中。每期的成本估计根据该工作包各个活动完成的进度确定。

（3）资源计划说明书：资源计划说明书详细描述了项目各个阶段的所有活动所需的资源情况，根据资源需求情况可估算出成本支出。

成本预测主要有三种方法：

（1）定性分析法：预测者根据自己掌握的专业知识和实际经验，运用逻辑思维方法对未来成本进行预计推断。

（2）历史成本法：按有关的历史成本资料，考虑市场变化的趋势，运用一定的数学模型和方法进行加工计算并预测。

（3）因素分析法：利用统计指数体系分析成本总变动中各个因素影响程度，继而对成本做出预测。

根据成本预测结果输出一份详细的成本估算文件，作为制定预算的依据。

● 制订预算

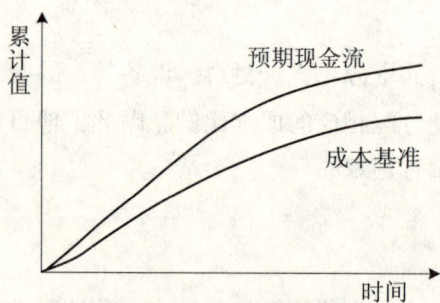

图3—18　成本基准曲线

由于实际项目经常面临着各种资源的约束，因此需要根据总的成本预算调整各个阶段每个工作包的投入比例。制订预算的过程就是在项目总成本约束下，项目所有活动预算求最优解的过程。

项目成本预算最终应该输出两项计划文件：包括项目中各项活动的成本计划和成本基准计划。成本基准曲线是项目从开始到结束的整个生命周期内的成本累计曲线，它描述了项目生命周期中截至某个时间点的累计成本支出。原始的成本预算就是成本基线，也就是项目的期望成本。

3.5.3 成本控制

成本控制就是要保证各项工作在各自的预算范围内进行。成本控制的基础是事先制定的项目成本预算。

成本控制的基本方法是规定各部门定期上报其成本支出报告，再由控制部门对其进行成本审核，以保证各种支出的合法性，然后再将已经发生的支出与预算相比较，分析其是否超支，并采取相应的措施加以弥补。

成本管理不能脱离开发管理和进度管理独立存在，相反要在成本、技术、进度三者之间作综合平衡。成本控制主要依据下面三份文件：

（1）成本基准线：成本基准线是项目执行过程中成本支出的基准，实际成本曲线应当在成本基准线下方为佳，同时也要避免偏离太大，导致预算不能完全执行。

（2）实施执行报告：实施执行报告通常包括了项目各工作的所有费用支出，同时也是发现问题的最基本依据。及时、准确的成本、进度和技术执行跟踪报告，是项目成本管理和成本控制的依据。

（3）变更请求：在项目执行过程中，可能会产生一些预期不到的成本，需要增加或减少预算。应通过书面形式提交变更请求，并及时反馈到预算控制部门，加以调整。

通过分阶段实时地检查对比当前实际累积支出曲线与基准线，可以清楚地了解当前预算执行情况，监控预算执行情况以确定与计划的偏差，确保所有发生的变化被准确记录在成本曲线上，避免不正确的、不合适的或者无效的变更反映在成本曲线上。

成本控制不仅关心实际支出数值

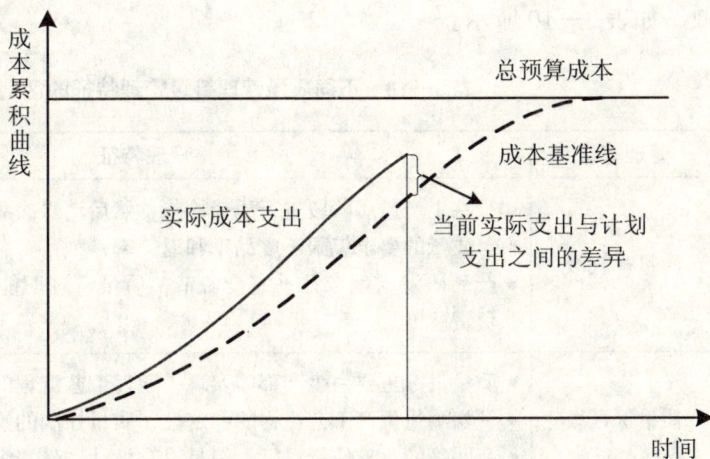

图 3—19　实际成本支出与成本基准线对比

143

是否偏离预算，更关心影响改变成本曲线的各种因素，以及管理和调整实际的改变。项目管理者应寻找成本向正反两方面变化的原因，同时还必须考虑与其它控制过程（范围控制、进度控制、质量控制等）相协调，比如不合适的预算变更可能导致质量、进度方面的问题或者导致不可接受的项目风险。

3.6 质量管理

20世纪50年代前，"日本货"是劣质货的代名词。50年代中期，日本企业引进美国质量管理的理念，开始推行全面质量管理运动。到70年代末，依靠优质的质量和卓越的市场营销，日本产品在全球市场上成了优质产品的象征，日本的汽车、彩电、手表、录像机、半导体等产品先后占领了美国、西欧等国家消费市场。

如今，中国企业生产的产品远销世界各地，"Made in China"渐为世人所熟悉，但是由于一些历史原因，"Made in China"往往也成为便宜货、劣质货的代名词。中国企业要想甩掉便宜货、劣质货的负面形象，必须从产品质量上严加管理，全面提升企业形象。

麦肯锡公司曾对167家美国、日本和欧洲的企业进行了一项跟踪调查，以考察质量管理对企业经营成败的影响。该调查按这些企业的质量管理水平及其对应的质量绩效水平将企业分为四个等级，即质量检查级、质量保证级、预防次品级、完美无缺级，这四个管理等级对应着明显不同的管理特征和质量绩效，如表3—10所示。

表3—10 不同质量管理等级管理特征的区别

管理等级	管理特征
质量检查级	• 只在生产最后阶段进行质量检查，然后消除次品； • 对质量的要求仅限于废品率和返工率； • 产品研发与生产几乎完全脱节，质量管理职能由质量检验部门独立负责。
质量保证级	• 质量目标主要由生产部门实现，通过工艺流程的稳定性保证； • 开始测量生产工艺流程的稳定性，质量控制的重点在制造领域； • 有明确的服务质量目标，但是没有设计质量测定标准。

管理等级	管理特征
预防次品级	● 在产品设计阶段就面向客户需求，制定高标准的质量目标； ● 质量改进扩展到设计部门，产品设计与生产工艺相互影响； ● 与供应商紧密配合，在源头严格地控制产品质量。
完美无缺级	● 高层管理者设定了严格的质量目标，同时每一个职能部门和层次都制定了各自具体的质量目标，以实现"零缺陷"； ● 将质量职责授权到所有职能领域，形成跨职能的团队协作； ● 形成生产质量的核心流程：零缺陷生产与质量设计。 ● 形成一种有助于质量提高的企业文化氛围，每一位员工（包括最高管理者）都意识到质量对企业的重要性，并积极参与质量改进活动。

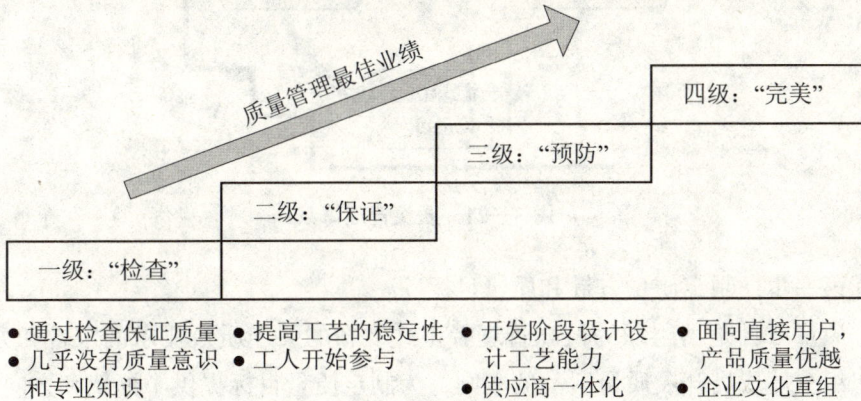

质量管理最佳业绩

四级："完美"

三级："预防"

二级："保证"

一级："检查"

● 通过检查保证质量　● 提高工艺的稳定性　● 开发阶段设计设　● 面向直接用户，
● 几乎没有质量意识　● 工人开始参与　　　计工艺能力　　　　产品质量优越
　和专业知识　　　　　　　　　　　　● 供应商一体化　● 企业文化重组

图 3—20　质量管理的四个等级

（来源：[德] 京特·隆美尔 . 质量铄金：企业竞争致胜的武器 [M]. 刘伯根等译 . 中国大百科全书出版社 .）

3.6.1　质量管理体系

质量管理是组织为使产品满足不断更新的质量要求、使客户满意而开展的计划、组织、实施、控制、审核和改进等所有相关管理活动的总和。

国际标准化组织（ISO）制定的 ISO9001 标准体系是目前国际上普遍采用的质量管理体系，根据组织特点选用若干质量要素加以组合，加强从设计研制、生产、检验、销售、使用全过程的质量管理活动，成为组织内部质量工作的要求和流程，并予以制度化、标准化，来指导组织有效地开展各项质量管理活动，实现质量管理的方针目标。

质量管理体系主要包括以下五个方面内容：制定质量方针和质量目标、质量计划、质量控制、质量保证和质量改进等活动，如图3—21所示。

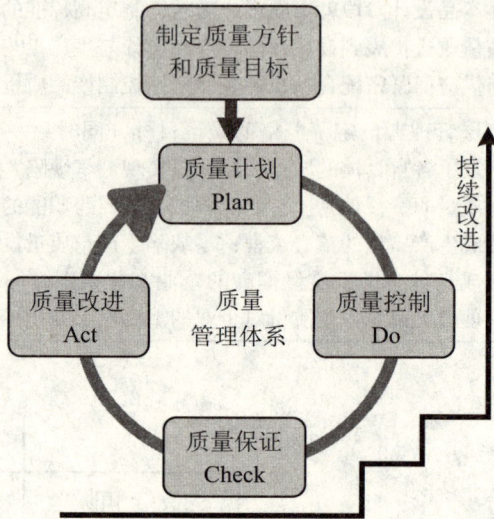

图3—21 质量管理体系

第一步：制定质量方针和质量目标

质量方针是由组织的最高管理者正式发布的关于质量要求的宗旨和方向，是组织全体成员开展质量活动的准则，为制定质量目标提供了框架和方向。质量目标即组织在质量方面所追求的目标，依据组织的质量方针而制定。通常对组织的相关职能和层次分别制定相应的质量目标。

第二步：质量计划

质量计划是质量管理的重要部分，根据质量目标设计必要的运行过程并保障相关资源以实现质量目标。质量计划的主要内容之一是编制质量计划书，质量计划书是质量计划活动输出的正式书面文件，是开展质量管理活动的重要依据。

第三步：质量控制

质量控制致力于使生产过程和最终产品满足质量要求。质量控制将测量的实际质量结果与标准进行对比，并对其差异采取改进措施。质量控制的具体方式方法取决于组织的产品性质，也取决于对产品质量的要求程度。

第四步：质量保证

从产品设计到售后服务，企业内部形成一个以保证产品质量为目标的职责和方法的管理体系，称为质量保证体系。建立质量保证体系的目的在于保证产品的可靠性、耐用性、可维修性等指标，确保客户对质量的要求。质量保证分为外部质量保证和内部质量保证。外部质量保证向组织外部提供保证，包括消费者、质量监管部门、消费者协会等；内部质量保证向组织内部提供保证，使组织的管理者确信各职能部门和人员对质量控制的有效性。

第五步：质量持续改进

质量改进致力于增强在满足质量要求方面的能力。"没有最好，只有更好"。任何组织的任一业务，不管如何完善，总存在进一步改进的余地，这就要求不断制定和改进目标并寻求改进。质量管理的核心理念就是"客户满意，持续改进"。

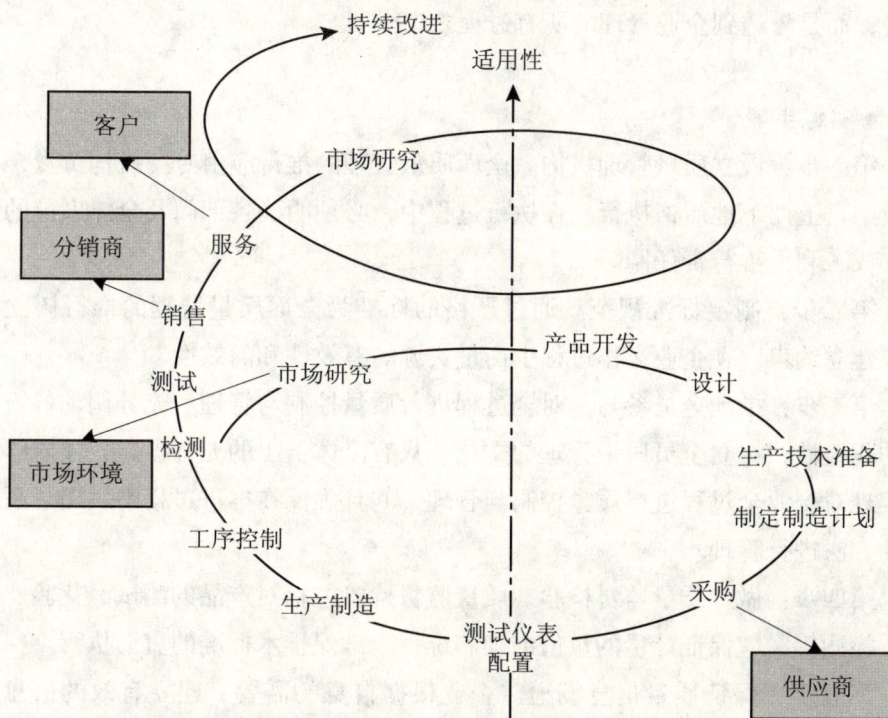

图 3—22　朱兰螺旋曲线

产品质量的产生和发展遵循一定的客观规律，可用美国质量管理专家朱兰（J. M. Juran）提出的"朱兰螺旋曲线"来描述，如图 3—22 所示。朱兰螺旋曲线反映了产品质量形成的过程是一个在循环中持续改进、不断上升的过程。客户的要求在不断提高，产品质量也需要随之不断改进、不断提高，才能确保市场份额。产品质量需要进行全过程的管理，需要参与上述各个环节的质量管理活动的各部门人员通力协作，逐一落实，各个环节之间相互联系、相互促进。质量管理是一个系统工程，不仅涉及组织内各部门及员工，还涉及组织外的供应商、分销商以及客户等利益相关者，质量管理活动应延续到直至产品交付给客户。

3.6.2　全面质量管理

全面质量管理（Total Quality Management，TQM）是为了能够在最经济的水平上充分满足客户要求，把组织各部门在研制质量、维持质量和提高质量的活动中形成为一体化的管理体系。因此，全面质量管理不应仅停留在生产过程本身，而是渗透到企业管理的所有过程之中。

● 实施步骤

第一步：设立质量管理机构。全面质量管理的推行应由专门机构负责，在企业中自上而下地严格执行。在执行过程中，必须明确各部门及全体人员的的责、权、利，推行责任制。

第二步：制定标准规范。通过严格的标准为全面质量管理的推行树立目标、建立约束，在企业运作过程中衡量资源的有效性和高效性。

第三步：推动全员参与，对全过程进行质量控制与管理。充分调动各级人员的积极性，树立全员质量管理的文化。只有全体员工的充分参与，才能够真正实现对企业全过程进行质量控制与管理，并且确保在推进过程中采用了系统化的方法进行管理。

第四步：做好质量监督检验。质量监督检验包括对产品的测试、化验、分析、检测等，应保证计量的量值准确和统一，确保技术标准的贯彻执行。

第五步：保证质量信息畅通。企业根据自身的需要，建立有效的信息系统及相应的数据库，保证质量信息传达的畅通，并做好质量信息的记录以供查询。

除了通过严格的管理制度保障全面质量管理的落实，还需要在日常管理中通过培训、检查等方式塑造重视质量管理的企业文化，使员工牢固树立"质量第一"和"顾客至上"的观念，为全面质量管理的实施提供软环境。

3.6.3 质量管理应用

● 标杆分析

标杆分析法也叫基准分析法，就是将本企业各项活动与从事该项活动最佳者进行比较，从而提出行动方法，以弥补自身的不足，最终成为行业的领先者。常见的标杆分析对象如表3—11所示。

表3—11 标杆分析对象

标杆对象	比较内容
竞争对手	● 确定和比较竞争对手经营战略的组成要素
一流企业	● 学习借鉴行业领先企业的内部经营，建立相应的赶超目标
跨行业的技术标杆	● 在技术和工艺等方面进行跨行业横向比较
客户需求	● 从客户角度发现不足，将市场、竞争力和目标设定结合在一起

采用标杆分析包括如下执行步骤：

（1）确定项目。划定进行标杆分析的领域，从而具有针对性。

（2）选择标杆。在表3—11中，竞争对手和行业领先企业通常是首选的标杆对象。

（3）收集分析数据。在充分了解本企业与标杆状况的基础上，收集双方的数据。数据应当针对企业的整个经营过程和活动，而不能仅关注经营结果。

（4）制定学习方案。在分析双方数据的基础上，找到差距，确定需要缩短差距的具体领域、流程中的实现方法，并制定企业相关的行动目标和行动措施，将系统、行动融合到企业的经营计划中。

（5）实施方案并跟踪结果。根据标杆分析确定的方案实施工作，跟踪结果，并根据结果反馈调整。

● PDCA循环

PDCA循环也称戴明循环，是一个被广泛应用的持续改进模型，它包括持续改进与不断学习的四个循环反复的步骤，即计划（Plan）、执行（Do）、检查（Check）、改进（Act）。PDCA循环的意义在于强调持续改进的重要性。在项目执行过程中，需要针对每一阶段的完成情况进行检查，寻找与目标或标杆的差距和不足，制定改进方案并加以落实，有利于项目质量不断提升和完善，达到精益求精的境界。PDCA 循环被广泛应用于管理工作中，已经成为一种重要的管理思想。参照图 3—21，质量管理体系本身就是一个 P-D-C-A 的循环改进过程。

● 精益生产

精益生产（Lean Production）是日本丰田汽车公司在 20 世纪 60 年代发明的一种生产组织管理方式。顾名思义，"精"表示精良、精确；"益"表示利益、效益，因此精益生产就是以制造精良、改善效益为目的，在生产中避免故障、消除浪费，达到零缺陷、零库存的目标。

为了达到上述目标，在精益生产中引入了"准时制"（Just in time，JIT），即"在需要的时候，按需要的数量，生产所需的产品"，其实质是保持物质流和信息流在生产中的同步，实现以恰当数量的物料，在恰当的时候进入恰当的地方，生产出恰当质量的产品，从而减少库存、缩短工时、降低成本、提高生产效率。因此准时制是精益生产的核心，而实现准时制的关键在于生产计划控制和库存管理。

表 3—12　精益生产方式的主要特征

主要特征	表现
品质	在生产中的每一个环节消除产品缺陷
效率	通过精确的计划和控制，减少每一个环节可能产生的浪费；
时间	把开发时间和储运时间最小化，早于竞争对手投放市场；
柔性	支持小批量、单件流生产；
多元化	缩短产品周期、减小规模效益影响
适应性	协调合作
学习	在实践中不断改进

● 6σ 管理

"σ"（音：西格玛）是一个希腊字母，在统计学上通常表示标准偏差，用来描述总体中的个体离均值的偏离程度。6σ 是一个质量目标，意思是正态分布中 6 倍标准偏差以内的值，如图 3—23 所示，6σ 管理要求所有产品分

布偏离均值 ±6σ 内的产品全部满足质量要求，意味着所有的过程和结果中，99.99966% 是无缺陷的，也就是说平均每 100 万件产品中只有 3.4 件是有缺陷的，这是一个非常高的要求。

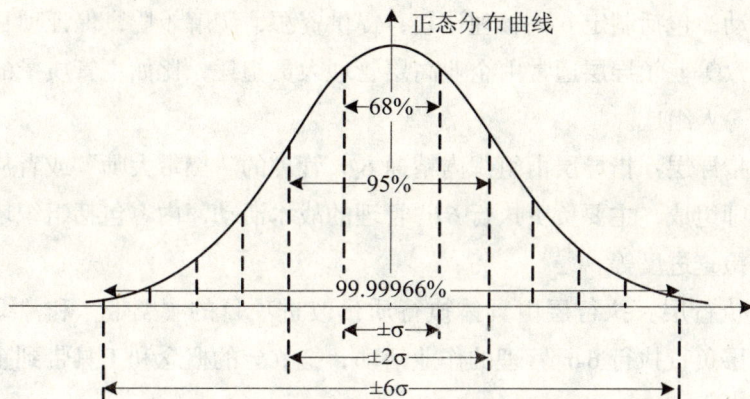

图 3—23　正态分布中 6σ 的示意图

　　6σ 质量管理由摩托罗拉公司在上世纪 80 年代首创，是一种建立在测量、试验和统计学基础上的现代质量管理方法。6σ 管理法的核心是追求零缺陷生产，防范产品责任风险，降低成本，提高生产率和市场占有率，提高顾客满意度和忠诚度。6σ 管理既着眼于产品、服务质量的改进，同时又关注整个过程的改进。

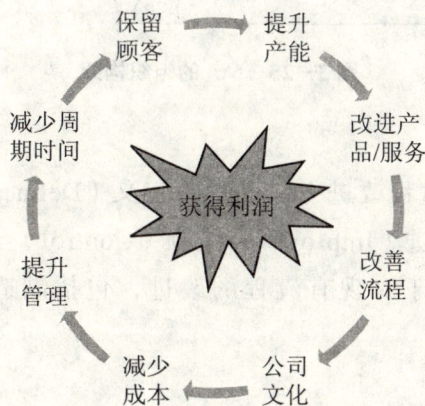

图 3—24　6σ 管理流程

　　实施 6σ 管理的组织系统一般分为三层，即领导层、指导层和执行层。为了方便推广，6σ 管理还引入了柔道中的"黑带"等概念，作为对不同专业级别人员的评级。在 6σ 管理中，按照专业级别高低通常可分为黑带大师（MBB）、黑带（BB）、绿带（GB）等。

（1）领导层：企业专门成立 6σ 管理推行委员会，负责执行 6σ 管理的战略计划活动，包括制定 6σ 管理计划，提供资源，调解矛盾，保证项目与企业的目标一致等。领导层通常由企业高层管理人员担任，比如主管质量的经理和财务主管等人组成。

（2）指导层：指导层由组织内精通 6σ 管理的"黑带大师"或者从外部聘请的咨询师组成，主要负责执行 6σ 管理的战术活动，内容包括组织培训、指导项目、检查进度等。

（3）执行层：执行层由具体执行质量改进项目的"黑带"和"绿带"组成。执行层负责执行 6σ 管理的作业活动，把 6σ 的概念和工具带到企业的日常工作中去。

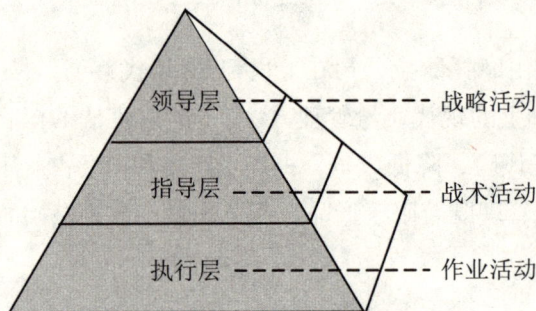

图 3—25　6σ 的组织构架

DMAIC 方法

DMAIC 是一个过程改进方法，是由定义（Define）、测量（Measure）、分析（Analyze）、改进（Improve）、控制（Control）五个阶段构成，如表 3—13 所示，一般用于对现有流程的改进，包括制造过程、服务过程以及工作过程等。

精益生产与 6σ

精益生产和 6σ 都是质量管理的有效工具，两者有着许多共同之处，也有各自鲜明的特点。精益生产直接关注提高流程速度和减少资本投入，通过识别生产过程中的价值流，改进生产流程，避免浪费环节，从而提高质量、降低成本，确保企业在市场竞争中的优势。6σ 管理是一种直接使用统计方法来最大幅度地降低核心流程的缺陷，以实现组织的持续改进，从而达到甚至超过顾客满意的管理思想和方法体系。

表 3—13　DMAIC 方法

阶段	主要工作
Define 定义 → Measure 度量 → Analyze 分析 → 是否需要改进（否→Measure；是↓）→ Improve 改进 → Control 控制	• 定义：确定顾客的关键需求并识别需要改进的产品或流程。
	• 度量：对现有项目进行评估，将其与目标进行比较，寻找差距。
	• 分析：通过评估当前项目阶段取得必要的数据后，找出影响项目质量的潜在问题及关键影响因素。
	• 改进：找出影响项目质量变化的关键因素，针对关键因素采取改进措施。
	• 控制：通过不断的测量，才能避免错误再度发生，确保所做的改善能够持续下去。

表 3—14　精益生产与 6σ 管理的关系

	比较维度	精益生产	6σ 管理
相同点	目标一致	顾客满意、持续改进	
	管理方式	团队协作、项目管理	
	基本原则	降低成本、提高质量、增加效益，实现资源有效利用	
不同点	关注范围	全局	局部
	改善焦点	减少浪费、提高效率、增加价值	降低流程缺陷、提高业绩
	主要方法	JIT 等	DMAIC 模式等

因此，精益与 6σ 可以互相补充和结合，通过两者的有机结合，实现组织的最大效益。

●5S 管理

5S 管理起源于日本，包括整理（Seiri），整顿（Seiton），清扫（Seiso），清洁（Seikitsu），修养（Shitsuke）五个方面，由于这五个单词在日语中罗马拼音的首个字母都是 S，所以简称"5S"。5S 活动的对象是现场环境，包括对生产设备的管理、工作环境的改善、人员精神面貌的提升等多个方面。5S 管理对生产现场环境全局进行综合考虑，并制定切实可行的计划和措施，从而实现规范化管理，具体含义如表 3—15 所示。

表 3—15　5S 及其操作步骤

项目	定义	推行要领
整理 SEIRI	将必需物品与非必需品区分开，在岗位上只放置必需物品，不必需的东西则坚决处理掉，以腾出工作空间，防止误用、误送。	● 对工作现场（范围）进行全面检查，包括看得到和看不到的 ● 制定"要"和"不要"的判别基准 ● 清除不要的物品 ● 要的物品要调查使用频度，决定日常用量 ● 每日自我检查，避免不整理而发生的浪费
整顿 SEITON	对必需物品分门别类，明确数量并做上标识，依照规定放在能够立即取到的位置，以节省寻找物品的时间。	● 前一步骤整理的工作要落实 ● 需要的物品明确放置场所 ● 摆放整齐、有条不紊 ● 地板画线定位 ● 场所、物品标示 ● 制订废弃物处理办法
清扫 SEISO	将工作场所、仪器设备、材料、工具等上的灰尘、污垢、碎屑、泥砂等脏东西清扫擦拭干净，创造一个明亮卫生的环境，提高设备的使用寿命。	● 建立清扫责任区（室内、室外） ● 开始一次全公司的大清扫 ● 每个地方清洗干净 ● 调查污染源，予以杜绝或隔离 ● 建立清扫基准，作为规范。
清洁 SEIKETSU	通过制度化和定期检查，展开日常维护活动。每位员工随时确认自己的工作区域内有无不良现象，使整个环境随时都维持良好状态。	● 落实前面的 3S 工作 ● 制订目视管理及看板管理的基准 ● 制订 5S 实施办法 ● 制订稽核办法 ● 制定奖惩制度，加强执行 ● 主管经常带头巡查，带动全员重视 5S 活动

项目	定义	推行要领
素养 SHITSUKE	培养全体员工良好的工作习惯、组织纪律和敬业精神。每一位员工都应该自觉养成遵守规章制度、工作纪律的习惯，努力创造一个具有良好氛围的工作场所。	● 制定服装、臂章、工作帽等识别标准 ● 制定公司有关规则、规定 ● 制定礼仪守则 ● 教育训练 ● 推动各种激励活动 ● 遵守规章制度 ● 推行打招呼、礼貌活动

5S 管理有一些有效的小技巧，包括：

（1）抽屉原理：先将所有的物品都视为垃圾，从中挑选出有用不可弃的物品，剩下的尚有使用价值的进行存档，其余统统丢弃。

（2）四定方法：将每一件物品定点、定位、定人、定物，明确每一样东西的位置及相关责任人。

（3）红蓝标识：对于各种各样的文件、资料除标明名称用途，还要用不同颜色的文件夹或文件袋标识，进行分门别类。

（4）定点照相：每次实施完 5S 之后，都要进行定点照相，进行对比，看看是否形成素养。

5S 管理能提高员工的质量意识，使员工在日常生产经营活动中按要求操作、按规定执行，通过对设备的精细分类和维护，可减少工件的寻找时间和等待时间，并降低设备的故障发生率，从而降低成本，提高效率，缩短加工周期，生产出优质的产品。在企业中开展 5S 现场管理，不仅能够改善生产环境，使得工作场所干净而整洁，提高员工对企业的热爱程度和工作热情，还能给顾客留下良好的印象，有利于提升企业的形象和知名度。

3.7 风险管理

由于未来存在各种不确定性，项目在执行的过程中充满风险。风险一词起源于古代出海打渔的渔民们，在出海前祈祷不要起大风，因为大风意味着极大的危险，很可能会发生灾难，因此风险通常被解释为"损失或伤害的可能性"。到了现代，风险的含义主要包括两方面，一方面指受到了损失，另一方面指结果的不确定性。

在项目管理中，风险体现为一种不确定的事件或条件，一旦发生，会对一个或多个项目目标（如范围、进度、成本和质量）造成影响。项目风险源于任何项目中都存在的不确定性，起因包括需求、假设条件、制约因素的变动或者某种突发状况。按照不同的标准，风险可以分成不同的类别，如表3—16所示。

表 3—16　项目风险分类

分类标准	风险类别
风险来源	自然风险、人为风险（政治风险、经济风险、社会风险、技术风险等）
产生后果	纯粹风险、投机风险
影响范围	总体风险、局部风险
影响目标	进度风险、成本风险、质量风险、信誉风险、市场风险等

风险随时都可能发生，风险管理正是为了应对风险而进行的管理。已知风险是指已经识别并分析过的风险，从而可对这些风险规划应对措施。对具体的未知风险，则无法主动进行管理，项目团队应该为未知风险创建应急方案。

项目风险管理指通过风险识别、风险分析，并以此为基础合理地使用多种风险控制方法、技术和手段对项目活动所涉及的风险实行有效的管理，以最少的成本保证安全可靠地实现项目的总目标。风险管理是项目管理的重要组成部分，贯穿于项目整个的生命周期。了解掌握项目风险的来源、性质和规律，强化风险意识，进行有效的风险管理，对项目取得成功具有重要意义。

墨菲定律

提到风险，有一个著名的现象称为"墨菲定律"，由美国一名工程师爱德华·墨菲（EdwardA.Murphy）提出。墨菲定律指出：事情如果有变坏的可能，不管这种可能性有多小，它总会发生。生活中的墨菲定律比比皆是。比如，轮胎可能会破裂，但是偏偏发生在途中，于是发生了车祸；航天飞机的某个零件可能存在安全隐患，于是发生了"哥伦比亚号"的惨剧……

墨菲定律告诉我们，不论科技多发达，手段如何先进，风险总是存在，事故总会发生。所以，人们应该在事前尽可能地想得周到全面一些，尽量避免和预防风险；一旦风险真的发生，应该积极应对，减少损失，同时总结所犯的错误，取得经验教训。

3.7.1 风险规划

前文计划管理中提到，计划的一个重要作用就是应对变化和不确定性。因此在进行风险管理时，首先要进行风险管理的规划，确定一套全面明确的识别风险、预防风险、应对风险的策略和方法，并形成文件。风险规划可以预知风险的类型、程度和可见度，为评估风险奠定共同认可的基础，并为风险管理活动安排充足的资源和时间。风险规划在项目构思阶段就应开始，在项目规划阶段的早期完成，并贯穿于整个风险管理的全过程，调控规划全局。

● 风险管理计划

风险管理计划描述将如何安排与实施项目风险管理，在风险管理计划时，项目经理和负责项目风险管理的团队成员，包括风险管理实施人员、关键相关人员等确定风险管理活动的总体计划，并确定风险管理的工具、方法、时间计划以及报告形式等。

风险管理计划应包括表 3—17 所示的各项内容。

表 3—17　风险管理计划应包括的内容

风险计划	具体内容
方法	● 确定项目风险管理将使用的方法、工具及数据来源。
职责	● 确定风险管理计划中每项活动的领导者和支持者，以及风险管理团队的成员，并明确其职责。
预算	● 分配资源，估算风险管理所需的资金，将其纳入成本绩效基准，并建立应急储备的使用方案。
时间计划	● 确定在项目生命周期中实施风险管理过程的时间和频率，建立进度应急储备的使用方案，确定应纳入项目进度计划的风险管理活动。
风险类别	● 风险类别提供了一个框架，确保全面、系统地识别各种风险的参照标准，并提高识别风险过程的效果和质量。
风险概率和影响	● 需要对风险的概率和影响划分层次，来确保实施定性风险分析过程的质量和可信度，并根据风险层次规划不同的管理优先级、资源投入等。

● 风险规划工具

（1）风险管理图表

风险管理图表一般包含在项目风险管理计划当中，可以帮助人们清楚地看到风险信息的组织方式。风险管理的形式主要包括风险核对表、风险管理表和风险数据库模式。表3—18列出了典型的风险核对表的示例。

表3—18　项目风险核对表

产品	开发环境	项目约束
需求	开发系统	资源
完整性	适宜性	进度
稳定性	正规性	预算
有效性	过程控制	人员
清晰性	熟悉程度	设施

（来源：孙新波．项目管理 [M]．北京：机械工业出版社）

（2）风险分解结构（RBS）

风险分解结构（Risk Breakdown Structure，RBS）是按风险类别和子类别来排列已识别的项目风险的一种层级结构，用来显示潜在风险的所属领域和产生原因。RBS可以提醒风险识别人员产生风险的原因是多种多样的，应当尽可能全面地考虑各种潜在的风险因素。图3—26列出了一个典型项目中可能发生的风险类别和子类别。

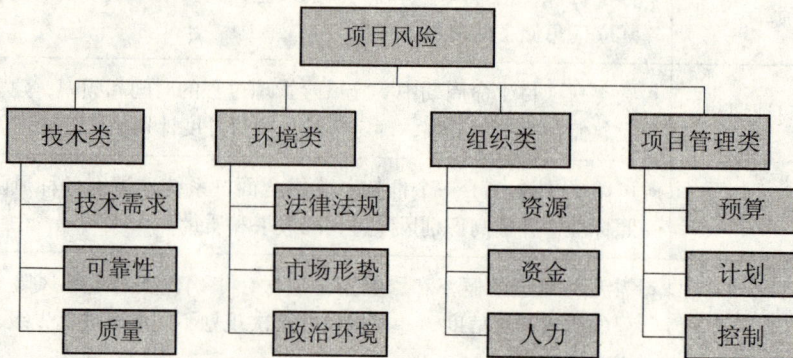

图3—26　项目风险分解结构示例

3.7.2 风险识别

风险识别就是在风险事故发生之前，运用各种方法系统地、持续地认识所面临的各种风险以及分析风险事故发生的潜在原因。风险识别的主要目的是将项目风险的要素归类分层地查找出来，从错综复杂的关系中找出因素间的本质联系，在众多的因素中抓住主要因素，分析它们对项目影响的严重程度，将项目的不确定性转化为可理解的风险描述。只有在全面了解各种风险的基础上，才能够预测危险可能造成的危害，从而选择处理风险的有效手段。

风险并非只会导致消极的结果，产生损失，也可能引发积极的结果，成为推动项目进展的机会。例如，分配给项目的设计人员不足，但仍可能按时完成任务，即通过改进生产方式，利用更少的资源来完成工作，在客观上促进了生产方式的进步、管理能力的提升。

● 风险识别步骤

风险识别一般有图 3—27 所示的几个步骤。它们在执行时可能是重复或是同时进行的，没有严格的顺序。

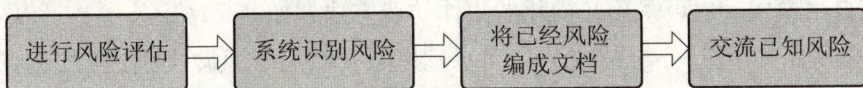

进行风险评估 ⟹ 系统识别风险 ⟹ 将已经风险编成文档 ⟹ 交流已知风险

图 3—27 风险识别过程

（1）进行风险评估。在项目的初期，以及主要的转折点或重要的项目变更发生时进行。项目变更通常指成本、进度、范围或人员等方面的变更。

（2）系统地识别风险。周期性地对项目执行过程中可能出现的风险进行梳理和识别，可采用下列三种简单的方法识别风险：风险检查表，定期会议（比如周例会），日常输入（比如每天晨会）。

（3）将已知风险编写为文档。通过编写风险陈述和详细说明相关的风险背景来记录已知风险，相应的风险背景包括风险问题的何事、何时、何地、如何及原因。

（4）交流已知风险。同时以口头和书面方式交流已知风险。在大家都参加的会议上交流已知风险，同时将识别出来的风险详细记录到文档中，以便他人查阅。

不是所有的风险都会带来恶劣后果，但若干个不经意的小风险叠加很有可能对项目结果产生严重影响。因此风险识别不是一蹴而就的，而是应该贯彻于整个项目执行的始终。风险识别是一个反复进行的过程，因为在项目生命周期中，随着项目的进展，新的风险可能不断产生，同时，已经发生过的风险也可能复发。

● 风险识别方法

风险识别方法很多，常见的方法有头脑风暴法、德尔菲法、SWOT 分析法、情景假设法等。

（1）经验判断法

根据项目团队的既有经验和专业知识，或者咨询拥有类似项目或业务领域经验的专家，直接识别风险。需要注意全方面、多角度的衡量，避免定势思维造成的偏见。

（2）头脑风暴法

头脑风暴的目的是获得一份综合的项目风险清单。通常由项目团队开展头脑风暴，提出各种关于项目风险的主意。头脑风暴可采用由参加者畅所欲言的传统自由模式，也可采用结构化的集体访谈方法，如名义小组技术。可以采用风险类别（如风险分解结构）作为基础框架，然后依风险类别进行识别和分类，并进一步阐明风险的定义。

（3）德尔菲法

德尔菲法（Delphi Method），又称为专家意见法，指组织行业内的专家就某个专题达成一致意见。组织者邀请项目风险专家匿名参与，使用调查问卷等方式就重要的项目风险征询意见，然后对专家的答复进行归纳，并把结果反馈给专家做进一步评论。经过几轮往复后，使专家意见达成一致。德尔菲法通过多名专家背对背的轮询，有助于减轻数据的偏倚，防止任何个人的偏好对结果产生不恰当的影响。

德尔菲工作方法的主要流程如图 3—28 所示。

第一步：成立专家小组。根据项目的工作范围，选择相关知识领域的专家，专家数根据项目涉及的范围而定，为了保证工作效率，一般不超过 20 人。

第二步：项目协调小组就所需咨询的问题制定调查表，并提供必要的背景材料，提交专家组审阅。

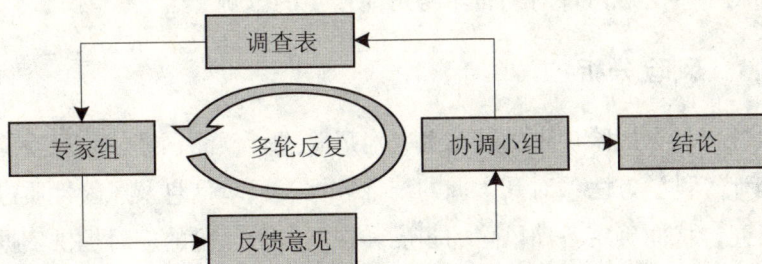

图 3—28　德尔菲法工作方法

第三步：专家组的各专家成员分别根据材料，就咨询问题提出意见。为了保证各专家的意见不受其他人的影响，所以反馈意见都采用匿名的形式；

第四步：协调小组对专家意见进行汇总，将汇总后的结论分发给各位专家，进行下一轮反馈；

第五步：各位专家根据汇总后的结论进行第二轮审阅，此时各专家不仅看到自己的意见，还能看到其他专家的意见，会有助于该专家更加充分全面地考虑问题，吸纳其他专家的优点，并对见解不一致的地方提出质疑甚至反对。

第六步：经过上述多轮反复，所有专家基本达成一致意见，协调小组将其综合成最终结论，由各位专家签字确认。如果经过若干轮征询后仍不能达成一致意见，则需要请更加权威的专家进行评判，促成最终结论。

德尔菲法的优势在于能够发挥各位专家所长，集思广益，取长补短，采用"背对背"的工作方式，有利于专家充分表达自己的观点，而不用碍于情面，从而保证最终结论的客观全面。缺点在于工作过程比较繁琐，耗时较长。

（4）SWOT分析法

SWOT分析法从项目的每一个优势、劣势、机会和威胁出发，对项目进行考察，把产生于内部的风险都包括在内，从而全面地考虑风险。首先，从项目组织或更大业务范围的角度，识别组织的优势和劣势；然后，识别出产生于组织优势的各种项目机会，以及产生于组织劣势的各种威胁。基于SWOT分析可进一步考察项目团队的优势可以抵消威胁的程度，以及机会可以克服劣势的程度。

（5）情景假设法

情景假设法指根据项目进度计划进行情景假设和情境模拟，预测项目在执行过程中可能发生哪些事件，这些事件对项目会产生怎样的作用。情景假设法适合于预测一些宏观事件对项目本身可能产生的影响。

3.7.3　风险分析

风险分析是在风险识别的基础上，对风险进行预测、评估。风险管理者运用概率统计等科学方法，对其掌握的统计数据、风险信息及风险性质进行系统分析和研究，从而确定各项风险的频度和强度，为风险的应对提供依据。风险的预测包括以下两个方面：

（1）风险的频度：通过观察、积累、数据分析，估计风险发生的可能性；

（2）风险的强度：在风险发生的假设下，估算风险造成的损失。可能造成重大损失的风险应重点防范。

项目风险分析的工具方法包括：统计法、风险值法、决策树法、模拟法等。应用这些方法进行分析可得到项目风险清单，该清单综合考虑了项目风险发生的概率，风险发生后的影响程度等因素，为采取风险应对措施提供重要的信息。

风险分析的主要工作是将风险陈述转变为按优先顺序排列的风险列表，具体包括以下活动：

（1）确定风险的驱动因素。项目管理者需要标识影响项目进展的风险驱动因素，包括性能、成本、资源和进度等。

（2）分析风险来源。找到引起风险的根本原因。

（3）预测风险影响。通常从可能性和后果两个方面来评估风险影响。

（4）排列先后次序。按照影响大小对风险进行排序，影响大的风险应优先处理。

3.7.4　风险应对

风险应对指针对各种风险的特点，制定、实施相应的规避措施，以减轻风险造成的不利影响，确保项目成功。风险应对是一个实时的、不断进行的过程。风险应对过程的活动就是执行风险行动计划，以求将风险降至可接受程度。

对于不同影响的风险需要采取不同的应对策略。通常按照消极风险（威胁）和积极风险（机会）进行区分。

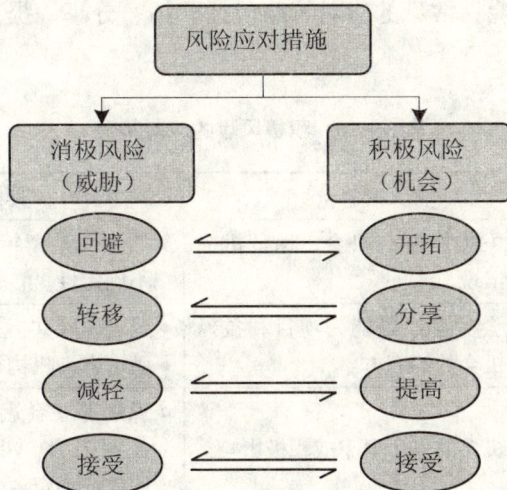

图 3—29　常见的风险应对措施

对于消极风险，常见的应对策略包括回避、转移、减轻和接受等，具体解释如表 3—19 所示。

表 3—19　消极风险的应对策略

应对策略	含义解释	具体做法
回避	● 主动放弃项目或改变项目管理计划，以完全消除威胁。通常用在项目风险发生可能性太大，不利后果太严重，又无其它策略时。	● 把项目目标从风险的影响中分离出来，或改变受到威胁的目标，比如延长进度、改变策略或缩小范围等； ● 在项目早期出现的某些风险，可以通过澄清需求、获取信息、改善沟通或获取专业支持来加以回避。
转移	● 把风险的部分或全部消极影响连同应对责任转移给第三方。	● 通过合同的形式把某些具体风险转移给另一方，比如保险、履约保函、担保书等。
减轻	● 提前采取行动，把不利风险事件的概率或影响降低到可接受的临界值范围内。	● 采用复杂性较低的流程； ● 进行更多的测试保证可靠性； ● 选用比较稳定的供应商。
接受	● 如果几乎不可能消除项目的全部威胁，或者采用其它风险规避措施的成本超过风险事件的损失数额时，只能接受风险。	● 被动接受风险，只需要记录事件，而不需要任何其他行动，待风险发生时再由项目团队进行处理； ● 主动接受风险，建立应急储备，安排一定的时间、资金或资源来应对风险。

对于积极的风险，常见的应对策略包括开拓、分享、提高、接受等，具体如表 3—20 所示。

表 3—20 积极风险的应对策略

应对策略	含义解释	具体做法
开拓	● 主动发掘和制造机会，保证机会得以出现。	● 消除与某个特定积极风险相关的不确定性。
分享	● 把机会分享给最能为项目利益抓住该机会的第三方。	● 建立风险共担关系的团队； ● 聘请咨询机构等。
提高	● 提高机会的发生概率或积极影响。	● 识别那些会影响积极风险发生的关键因素，并使提高这些因素，比如增加资源。
接受	● 当机会发生时加以利用，但不主动追求。	● 等待时机，把握时机。

对于不可预见的突发风险事件或某些特定事件，项目团队应当采取应急策略，并对触发应急策略的事件进行定义和跟踪，如果确信风险发生且有充分的预警信号，就应该启动应急应对策略。

参考资料

[1]［美］项目管理协会.项目管理知识体系指南（第4版）[M].王勇张斌译.北京：电子工业出版社，2009.

[2]［美］杰克·吉多，詹姆斯·P.克莱门斯.成功的项目管理（第3版）[M].张金成译.北京：电子工业出版社，2007.

[3]［美］科兹纳.项目管理：计划、进度和控制的系统方法（第10版）[M].杨爱华等译.北京：电子工业出版社，2010.

[4]［美］杰克·R.梅雷迪思，小塞缪尔·J.曼特尔.项目管理：管理新视角（第6版）[M].周晓红等译.北京：中国人民大学出版社，2006.

[5]［美］斯蒂芬·P.罗宾斯，玛丽·库尔特.管理学（第9版）[M].孙建敏等译.北京：中国人民大学出版社，2008.

[6] 孙新波 . 项目管理 [M]. 北京：机械工业出版社，2010.

[7] 焦叔斌 . 管理的 12 个问题 [M]. 北京：中国人民大学出版社，2009.

[8] [美]J. 克莱布斯 . 敏捷项目管理 [M]. 陈宗斌等译 . 北京：机械工业出版社，2010.

[9] GB/T19000—2008/ISO9000. 2005，质量管理体系基础和术语 [S].

[10] GB/T19001—2008/ISO9001. 2008，质量管理体系要求 [S].

[11] [美] 彼得 S. 潘迪，罗伯特 P. 纽曼，罗兰 R. 卡瓦纳 . 六西格玛管理法：世界顶级企业追求卓越之道 [M]. 马钦海，陈桂云译 . 北京：机械工业出版社，2011.

[12] [美] 京特·隆美尔 . 质量铄金：企业竞争致胜的武器 [M]. 刘伯根等译 . 北京：中国大百科全书出版社，1998.

第4章
精益求精——流程管理

现对于 21 世纪的企业来说，流程将非常关键。优秀的流程将使成功的企业与其他竞争者区分开来。

——迈克尔·哈默

流程是组织运作的基础，组织中所有的业务都应当依靠规范的流程来驱动。如果流程设计不合理，则会造成工作效率低下，甚至出现部门之间互相推诿的现象。流程管理就是通过构造规范化的"端到端"操作的程序，提高工作效率、降低工作成本、提高组织绩效的系统化方法。

4.1 流程管理概述

活字印刷术是中国古代四大发明之一，为推动文化进步做出了巨大贡献。宋代文学家沈括在《梦溪笔谈》里详细记载了活字印刷的流程：

"庆历中，有布衣毕昇，又为活版。其法用胶泥刻字，薄如钱唇，每字为一印，火烧令坚。先设一铁版，其上以松脂腊和纸灰之类冒之。欲印则以一铁范置铁板上，乃密布字印。满铁范为一板，持就火炀之，药稍镕，则以一平板按其面，则字平如砥。若止印三、二本，未为简易；若印数十百千本，则极为神速。常作二铁板，一板印刷，一板已自布字。此印者才毕，则第二板已具。更互用之，瞬息可就。每一字皆有数印，如之、也等字，每字有二十余印，以备一板内有重复者。不用则以纸贴之，每韵为一贴，木格贮之。有奇字素无备者，旋刻之，以草火烧，瞬息可成。不以木为之者，木理有疏密，沾水则高下不平，兼与药相粘，不可取。不若燔土，用讫再火令药熔，以手拂之，其印自落，殊不沾污。"（《梦溪笔谈·技艺》）

可见，毕昇不仅发明了活字印刷，而且对其制作流程进行改进，比如将印刷和布字并行，类似今天的"流水线"工作，大幅提高了印刷的效率。不仅如此，毕昇还对活字印刷材料的工艺进行改进，使字印质量得到保证。正是通过对制作流程以及每个环节中的生产工艺不断改进，活字印刷术才得以迅速发展和普及。

组织中的各项业务活动都有一定的流程，这些流程比如采购流程、销售流程、财务报销流程，等等。流程是组织运作的基础，组织中所有的业务都应当依靠规范的流程来驱动。如果流程设计不合理，则会造成工作效率低下，甚至出现部门之间互相推诿的现象。流程管理就是通过构造规范化的"端到端"操作的程序，提高工作效率、降低工作成本、提高组织绩效的系统化方法。

流程管理的思想来源于 20 世纪 90 年代美国管理学家迈克尔·哈默

（Michael Hammer）和詹姆斯·钱皮（James Champy）等人提出的业务流程再造（Business Process Reengineering，BPR）理论。哈默与钱皮在《企业再造》一书中提出，企业在新的竞争环境下，应该改造原来的工作流程，使企业更适应未来的生存发展空间。通过引入科学的流程管理，精简机构、优化业务，改正企业中职能管理机构重叠、中间层次多、流程不闭环等缺点，使每个业务流程都能流畅地运转，从而达到缩短流程周期、提高工作效率和资源利用效率、节约运作资本的目的。

流程的英文 Process 也可理解为过程，即多个活动的有序集合。哈默将业务流程定义为把一个或多个输入转化为对顾客有价值的输出活动。ISO9000（2000）标准将业务流程定义为一组将输入转化为输出的相互关联或相互作用的活动。因此标准的流程包括如下 6 个要素：输入、活动、活动的相互作用、输出、客户、价值，如图 4—1 所示。

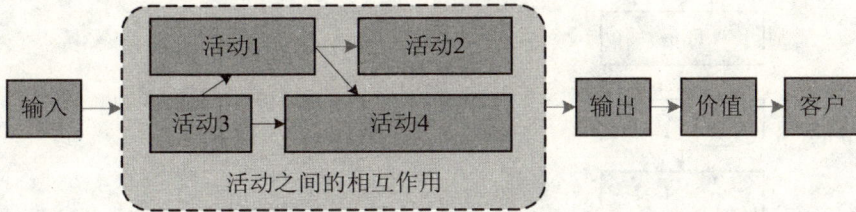

图 4—1　流程六要素

图 4—2 给出了企业中生产活动的典型流程示例，在这个流程中，输入是企业的资金、设备、人力等资源，整个生产包括客户下订单、制定生产计划、采购原料、制造产品、销售等多个活动，这些活动满足一定的时序关系，最后将输出订单要求的产品给客户，创造客户需要的价值。

组织的最终目标是为客户提供价值，因此以流程为导向的管理模式，强调以客户为中心，规范各个部门为了给客户提供价值分别如何展开各项活动。在流程中，所有部门都是为了完成目标任务的一个环节，关注组织在盈利水平、生产效率、产品开发能力和速度、以及客户满意度等关键指标上的提升，最终提高组织的整体竞争力。

组织的流程可分为三个层次：战略流程、业务流程和管理流程。组织的任何活动都必须围绕自身的发展战略，因此战略决定流程管理。组织根据外部环境和自身环境、资源、能力进行经营决策，制定产品或服务战略。业务流程是组织的核心流程，包括如何发展客户关系、如何生产出客户需要的产品或服务，如何将产品或服务交付给客户等；在流程设计好之后，需要制定标准化的制度文件和行动指南，保证流程中各项活动有序执行，各项要求和指标严格落实，确保每项任务都能圆满完成。管理流程是支持性的流程，为实施业务流程提供人力、资金、资源等方面的支持，保障业务流程顺利运作。在组织的发展过程中，随着外部环境、内部环境、管理水平等因素的改变，一些旧流程可能变得不适应组织的发展需求，因此实施流程优化变得很有意义，对原有流程进行梳理，寻找可以优化的方面，提高生产效率，降低运营成本。当组织运作存在严重的问题时，可能需要进行重新设计新的流程甚至变革组织架构，即流程再造。因此，流程管理也是一个持续改进的过程，符合 PDCA 闭环，其内容框架如图 4—3 所示。

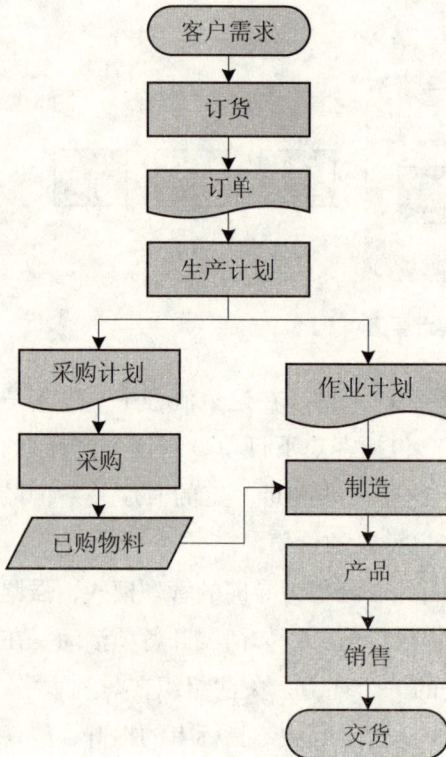

图 4—2　业务流程示例　　　　　图 4—3　流程管理的框架

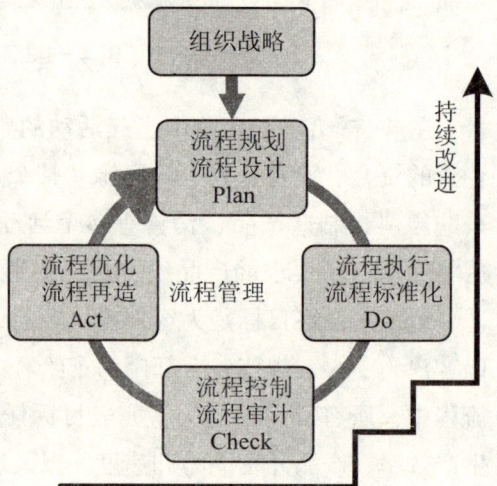

　　流程管理是组织所有管理活动的有效支撑。换一个角度看，整个组织的运作流程就是一个大的项目，也需要进行质量、成本、风险等方面的控制和管

理,需要通过科学的管理流程进行控制,以保证组织健康、持续地发展。

4.2 流程规划

在组织成立之初或者启动一项新业务时,有必要对业务流程进行详细地规划,以设计出合理的流程。在规划流程之前,首先了解一下业务流程的分类。

根据组织活动的性质划分,业务流程可分成三类:主要流程、支持性流程和开发性流程。主要流程指能够直接创造价值的活动,是业务流程的核心,主要流程的执行贯穿组织的大多数部门,包括从供应商的活动到客户的活动;支持性流程不直接创造价值,但是支撑主要流程正常运转所必须的活动,比如人力资源管理、财务管理、后勤服务等;开发性流程是组织为了持续发展而进行的开发和研究工作,比如战略规划、技术开发等,旨在将主要流程的价值链引向更高的绩效水平。

根据组织业务流程的活动内容划分,业务流程可包括:采购管理流程、设计开发流程、生产工作流程、质量管理流程、储运管理流程、市场营销流程、销售管理流程、服务管理流程、财务管理流程等等。不同内容的业务流程可以独立构成一套"端到端"的运作规范,又相互影响相互依赖,共同组成组织整体的流程。

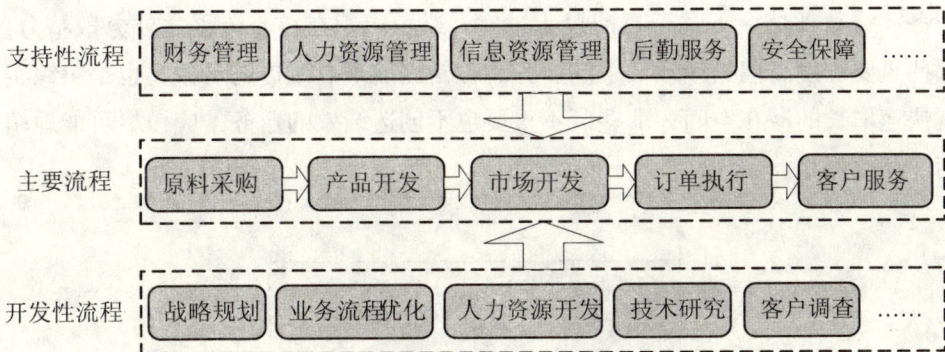

图4—4 业务流程分类

4.2.1 流程建模

业务模型是对组织业务活动的抽象描述,是组织各个方面活动的模型化,包括过程、资源、组织等。通过对业务流程进行建模,对业务流程活动的顺序、职责、信息、产品流、持续时间、成本等因素进行详细描述，有助于了解业务流程现状。

业务流程建模通常分为如下三大步骤：

第一步：理解客户期望，识别关键业务流程。

客户是流程最终的服务对象，组织所有的业务活动都应围绕着如何为客户创造价值，因此在流程建模时，首先需要理解客户的期望，掌握什么才是客户真正需要的产品和服务。

组织的业务流程及其活动与多种要素相关，为了能够系统化地描述业务流程中各要素之间的关系，需要详细列出如下要素：

（1）组织的战略

（2）利益相关者

（3）客户对交付的产品／服务的期望

（4）生产该产品／服务以及支持实现生产的业务流程

在众多的流程中，有些流程是直接为组织创造价值的，有些流程则是支持性质的。在创造价值的流程中，组织赖以生存的流程是关键业务流程，对组织发展起到至关重要的作用，因此也是建模研究的重点。关键业务流程可以通过重要性—绩效矩阵来评估，如图4—5所示。重要性高且绩效突出的业务流程是组织目前的主要支柱，需要保持持续地增长；绩效比较优秀但重要性一般的业务，需要评估一下是否目前投入过度，避免组织在核心流程之外分散精力；那些重要程度高但是绩效低下的业务流程是当前重点改进的对象，也是组织实现快速增长的潜在空间；那些既不重要也不创造绩效的业务，应该尽可能地精简、甚至停止。

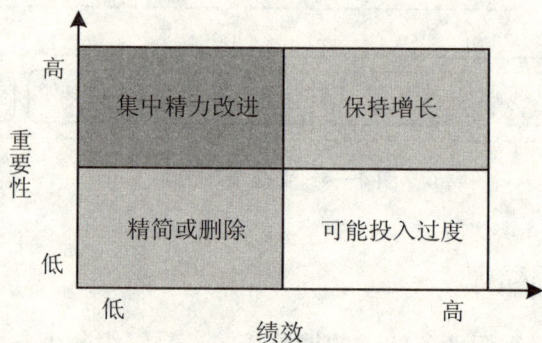

图4—5　绩效表现—重要性矩阵

第二步：建立业务流程框架。

按照流程的定义，流程是从输入到输出的"端到端"的一整套过程，具体可以通过质量管理大师戴明提出来的 SIPOC 图表现，SIPOC 图的本质是回答业务流程的六个基本要素，如表 4—1 所示。

表 4—1　绘制 SIPOC 图的要素

要素		含义
供应商	（Supplier）	● 谁提供资源？
输入	（Input）	● 完成流程活动需要哪些资源？
流程	（Process）	● 产品经过哪些活动才能达到客户需要的输出？
输出	（Output）	● 客户关心的产品或服务是什么？
客户	（Customer）	● 谁是流程活动最终的输出对象？

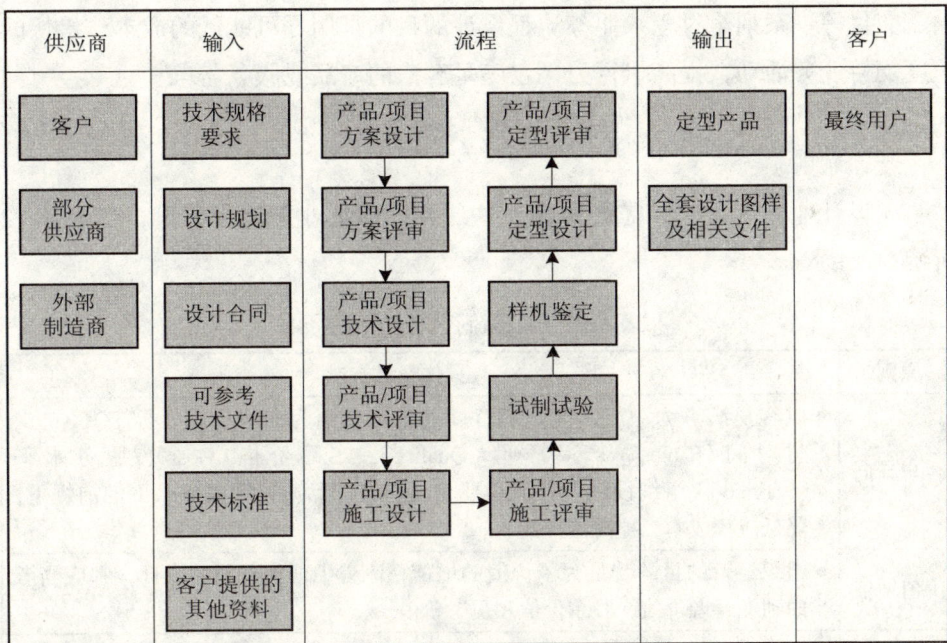

图 4—6　设计与开发流程的 SIPOC 图示例

（来源：王玉荣，葛新红．流程革命 2.0［M］．北京大学出版社）

SIPOC 图在一张简单的图中表示一组跨职能部门界限的活动，不论组织规模多大，都能通过 SIPOC 的框架来描述"端到端"的流程，有助于管理者从全局了解流程。需要注意的是，SIPOC图中的供应商和客户不仅包括外部的供应商和客户，还包括组织内部流程的供应者和客户，例如对生产部门而言，它的供应商是采购部门，提供生产活动所需的原料、设备等，而它的客户是营销部门，将生产出的产品提交给营销部门销售。

第三步：业务流程分级。

业务流程框架给出了一级流程框架，只能从宏观上了解流程整体情况，还需要进一步分解细化成分级的流程清单，保证流程的每一个作业环环相扣、接口清晰、职责明确。如果仅有宏观上粗略的框架，不能深入流程活动中的每个细节，就不能掌握流程实际运作中可能遇到的问题，执行人员在执行过程中，可能会有不同的理解，导致实际流程活动千差万别，与规划相差甚远。

4.2.2　流程设计

业务流程的设计涉及信息、需求、预测、计划、采购、生产、仓储、运输、交付等一系列全过程。业务流程设计的目的是用尽可能低的成本、最快的速度支持业务活动，提高执行力，以满足客户的产品或服务需求。

设计原则

在设计业务流程时，需要遵循一些原则以保证业务流程质量，如表4—2所示。

表4—2　业务流程设计的原则

原则	具体要求
客户导向	● 以客户满意为中心，客户满意度通常可归纳为四个关键指标TQCS：交付时间（Time）、产品质量（Quality）、产品价格（Cost）、服务水平（Service）。组织设计业务流程要求在保证产品质量和服务水平的前提下，降低流程成本、提高流程效率。
价值增值	● 组织经营的目的就是为了价值的增值，流程中任何环节的设计，都应当考虑到经营者价值、股东价值和员工价值。
资源约束	● 业务流程设计必须考虑资源的约束，包括自然资源、人力资源以及政治资源等等。要求组织在一定的技术和管理水平条件下，以尽可能少的资源支出获得尽可能高的价值。
以人为本	● 业务流程的实施主体是人，为了要实现最大化的价值增值幅度，就必须最大限度地调动人的积极性和主观能动性。因此在设计流程的过程中，必须具体考虑对员工的激励与约束方式。

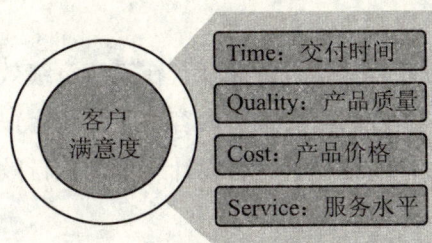

图 4—7　客户满意度的 TQCS 评价指标

设计步骤

业务流程设计包括如下步骤：

第一步：找到流程客户，了解客户期望

业务流程为谁服务，可能是组织外部客户，也可能是组织内部人员，比如组织内部的支持性流程。对于采购部门来说，在采购流程中，客户就是制造部门，需要将采购的原料提供给制造部门进行生产；对于制造部门来说，在制造流程中，客户就是质量检测部门，需要将生产出的产品交给质量检测部门进行检测。因此，首先得明确流程的客户是谁，输出是什么。

以客户为中心的流程管理，要求在生产活动之前，通过直接接触、市场调查等方式，准确把握客户的需求和价值期望。通常可以从客户满意度的 TQCS 指标着手进行细化，客户期望的产品是什么，要达到什么样的质量，能接受什么样的价格，什么时间需要交付，能为客户提供哪些服务，客户还有什么特殊的需求……将所有内容都尽可能想到，并考虑如何满足客户的这些需求。

第二步：确定业务活动，定义业务流程

根据客户需求确定业务活动的范围和内容，应该生产什么样的产品，提供什么样的服务。为了提供这些产品或服务，需要进行哪位业务活动，比如原型开发、采购原料、引入生产线、投入生产……

根据业务活动的内容设计完成业务目标所需的各个流程，确定流程执行的先后顺序，并找出关键控制点。

第三步：确定流程责任人

确认流程的执行者，责任到人，形成一条无缝的责任链条，确保流程有序运行。尽量从流程的直接受益者中选择胜任的人作为流程所有者，有利于调动其积极性，发挥最大主观能动性。

第四步：建立评价指标

评价指标是流程得以有效运行的保障，在第四章绩效管理中介绍平衡计分卡时，内部流程是组织绩效的重要考核内容。可以从客户满意度的四个关键指标衡量流程运行的能力，以此检验流程设计质量与执行效果。

第五步：制定流程文件

通过正式文档的形式规范流程的各个要素，使之成为流程运行的参考和指南。

流程设计这个过程本身也是一个流程，其客户是业务流程的执行人员（包括管理人员和生产人员等），输出是一份具体可执行的流程文件。流程设计过程为执行创造的价值在于提供一份清晰简明的流程活动规范和指南，帮助执行人员提高工作效率、完成业务流程任务。因此，流程设计必须让执行人员能够清晰地理解流程活动中的每个细节，并支持该流程活动，才能使流程得到很好地执行。

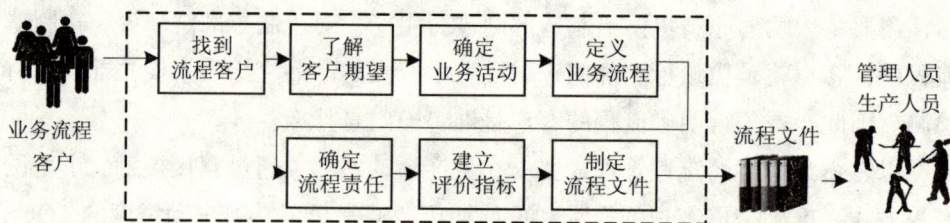

图4—8 流程设计过程

流程文件

流程设计结束后，必须输出一份正式的流程文件为业务人员提供工作指引，并规范员工行为活动。流程文件应该体现企业战略的要求，明确企业的核心业务，定义清楚流程的六要素，清晰简明地展现出每个流程上的跨部门、跨岗位的协作关系和工作流向。

在流程文件中，可以采用流程图直观明了地表示流程顺序，并配备流程说明书详细列示各个步骤的细节要求、相应的政策规定和管理规定等等。流程图有利于梳理流程中各活动的相互关系，不仅便于在执行过程中清楚地知悉流程当前的状态，同时也有助于发现流程中存在的问题，以便进行优化，提高流程运行效率，创造更大的价值。

流程图

流程中的各项活动可以用流程图来形象表示。一般通过不同的符号表示不

同类别的活动，并用箭头表示活动之间的相互关系，常见的流程图符号如图
4—9所示，借助微软公司（Microsoft）的Visio等软件工具可以很方便地绘
制流程图。因此，绘制流程图本身并不难，难的是必须首先理清楚工作过程
的顺序。

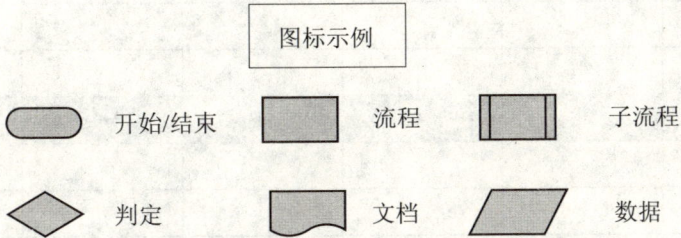

图4—9 常用流程图符号

图4—10给出了一个产品生产流程图，从了解客户需求，到拿到订单，到
采购原料，制造产品，到最后交付产品，可以清晰地理解生产的过程，并有助
于安排各项生产活动，比如如果采购活动滞后了，则会影响到制造活动，因此
必须要求流程所有人严格执行，保证各个环节正常运转。实际上，图4—10所
示的流程图是对图4—2的改进，与图4—2不同的是，图4—10按照各个责任
部门对流程进行了重新梳理，将每一项活动指定执行者，职责清晰。

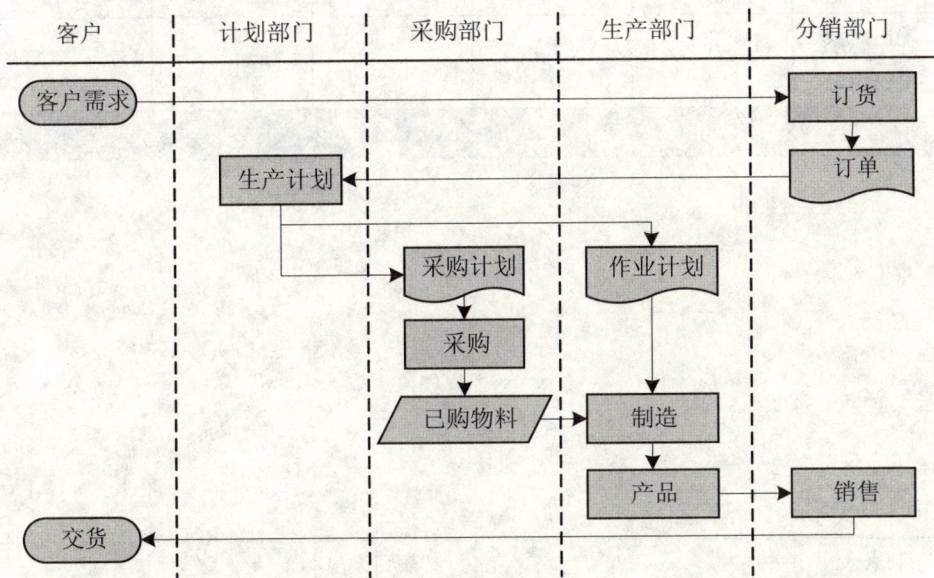

图4—10 跨职能部门流程图

表 4—3　流程文件示例

流程信息			
流程名称		流程编号	
流程所有者			
客户			
价值			
流程输入			
输入内容			
资源来源			
接口流程			
流程活动			
活动			
岗位			
KPI			
业务规则			
资源			
流程输出			
输出内容			
输出对象			
接口内容			
流程图			
制表人		制表日期	
审核人		审核日期	

4.3　流程执行

组织投入大量资源设计业务流程，但是如果不能很好地贯彻执行，再好的流程也是一纸空文。因此执行力是实施流程的基本保障，甚至有人认为：流程就是执行力。

4.3.1　标准化管理

没有规矩，不成方圆。任何组织都是建立在一定的规范之上运营的，一个组织要想持久发展，必须依赖于一套能够发现问题、改善问题、自我调整的管理体系。组织不但要建立一整套流程管理体系，还要通过标准化的流程指导和规范员工的行为，建立流程管理的长效机制。标准化是组织管理的一个重要组成部分，是一项综合性基础工作，贯穿于生产、技术和管理活动的全过程。

"科学管理之父"弗雷德里克·泰勒（Frederick W. Taylor）是标准化的推崇者和实践者。泰勒认为，标准化对劳资双方都是有利的，不仅每个工人的产量显著增加，工作效率大为提高，得到更高的工资，而且帮助工人建立一种科学的工作方法，使企业获得更多的利润。

为了研究工人劳动效率的问题，泰勒发起了一项搬运生铁试验。泰勒发现，一个搬运工人在正常情况下，每天可搬运 12—13 吨铁块。泰勒通过仔细研究，让工人转换各种工作因素，例如弯腰搬运、直腰搬运、行走速度、握持铁块的位置等因素，并把劳动时间和休息时间很好地搭配起来。经过一系列搬运工序和搬运动作的改进后，工人每天的工作量提高到 47 吨，同时工人并不会感到疲劳。泰勒将其改进的搬运流程作为标准推广，要求其他工人也按照这种方法来搬运，劳动生产率大幅提高。

（来源：弗雷德里克·泰勒.科学管理原理［M］马风才译.机械工业出版社）

● 企业标准体系

企业标准体系是企业在贯彻落实国家关于标准化工作的法律、法规、政策、方针以及行业标准的基础上，围绕企业自身的战略和目标，建立以技术标准体系为主体，管理标准和工作标准体系相配套的标准化体系。企业在建立内部标准体系时，要结合自身经营性质、组织架构、发展阶段等方面的特点并充分满足其他管理体系，比如质量管理、生产管理、技术管理、财务管理等管理体系的要求，促进形成一套结构完整、协调配合、自我完善的管理体系和运行机制。可见，企业在制定自身标准化体系时，既要符合国家相关法律法规的要求，又要与自身发展实际相适应。

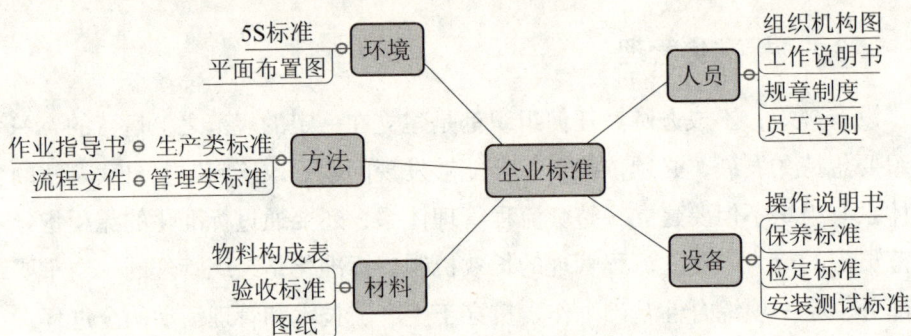

图 4—11   标准的种类

中国国家标准化管理委员会于 2003 年修改 GB/T15496-15498 系列标准，形成最新的企业标准体系，用于指导企业为生产、服务、技术、经营和管理活动建立全面、系统的标准化管理。该标准体系包括四项内容：企业标准体系要求（GB/T15496）、企业标准体系技术标准体系（GB/T15497）、企业标准体系管理标准和工作标准体系（GB/T15498）和以及企业标准体系评价与改进（GB/T19273）组成，其关系如图 4—12 所示。

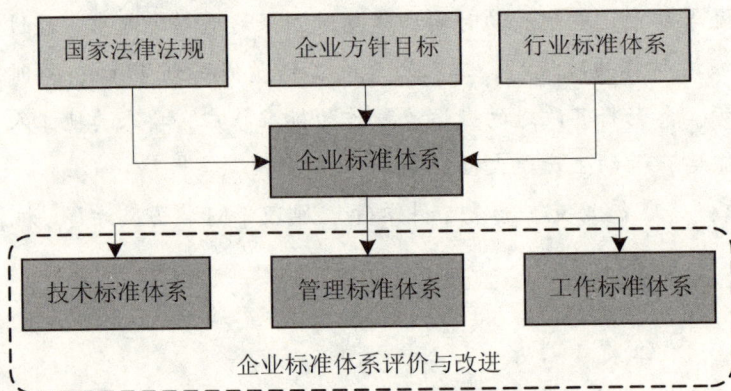

图 4—12   企业标准体系结构图

（1）技术标准

技术标准是对产品（包括有形产品和无形产品）生产相关的各种技术条件，包括生产对象、生产条件、生产方式、生产流程等方面所作的具体规定，比如产品标准、原材料标准、设备标准、设计标准、工艺标准、计量检验标准、包装标准、安全标准、环境卫生标准、能源标准等等。技术标准是实现产品制造、保证生产质量的重要前提，因此技术标准是标准化管理体系的核心，其它标准都应围绕技术标准进行，并为技术标准服务。

福特发明了流水线生产法，使得汽车生产流程完全按照标准化运行，极大提高了生产效率，被认为是20世纪最伟大的发明之一。

图4—13　福特发明了流水线

（2）管理标准

管理标准是对企业生产和经营管理活动中各个环节所作的规定，包括经营决策管理、计划管理、技术管理、生产管理、质量管理、人事管理、财务管理、设备管理、物流管理等各个方面。管理标准是生产经营活动和实现技术标准的重要依据，通过管理标准，把企业管理的各个方面以及各个单位、部门、岗位有机地围绕在产品的管理活动上，以提高组织整体运行效率，获得经济效益最大化。

（3）工作标准

工作标准是对企业内部各部门的各类人员的基本职责、工作要求、考核办法所作的详细规定，包括职责权利、工作程序、办事细则、考核标准等内容。工作标准在岗位责任制的基础上制定，作为指导员工日常生产、管理、经营活动的指南，是企业提高生产经营效率、生产高质量产品、实现技术标准的重要保证。

（4）评价与改进

企业标准化是一个制定标准、实施标准、合格评定、分析改进、以及再修订标准的动态过程，可采用 PDCA 科学管理方法，实现对企业标准体系持续改进的目的。

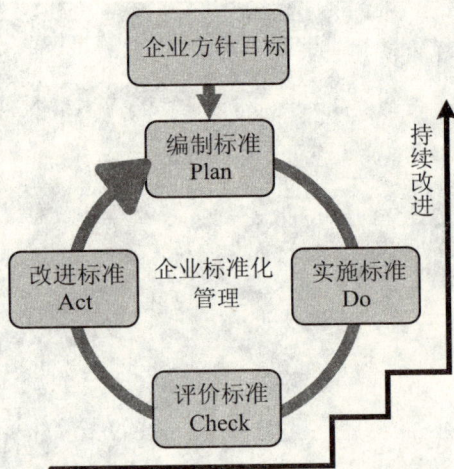

图4—14　企业标准化体系实施流程

由中国商业联合会起草的新版《商品经营服务管理质量规范》于2009年发布，成为商品经营服务行业的管理标准。新版规范根据行业发展状况，对1997年发布的《商品经营管理质量规范》进行了较大的调整，主要体现在：

（1）更加强调"服务质量"；

（2）引入先进的 PDCA 循环应用于服务质量管理；

（3）明确从业人员岗位要求。

《商品经营服务管理质量规范》对商品经营服务行业的日常管理进行了严格的规定，旨在让管理者和从业人员有章可循、有据可依、有案可查，从而全面提高行业的服务质量水平。该标准发布至今，对商品经营服务业整改经营环境、提高服务质量、提升管理水平，起到积极的促进作用。

● 标准体系实施

企业标准体系的实施过程主要包括如下步骤：

第一步：编制标准。

制定一份科学完善的企业标准文件是企业标准化管理的前提。编制标准又可分为如下几个具体步骤：

（1）制定计划：首先成立标准化工作领导机构，制定标准实施计划。

（2）调研研究：通过调查研究掌握企业内部的标准化需求和现状，收集了解企业相关的标准化信息。

（3）制定草案：确定体系结构方案，绘制企业标准体系结构图；研究具体标准化对象，形成标准明细表；进行统计分析，完成标准汇总表，起草标准草案。

（4）征集意见：在企业内部广泛征求意见，根据反馈意见完善企业标准体系及标准草案。

（5）审定发布：组织内部评审会，讨论确定标准文件并正式对组织全体成员发布。

第二步：实施标准。

除了文字标准外，流程文件可以明确告诉相关员工在业务作业中如何操作。流程文件包括书面说明、流程图和相关的表格。在流程文件中应该明确职责和权限，同时明确最低的工作绩效标准，一份完善的流程文件应该涉及紧急情况的处理，并且每一处的解释都是唯一的。所有员工都应该收到同一个版本的副本，然后按文件进行培训。流程文件及其执行应该定期检查和更新。

第三步：评价标准。

评价和确认是推动标准体系运行和保持标准体系有效性的动力所在。在标准体系的实施过程中，通过评价和确认，并持续改进标准体系。

第四步：改进标准。

在标准实施过程中，随着生产方式的改进、新技术的诞生，企业需要不断引入最新技术和生产操作经验，优化标准体系结构，逐步淘汰标准体系内不符合实际发展的功能要素，增加和补充新的、高功能的要素，使标准体系始终处于相互促进、相互关联、相互协调的最佳状态。

4.3.2　流程 E 化

随着信息技术的发展，办公自动化（Office Automation，OA）逐渐被企业采纳和应用。借助 IT 技术，可显著改善流程执行效率。通过 IT 辅助工具，一方面可以替代人工完成大量的自动化工作，另外一方面可通过统一的信息平台，便于信息统计和传递。

IT 系统在完成一些不需要依赖人工经验的工作时，具有非常明显的优势，比如采用计算机进行数据采集、整理和分析，只要程序中计算方法正确，计算机可以非常快地输出结果，这是人工所望尘莫及的。

IT 系统还加快了流程中的信息传递与中转，文件和数据通过 IT 系统直接传输到相应的责任部门，节省了大量的跨部门沟通协调时间。

某公司自 2010 年以来在其 OA 办公系统中引入了"审批流程短信提醒"功能，当待审批文件提交至某责任人时，会同时给该责任人发送一条任务提示短信。短信提醒功能上线后，文件审批效率大幅提高。

4.4　流程优化

虽然流程管理得到广泛重视源自"流程再造"概念的提出，而实际上真正需要进行彻底再造的组织毕竟是少数，大多数组织在大部分时间里都处于正常平稳的发展过程中。随着组织的发展、外界环境的变化等因素，流程活动会因为种种因素发生变化，比如油价提升使得物流公司需要改进其储运流程，比如公司人数逐渐增多使得原有的人力资源管理流程不再适应……流程设计再完美，在执行过程中都会发生偏差，因此需要不断地对流程进行优化、持续改进。

哈默将优秀的流程定义为四个特点：正确（Right），廉价（Cheap），简单（Easy），快速（Fast），即在保证正确的流程输出（即客户需要的产品或服务）的前提下，尽量使流程快速、简单和廉价，以减少资源投入、降低成本。

如果将流程优化工作也看成一个业务流程，则可以得到图 4—15 所示的流程要素图。首先需要流程项目组对组织现有的流程进行梳理，区分出关键流程和一般流程，并进行诊断，找到存在问题的环节，提出改进措施，得到新的流程制度文件，用来指导管理人员和生产人员的活动。与流程设计相同，流程优化工作的客户是业务流程中的管理人员和生产人员，因此在流程优化过程中，尤其需要和负责该业务流程的管理人员和生产人员深入、反复地沟通，了解他们关心的问题以及期望，获取他们的支持，使得流程优化工作深入人心。当然，流程优化的最终目的是改善业务流程的效率，提高组织绩效和客户的满意度。

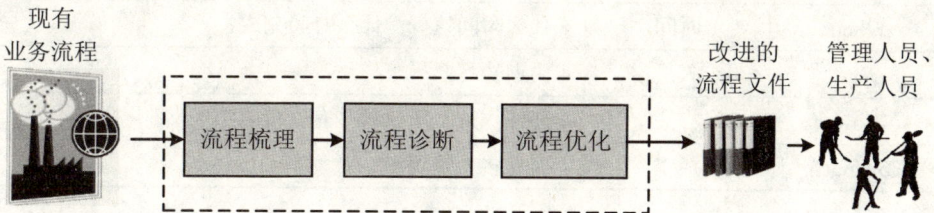

图 4—15　流程优化的过程

4.4.1　流程梳理

流程梳理是为了了解组织现有业务流程运转情况和业务的处理方式，为分析业务流程并进一步作出优化和调整做准备。在梳理业务流程的同时，还需要了解组织对业务流程和管理方式有什么需求和期望，即组织希望在哪些业务环节和管理上得到改进以及想达到的目标。只有在清晰地了解组织现有业务的处理流程后，才可能分析出业务流程和管理方法哪些不合理，哪些需要作出优化和调整，以及需要作出什么样的改进。

在流程梳理阶段，流程项目实施者需要重点了解业务部门提出流程需求更深层次的管理原因，比如当前比较关心的流程问题以及对于流程的目标、流程需要优先解决的问题和涉及的范围。在流程梳理的过程中多问问 5W2H，让更多的问题浮出水面，从而看到业务部门对于流程需求的真实想法，这样不仅可以让流程的需求更加清晰，同时也可以大大减少项目实施的风险。

在流程梳理前，流程调研人员非常有必要在事前制定调研的范围、计划、调研的部门以及相应的业务人员，针对不同的调研部门和人员设计出不同的调研问卷，用于帮助流程管理人员评估当前流程现状，分析可优化和改进的余地。这样不仅可以将业务流程的需求按照流程管理的思路了如指掌，同时也为下一步的流程分析与改进提供了参考的依据。

表4—4　流程梳理的5W2H

5W2H	维度	解释
Why	目的	● 为什么要梳理现有的流程？
What	对象	● 什么是我们必须满足的需求和可以考虑的期望？什么是主要需求？什么是次要需求？
Where	地点	● 在什么地方需要我们提供满足需求的服务？客户仓库，销售终端，还是另外的地方？
When	时间	● 什么时间执行？什么时间完成？
Who	人员	● 由谁执行？
How	方法	● 怎样执行？采取哪些有效措施？
Howmuch	成本	● 要花多少费用？

　　在对流程现状的调查过程中，有时会直接从业务部门获得改进的要求，这些业务流程通常是业务部门在日常工作感到不便或者影响工作效率、甚至妨碍正常工作的流程。相比之下，这些问题流程较容易发现，改进需求也很迫切。有的流程由于业务部门已经熟悉，按部就班地执行，并没有发现其中的不妥之处，但实际上可能存在问题，因此要求调研人员深入业务流程执行的一线活动中，调查流程中每个环节的执行情况。

　　流程小组根据调研结果制定一份现有业务的流程图，用于掌握业务流程全局和细节，不仅仅给出一级流程，还要给出二级流程甚至更精细的环节。如果调研人员不深入实地，也就无法了解这些细节，更谈不上发现流程中存在的问题了。

　　在现有业务流程表的基础上，流程小组设定评估流程现状的KPI指标（例如：客户满意度、周期、返工率、决策制订、人力资源利用率等），根据这些指标对某一流程的现状情况进行评估。

表4—5　流程现状评估表

流程名称				编号	
序号	项目指标	KPI评估	描述		
1	生产周期	高	● 从提出需求到产品交付客户，是否及时高效		
2	生产成本	中	● 生产的成本如何，是否有降低的余地		

续表

流程名称				编号	
序号	项目指标	KPI 评估	描述		
3	人力资源利用率	中	● 项目人员工作是否饱满，任务分工是否合理		
4	客户满意度	中	● 客户对产品的质量、体验反馈如何		
5	返工率	低	● 产品测试的通过率如何，是否需要返工		

除了上述表格的方法，还可以使用图 4—16 给出的雷达图对业务流程进行多个指标的评价。

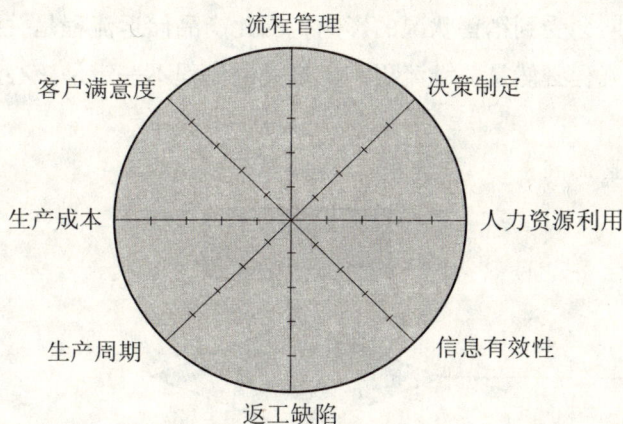

图 4—16 流程评估的雷达图

● 价值流分析

价值流是指从原材料转变为成品、并给它赋予价值的全部活动，包括从接受订单到执行生产计划发货的信息流，从原材料到转化为产成品的物流，从概念到正式发布的产品设计流程，从资金投入到获利的资金流等等。企业经营活动是由增值活动和非增值活动组成。研究数据表明，企业活动的 60% 为必要但非增值的活动，增值活动仅占 5%，其余 35% 为浪费和无效劳动。价值流管理就是通过绘制价值流图，进行价值流图分析来发现并消灭浪费、降低成本，赢取最高的边际利润。

● 关键流程

在梳理流程时，不仅要发现流程中存在的问题，还要梳理出哪些流程对于组织的发展起到关键的作用，哪些流程相对不太重要，以便在优化甚至再造时有所重点。

关键流程不等同于核心流程。核心流程是为组织创造巨大效益、体现组织核心竞争力的重要流程，与组织发展战略紧密相连；而关键流程是指那些影响组织业务活动、对输出产生重要影响的流程，可通过图 4—5 的绩效—重要性矩阵来评估。比如在技术导向型的企业，核心流程在于技术研发流程，由于人力资源对于技术研发尤为重要，因此人力招聘流程直接影响产品的技术实力，因此是关键流程；而销售导向型的企业，核心流程在于营销和销售流程，但是产品的贮存周期会受到销售状况的影响，因此产品储运流程是关键流程。通常情况下，核心流程必然是关键流程，但是关键流程不一定是核心流程。

● 增值作业

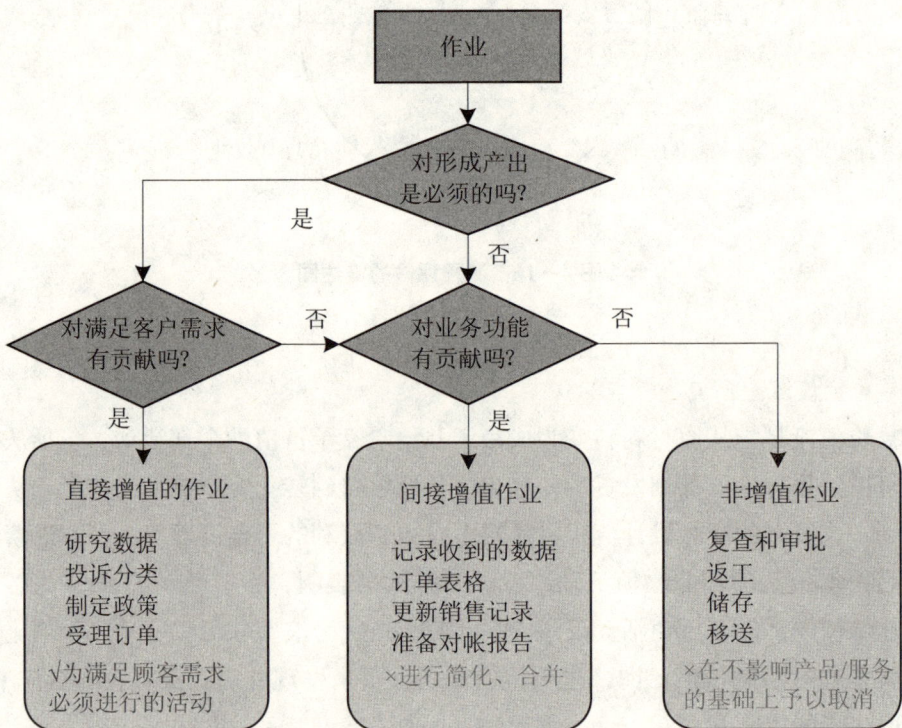

图 4—17　流程增值评估图

业务流程的最终目的是为客户创造价值，在前文曾介绍，业务流程分为主要流程、开发性流程和支持性流程。由于组织运作的复杂性，组织内部存在大量的流程，许多流程并非直接面向最终客户。那么，这些流程是否都有存在的必要呢？这些流程中哪些活动是能够实现增值的作业，哪些活动并不能创造价值？因此有必要对每一项流程的每一项目作业进行梳理，哪些是直接增值的作业，哪些是间接增值的作业，哪些是非增值的作业。图 4—17 给出了流程作业是否增值的评估步骤。对于直接增值的作业，应加大投入、重点优化；对于间接增值的作业，应尽量简化、合并；对于非增值的作业，则应该果断清理，避免资源浪费。

4.4.2　流程诊断

当梳理出需要改进的关键流程之后，需要对这些问题流程进行诊断，找到问题的根源所在，以求"对症下药"。鱼骨图是一种有效的诊断方法。首先，将流程问题写在鱼头处，在大骨的尾尖上写上该问题流程涉及的几个主要方面，然后在小骨上头脑风暴，罗列所有可能的原因，最终进行筛选，挑出其中影响最大的几个因素，并做标记。图 4—18 给出一个流程诊断的示例。

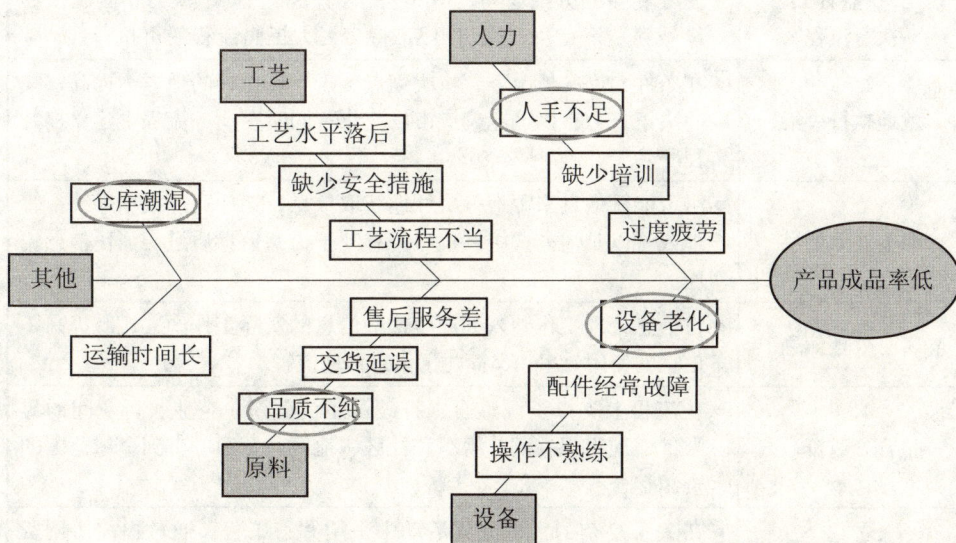

图 4—18　"鱼骨图"用于流程诊断示例

4.4.3 流程优化

在对业务流程进行系统地梳理并发现其中的问题之后，则要采取相应的措施进行改进。一般情况，可以基于现有流程进行优化，将存在问题的作业进行改进完善，从而提高整体的工作效率。

● 优化原则

为了达到优秀流程的四个特点，哈默提出流程优化的 9 项原则，如表 4—6 所示。

表 4—6　流程优化的原则

原则	具体描述
以产出为中心	● 所有生产经营活动都应当紧密围绕最终产出以满足客户需求，避免冗余的流程活动导致效率低下。
单点接触顾客	● 对于某一类客户或者对于客户的某一类问题，设置固定的联系人。通过简单的外部接口，有助于提高客户满意度。
受益者 执行流程	● 流程利益的分配应与流程中各个岗位的职责、权力相匹配，尽量做到"谁受益，谁付出"，将会大大提高流程的可执行性。
就地执行决策	● 在条件允许的情况下，将决策点位于工作执行的地方，提高一线的决策权力，以迅速响应市场变化，同时在业务流程中建立控制程序。
源头获取信息	● 尽可能从信息来源地一次性地获取信息，然后通过数据库统一管理或者以其他方式统一发布，有利于提高信息质量、加快信息流通。
实时处理信息	● 将信息处理工作纳入到产生这些信息的实际工作中去，既提高了信息的使用效率，又简化了信息传递流程。
整合分散资源	● 从流程上支撑资源整合，打破员工、部门、企业、行业间的界限，实现组织内部、组织和社区、地区、全国、直到全球范围的资源整合。
实现并行工作	● 在关系复杂的大型流程活动中采用并行工程，通过提前协调资源，减少每个环节的等待时间，提高整个流程的效率。
具体流程多样	● 业务流程之所以充满活力，就是能够以其多样化的形式以及实施细节的差异化，应对复杂的现实。

IBM 信贷公司是计算机巨头 IBM 的全资子公司，主要业务是为 IBM 的计算机销售提供融资服务。该公司早期的贷款服务流程共包括六步流程：

第一步：接待部的销售业务代表为需要融资的客户提交贷款申请。

第二步：客户信用部专业人员审查申请人的信用情况，并签署审查意见。

第三步：交易条款部根据申请人的具体情况对贷款协议进行补充和修改。

第四步：估价部的估价员初步确定贷款利率，呈交给业务主管审批。

第五步：业务主管根据所有信息综合形成最终的报价。

第六步：销售业务代表将最终报价通知给客户。

按照上述六步流程，每份贷款申请无论业务大小，完成整个业务流程平均需要一周的时间，甚至有时需要两周的时间。

公司经过仔细调查发现，每位工作人员在处理分工范围内的业务所需的时间并不长，一份贷款申请累计实际处理时间加起来只需要 90 分钟，其他的时间都消耗在部门之间的文件传递和等待处理的搁置上。因此，IBM 信贷公司取消了原来按照职能分工设立的部门，新设了"交易员"岗位，每笔业务从头到尾的全部工作都由一个交易员负责。同时，公司开发出适应新流程的计算机系统支持交易员的工作。所有交易过程全部记录备案，同时对交易员的行为也起到监督作用。

贷款流程经过重新设计后，IBM 信贷公司为客户提供融资服务的平均周期由原来的一周压缩到 4 小时，缩短了 90%。由于客户满意度大幅度提高，公司的业务量增加了 100 倍。

（来源：唐光明. IBM 信贷公司的流程再造 [J]. 经理人，2001 年第 Z1 期.）

IBM 信贷公司流程优化案例充分体现了上述原则：围绕如何高效地为客户提供贷款，设置"交易员"岗位单点接触客户，负责贷款全程的业务活动；交易员的业绩和客户满意度直接关联，因此工作积极性也高；交易员在处理贷款手续时遇到的问题直接和客户沟通解决，避免了信息中转的时间消耗；通过改进的计算机系统，既提高了交易员查询信息、处理手续的效率，也起到监督作用；交易员对可以同时处理的信息可以一次性处理，不必像此前在不同部门间传来传去；另外，对于特殊客户，IBM 信贷公司还设置了加急贷款流程，优先处理。IBM 信贷公司通过对贷款流程的优化，极大地提高了工作效率。

● 优化方法

人们在管理实践中，总结了一些行之有效的流程优化方法，包括 ESIA 方法、PDCA 循环、标杆学习法等。

ESIA 方法

流程优化的目的是减少流程中的非增值活动，并调整流程中的核心增值活动，可遵循如下四个方面进行优化改进：ESIA——清除（Eliminate）、简化（Simplify）、整合（Integrate）、自动化（Automate），具体为：

表 4—7　流程优化的 ESIA 方法

优化＼解释	原则	处理内容
清除	● 根据 80/20 原则，找出、记录或彻底删除非增值的活动	● 过量产出、活动间的等待、不必要的运输、过量库存、缺陷、重复活动
简化	● 对剩下的增值活动进行简化	● 表格简明、审批程序简单、减少跨部门协调
整合	● 对简化之后的活动进行整合，使之连贯、高效，以满足客户需求	● 流程无延迟交接、工作并行处理、供应商流程整合、客服流程整合
自动化	● 运用自动化办公，提升流程速度，保证服务的准确性和及时性	● 简单重复的活动，数据采集、传输和分析，客户自助系统

标杆管理

标杆管理起源于20世纪70年代美国施乐公司向日本竞争对手的学习运动。通过全方面的集中分析比较，了解对方的运作机制，寻找与竞争对手的差距，从而调整经营战略，改进业务流程，提升竞争力。

标杆管理就是不断寻找和研究业内外一流公司的最佳实践，以此为标杆，对自身经营实践进行比较、分析、借鉴，并实施持续的流程改进。一般来说，可以借鉴的标杆通常有如下三种：

（1）内部标杆：企业内部其他业务部门有类似的作业，并有明显的最佳实践，进行学习借鉴，改善本部门的工作绩效。

（2）竞争标杆：通过调查和分析竞争对手的产品、服务和流程，通过与行业领先企业的绩效进行比较，确定学习标杆，在企业业务机构实施流程改进，以赶超标杆。

（3）通用标杆：不受限于行业，选择在流程应用上具有通用性的世界级企业的最佳实践作为标杆，实现超越。

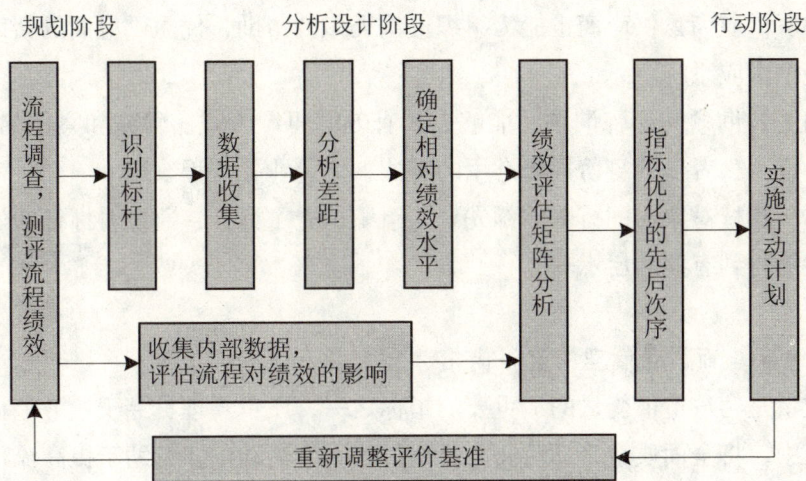

图 4—19 标杆管理实施流程

（来源：杨建华、张群、杨新泉编著，企业资源规划与流程再造 [M].清华大学出版社）

学习五角星法

组织在运行过程中总会存在需要改进的问题。五角星法就是用于寻找改进的问题来源。组织可以从不同的来源学习了解：客户、供货商、员工、咨询顾问以及标杆对象。这五个学习的来源被称为"学习五角星"。

图 4—20 流程管理的五角星法

（1）客户：组织输出的产品和服务最终面向客户，客户对组织的产品和服务有着最直接的体验，因而客户的意见和反馈是流程改进思路的重要来源。

（2）内部员工：组织内部的员工是流程的实际操作者，在日常活动中对流程有深入的了解，同时一线的员工能够及时了解到环境的变化，因而也是改进流程思路的重要来源。

（3）供应商：供应商也能为组织提供类似的帮助，优秀供应商的帮助会延伸到整个供应系统。

（4）咨询顾问：咨询顾问能够以其有效的思维方式、研究和案例的积累，以"外部观察者"的身份提出有用的看法，促进业务流程改进。

（5）标杆对象：同行中的领先者为组织树立了标杆，通过对标杆的学习和研究能够得到有益的启示。

●基于全面质量管理的流程优化

质量是客户价值衡量的最重要的指标之一，质量管理贯穿于业务流程的整个过程中，将全面质量管理落实在流程的每一个活动中，有助于提高流程执行效率，保障流程绩效。

PDCA 循环

PDCA 循环是一个持续改进的过程，因此也适用于流程的优化和改进，具体内容如图 4—21 所示，包括：

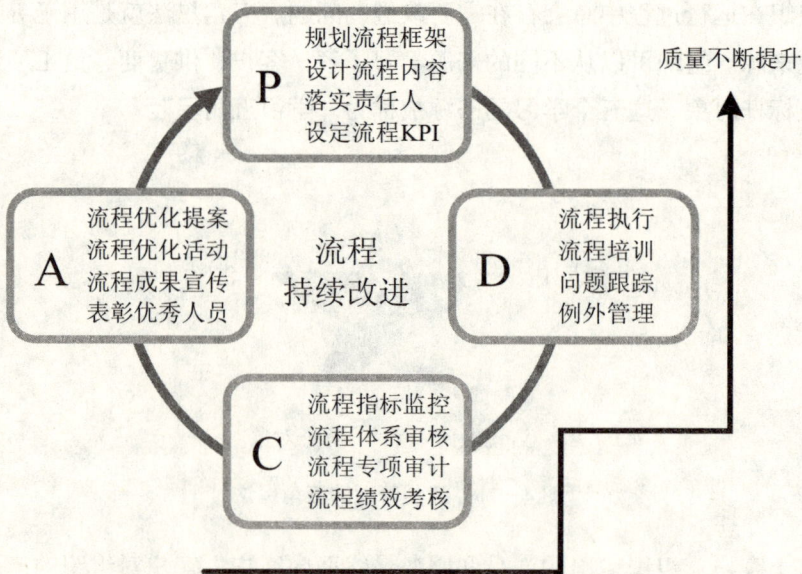

图 4—21 不断改进的 PDCA 循环

P（Plan）：计划，梳理并产生改进方案，包括 5W1H；

D（Do）：执行人按照计划去行动，落实计划；

C（Check）：核查执行人的执行情况，找出问题，分析原因；

A（Act）：改进，对检查的结果进行处理，成功的经验要加以肯定，通过模式化或标准化以适当推广；失败的教训要加以总结分析，避免重现；该轮未解决的问题放到下一个 PDCA 循环。

某商场针对目前商场的服务质量问题向顾客发放调查问卷，根据回收问卷的统计，该商场管理层按照 PDCA 循环法逐步对商场整个服务流程进行改进。

P——计划：根据调查结果对商场运营的现状进行分析，发现顾客普遍反映服务质量较差，通过对多种原因进行分析，认为最关键的原因是销售人员缺乏系统的培训，很多人临时上岗，无工作经验。针对上述问题，商场制定针对销售人员的培训计划，重点加强服务培训。

D——实施：按照培训计划对销售人员进行培训，强化销售人员的服务意识和服务水平。同时为了防止服务质量差的问题再度发生，商场修改了销售部岗位责任制的有关条款，加大监督和处罚力度。

C——检查：8 个月以后，商场再次采用调查问卷的形式收集服务质量反馈信息，发现服务质量明显提升，但是顾客提出商场里商品种类较少，部分区域卫生状况较差等问题。

A——改进：根据此次反馈结果提出下一阶段改进的重点：增加商品种类、改进商场卫生等。

5S 活动与流程管理

开展 5S 活动有助于提高现场管理的流程执行质量，通过不断改进，流程效率得到显著提升。

银行基层网点是面向公众提供金融服务的直接窗口，其现场整洁程度、员工精神风貌、业务办理流程等，都代表了银行的形象，决定了客户对所在银行服务的整体认同感和满意度。因此对银行网点的业务流程进行 5S 管理，对于改善整体服务质量有着重要意义。银行网点的 5S 管理可从如下方面着手。

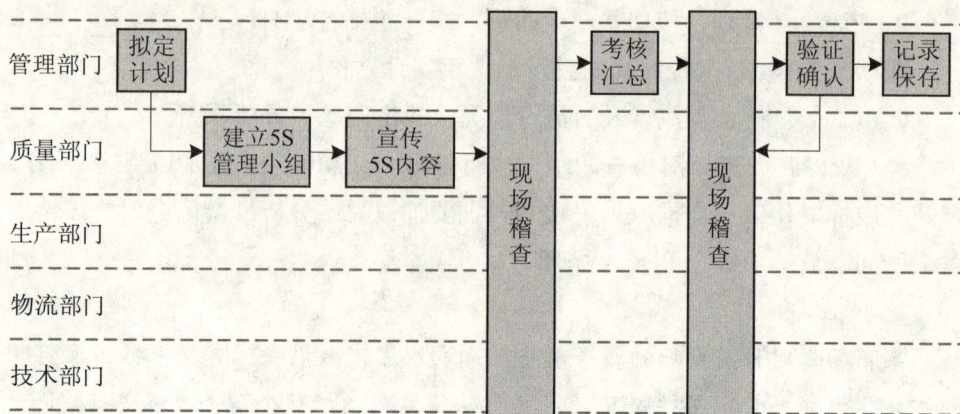

图4—22　5S活动应用于流程优化活动

（1）整理：将运营区域划分为前台柜员区、后台柜员区及办公区域，按工作人员划分责任区域，整理各自区域内的物品，分出必需品与非必需品，移除不必要的东西。

（2）整顿：银行业务中常用的凭证非常多，在大堂常见的就有信用卡申请表、开户申请书、个人业务存款凭条、个人转账凭条、跨行汇款申请书等等，根据每种凭证的使用频率归类，置于文件架中，并做好标注，便于使用时快速查找。

（3）清扫：对工作场所以及办公桌物品、使用工具、工具架、橱柜等进行打扫，使整个场所干净整洁，让每一位客户及员工拥有良好心情。

（4）清洁：制定相关的规范条例，让员工在日后有章可依，同时派专人进行监督工作，并通过一系列奖惩措施制度化。

（5）素养：使清洁标准成为每个员工的习惯，固定每天早到5分钟进行简单整理，以整洁的环境高效率地接待每一位客户。

针对金融业的特殊性，一些银行还进一步发展了6S——Safety（安全），即每一位工作人员在工作时都必须谨慎识别安全因素，管理好柜台的财物，对于可疑人员要提高警惕，做好相应的应急预案。

6σ 与流程管理

6σ 不仅仅是一种质量管理方法，而且能够为高效的企业流程设计和优化提供了一系列指导。用6σ 高标准、严要求、规范化的管理方法来指引流程管理，通过不断地循环来不断提升，不断调整业务流程来适应动态变化的组织内外环境，始终保证组织的业务流程是最优化。

通用电气（GE）总裁杰克·韦尔奇极为推崇 6σ 管理，上世纪 90 年代在全公司实施 6σ 管理法，对公司的各项流程进行优化和再造，取得了辉煌业绩，使得这家百年老店焕发出新的活力，被誉为"再造 GE"。

表 4—8 6σ 应用于流程管理的特点

特点	具体描述
以客户为中心	● 6σ 管理的核心理念就是要求组织真正以客户为中心：完全从客户角度来看待组织内部的各种流程；基于客户的要求来设立产品与服务的标准与规格，并以此来评估流程的有效性与合理性。
基于事实和数据	● 6σ 管理重视和利用数据，从测量经营业绩的关键指标开始，到分析关键变量，再到对可能解决方案的量化评价，以及对优化结果的量化监测和控制。
聚焦于流程改进	● 在 6σ 管理法中，把流程而非具体的工作任务或目标视为成功的关键载体，采用量化的方法分析流程中影响质量的因素，找出最关键的因素加以改进，从而达到更高的客户满意度。
主动预防式管理	● 6σ 管理着眼于发现潜在的问题，提倡动态的、积极的、预防性的管理风格，从问题的根源来改进，从而有效地提前介入预防、遏制、避免可能发生的问题或损失。
无边界通力合作	● 6σ 管理法扩展了合作的机会，创造一种能真正支持团队合作的管理结构和环境，加强了自上而下、自下而上和跨部门的团队工作，改进组织内部的协作以及与供应方和客户的合作。
持续改进、追求完美	● 6σ 管理的宗旨是"不断改进和突破，追求卓越"。从满足客户需要的角度出发，对既有的流程实施持续改进，使产品和服务不断接近完美，实现极高的客户满意度。

2005 年中国建设银行引入 6σ 管理法，并为此专门成立了"产品与质量管理部"，已先后在零售业务、公司金融业务、电子银行、IT 管理、风险管理、人力资源管理等领域开展了几十个金融创新项目，并建立了及时反馈客户意见和需求的客户之声（VOC）系统，客户可以直接在柜台前对服务满意度进行打分。通过 DMAIC 流程改善，建行已经实施完成的一些金融创新试点项目达到了预定目标。其中：零售网点转型项目试点使前台交易速度提高 33%，客户等待时间减少 68%；个贷中心改造项目试点使直接放款类贷款办理周期

缩短72%，客户填写资料及签字减少30%，日均处理量增加30%；呼叫中心改造项目使中心平均应答时间缩短40%，客户满意率提升23%，日均处理量增加20%。

（来源：张洁颖．六西格玛管理与流程银行建设[J].农村金融研究，2009年12期）

4.5 流程再造

流程优化是一种修修补补的解决问题方法，适合于业务流程问题不大、只需对其中几个环节进行修改的情况。如果流程的问题很严重，无论从哪个环节入手，都会牵动整个流程，则需要对整个流程进行彻底地、根本地再造（Re-engineering）。

迈克尔·哈默和詹姆斯·钱皮经过对企业长期大量的调查研究发现，在一些企业中，员工所从事的大量工作与满足客户的需求几乎无关，这些工作并不能给企业创造价值，只是为了内部的一些规定。一些企业通过对原有业务流程中的某些环节进行较大幅度地改变，并调整相应的资源结构和组织结构，使得生产效率大幅提高，提升企业整体竞争力。对企业原有的业务流程进行彻底的重新设计，这就是业务流程再造（Business Preocess Re-engineering，BPR）。

哈默和钱皮将业务流程再造定义为："针对企业业务流程的根本（fundamental）问题进行重新思考，并对进行彻底地（radical）重新设计，以便在成本、质量、服务和速度等衡量企业业绩的重要指标上，取得显著（dramatic）的改善"（《再造：不是自动化，而是重新开始》，哈佛商业评论，1990）。这个定义共有三个关键的形容词，点明了流程再造的基本思想：

（1）根本的（fundamental）：流程再造是为了解决企业经营的根本性问题，企业管理者必须认真反思一些最根本的问题，例如，企业为什么要运营这些业务？这些业务是否为客户创造价值？能否创造更大的价值？通过反思最基本的问题，来重新审视经营企业的策略。

（2）彻底的（radical）：流程再造不是缓和、渐进式的改良，不只是做表面化的改变、或是修修补补，而是对原有的流程体系进行彻底的变革，在改造过程中，根除现有不合时宜的架构与流程，另辟新径来完成工作。

（3）显著的（dramatic）：流程再造的工作量是巨大的，也具有相当的风险，之所以需要进行再造，恰恰因为通过流程再造，能够全面提升企业盈利能力，带来丰厚的回报。

流程再造是企业流程管理的核心内容，决定着企业管理能否突破现有流程和习惯的束缚，重新走上高效发展的道路。流程再造要求企业管理者跳出现有的流程框架，设想在没有现有组织和流程限制的情况下，完美的流程会是什么样的，企业如何通过彻底改造的方式实现最佳流程。通过这种颠覆式的思维方式，试图引导管理者绕开既有的组织壁垒，重新审视全部业务，更加关注于关键的成功因素，寻找更加广阔的设计空间和新视角。

20世纪80年代中后期，欧美等国家的商业银行在业务流程再造理论的指导下掀起银行再造（Bank Reengineering）浪潮，建立起以客户为中心的业务体系，并确立了扁平化、集中化、垂直化、专业化的组织架构，打破原来各个部门间职责不明确、办公效率低下的问题，围绕业务重建银行各项工作的流程体系。经过再造后的银行绩效得到了显著改善，平均权益收益率从14%增至20%。

中国银监会前主席刘明康于2005年提出"流程银行"的概念。与传统直线职能制的"部门银行"相对，流程银行主要包括以下三个方面的特征：第一，实现从职能管理向业务流程管理转变，银行运营中的风险管理、财务预算、成本控制、信息技术等内容均服务于业务流程；第二，以客户为中心重塑组织架构，使组织趋于扁平化、专业化、垂直化；第三，注重整体流程优化，强调在分析每个流程在价值创造中地位的基础上，从整体上设计企业的各项活动，实现业绩的显著提高。

（来源：王现增.战略组织变革与流程银行创建[J].金融理论与实践，2007年第04期）

流程再造的典型步骤如图4—23所示。在启动流程再造项目之后，首先需要对组织现有流程体系进行调研、梳理，确定需要再造的流程，参照业界标杆，设计新的流程，并落实执行。其中流程梳理、流程诊断、新流程设计是最为关键的三步。

```
          ┌──────────────┐
          │  启动流程再造  │
          └──────────────┘
                 │
                 ▼
          ┌──────────────┐      ┌──────────────┐
          │  组织流程调研  │─────▶│  现有流程体系  │
          └──────────────┘      └──────────────┘
                 │                     │
                 ▼                     │
          ┌──────────────┐            │
          │   流程梳理    │◀───────────┘
          └──────────────┘
                 │
                 ▼
          ┌──────────────┐
          │   流程诊断    │
          └──────────────┘
                 │
                 ▼
          ┌──────────────┐
          │  确定再造范围  │
          └──────────────┘
                 │
                 ▼
          ┌──────────────┐
          │  确立流程标杆  │
          └──────────────┘
                 │
                 ▼
          ┌──────────────┐      ┌──────────────┐
          │  新流程设计   │─────▶│  新流程方案   │
          └──────────────┘      └──────────────┘
                 │                     │
                 ▼                     │
          ┌──────────────┐            │
          │ 新流程落实执行 │◀───────────┘
          └──────────────┘
```

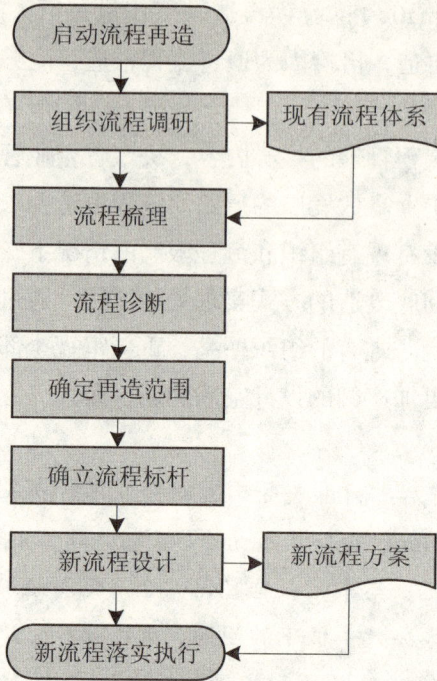

图4—23　流程再造的步骤

从上述步骤看，流程再造和流程优化基本遵循相同的过程，因此很多方法和工具是共用的，关键的区别在于识别出哪些流程可以优化，哪些流程必须再造。

4.5.1　再造原则

流程再造是一项系统工程，在实施过程中需要遵守一定的原则，才能达到预期效果，规避风险。

并非所有的流程都需要进行再造，否则会导致成本过高，同时还会造成混乱。真正需要再造的是那些不能适应外部环境变化的流程。限于再造的成本和时效性，通常根据一些原则选择关键流程，分析这些流程的关键步骤和产出结果。表4—9给出识别需要再造的关键流程的原则，只有同时具备表中所述的三个条件，该流程才具备再造的条件。对于绩效低下的关键流程进行再造能够显著促进组织绩效。

表 4—9　需要再造的关键流程选择原则

原则	内容
位势重要	● 组织通过流程的运作来满足顾客的需求，但这些流程对客户的重要性或影响力并非相同。有些流程运作的好坏对外在客户有着相当大的影响，如果运作低效，会严重地影响流程输出。
绩效低下	● 流程的最终目的是输出，若一个流程的运作效率十分低下，那么这个流程肯定有问题。这些有问题的流程会严重地限制组织的整体运作效率，即使其他流程运作得再好，组织的绩效也难以提高。
切实可行	● 流程再造活动受到组织资金、人力等资源以及再造经验、再造风险承受能力的限制，不一定有条件施行。因此，评估再造流程可行性尤为重要。如果条件并不成熟，则应该暂缓该流程的再造工作。

诺顿·诺兰公司发展了一种分析工具，称为需求与准备程度分析图，用来分析是否应该进行流程再造，如图 4—24 所示。

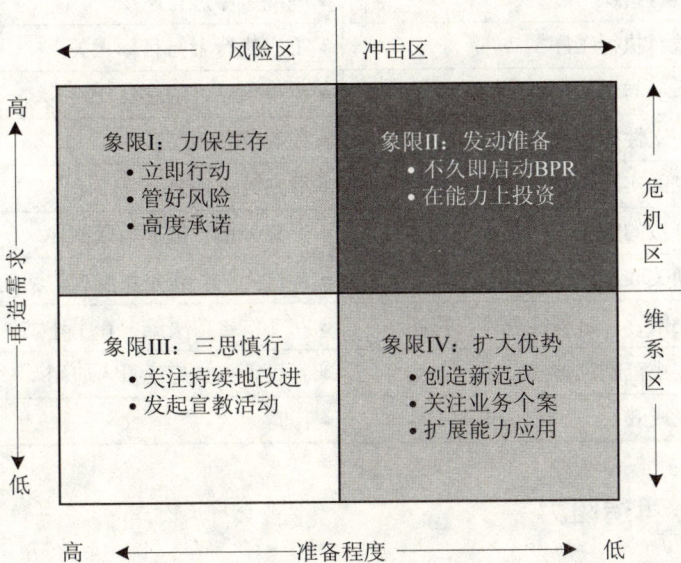

图 4—24　需求与准备程度分析图

在象限 I，再造需求迫切，需要立即采取行动，但是尚未有充分准备，在这种局面下实施流程再造，具有一定的风险性，因此必须获取高层的大力支持。

在象限 II，由于已经准备上马 BPR，组织应该在投资于流程再造实施能力，进行人员的培训，同时配备相应的资源。

在象限 III，此时组织运转正常，即使没有再造，也能保持正常的运营。另外，组织也没有做好再造工作的准备，此时不适合启动 BPR，但是需要不断地关注流程上的各种小问题，并持续地进行改进，以防范于未然。

在象限 IV，虽然组织无需进行较大的变革，但是对流程进行再造可能获得新的战略优势，同时已经具备充足的改造基础，是否实施 BPR 需要高层管理者的决心和魄力。

在实施 BPR 的过程中，通常容易犯一些原则性的错误，导致再造失败。表 4—10 列举了实施 BPR 应遵循的原则以及常见的一些错误，值得管理者和 BPR 实施小组深思和警惕。

表 4—10　流程再造原则与常见错误

原则	错误
● 围绕目标进行组织	● 围绕工序进行组织
● 让目标受益者执行工序	● 工序执行者与目标无关
● 邀请当事人参与再造过程	● 漠视当事人的感受
● 从信息源一次性捕捉信息	● 捕捉信息不彻底
● 在产生信息的实际工作中处理信息	● 异地处理信息
● 把地域上分散的资源当做集中资源	● 资源分散，被地域限制住
● 把类似活动关联起来，进行并行处理	● 各自为政，或是拼凑相似活动的结果
● 在工作中决策，让过程实现自我控制	● 在工作之前决策，在工作之外控制
● 新设计先在小范围试验	● 新设计直接广泛投入应用
● 一年内初见成效	● 耗时太久

4.5.2　再造阻力

流程再造意味着对现有流程的全新设计、全面突破和全局改进，任何变革都不可避免会受到来自组织内部的各种阻力，比如组织架构调整会引起人员岗位的调动，可能会使某些人调到不熟悉的岗位甚至被裁掉；流程变更改变了原有的作业方式，需要员工重新熟悉工作方式并改变工作习惯。因此，流程改造往往面临着较大的风险，改造失败则会造成较大程度的经济损失，部分管理者宁愿维持现状，也不愿意承担风险。

为此，迈克尔·哈默和史蒂文·斯坦顿在《变革革命》中，提出了克服流程再造阻力的五项原则：

表 4—11 克服流程再造阻力的五项原则

● 抵制变革是无法避免，必须认真对待
● 抵制的方式有很多种，必须抓住要害
● 抵制的动机是复杂的，必须理解动机
● 找出抵制的根本原因，必须彻底根除
● 选择对付抵制的措施，必须区别对待

为了保证流程再造取得成功，流程再造小组在实施流程再造之前，必须获得组织高层管理者的鼎力支持；在调研梳理现有流程时，要尽可能地让流程执行者自己提出问题、发现不足，激发其改造的意愿；在设计新的业务流程时，务必请高层管理者和流程执行者都参与其中，征询他们的意见和建议，使三方达成一致意见，避免在实施新流程时有抵触情绪、阳奉阴违。

哈默认为，采取激励员工、沟通信息、直接介入、广泛宣传、引导参与等方式能够有效缓解抵制的情绪，减小流程再造的阻力。对于固步自封者的抵制和挑战，最有效的方式是正面回答，让绩效说话。

4.5.3 再造风险

BPR 实施过程中存在一些潜在的风险，如果不解决这些问题，很可能导致 BPR 失败。据统计，70% 的 BPR 项目 5 年后均归于失败。表 4—12 列举了 BPR 失败的常见问题。因此非常有必要将风险管理贯彻与 BPR 实施的全过程。

表 4—12 BPR 的潜在问题

潜在问题	具体表现
被动接受再造	● 流程的更改建议来自于外部的管理咨询师，很难被组织内部人员心甘情愿地全面接受。
员工参与度低	● 执行流程的员工对流程问题最有发言权，如果员工不能积极参与流程再造的过程中，就不能有效发现问题，也不能调动其工作积极性。
偏离再造目标	● 流程再造的目的是提高业务水平和效率，但是有很多组织不知不觉中将再造当成了目标，为再造而再造，而不是为业务增值而再造。

潜在问题	具体表现
缺乏衡量标准	● 如果无法对流程的效果进行衡量，往往会过度依赖于最佳经验。
缺乏持续改进	● 流程再造不是一蹴而就的事情，需要在实践中不断改进优化。

流程再造的风险通常来自下面几个问题：

（1）流程风险：再造之后的流程是否能达到预期的目标，是否能显著改善组织绩效，有待检验。

（2）组织风险：如果组织高层人员对 BPR 不能倾力支持，则可能导致难以贯彻执行。

（3）文化风险：BPR 对组织成员现有的工作方式会有较大挑战，如果组织文化不能适应这种挑战和革新，则实施起来会非常困难。

（4）财务风险：BPR 是一项重大工程，可能对现有流程体系发生颠覆性的革新，因此需要足够的资金投入。在实施 BPR 之前，首先需要衡量财务上的开支。

因此，流程再造是一件"牵一发而动全身"的系统工作，需要做好充分的调研和规划，方可推进实施。

4.6 组织再造

在实际运作中，组织战略会具体化到一个个端到端的流程实现，一般情况下，流程会涉及到多个部门、多个岗位的之间的作业交互。很多经理人抱怨，每天 80% 的精力都花在部门间的协调上。在工作中，如果部门分工不清，职责不明确，会严重影响到跨部门的业务流程运转。因此，组织结构的设计必须更好地为流程服务。组织是流程运行的力量，企业应该根据岗位、部门职责、职权以及相互关系建立组织结构，以保障流程各个环节的高效执行。

"流程再造之父"哈默认为，真正为企业创造价值的是流程，而组织结构只是创造价值的手段，因此组织应该为流程服务。

4.6.1 组织流程

在以职能为中心的组织架构中，各部门的工作是以职能和分工任务为中心的。业务流程首先被分解成一个个作业，然后按照其职能分配给相应的职能部门。这种模式在执行中存在几个问题：

（1）流程如何进行划分，才能使得较好地进行分割，使各自作业能够对应到各个职能部门；

（2）在流程运行过程中，跨部门的沟通和协调会浪费大量的时间和精力；

（3）对各部门工作的评价往往是各自的工作模块完成得是否出色，没有完整的、统一的产品概念。

而在以流程为中心的组织架构中，部门按照流程过程设计，部门职责明确，所有作业像在一条匀速运转的流水线上有序进行。以流程为中心的组织并不完全追求单个部门、局部过程和单个部件的最优，而是强调系统集成与整体优化，追求全局优化，追求产品整体的竞争能力。

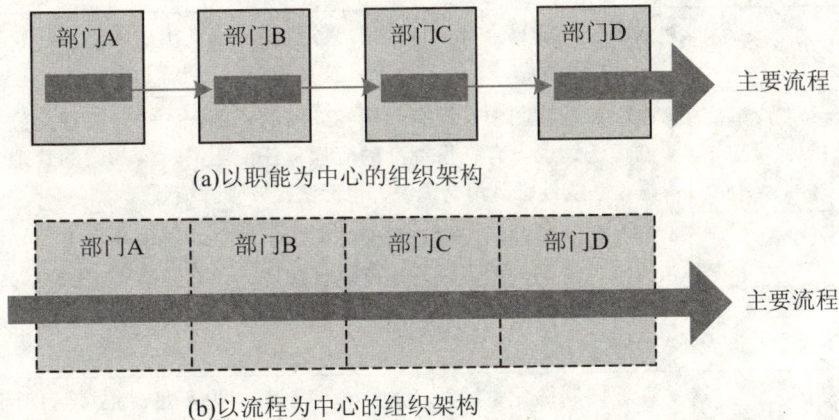

(a)以职能为中心的组织架构

(b)以流程为中心的组织架构

图4—25　以职能为中心的组织与以流程为中心的组织比较

组织流程是企业一切制度、流程的基础，包括组织管理原则、层级关系、组织职能、组织责任及运行规则等系列流程。如果组织结构不合理、组织基础流程不完善，其他管理工作都将无从谈起，组织效率必定低下。

● 组织流程问题

英国政治历史学者西里尔·帕金森（Cyril N. Parkinson）通过长期调查研究，提出了著名的帕金森法则（Parkinson's Law）。帕金森指出，随着组织的发展，行政机构会像金字塔一样不断增多，行政人员会不断膨胀，虽然每个人都很忙，但组织效率越来越低下。帕金森最后得出结论：组织中雇员的数量和实际工作量之间根本不存在任何联系。

"帕金森法则"在现实中非常普遍。随着组织业务逐渐复杂，原来各种任务会衍生出许多新的任务，其中许多任务并不是为了产出，而是因为服务组织机构而存在，最终导致组织臃肿、效率低下。经过对大量公司的调查统计，发现企业组织流程经常出现如下的问题和不足，总结在表4—13中。

表4—13　组织流程中常见的问题

问题	具体表现
组织结构臃肿	● 随着组织的不断发展壮大，最容易得"大企业病"，组织结构越来越复杂，人员也不断增多。组织架构中管理层级关系模糊，导致管理责任无法落实。
组织功能不全	● 很多企业都只重视生产、销售等直接带来产出的功能，却忽视计划、控制等功能，急功近利往往导致事倍功半。
部门职权模糊	● 在组织结构图中，没有明确各部门的正确职能和各管理岗位的岗位责任，也没有一份标准的流程责任说明书。各部门的管理工作缺乏系统性，既浪费资源，也无法提升管理绩效。
管理方式粗放	● 没有建立基础的组织运行保障机制，缺乏对组织的权力和管理者的行为约束，尤为缺乏规范化管理培训，导致整个组织行为较为随意，不重视学习和提升，不重视数据和流程，更不会运用制度流程进行管理。
管理机制落后	● 管理体制僵化，团队活力不够、创新能力不足，很多管理问题、生产问题、现场问题等屡见不鲜，管理者缺乏改革的决心和动力。

● 组织再造目的

通过对组织问题进行诊断，寻找影响组织绩效的关键问题，并对症下药进行改善。通常情况下，组织再造应当达到如下两大目的：

（1）组织结构精简。对组织结构进行简化。几乎所有传统企业的管理组织均呈现金字塔形状，层次太多导致信息沟通障碍，执行效率低下。随着管理者技能的提高，管理幅度扩大，组织层次开始不断缩小，组织向扁平化发展。精简组织结构有利于降低管理成本，提高运营效率。

（2）规范管理流程。通过对组织的各项业务流程进行梳理，明确各职能部门的职权和责任，形成制度化文件，做到有据可依；并通过培训使管理流程深入人心，以规范各部门的日常工作行为。

4.6.2 组织再造

在传统的企业中，为了增加利润，企业业务活动通常以成本为导向，各个部门按职能进行划分，各自负责其中一个部分，按工序执行。流程再造要求组织彻底打破传统的以职能为中心的组织结构，建立以流程为中心的管理体系，所有流程都面向为最终客户创造价值，使得组织的经营活动紧凑有力。

表4—14　组织再造的原则

传统企业的原则	组织再造的原则
● 成本导向	● 客户导向
● 以职能为中心	● 以流程为中心
● 以工序为基础的部门式管理	● 以人为本的团队式管理

组织可以按照表4—15所示的步骤对组织流程进行全面规范：

表4—15　组织再造的主要活动

组织再造	具体措施
规范组织架构	● 对组织整体结构进行再设计，实施扁平化的组织结构，增加计划和稽查的核心职能，全面实施职能部门负责制。
完善组织流程	● 对现有组织管理流程进行全面梳理、完善和简化。以流程为中心设计组织职能部门的分工和合作。
明确部门职能	● 正确设计各部门的职能，使得职能清晰、分工合理，让每个部门都能明确各自的提升方向与目标。
合理分配责任	● 按照决策层、执行层和监督层的不同要求，合理设计每个管理岗位的管理责任，让企业各项管理目标顺利得以分解。
制订组织制度	● 建立组织运行规则，明确企业价值观念，用制度保证组织流程的顺畅和高效运行。

值得重点注意的是，组织流程再造不是为了纯粹的组织流程再设计而设计，必须以组织的战略规划为导向，通过组织流程再造来实现一流的组织战略的执行。关于组织创新和战略型组织，在第6章、第7章中还会详细介绍。

参考资料

［1］［美］弗雷德里克·泰勒.科学管理原理 [M].马风才译.北京：机械工业出版社，2007.

［2］［美］迈克尔·哈默，詹姆斯·钱皮.企业再造[M].王珊珊等译.上海：上海译文出版社，2007.

［3］王玉荣.流程管理 [M].北京：机械工业出版社，2004.

［4］王玉荣.流程革命 2.0[M].北京：北京大学出版社，2011.

［5］陈立云，金国华.跟我们做流程管理 [M].北京：北京大学出版社，2010.

［6］杨建华，张群，杨新泉.企业资源规划与流程再造 [M].北京：北方交通大学出版社，2007.

［7］焦叔斌.管理的 12 个问题 [M].北京：中国人民大学出版社，2009.

［8］李国良.流程制胜——业务流程优化与再造 [M].北京：中国发展出版社，2005.

［9］［美］J.佩帕德，P.罗兰.业务流程再造 [M].中信出版社，1999.

[10］甘利人.企业信息化建设与管理 [M].北京：北京大学出版社，2001.

[11］王鲁滨.企业信息化建设——理论、实务、案例 [M].北京：经济管理出版社，2007.

[12］唐光明.IBM 信贷公司的流程再造 [J].经理人，2001 年第 Z1 期.

[13］张洁颖.六西格玛管理与流程银行建设 [J].农村金融研究，2009 年 12 期.

[14］王现增.战略组织变革与流程银行创建 [J].金融理论与实践，2007 年第 04 期.

第5章
迈向高峰——资源管理

管理在于充分而有效地利用资源。

——[美]彼得·德鲁克

对于一个组织而言，资源越多，在市场竞争中占有的优势也就越大，实现组织目标也就相对越容易。资源指组织所拥有的能够保障其实施战略、创造价值的所有资产、信息、知识、素质、组织方式等。从本质上讲，资源就是生产要素。

5.1 资源管理概述

《孙子兵法》中对国家和军队实力评估有这样的描述：

"兵法：一曰度，二曰量，三曰数，四曰称，五曰胜。地生度，度生量，量生数，数生称，称生胜。"（《孙子兵法·军形第四》）

孙子认为指挥作战首先要评估敌我双方的实力，土地面积的大小决定人力物力的数量，人力物力的数量决定可投入部队的规模，部队的规模决定双方兵力的强弱，双方兵力的强弱得出胜负的概率。土地、物力、人力、兵力，这些都是一个国家的重要资源，是行军作战的基础。资源丰厚，实力强盛，获胜概率就大。

对于一个组织而言，资源越多，在市场竞争中占有的优势也就越大，实现组织目标也就相对越容易。资源指组织所拥有的能够保障其实施战略、创造价值的所有资产、信息、知识、素质、组织方式等。从本质上讲，资源就是生产要素。

从资源的性质来分，广义的组织资源包括有形资源、无形资源和组织素养三个方面，其含义分别如表 5—1 所示。在知识经济时代，无形资源相对于有形资源价值更高。2011 年微软公司的市值一度达到 2037 亿美元，远远超过其固定资产和账面资金的总和，因此其巨大的财富主要靠无形资产支撑。

组织素养是一个组织协调、配置各种有形资源、无形资源，将这些资源转化为有效产出的能力。组织素养比有形资源和无形资源更加难以准确界定，它蕴含在企业具体的组织结构、规章制度、业务流程和控制系统等管理方式和经营理念中。组织的核心竞争力往往不是某一项或几项资源要素，而是将所有资源整合到一起形成的全面竞争力，即组织的综合管理能力。

表 5—1 组织资源的三种类型

资源类型	含义
有形资源	● 相对容易识别，能用货币直接计量的实物资产，包括土地、房产、设备、资金、原材料、能源等。
无形资源	● 长期积累、没有实物形态，难以用货币精确计量的资产，包括知识、信息、品牌、组织文化等。
组织素养	● 组织协调、配置各种资源，将投入转换为产出的能力。

从资源的类别来分，组织资源包括设备资源、能源资源、资金资源、人力资源、知识资源、技术资源、信息资源、文化资源、品牌资源、公共关系资源等等。图 5—1 列出了组织常见的一些资源要素。

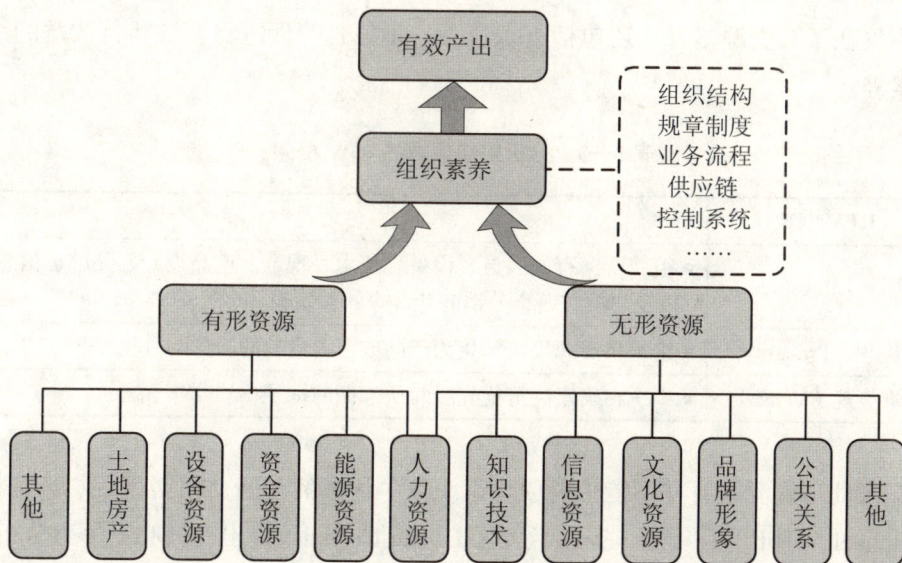

图 5—1 组织资源分类

上市公司的市值从某些方面反映了企业资源的价值情况。比如当某公司发布一款成功的产品，市值大涨；而当某公司陷于某个丑闻中时，其市值往往大跌。表 5—2 列举了几种常见资源要素的例子。

表 5—2　组织资源要素举例

资源要素	案例
人力	● 苹果公司创始人乔布斯去世，次日苹果股价下跌 2%
知识	● IBM 每年赚取的专利许可费超过 10 亿美元
信息	● 野村综合研究所是亚洲最大的信息咨询公司，总资产超过 100 亿日元
品牌	● 中国工商银行以 2162.85 亿元的品牌价值荣登 2011 中国品牌榜榜首
公共关系	● 惠普前 CEO 因卷入性丑闻辞职，惠普市值缩水 100 亿美元

　　创新管理大师克莱顿·克里斯坦森提供了一个研究组织能力的"RPV 框架"，即企业竞争力的大小由三要素组成：资源（Resource）、流程（Process）和价值观（Value）。这一框架和上述广义的组织资源定义相一致，即组织的能力不仅在于其资源本身，还包括组织流程、价值观等促进将资源转化效益的组织素养。

表 5—3　分析组织能力的 RPV 框架

RPV 框架	含义
资源（Resource）	● 组织所拥有的人员、设备、技术、现金、产品设计、品牌、信息以及与供应商、分销商和客户的关系等
流程（Process）	● 组织将资源投入转化为产品或更大价值的服务的过程
价值观（Value）	● 组织在确定决策优先级时所遵循的标准

　　因此，资源本身并不能独自成为组织竞争优势的基础，根据迈克尔·希特（Michael A. Hitt）和杜安·爱尔兰（R. Duane Ireland）提出的核心竞争力分析，一项能够为组织提供可持续性的竞争优势的资源，必须具备四个特征：

　　（1）有价值：能够帮助组织利用内、外部机会，建立竞争优势，降低运营风险，创造实际价值；

　　（2）稀缺性：对于当前或者潜在竞争对手来讲，这项资源是稀缺的，能够满足客户的独特需求，从而形成区别于竞争对手的核心竞争力；

　　（3）难以模仿：竞争对手难以在短时间内模仿，保证在市场的垄断地位；

　　（4）难以替代：短期内没有相当的替代资源，资源贬值速度越慢，越有利于形成核心竞争力。

　　因此，组织应该尤其注重发展那些具有可持续性竞争优势的资源，提升组织核心竞争力。

　　本章将具体介绍组织资源的多个方面，既包括有形的设备、能源、资金、人力，也包括无形的信息、知识、文化、品牌、公共关系、供应链等，借助信息化管理系统，能够实现企业资源的全面整合，提高管理效率。企业必须掌握住处于战略地位的核心资源，提升管理能力，将资源转化为效益，实现价值增值。

5.2　设备管理

　　设备是组织固定资产的重要组成部分。在工业企业中，设备及其配件所占的资金往往占到企业全部资金的 50%—60%，因此组织要加强对设备的管理。设备管理指依据组织的生产经营目标，通过一系列技术、经济和管理措施，对设备寿命周期内的所有设备物质运动形态和价值运动形态进行的综合管理工作。

　　设备管理的内容，包括了设备寿命周期内的整个过程，如图 5—2 所示：

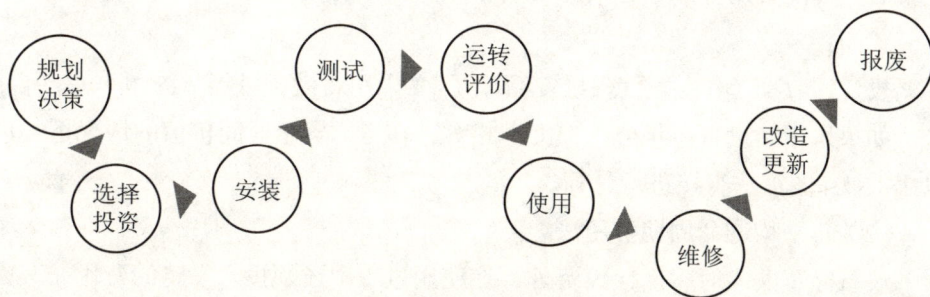

图 5—2　设备管理全过程图

5.2.1　设备投资

　　设备投资是企业的重要决策内容，需要考虑各方面的因素，如投资的目的，设备技术性评价，经济性评价等。

　　设备选择需要从技术性和经济性两个方面进行评价。设备选择的技术性评价主要包括以下几个方面：

• 设备的生产效率	• 使用和维修的方便性
• 设备对产品质量的保证程度	• 能源和原材料的消耗
• 设备的可靠性	• 设备配套性

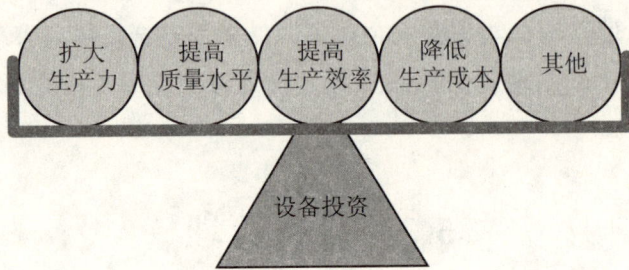

图5—3　设备投资的目的

设备选择的经济性评价通常采用以下几种方法：

（1）投资回收期法

投资回收期法是设备投资额与采用新设备后每年节约额的比值。设备投资额由设备的购置价格、运输费用和安装费用等构成。年节约额是指由于采用新设备后，提高劳动生产率、改进质量、降低各种消耗等带来的节约费用。其计算公式为：

投资回收期（年）＝设备投资额（元）/采用新设备每年节约额（元/年）

如果采用新设备每年节约额度不相等，在考虑资金时间价值的情况下，可以用Excel图解法直接进行计算。

（2）年平均寿命周期费用法

设备除了购入时一次性投资外，在使用过程中还须投入一定的费用，其中包括操作人员工资、能源消耗、维修保养费、事故发生后的停机损失费、保险费等。

设备整个寿命周期的总费用是由投资费用（Capital expenditure，CAPEX）和运维费用（Operational Expediture，OPEX）两部分构成，称为寿命周期费用。其计算公式为：

年平均寿命周期费用＝（设备投资费用＋整个寿命周期内的运维费用）/设备的寿命周期

（3）费用效率法

年平均寿命周期费用较小的设备并不一定是综合经济性好的设备。考虑到综合效益还可以用费用效率法进行分析。费用效率是指单位费用所能提供的效益成果。其计算公式为：

　设备费用效率 = 设备的综合效率 / 设备寿命周期总费用

　　设备寿命周期费用包括生产率、对产品质量的保证、产品成本、交货期、安全性、环保性等。凡可用数量表示的，如生产率、能耗、原材料节约等都要定量分析。不可用数量表示的，如安全性、环保性等也应作定性分析比较。

5.2.2　使用维修

　　对设备的使用需要根据生产的实际情况需要进行配备，既要保证生产加工任务的需要，同时也要避免设备的闲置和浪费。设备的合理使用需要从以下几个方面着手：

　（1）合理配备设备

　（2）为设备安排合适的任务

　（3）为设备配备合格的操作人员

　（4）为设备创造良好的工作环境和条件

　（5）建立和健全各类设备使用责任制及其他规章制度

　　设备的维护保养，是为了及时处理设备在使用过程中，由于运行状态的变化而引起的一些不利于设备安全或正常运行的问题，以改善设备运行状况，提高设备使用的综合效能，保证设备正常运行，延长设备的使用寿命。

　　一般而言，设备的维护保养通常包括以下六个方面：

表 5—4　设备维修保养的六个方面

操作	具体内容
清洁	●保持设备内外清洁，经常擦洗油垢灰尘，清扫残渣废屑
润滑	●按时加油换油，润滑器具保持清洁，油路畅通，设备运转灵活
紧固	●对因高速运转而容易松动的连接件及时紧固，防止脱落引发事故
调整	●对设备运转中由于机件松动或位置移动带来的不协调进行调整
防腐	●使用防腐剂刷在设备或管线的表面，防止设备生锈腐烂损坏
安全	●严格执行设备的操作使用规程，合理使用，精心维护，安全无故障

　　根据设备维护保养的不同需求以及保养工作量的大小，分为日常保养、一级保养、二级保养、三级保养，如表 5—5 所示。

表5—5　设备的分级维护保养

保养等级	内容	操作人员
日常保养	外部清洁、润滑、紧固	操作工人
一级保养	设备进行部分调整	操作工人承担，专职监察人员指导
二级保养	内部清洁、润滑，局部解体检查调整	专职保养与维修人员
三级保养	设备主体解体检查调整，零件更换	专职保养与维修人员

　　设备的修理，是指修复由于一些原因造成的设备损坏，其基本手段是修复与更换，使设备的性能得到恢复，从而能够正常运转和使用。修理的原因是设备出现故障，故障一般分为突发性故障和渐发性故障。针对不同的情况，设备维修一般分为小修，中修和大修。

5.2.3　更新改造

　　设备的更新也是一种设备补偿的形式，并且是一种更重要的形式。设备的寿命到了以后便需要对设备进行更新。设备的更新关系到组织的生产效率、产品质量和发展后劲，因此需要非常重视设备的更新。

　　设备都有一定的寿命，从不同的角度看，设备的寿命可以有几种不同的定义，如表5—6所示。

表5—6　设备的寿命

设备寿命	定义
物理寿命	● 也称自然寿命，指某种设备从全新状态开始使用，到不能正常工作所经历的时间。设备的物理寿命主要取决于设备的质量、使用和维修情况。科学使用设备，定期进行维护，能够延长设备的物质寿命。
使用寿命	● 设备为其拥有者服务的时间。对于设备拥有者，从设备买入到转让或报废的时间。设备在物理寿命期内，由于转让等行为，可能会经历多个拥有者，使用寿命相对于每个拥有者而言。
技术寿命	● 由于新技术的发展，原有设备因技术落后而被淘汰。科学技术发展越快，技术寿命越短。如果说设备老化、陈旧是一种有形的磨损，那么技术的落后则是一种无形的磨损。
经济寿命	● 从经济学的角度确定设备最合理的使用期限。设备在运行过程中会不断折旧，还需要投入一定的管理和维修成本，当旧设备产出相比其运维成本不能满足组织利润期望时，旧设备的经济寿命便终止了。

当设备运行一段时间后，可能由于磨损、折旧等不能正常使用，需要更换新设备；也可能因为原有设备技术落后从而需要进行技术升级，因此设备更新通常包括如下两种形式：

（1）设备的原型更新：同型号设备以旧换新。这类更新主要用来更换损坏、陈旧的设备，以保证原有的生产能力和产品质量，节约能耗和减少维修费用。

（2）设备的技术更新：采用技术上更加先进、经济上更加合理的新设备来代替落后陈旧的现有设备。新设备往往具有以下一种或多种特点而胜于旧设备：结构更先进、技术更完善、效率更高、性能更好、能源消耗更少、外观新颖等。

设备技术改造是把科学技术的新成果应用于组织现有的设备，以改变现有设备落后的技术面貌，改善和提高设备的性能，提高设备的生产效率。设备技术改造是组织技术改造的主要内容之一。

设备技术改造的途径包括如下几种方式：

（1）重型设备的技术改造：可结合大修进行现代化技术改造，更换部件、装置附件，以改变原有结构，使之达到新设备的技术水平。

（2）通用设备专业化改造：可将通用设备改造为高效的专用设备。

（3）一般设备改造：使原有的设备恢复精度，提高性能。

5.3 能源管理

能源与我们的生活息息相关，随着世界经济的发展，人们对能源的需求越来越大，然而地球上的资源和能源是有限的，一些重要的能源如煤、石油等都是不可再生的。在能源日益短缺的今天，能源问题已经成为关系人类生存的严峻问题。一些发达国家包括美国、日本、德国都已经将能源上升为国家战略。

能源（包括水、电、气、风、暖等）是企业进行工业生产必不可少的要素之一。一般企业购入能源占总成本的 20% 左右，从这一比重可以说明能源在生产中的重要位置。如何实施能源管理，采用何种能效技术、实施何种能源管理系统，使之最大限度地满足企业生产与发展需要，是企业能源管理者亟待解决的问题。

要做好组织的能源管理工作，首先需要熟悉组织内部的能源流动，主要消耗环节，设备等相关情况。组织中的能源流向大致如下图所示：

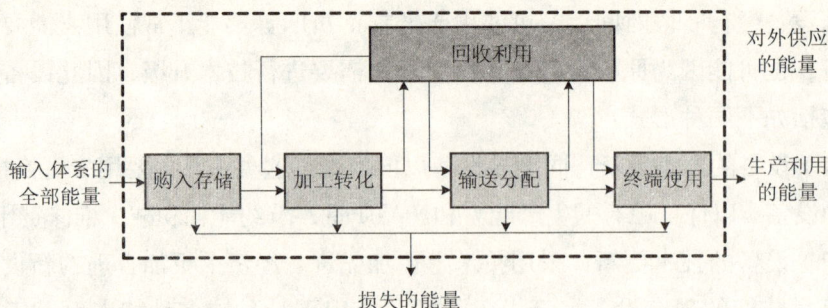

（能源管理体系 [M]. 北京：人民交通出版社）

图 5—4　企业内部的能源流向图

组织能源管理主要包括以下重点环节：电力系统、热力系统、供水系统、重点耗能设备、物料回收、余热余能等，如下图所示：

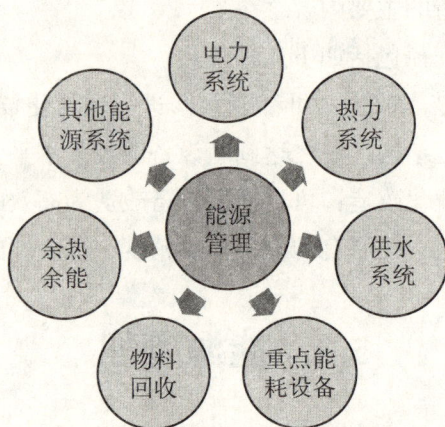

图 5—5　企业内部能源管理重点环节

5.3.1　能源管理内容

能源管理的内容包括节能规划、能源审计、清洁生产等多个方面。

● 节能规划

节能规划是企业能源管理中最核心的部分，针对企业的耗能等实际情况，与标杆进行比对，制定出符合企业实情的节能规划方案并实施；对于节能情况进行评估、分析，并得出更优化可持续保证的能源管理的系统化工具与方法。

● 能源审计

能源审计是指对企业耗能节能情况进行监测审计，对能源利用率、消耗水平、能源经济与环境效果进行定量的分析、诊断和评价，寻找可以改进的机会和途径。

（1）能源计量

能源计量是能源管理中最必不可少的一项基础工作，能源计量是获取能源数据的主要渠道，做好能源计量工作，获取准备的能源数据是做好企业能源管理的前提。

（2）能源统计

能源统计系统应从能量流动过程的购入储存、加工转换、输送分配和最终使用四个环节进行。企业统计原始记录和报表应包括以下统计内容：

对主要生产系统、辅助生产系统、采暖（空调）、照明、运输和其他等用能单元所使用各种能源和耗能工质的数量进行统计，并对企业综合能耗、单位产值综合能耗、产品单位产量综合能耗进行统计和计算。

（3）节能监测

节能监测分为在线监测和专项监测，对于有些计量器具配备齐全的高耗能设备，可以利用其计量、统计数据，计算其效率等。

重点用能单位应配备必要的便携式能源检测仪表，以满足自检自查的要求，随时对发生异常的用能设备进行监测，及时发现问题加以整改。

（4）能耗分析

企业能耗分析的基本方法是依据能量平衡、物料平衡的原理，对企业的能源利用状况进行统计分析，包括企业基本情况调查、生产与管理现场调查，数据搜集与审核汇总，典型系统与设备的运行状况调查，能源与物料的盘存查帐等项内容，必要时辅以现场检测，对企业生产经营过程中的投入产出情况进行全方位的封闭审计，分析各个因素（或环节）影响企业能耗、物耗水平的程度，从而排查出存在的浪费问题和节能潜力，并分析问题产生的原因，有针对性地提出整改措施。

（5）节能计算

节能量是指在某一统计期内的能源实际消耗量，与某个选定的时期作为基准相对的能源消耗量进行对比的差值。节能量是一个相对的数量，针对不同的目的和要求，需采用不同的比较基准。

以前期单位能源消耗量为基准。前期，一般是指上年同期、上季同期、上月同期以及上年、上季、上月等。也有以若干年前的年份（例如五年计划的初年）为基准。由于基准期选择不同，节能量的计算结果也会不同。特别是在计算累计节能量时，有两种方法：

（1）定比法：将计算年（最终年）与基准年（最初年）直接进行对比，一次性计算节能量。

（2）环比法：将统计期的各年能耗分别与上一年相比，计算出逐年的节能量后，累计计算出总的节能量。

两者计算的节能量不同，用定比法计算节能量；评价某年至某年的节能量时，用环比法累计计算。

● 清洁生产

清洁生产，是指不断采取改进设计、使用清洁的能源和原料、采用先进的工艺技术与设备、改善管理、综合利用等措施，从源头削减污染，提高资源利用效率，减少或者避免生产、服务和产品使用过程中污染物的产生和排放，以减轻或者消除对人类健康和环境的危害。

清洁生产的关键在于过程控制，从源头找出过程中产生的废弃物的环节，分析废弃物产生的原因，并对工艺技术、设备、管理方式等方面加以改进，从而减少废弃物的排放。

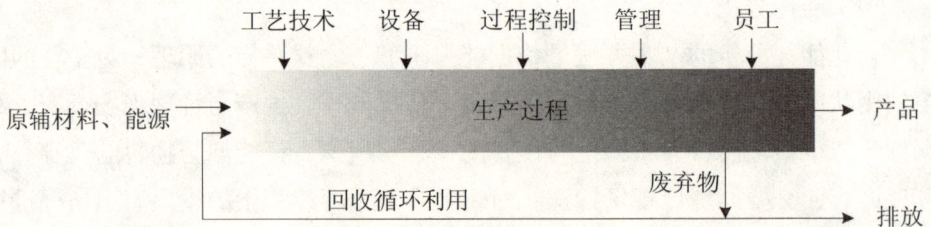

图 5—6　清洁生产过程

5.3.2　能源管理体系

有效地开展企业能源管理工作，关键在于建立一个完善的企业能源管理体系，将管理过程标准化、流程化、制度化，避免随意性和人为性。基于 PDCA

循环改进的企业能源管理体系
如图 5—7 所示。

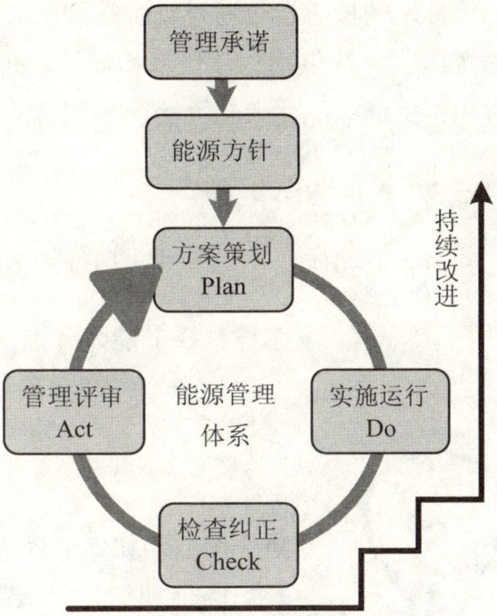

（1）管理承诺：最高管理者应对建立、实施、保持和持续改进能源管理体系作出承诺，确保相关法律、标准得到贯彻实施。

（2）能源方针：根据国家的能源政策、相关的法律法规和企业自身的特点来制定能源方针，为制定和评价能源目标、指标提供框架。

（3）方案策划：方案策划是能源管理体系建立过程中的

图 5—7　基于 PDCA 方法的能量管理体系运行模式

基础性工作，策划工作包括识别能源因素、确定其优先次序，识别使用的法律法规、标准及其他要求，确定能源管理的基准和标杆，制定能源目标和指标，制定用于实现能源目标和指标的能源管理方案。

（4）实施运行：策划工作完成后，最重要的是如何按照策划的安排进行具体的实施和运行。实施运行包括 7 个要素：资源、能力、培训和意识、信息交流、文件记录、运行控制、应急准备和响应，其中运行控制是关键要素。

（5）检查纠正：在能源管理体系执行过程中，能源管理工作组需要对企业各生产流程中的执行情况进行检查，对于不符合标准规定的行为进行纠正。

（6）管理评审：能源管理体系运行一段时间后，需要进行总结评估，审视能源管理体系实施的效果，并根据可能发生的形势变化（比如国家能源政策的变化、能源市场的波动、企业生产任务的调整等）进行修订。

为了响应国家能源发展战略，指导企业高效地开展能源管理工作，全国能源基础与管理标准化技术委员会组织编制了《能量管理体系——要求》国家标准 GB/T23331，并于 2009 年 11 月 1 日正式实施。该标准借鉴国际上成熟的体系管理模式，体现能源管理领域的特点和要求，强调运用系统的管理手段，建立运行机制，以降低能耗、提高能效、改进整体能源管理绩效，为企业进行能源管理提供了一种有效的模式。

该标准的核心在于通过过程控制的方法，对组织活动、产品及服务过程中的能源因素进行识别、评价、控制，实现对能源管理全过程控制和持续改进，为应用先进的节能技术和方法、利用节能实践和经验搭建良好的平台。

5.3.3　企业节能技巧

针对企业如何在日常生产和运维中节能，下面给出一些实用的技巧。

● **怎样选择节能灯才能既省电、又省钱？**

选择有 3C 标志和有节能认证标志的节能灯，光效、使用寿命、安全、谐波等各项性能指标有保障，在使用寿命期内才能真正地省电省钱。否则会适得其反，省电不省钱，或产生用电不安全因素，影响用电质量等。

● **操作间照明如何合理设置？**

操作间照明都设有一定的高度。一般照明，高度越高，照度越低。且同一操作间各区域对照度的要求会不同，如用一般照明来满足整个操作间不同区域、不同照度要求，则整个操作间的照明功率就很大，浪费电能。所以应根据实际情况，采用混合照明方式，减少一般照明，相应增加局部照明，不但能满足各种照度要求，而且能较大程度节约照明用电。

● **如何加强电梯经济运行？**

有些老式电梯无经济运行控制手段，如变频控制、启动控制、群梯智能控制等。VVVF 控制（变频控制）可有效地根据负荷的变化而调节电机功率，较大程度节电；采用高效电机替代效率低的电机；此外工厂中加强货运梯的集中运货，避开高峰用电；客梯分区、分时运行等都时电梯节能的有效措施。

● **分体空调使用应如何管理？**

目前分体空调使用较普遍，但分体空调的使用管理较薄弱。一面开空调，一面开窗门的现象时有发生；空调温度设置太低是普遍现象；室内机过滤网积灰堵塞也经常发生。使用分体空调的时段，大部分又是用电高峰时段，电价最高。所以减少空调冷量的流失，控制空调使用时间，合理设置空调区域的空调温度，经常清洗室内机过滤网和室外机散热器，这些措施常年累月可节省一笔可观的费用。

● **空调区域使用温度如何控制才更经济?**

为满足直接生产需求的空调温度,在制冷时,应尽量控制在生产所规定温度的上限,要随季节变更调整设定温度,办公区域空调温度应控制在 26℃ 左右,对一般中央空调系统来说,温度调高 1℃,可节电 6% 左右。

● **办公室空调如何省电?**

下班前 20 分钟关闭空调,办公室的温度在空调关闭后将持续一段时间,这样既不会影响室内人员工作,又可以节省大量的电能,另外空调不用时,最好断电。

● **节假日负荷较低时无功自动补偿装置如何运行?**

节假日时,一般用电负荷较低,当负荷低于 20% 时自动补偿装置将停止运行,会造成月平均功率因数低于标准的情况。所以建议在这类情况下应把自动控制改为手动控制,或从自动补偿中移出一部分电容作为固定补偿。

● **如何加强办公电器设备待机管理?**

大部分办公电气设备都有待机功耗,如电脑、复印机、打印机、空调机等,待机功率从几瓦到几十瓦不等,单台设备待机功耗可能并不显著,但一个企业中几百或几千台办公设备的待机总功耗却不可低估,所以办公电器设备在非使用时段应采取切断电源、睡眠等措施,以减少不必要的电能功耗。

● **使用不同压力等级的设备如何供气?**

当各种用气设备所需压缩空气的压力相差较大且有相当用气量时,应根据使用压力不同,分别供给相应压力的空气,避免用同一管路高压供气,低压设备再减压使用,造成高品质压缩空气低品质使用。只有在用气设备的使用压力较低,而用气量很少时,可以考虑用高压空气供应。当用气设备的使用压力较高,且用气量很小时,就应考虑单独供气,不应提高整条管路的压力等级,再经减压供给用气量大的其他用气设备,从而避免较大的能源浪费。

● **如何利用空压机产生的"废热"?**

空压机在制气过程中,由于空气压缩后,体积减少,温度升高,以及压缩机做功等都将产生大量热量,而这些热量还要及时排放,否则影响压缩机正常工作,这些热量通称为废热,如果附近对热源有需求,如热水、热空气等,则可以通过热交换器把空压机产生的废热转换成可以利用的热源,一举两得,节约能源。

5.4 财务管理

"天下熙熙，皆为利来；天下攘攘，皆为利往。"企业生产经营的根本目的是为了盈利，实现资本增值。财务资源是企业最重要的生产要素之一，是企业赖以生存的根本。企业开展日常活动、扩大生产、技术升级改造，都需要资金等财务资源的支持。财务管理的水平高低，关系着企业的经济效益，直接影响着企业的生存和发展。

本节对企业的财务管理做一些概述性地介绍，需要深入了解财务管理的相关内容，还需要学习相应的专业书籍。

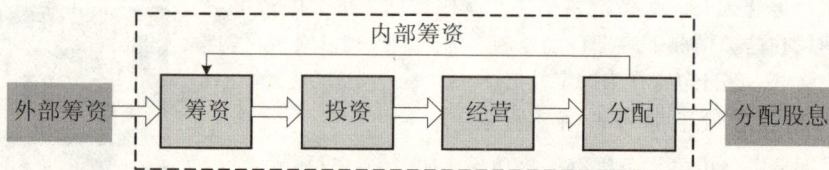

图5—8 企业财务管理活动的主要内容

5.4.1 财务分析工具

企业中常见的财务分析工具包括资产负债表、利润表（损益表）、现金流量表等。上市公司需要定期对外披露资产负债表、利润及利润分配表、现金流量表，因此能够看懂和分析这三张报表是企业管理者的基本素质要求。

● 资产负债表

资产负债表（Balance Sheet）是反映企业在某一特定日期的财务组成状况的会计报表，主要包括资产、负债和股东权益三个方面。资产负债表是一张静态报表，反映了该报表截止时间时企业资产、负债、所有者权益的总体规模以及之间的构成关系。资产、负债和所有者权益三项内容在数量上存在严格的依存关系，在特定时刻资产应该等于负债加股东权益，即：

$$资产 = 负债 + 所有者权益$$

资产负债表的基本内容如表5—7所示，包括资产、负债及所有者权益三大方面的分列项，具体为：

表5—7 资产负债表的内容

资产	负债
流动资产	流动负债
长期投资	长期负债
固定资产	递延税项
无形资产	其他负债
其他资产	负债总计
	所有者权益
	实收资本／股本
	资本公积金
	盈余公积金
	未分配利润
	其他所有者权益
资产总计	负债和所有者权益总计

（1）资产

资产负债表中的资产反映企业在某一特定日期所拥有或控制的、以及预期会给企业带来经济利益的资源。按照流动性大小，资产可具体分为流动资产、长期投资、固定资产、无形资产及其他资产。其中流动资产包括货币资金、短期投资、应收帐款、应收票据、预付货款、应收利息、应收股利、其他应收款、存货、待处理流动资产净损失、一年内到期的长期债券和其他流动资产等。长期投资指一年期以上的投资，长期股权投资。固定资产包括固定资产原值及折旧、净值、固定资产清理、在建工程、工程物资、待处理固定资产净损失。

（2）负债

资产负债表中的负债反映企业在某一特定日期所承担的、预期会导致经济利益流出企业的现时义务。按照流动性大小，负债具体分为流动负债、长期负债等。其中流动负债包括短期借款、应收票据、应收帐款、预收款项、应付职工薪酬、应付福利费、应付利息、应付股利、未缴税金、一年内到期的非流动负债、以及其他应付款等。长期负债包括长期借款、应付债券等。

（3）所有者权益

资产负债表中的所有者权益是企业资产扣除负债后的剩余权益，反映企业在某一特定日期股东（或投资者）拥有的净资产的总额，包括实收资本／股本、资本公积金、盈余公积金、未分配利润等。

通过分析资产负债表可以了解企业当时的财务结构、经营能力、盈利水平和偿债能力。下面以表5—8所示的某上市公司资产负债表为例，介绍如何阅读资产负债表。

第一步：浏览资产负债表主要内容。打开一张资产负债表，首先对企业的资产、负债及所有者权益的总额和增减变化情况有一个初步的认识。企业总资产在一定程度上反映了企业的经营规模，然后观察总资产与负债的变化幅度，如果企业负债的增长幅度高于资产总额的增长幅度时，说明企业规模扩大的原因可能来自于负债的大规模上升，表明企业的资金实力在相对降低、偿还债务的安全性也在下降。

第二步：重点分析资产负债表的一些重要项目。除了浏览上述三个主要方面外，还需要对各自的分项进行仔细阅读，尤其对资产负债表的一些重要项目需要重点分析，比如期末与期初数据变化很大，或出现大额赤字的项目。

第三步：对一些基本财务指标进行计算。这些基本财务指标主要包括：

（1）净资产比率＝所有者权益总额／总资产：该指标主要用来反映企业的资金实力和偿债安全性，它的倒数即为负债比率。净资产比率的高低与企业资金实力成正比。

（2）固定资产净值率＝固定资产净值／固定资产原值：该指标反映企业固定资产的新旧程度和生产能力，对于工业企业生产能力的评价有着重要的意义。

（3）资本化比率＝长期负债／（长期负债＋所有者股益）：该指标主要用来反映企业需要偿还的及有息长期负债占整个长期营运资金的比重，因而该指标不宜过高。

（4）流动比率＝流动资产／流动负债：该指标主要用来反映企业偿还债务安全性及偿债的能力。

（5）每股净资产＝所有者权益总额／（股本总额 × 股票面额）：该指标说明所有者所持的每一份股票在企业中所具有的价值，即所代表的净资产价值，反映股东对企业净资产所拥有的权益。

表 5—8 某上市公司网上公开资料

资产负债表

编制日期: 年 月 日　　　　　单位: 万元　　　币种: 人民币

资产	2013-12-31	2013-06-30	负债及所有者权益	2013-12-31	2013-06-30
流动资产			流动负债		
货币资金	5,725,000.00	15,804,200.00	短期借款	11,089,400.00	13,351,800.00
应收票据	1,436,000.00	1,429,900.00	应付票据	83,200.00	160,500.00
应收账款	6,402,700.00	8,971,800.00	应付账款	29,807,500.00	26,145,300.00
预付款项	1,144,500.00	5,719,300.00	预收款项	4,680,400.00	4,250,400.00
其他应收款	1,780,200.00	1,983,900.00	应付职工薪酬	483,600.00	944,700.00
存货	22,701,700.00	21,199,900.00	应交税费	6,971,800.00	4,655,100.00
其他流动资产	3,905,200.00	4,305,700.00	其他应付款	2,702,500.00	4,564,500.00
流动资产合计	43,095,300.00	59,414,700.00	一年内到期的非流动负债	8,187,300.00	5,067,900.00
非流动资产			其他流动负债	543,200.00	2,798,200.00
可供出售金融资产	160,300.00	159,000.00	流动负债合计	64,548,900.00	61,938,400.00
长期股权投资	11,628,900.00	11,469,800.00	非流动负债		
固定资产原值	98,227,100.00	89,457,400.00	长期借款	21,170,800.00	27,524,200.00
累计折旧	39,149,300.00	37,022,800.00	应付债券	9,115,400.00	9,115,600.00
固定资产净值	59,077,800.00	52,434,600.00	预计非流动负债	9,453,100.00	8,729,700.00
固定资产减值准备	3,143,200.00	2,788,100.00	递延所得税负债	1,508,700.00	2,065,900.00

续表

资产	2013-12-31	2013-06-30	负债及所有者权益	2013-12-31	2013-06-30
流动资产			流动负债		
固定资产净额	55,934,600.00	49,646,500.00	其他非流动负债	1,412,700.00	1,414,700.00
在建工程	28,232,500.00	29,741,000.00	非流动负债合计	42,660,700.00	48,850,100.00
工程物资	576,200.00	789,500.00	负债合计	107,210,000.00	110,789,000.00
油气资产	80,108,300.00	72,940,600.00	所有者权益		
无形资产	6,259,200.00	5,704,500.00	实收资本（或股本）	18,302,100.00	18,302,100.00
商誉	722,500.00	729,400.00	资本公积	11,567,600.00	11,565,300.00
长期待摊费用	2,642,400.00	2,449,100.00	专项储备	892,200.00	1,235,000.00
递延所得税资产	1,122,600.00	145,200.00	盈余公积	17,505,100.00	16,162,300.00
其他非流动资产	3,717,600.00	952,200.00	未分配利润	66,413,600.00	64,022,000.00
非流动资产合计	191,105,000.00	174,727,000.00	外币报表折算差额	-1,395,600.00	-1,160,300.00
			归属于母公司股东权益合计	113,285,000.00	110,126,000.00
			少数股东权益	13,705,800.00	13,226,600.00
			所有者权益（或股东权益）合计	126,991,000.00	123,353,000.00
资产总计	234,200,000.00	234,141,000.00	负债和所有者权益（或股东权益）总计	234,200,000.00	234,141,000.00

● 利润表

资产负债表只能表示企业在某个时刻的财务状况，不能直接反映过去某一期间内的经营业绩。在财务报表中，利润表（Income Statement，也称为损益表）用来反映企业的盈亏情况。利润表依据最基本的"利润＝收入－支出"公式，将产生收入、支出和利润的各项目按重要性依次排列，并根据会计账簿日常记录的大量数据整理编制而成，是反映企业在一定时期实现利润（或发生亏损）的动态财务报表。利润表可用来分析利润增减变化的原因、发展趋势及未来的盈利能力，是衡量企业生存和发展能力的主要尺度。通过利润表，不仅可以分析出一定时期内企业的收入及支出、净收益，了解企业各种利润的来源、在利润总额中占的比例，以及这些来源之间的相互关系，考核管理人员的业绩，为利润分配提供重要依据，还可以分析、评估企业的经营能力、获利能力和偿债能力，预测未来的现金流动状况，做好财务规划。

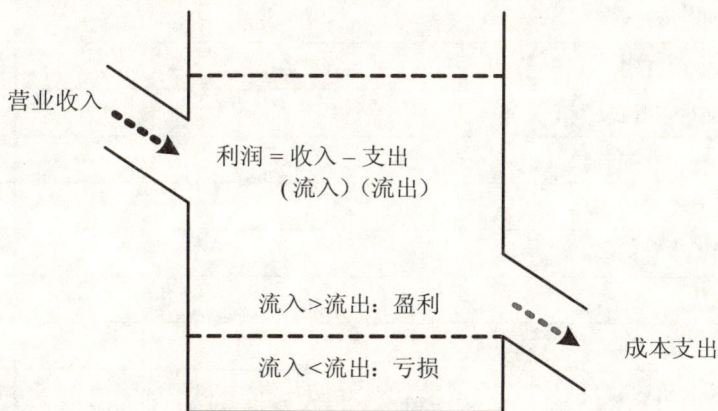

图 5—9　企业利润池

表 5—9 给出了一个企业利润表的示例。利润表的格式一般包括表首和正表两部分，在表首中说明报表名称、编制单位、编制日期、计量单位等；正表是利润表的主体，反映经营过程的各个项目和计算过程。具体而言，企业的利润可通过如下公式计算得到：

营业利润＝营业收入－营业成本－营业税金及附加－各种支出成本

利润总额＝营业利润＋投资净收益＋营业外收入－营业外支出

净利润＝利润总额－应交所得税

表 5—9　企业利润表示例

编制单位：	_____年__月	单位：元	
项目		本期金额	上期金额
一、营业收入			
减：营业成本			
营业税金及附加			
销售费用			
管理费用			
财务费用			
资产减值损失			
加：公允价值变动收益（损失以"–"号填列）			
投资收益（损失以"–"号填列）			
二、营业利润（亏损以"–"号填列）			
加：营业外收入			
减：营业外支出			
其中：非流动资产处置损失			
三、利润总额（亏损总额以"–"号填列）			
减：所得税费用			
四、净利润（净亏损以"–"号填列）			
五、每股收益：			
（一）基本每股收益			
（二）稀释每股收益			

如前文所述，通过利润结构的分析，可以判断利润的来源和质量，进而为预测未来的盈利能力提供依据。利润表可以从三个方面来分析，包括收支结构、业务结构和主要项目结构，具体介绍如下：

（1）收支结构分析

收支结构分析又包括两个层次：

第一个层次：总收入与总支出的差额及比例。按照"利润＝收入－支出"，不仅要看利润的绝对值，还要看其与成本的相对比值，比值越高，说明企业盈利能力越强，企业抵抗资金风险的能力也越强。

第二个层次：总收入和总支出各自的内部构成。运转正常的企业应以主营业务收入为主，营业外收入是偶然的、不稳定的收入，很可能只是"昙花一现"的利润，不能作为持续发展的支柱。但是这并不表明非主营业务不重要，观察其他业务的发展变化情况，可以从某些增长较快的业务中发现新的市场增长点，从而开拓新的发展空间。

（2）业务结构分析

利润的业务结构指企业各种性质的业务产生的利润占利润总额的比重。从利润表可以看到，企业利润的来源主要包括三个方面：经营性利润、营业外收益、投资收益。其中营业性利润又可分为主营业务利润和其他业务利润。对于生产经营企业，应以主营业务利润为主，主营业务利润的下降可能预示危机，而其他业务利润、投资收益的上升可能预示新的利润点。营业外收入 = 补贴收入 + 营业外收入 – 营业外支出，是企业非营业性的收入，比如国家扶持产业补贴、政府奖励等等。投资收益是企业不可忽视的收入来源，对于有资金实力的企业，在相关领域做一些投资，能够充分利用闲置资金并获得丰厚的回报。

根据上述收益来源的划分，可将企业的利润构成情况大致分为六种典型的类型，可用于判定企业盈利能力的稳定性，如表5—10所示。

表5—10 企业利润构成分析

经营性利润	营业外收益	投资收益	当期净利润	企业状态
+	+	+	+	盈利能力比较稳定，经营状况比较好
+	–	+	–	企业的亏损是由于企业的营业外收支所导致，不构成企业的经常性利润，所以并不影响企业的盈利能力状况，这种亏损是暂时的。
+	–	–	–	企业的盈利情况比较差，投资业务失利导致企业的利润比较差，企业的盈利能力不够稳定。
–	+	+	+	企业的利润水平过分依赖于企业的投资业务和营业外业务，投资者应该关注其项目收益的稳定性。

经营性利润	营业外收益	投资收益	当期净利润	企业状态
−	+	−	+	企业虽然当年盈利，但是其经营依赖于企业的营业外收支，实际盈利能力很差，持续下去可能会导致企业破产。
−	−	−	−	企业的盈利状况非常差，企业的财务状况值得担忧。

（上表中，+ 表示增长，− 表示下降）

（3）主要项目结构分析

除了查阅宏观数据，还需要对利润表上比重较大的项目进行重点分析。利润的主要项目是指为企业利润作主要贡献的产品或服务项目。通过主要项目结构分析，可以进一步揭示企业的市场竞争力和盈利水平变化的原因。同时还需要进一步分析这些产品或服务项目所处的生命周期阶段及其市场竞争力。如果企业主要项目虽然盈利，但是该项目处于衰退阶段，则预示着企业未来发展可能存在危机。

● 现金流量表

现金流量表是反映企业在一定时期现金流入和现金流出状况的动态报表。一个企业是否有足够的现金至关重要，不仅关系到其支付股利、偿还债务的能力，还关系到企业的生存和发展。保证持续稳定的现金流是组织长期生存的前提。有人把现金比喻成企业日常运作的"血液"，那么现金流量表就是"验血报告"。现金流量表反映了企业现金流动的动态情况，有助于评价企业盈利能力、财务状况及财务管理水平。

现金流量表主要由三部分组成，分别反映企业在经营活动、筹资活动和投资活动中现金的流入、流出情况，如图 5—10 所示。其中，企业经营活动产生的现金流量包括销售／购买商品、提供／接受劳务、经营性租赁、交纳税款、支付劳动报酬、支付经营费用等活动形成的现金流入和流出；筹资活动产生的现金流量包括吸收投资、发行股票、分配利润、发行债券、向银行贷款、偿还债务等收到和付出的现金；投资活动产生的现金流量，主要包括购建和处置固定资产、无形资产等长期资产，以及取得和收回不包括在现金等价物范围内的各种股权与债权投资等收到和付出的现金。表 5—11 给出了现金流量表的示例。

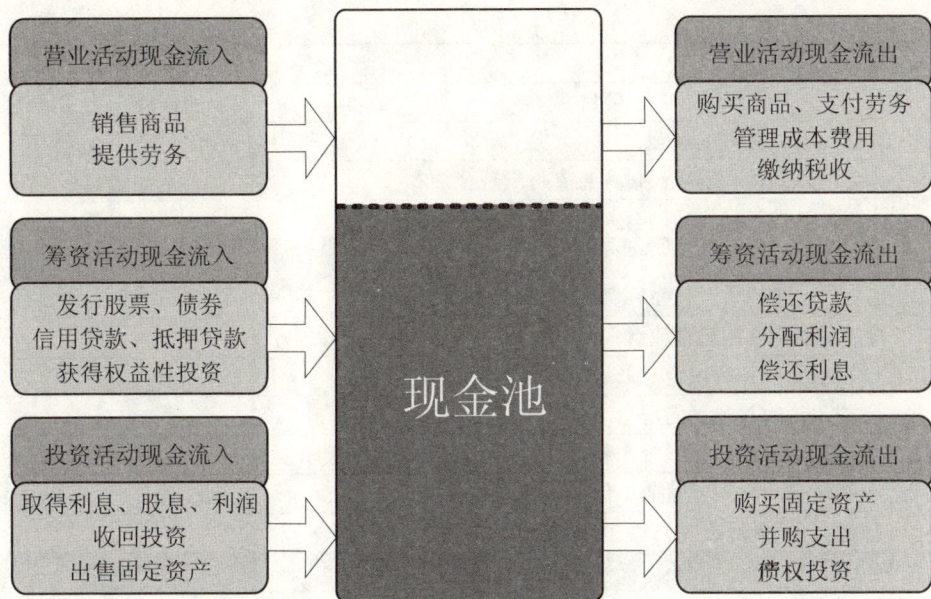

图 5—10 企业现金池

表 5—11 现金流量表

编制单位：	____年____月	单位：元	
项目		本期金额	上期金额
一、经营活动产生的现金流量：			
流入	销售商品、提供劳务收到的现金		
	收到的税费返还		
	收到其他与经营活动有关的现金		
	经营活动现金流入小计		
流出	购买商品、接受劳务支付的现金		
	支付给职工以及为职工支付的现金		
	支付的各项税费		
	支付其他与经营活动有关的现金		
	经营活动现金流出小计		
经营活动产生的现金流量净额			
二、筹资活动产生的现金流量：			
流入	吸收投资收到的现金		
	取得借款收到的现金		
	收到其他与融资活动有关的现金		
	筹资活动现金流入小计		

233

编制单位：	____年____月		单位：元
项目		本期金额	上期金额
流出	偿还债务支付的现金		
	分配股利、利润或偿付利息支付的现金		
	支付其他与融资活动有关的现金		
	筹资活动现金流出小计		
筹资活动产生的现金流量净额			
三、投资活动产生的现金流量：			
流入	收回投资收到的现金		
	取得投资收益收到的现金		
	处置固定资产、无形资产和其他长期资产收回的现金净额		
	处置子公司及其他营业单位收到的现金净额		
	收到其他与投资活动有关的现金		
	投资活动现金流入小计		
流出	购建固定资产、无形资产和其他长期资产支付的现金		
	投资支付的现金		
	取得子公司及其他营业单位支付的现金净额		
	支付其他与投资活动有关的现金		
	投资活动现金流出小计		
投资活动产生的现金流量净额			
四、汇率变动对现金及现金等价物的影响			
五、现金及现金等价物净增加额			
加：期初现金及现金等价物余额			
六、期末现金及现金等价物余额			

  分析现金流量及其结构，可以了解企业现金的流动情况和现金收支构成，从而评价企业经营状况、创现能力、融资能力和资金实力。根据企业现金流量组成，可按照如下步骤分析现金流量表。

  第一步：分析经营活动产生的现金流量，可从三个维度进行比较分析。

  （1）将主营业务（包括销售商品、提供劳务等）收到的现金与相应开支活动（购进商品、接受劳务）付出的现金进行比较，如果两者比率大，说明企业的销售利润高，销售回款良好，创现能力强。

  （2）将主营业务收到的现金与经营活动流入的现金总额比较，如果比重大，说明企业主营业务突出，营销状况良好。

（3）将本期经营活动现金净流量与上期进行比较，如果增长率高，说明企业成长性好。

第二步：分析筹资活动产生的现金流量。

企业筹资主要包括产权筹资和债权筹资两种方式。一般来说，债权筹资活动产生的现金净流量越大，企业面临的偿债压力也越大，但如果现金净流入量主要来自于企业吸收的权益性资本，资金实力反而增强。因此，在分析时需要将筹资活动的现金流量区别统计。

第三步：分析投资活动产生的现金流量。

投资活动通常是一个长期的行为，当企业扩大生产规模或开发新的利润增长点时，需要大量的现金支出，可能因此背上较重的债务负担，造成当前投资活动净流出远超过净流入。但是如果企业投资得当，将会在未来创造收益，获得现金净流入可用于偿还债务，形成良性的资金循环。因此在分析投资活动现金流量时，不能简单地以当前的现金净流入还是净流出来论优劣，而应该结合企业长期的投资行为动态地分析。

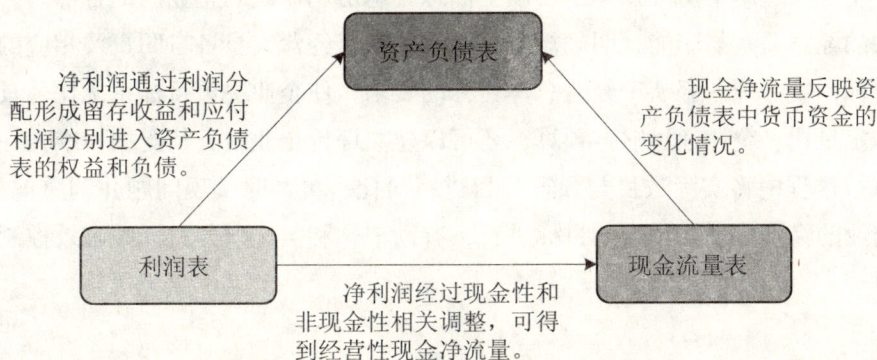

图 5—11　三张报表之间的关系

第四步：现金流量构成分析。

在上述各项现金流项目分析之后，还需要整体回顾比较，以便了解现金的主要来源和组成结构。首先，分别计算经营活动、筹资活动和投资活动的现金流入占现金总流入的比重，它能够反映企业当前收入的主要来源。一般来说，经营活动现金流入占现金总流入比重较大的企业，经营状况较好，现金流入结构较为合理，而筹资活动现金流入比重较大的企业，企业可能处于资金短缺的阶段，偿贷负担较重。其次，再分别计算经营活动、筹资活动和投资活动的现金支出占现金总流出的比重，它能具体反映企业的现金用于哪些方面。一般来说，经营活动现金支出比重较大的企业，其生产经营状况正常，现金支出结构较为合理，而投资活动现金支出比重较大的企业，大量现金用于投资，财务风险较高。

上述三张报表从不同角度多方位地反映企业当前的资产状况及盈利能力，三张报表之间具有一定的关系，如图5—11所示。综合三张财务报表，可对企业进行更加深入的分析。

5.4.2　财务预算

在组织的日常运作中，凡是涉及经济活动都需要关注财务预算。财务预算即制定企业未来某一时期内的全部生产经营活动的财务计划，对生产、成本及现金收支等进行预测，以实现企业的目标利润。财务预算是整个经营计划的经济基础，企业可以通过财务预算来监控战略目标的实施进度，有助于控制开支，并预测企业的现金流量与利润。

企业通过制定财务预算，可以全面综合地协调、规划企业内部各部门、各层次的经济关系与职能，明确规定企业有关生产经营人员各自职责及相应的奋斗目标，使之统一服从于经营总体目标的要求，使企业决策目标系统化、具体化和定量化。企业通过财务预算，还可以建立评价企业财务状况的标准，在财务执行过程中将实际数目与预算数目进行对比，可及时发现问题并调整偏差，使企业的经济活动按预定的目标进行，有助于顺利实现财务目标并有效控制财务风险。

● 财务预算内容

财务预算通常包括生产、销售、支出、资金等四个主要方面，具体内容如表5—12所示。

表5—12　企业财务预算的内容

预算内容	具体内容
生产	● 估计生产投入所需资金，控制原材料采购和劳动力的质量和数量，使之满足预期需求，并对与生产相关的间接费用进行调节；
销售	● 对销售活动作出计划，计算与销售活动相关的预期费用，包括直接销售费用以及与之相关的各种费用；

续表

预算内容	具体内容
支出	● 保证所有日常支出的费用都需要预先测算，使每个部门和成员明确意识到支出预算的约束，避免盲目花钱；
资金	● 确定企业对内和对外的投资额，对现金流通进行预测，保证企业资金的良性运转，从而保障所从事业务的正常发展并获得回报。

● 编制财务预算

编制财务预算时，主要围绕上文介绍的三大报表进行预测，便于在预算期期末进行对照分析，包括：

（1）现金预算：现金预算用于预测企业在预算期间所需的现金收支情况，主要包括四个部分：现金收入、现金支出、现金余缺与现金融通、期末现金余额。

（2）预计利润表：预计利润表用于预测在预算期间全部经营活动的最终收益，是控制企业经营活动和财务收支的主要依据。

（3）预计资产负债表：预计资产负债表用来预测企业在预算期期末的财务状况。

按照预算业务性态划分，预算方式可分为固定预算与弹性预算。

（1）固定预算：固定预算又称为静态预算，指把预算期内企业的业务量固定在某一期望水平上，以此为基础来确定成本费用和利润期望数值的预算方法。固定预算的前提条件是预计业务量与实际业务量相一致或者相差很小，但是在实际工作中，由于各种变化因素，预计业务量与实际业务量很可能相差较远，则导致相应的成本费用和利润的实际水平与预算水平失去可比性。

（2）弹性预算：与固定预算相比，弹性预算针对一系列可能达到的业务量水平进行编制，按照业务性质把所有成本分为固定成本与变动成本两大部分，在编制预算时，固定成本在相应的业务量范围内保持稳定，变动成本则随业务量的变动有所增减。弹性预算的优势在于能够适应经营情况的变化，扩大预算的适用范围，更好地发挥预算的控制作用，另一方面也便于对预算的实际执行情况进行评价与考核，使预算能真正指导企业的经营活动。

按照预算参照基础划分，预算方式可分为增量预算和零基预算。

（1）增量预算：增量预算指在基期成本费用水平的基础上，结合预算期业务量水平及有关经营活动的变动，通过调整有关成本费用项目编制预算。增量预算以近期财务水平做为参照，在现有报表基础上进行调整，使得预算有据可依。在采用增量预算时，一定要注意环境变化对预算造成的影响，比如物价上涨、市场饱和、政策变化等，避免不加分析地保留或接受原有成本项目，造成预算不合理。

（2）零基预算：零基预算指在编制预算时，不考虑以往情况，所有预算项目都以零为基础，从实际需要与可能变动出发，研究分析各项预算费用开支是否必要合理，进行综合平衡，从而确定预算费用。零基预算的优点是不受现有条条框框限制，对一切费用都以零为出发点，这样能够压缩一些惯性的非必要开支，切实把有限的资金用在最需要的地方，从而提高资金使用效率。但是零基预算一切支出均以零为起点进行分析，使得预算工作量大为增加。因此在实际中，企业采用了零基预算和增量预算相结合的方式，每隔若干年进行一次零基预算，在这几年内每年都采用增量预算略作调整，既减轻了预算编制的工作量，又能及时更新预算基础。

按照预算编制周期划分，预算方式可分为定期预算和滚动预算。

（1）定期预算：定期预算指以会计年度为单位编制预算，通常在执行年度开始前两、三个月进行，许多数据资料只能通过估计得到，事实上在复杂多变的市场中很难预测预算期后期的情况，因此定期预算具有一定的盲目性，妨碍了预算的指导功能。

（2）滚动预算：由于企业的生产经营活动是连续不断的，企业的预算预算方法应该与生产经营过程相适应。滚动预算可以保持预算的连续性和灵活性，其特点在于不将预算期与会计年度挂钩，而是每过去一个月，就根据新的情况调整和修订后几个月的预算，并在原预算期后面增补下一个月的预算，逐期向后滚动。滚动预算便于根据实际条件的变化随时修订预算，连续不断地以预算形式规划未来经营活动，从而充分发挥预算的指导与控制作用。对于滚动预算，编制预算不再仅仅是年初才开展的工作，而是一项与日常经营活动密切结合的管理措施。

5.4.3　筹资管理

企业筹资是指企业根据其生产经营、对外投资和资本结构调整等需要，通过融资渠道和金融市场筹集资金的活动。企业在筹资过程中需要解决一系列的问题，包括：为什么要筹资、要筹集多少资金、从何种渠道筹资、以什么方式筹资、如何合理安排筹资结构等等。

企业筹资的一般步骤如图5—12所示。首先需要根据生产经营计划估算企业所需的资金量，根据资金量的大小梳理可能的筹资渠道和筹资方式，并评估债务权益和筹资风险，最终决定一种或组合的筹资方式。

图5—12　企业筹资的一般步骤

● 需求预测

企业只有在合理预测资金需求量的基础上才能考虑如何筹集资金。下面介绍几种预测筹资需求量的常用方法。

（1）定性预测法：利用直观的材料，依靠个人经验的主观判断和分析能力，对未来的资金状况和需求数量做出预测。

（2）趋势预测法：趋势预测法通过分析被预测变量的历史信息来进行预测。这种方法基于两个假设：第一，假定将来的趋势会延续此前的变化情况；第二，假定被预测的变量只随时间变化，与其他财务变量无关。

（3）销售百分比预测法：销售百分比法是根据资产负债表和利润表中有关资金项目与销售额之间的关系来预测资金需求量的一种方法。该方法假设资产、负债和费用与销售收入存在相对稳定的百分比关系，根据预测销售额和相应的百分比预计资产、负债和所有者权益，然后利用会计等式确定筹资需求。

销售百分比预测法的基本步骤如下：

第一步：分析基期资产负债表中与基期销售收入相关的各资产、负债项目，并计算各项目的销售百分比。其中，

　　　　相关项目的销售百分比＝基期资产（负债）/基期销售额

第二步：预测计划期需增加的资产、负债，并测算资金总需求。其中，

　　　　计划期资产增加＝增加销售收入 × 相关资产销售百分比

　　　　计划期负债增加＝增加销售收入 × 相关负债销售百分比

　　　　资金总需求＝计划期资产增加 − 计划负债增加

第三步：预测计划期提取折旧、摊销的数额以及进行更新改造所需要

资金。

第四步：预测计划期可增加的留存收益。

计划期增加的留存收益 = 计划期销售收入 × 销售净利率 ×（1- 股利支付率）

第五步：测算对外融资额。

对外融资额 = 资金总需求 – 计划期增加的留存收益

（4）资金习性预测法：资金习性用来反映企业资金变动与产销量变动之间的依存关系。按照资金与产销量之间的依存关系，可以把资金区分为不变资金和变动资金。其中，不变资金是指在一定的营业规模内，不随产销量增减而变化的资金，主要包括为维持正常经营所需的最低数额的现金、必要的成品或商品储备，以及固定资产占用的资本等。变动资金是指随经营业务量变动而变动的资金，一般包括最低储备以外的现金、存货、应收账款等所占用的资本。

资金习性是一个复杂的统计性质，通常难以通过精确的数学模型来表示。一种最简单的资金习性模型就是假设资金变动与产销量变动之间是线性相关的，即：

资金占用量 = 单位变动资金 × 产销量 + 不变资金

根据该资金习性模型，只要已知不变资金和单位变动资金，根据预测期的产销量即可计算出资金占有量。

● 筹资方式

按资金使用期限来分，企业筹资方式可分为长期筹资和短期筹资两类。长期筹资主要是用于购建固定资产、取得无形资产或对外长期投资，其资金需要量通过编制资本预算确定。短期筹资是企业在生产经营中周转使用的流动资金，其占用形态是各项流动资产，其需求可以进行资金预测计算。

按照筹资渠道来分，企业筹资方式可分为直接筹资与间接筹资。直接筹资是指企业不通过中介机构（如银行、证券公司等）直接面向社会进行筹资，主要形式包括发行股票和债券等，除此之外，企业还可通过合资、合作等方式吸引投资者注资，或者利用商业票据向贷款者借得临时资金等。间接筹资是指有中介机构参与的筹资活动，比如利用银行信用向银行借款，向信托投资公司融资租赁，利用有价证券或资产抵押方式向财务公司筹措贷款等。

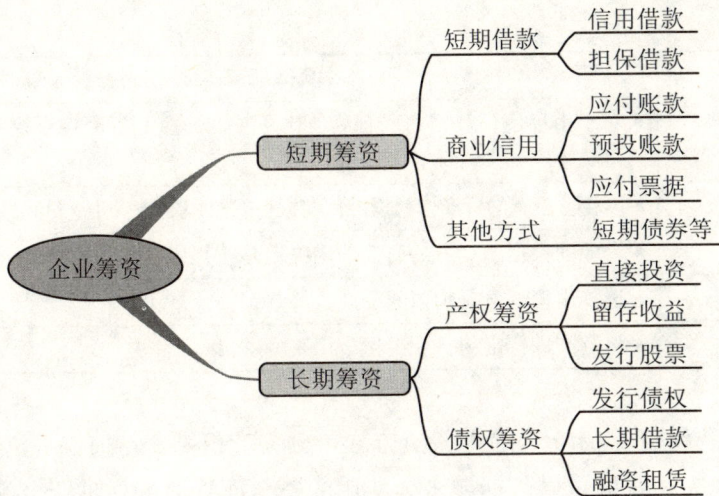

图 5—13　企业筹资方式

表 5—13　企业主要筹资渠道

筹资渠道	具体解释
企业内部资本	● 企业内部留存的利润
政府财政资本	● 国家或地方的重点建设项目可以申请国家财政或地方财政投资，通过国有资本金的形式投入企业。
银行信贷资本	● 银行贷款融资是当前企业融资的主要渠道之一。银行贷款以贷款是否需要担保为标准，可分为信用贷款与抵押贷款。
非银行金融机构资本	● 比如保险公司、信托投资公司、财务公司等。
其他法人资本	● 向其它的企业、事业、团体法人融资。
民间资本	● 通过集资的方式吸纳民间资本。
外商投资	● 直接投资方式：合资经营、合作经营、合作开发等； ● 间接投资方式，外国商业银行贷款、发行国际债券、国际金融组织贷款、政府间技术经济援助贷款、出口信贷及补偿贸易等。

表 5—14　企业主要筹资方式

融资方式	具体解释
投入资本	● 投资人或者投资机构直接注入资本。
发行股票	● 发行股票是向社会公众交出一部份企业资产所有权，同时也意味着公众拥有相应的收益权和对企业经营的监督权。

续表

融资方式	具体解释
发行债券	● 对于市场信誉较好、现有负债比率较低、企业资产控制权又较重要，可选择申请发行债券来融资。
抵押借贷	● 以企业现有的资产作为抵押，向银行等机构借贷，并支付利息。
商业信贷	● 企业间根据借贷方的商业信用决定是否提供临时短期性借贷融资。
资产销售	● 选择出售部分有价值的资产，筹集资金。
租赁融资	● 将资产进行出租，获得租金用于融资。

按照筹资的权益来分，企业筹资方式可分为产权筹资与债权筹资。产权筹资是指企业为了获取可供长期或永久使用的资金而采取的一种资金筹集方式，通常采用直接筹资的方式。债权筹资是指企业通过信用方式取得资金，并按预先规定的利率支付报酬的一种资金融通方式，往往采用间接融资与直接融资相结合的方式，例如银行贷款、发行企业债券、利用商业信用，以及融资租赁等。

产权代表各投资者对企业净资产要求权，产权人以法定的权利与义务，直接或间接地参与企业的经营管理。除非企业终止经营，产权人不得中途收回投资，而只能通过适当途径进行产权转让。对于企业而言，产权筹资没有风险，可在没有后顾之忧的情况下使用所筹资金，但产权筹资比重过大会影响企业的自有资金投资收益。对于投资者而言，产权投资具有较大的风险性，按企业的经济效益依其投资比例的大小分享投资收益，如果企业发展好，可以获得很高的投资回报率。

债权人与企业仅仅是债权债务的关系，不能参与企业的利润分配，只能依据约定的利率获取利息，不受企业经营效益的影响。债权人对企业资产具有索偿权，债权人的贷放债务有规定的偿还期限，在任何情况下，企业都必须在规定的期限履行偿还债务的义务。债权人在特定情况下有优先清偿的权力，如果企业破产清算，企业首先应将清算资产用于债务的偿还。对于企业而言，债权筹资由于事先约定的还本时间及利息对企业的资金使用形成了一种巨大的负担，要求企业的投资报酬至少要大于借款利率，这对企业来讲，无疑是一种风险。对于投资者而言，债权投资风险较小，但一般来讲收益也相对较低。

5.4.4 投资管理

企业投资活动包括包括对内投资和对外投资。对内投资指将企业的资金用于企业内部购买设备、扩大生产等，而对外投资指企业根据市场需求在其本身经营或从事的主要业务以外，出于理财和经营上的目的，以现金、实物、无形资产或购买股票、债券等形式向其他单位注入资金的经济活动。企业通过对外投资，有利于充分利用闲散资金，增加资产性质的收入。

● 投资方案

根据企业投资的形式来分，可分为实物资产投资和证券投资两大方式。

（1）实物资产投资：指企业以现金、实物和无形资产等直接投资于企业自身或者企业以外的经济实体，并参与其经营活动的投资行为。实物资产投资是一种直接投资，投资之后要参与被投资企业的生产经营活动，并且其投资方式更加灵活，不仅可以用现金等流动资金，而且还可以用固定资产等实物资产以及无形资产等形式进行投资。

（2）证券投资：企业将资金投向各种证券，以期获取投资收益或其他权利的投资行为。证券投资不直接参与企业的经营活动，所以又称为间接投资。按期限长短，证券投资可分为短期证券投资和长期证券投资。短期证券投资是企业将暂时多余的货币资金投资于通常在一年以内或一个经营周期以内就能变现的银行承兑汇票、商业承兑汇票等有价证券。长期证券投资是企业为获得长期收益或达到控制其他企业目的而购入的持有期超过一年的债券或股票投资。

表5—15 实物资产投资与证券投资比较

比较维度	实物资产投资	证券投资
流动性	无法在短期内收回	在证券市场自由流通
实施难易程度	困难	容易
所需资金限制	常常需要巨额的资金，并受各类法律法规所规定的资金限额的约束	除旨在控股的股票投资外，一般对资金没有任何限制

投资者还可以采用实物资产和证券组合投资，将投资项目多样化，使各个

投资项目在一定的风险下取得最大投资总收益，或者以尽可能少的风险取得较高的收益率。

●方案评估

企业拟定若干个投资方案，需要进行可行性分析和论证，并选择最佳的方案。

第一步：必要性研究

对投资的初步设想进行概略性的分析，分析投资的必要性，根据已经掌握的企业内、外部情况，对所需的基本条件具备程度进行估计，以此判断是否存在投资机会。

第二步：可行性研究

这一步可分为初步可行性研究和详细可行性研究。初步可行性研究运用较易得到的资料和研究人员的经验，对投资的实施条件进行分析，以判断投资条件是否具备。详细可行性研究在深入调查、掌握详细的信息资料的基础上，根据投资项目的要求，设计若干个备选方案进行系统分析，提出确切全面的意见。

第三步：经济性研究

除了可行性，还需要进行对方案的经济效益进行分析比较，经济效益通常有如下评价指标，如表5—16所示。

表5—16　经济效益主要评价指标

评价指标	具体含义
投资收益率	●指企业从一项投资活动中得到的经济回报，通常计算年均利润占投资总额的百分比，是反映企业资产盈利能力的重要指标。
投资回收期	●指从注入资金之日起，所得的净收益偿还原始投资所需要的年限。
现金净流量	●指一定时期内，现金及现金等价物的流入减去流出的余额，反映了企业本期内净增加或净减少的现金及现金等价物数额。
内部收益率	●指投资项目的净现值为0时的报酬率。

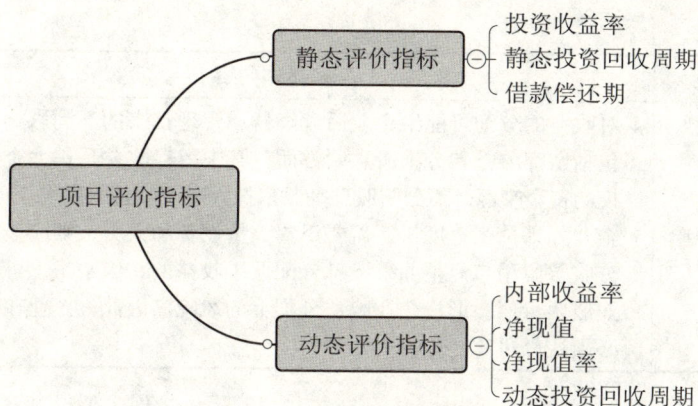

图 5—14　常见的投资评价指标

5.4.5　风险控制

企业财务风险贯穿于生产经营的整个过程中，缺乏财务控制是企业最危险的讯号，任何不加控制的财务活动最终都可能引发巨大的财务漏洞，造成企业的巨大损失，因此财务控制与风险管理是企业管理极为重要的内容。

● 财务风险

企业财务风险指企业经营活动收益下降、无法正常筹资或投资不当等行为使得企业可能丧失偿债能力、投资者预期收益下降的风险。按照企业资金活动的内容可将财务风险划分为经营风险、筹资风险、投资风险、收益分配风险等方面，具体含义如表 5—17 所示。

表 5—17　企业财务风险的主要类别

财务风险	具体内容
经营风险	● 企业在生产经营过程各个环节中的不确定性因素导致企业资金流动迟滞、产生价值变动等问题使得企业出现资金紧张、收入下降等风险，主要包括采购风险、生产风险、存货变现风险、应收账款变现风险等。
筹资风险	● 由于宏观经济环境、资金供需市场的变化，企业无法筹集到所需资金的风险，比如金融危机造成投资机构资金紧张、国家宏观调控提高贷款利率等。
投资风险	● 企业注入资金后，因市场形势变化等因素造成最终收益偏离预期收益的风险，比如被投资的企业管理不良或者所投资行业出现衰退等。

续表

财务风险	具体内容
收益分配风险	● 对收益的分配可能给企业后续经营和管理带来的不利影响。收益分配包括留存收益和分配股息两方面，其中留存收益是扩大企业再生产规模的资金来源，而分配股息是股东扩大财产收益的要求。 ● 企业如果扩张速度快，需要添置大量设备和人力，则应该考虑将大部分收益留用。但是如果股息分配低于收益的相应水平，可能会影响企业股票价值，形成企业收益分配上的风险。因此，企业在分配收益时必须注意两者之间的平衡。

除了上述风险外，资金能否正常流动是考量企业抗财务风险能力的重要指标。流动性风险是指企业资产不能按照预期正常转移现金或履行债务和付现责任的风险。企业的流动性风险可从企业的变现能力和偿付能力两方面分析。由于企业支付能力和偿债能力发生的问题，称为清偿风险。由于企业资产不能确定性地转移为现金而发生的问题则称为变现风险。

企业产生财务风险的原因很多，既有来自企业外部的原因，也有企业自身的原因，不同的财务风险形成的具体原因也不尽相同。一般情况下，企业产生财务风险有以下几点主因：

（1）宏观环境复杂多变。企业宏观环境的复杂性是产生财务风险的外部原因。这些宏观环境包括经济环境、法律环境、市场环境、社会文化环境、资源环境等，这些因素存在企业之外，但对企业财务管理产生重大的影响。企业财务管理的宏观环境复杂多变，如果企业管理不能适应复杂多变的宏观环境，则会对企业的生产经营活动造成各种不确定性。

（2）内部财务关系不明。企业内部各部门之间以及同一集团内各个子企业之间在资金管理及使用、利益分配等方面存在权责不清、多重管理的现象，资金的安全性、完整性无法得到保证，造成资金使用效率低下，资金流失严重。比如一些集团的母公司与子公司之间的财务关系混乱，资金使用没有有效的监督与控制。

（3）财务风险意识淡薄。财务风险是企业在财务管理过程中必须面对的一个现实问题，财务风险是客观存在的，只要有财务活动，就必然存在着财务风险。企业管理者不可能完全消除风险，只能对财务风险采取有效措施来降低风险。然而在现实工作中，许多企业的财务管理人员对财务风险的客观性认识不足，缺乏风险意识。风险意识淡薄是财务风险产生的重要原因之一。

（4）财务决策有失科学。企业管理者对于企业是否扩大生产、如何进行筹资、投资何家企业等重大问题上发生决策失误，导致企业资金损失严重。盲目投资、没有事前周密的财务分析和市场调研是造成决策失误的主要原因。因此必须加强企业管理者的决策管理水平，提升财务决策的科学性。

● 筹资风险

企业筹集资金的主要目的是为了扩大生产经营规模，提高经济效益，由于市场行情瞬息万变，企业竞争异常激烈，从而使得筹集资金的使用效益具有很大的不确定性，如果投资项目不能达到预期效益，会影响企业盈利水平和偿债能力。企业筹资风险指企业因筹资活动引起的收益不确定性以及到期不能偿付债务本息和投资人收益的风险，主要表现为债务规模过大，利率过高而导致筹资成本费用过高等。筹资风险主要包括利率风险、再融资风险、财务杠杆效应、汇率风险等，如表 5—18 所示。

表 5—18　几种常见的筹资风险

风险类型	具体内容
利率风险	● 由于金融市场贷款利率的波动而导致筹资成本的变动
再融资风险	● 由于金融市场上金融工具品种、融资方式的变动，导致企业再次融资产生不确定性
财务杠杆效应	● 由于企业使用杠杆融资给利益相关者的利益带来不确定性
汇率风险	● 由于汇率变动引起的企业外汇业务收益的不确定性

从筹资的来源来看，筹资风险有借入资金风险、自有资金风险和筹资结构风险三种表现形式，具体表现如表 5—19 所示。

在筹资过程中，企业管理者必须谨慎拓展投资渠道，对重大投资项目应重点进行可行性研究，从企业经济利益出发，对经济活动的正确性、合理性和有效性进行全面监督，并分析不同渠道筹资的成本以及对企业经营的影响，尽量以最低的成本获得期望的资金供应。为了避免上述筹资风险，企业在筹资过程中需要遵循下列基本原则：

表 5—19　筹资风险的表现形式

筹资风险	表现形式
借入资金风险	● 企业能否按时偿还本金、支付利息
自有资金风险	● 资金使用效益低下，无法满足投资者的期望报酬，引起企业股票价格下跌，使筹资难度加大，资金成本上升
筹资结构风险	● 如果上述两大筹资渠道的结构比例不合理，也会影响到资金成本的高低和资金使用效果的大小，影响借入资金偿还和投资报酬期望的实现。

（1）合理预测筹资数量：企业筹资数量必须根据企业生产经营业务的需要来确定，保证筹集来的资本既能保证满足生产经营的需要，又不会有太多的闲置。

（2）确保资金及时供应：筹集的资金必须按照生产计划及时供应，避免资金链断裂造成生产停止等严重后果。

（3）资金结构合理配比：企业筹资的数量需要考虑企业自身规模、股权机构等因素，保证合理的股权资本与债权资本的比例关系，避免债权风险。

（4）力求降低资金成本：企业应当选择合适的筹资渠道和筹资方式，权衡各种筹资方式的债务权益，力求将资金成本降到最低。

（5）努力控制财务风险：在筹资之前就必须考虑到所筹资金可能存在的潜在风险，包括债权风险、管理风险等，避免陷入债务危机。

● 投资风险

投资风险是指投资活动未来收益的不确定性，由于各种不可预知的因素，在投资中可能会遭受收益损失甚至本金损失的风险。投资风险主要包括市场风险、经营风险、利率风险、汇率风险、通货膨胀风险、变现能力风险、道德风险、违约风险等，如表 5—20 所示。

表 5—20　几种常见的投资风险

风险类型	具体内容
市场风险	● 主要是指证券市场的风险，是由于证券市场价格的波动引起的投资报酬的变动。

续表

风险类型	具体内容
经营风险	● 由于被投资企业的生产经营因素而导致的投资者所得报酬的变动
利率风险	● 由于银行利率的变动，引起投资者遭受损失的风险。
汇率风险	● 由于本国货币同外币的汇率变动引起的投资收益变动。
通货膨胀风险	● 又称为购买力风险，指因为通货膨胀、货币贬值的影响而导致购买力下降，从而使投资者实际收益水平下降。
变现能力风险	● 投资者无法在短期内按合理的价格来卖掉资产的风险。

　　根据风险的成因划分，投资风险可分为系统风险和非系统风险。系统风险又称为不可分散风险，一般是由整个经济全局因素的变动而造成的市场全面风险，比如社会政治风险、宏观经济风险、购买力风险、利率汇率风险等，对所有企业都会产生影响，投资者不能通过多元化投资组织减轻此类风险。非系统风险又称为可分散风险，是某项投资活动所特有的风险，发生于特定公司的特有事件所造成的风险，比如新产品开发失败、合同违约等，投资者可以通过多元化投资降低风险。非系统风险主要包括经营风险、财务风险、流动性风险、操作性风险、信用风险等。

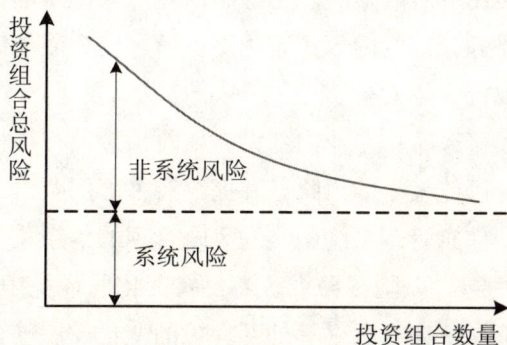

图 5—15　投资组合风险与数量的关系

　　俗话说"风险越大，收益越大"，风险是投资活动必然面临的现象。风险回报指投资者因冒风险进行投资而获得的超过无风险收益部分的额外报酬，也称为"风险溢价"。一般而言，风险越大，风险回报也就越大，二者之间呈正向变动关系。

● 控制措施

为了避免潜在的财务风险，要提高资金管理水平，加强财务控制力度，管理者必须从如下方面努力：

（1）完善法人治理结构：完善的财务风险控制体系必须建立在职责分明的组织结构之上，做到权责分明、相互制衡。组织结构合理完善不仅可以促进组织中的个体为完成既定的目标而恪尽职守，还可以通过组织内部的严格分工，实现人员相互牵制和监督，避免挪用资金和越权交易的发生，并可及时发现风险并采取相应对策。

（2）合理设置财务目标：在设置控制目标时，应尽量避免人为因素对目标控制的影响，避免目标脱离实际引发过度追求财务目标而造成短期经济行为。组织应当在考虑外部环境和内部条件基础上，根据企业发展战略的整体要求科学合理地设置财务目标并将财务目标分解细化，建立完善的财务指标体系，包括盈利能力、偿债能力、经济效率、发展潜力等各项指标，全面评价企业财务状况。

（3）健全财务管理制度：根据企业的实际情况，建立健全的财务制度，达到简捷明确同时又实用有效的目的。财务制度规范化、流程化，有助于企业员工按章办事。健全财务管理的内部控制程序，所有资金流动做到有案可查，从制度上杜绝可能违规行为的发生。

（4）建立风险预警系统：企业内部设立风险预警治理机构，通过对财务风险的科学分析，预计可能发生的风险，并提醒有关部门及时采取应对措施，做到事前控制。可借助信息管理系统中实现风险管理的信息化，使风险预警和风险管理有效结合在一起。风险预警系统需要在变化的环境中不断识别新风险，密切注意社会、经济、法律及金融等外部环境的变化发展趋势，以及组织内部结构调整、业务流程更新等因素的变化，从中分析和预测可能产生的财务风险，进行财务风险的动态预警。

除了上述宏观的管理原则外，还有一些财务管理中的细节措施值得管理者注意，如表5—21所示。

表 5—21　财务风险管理的一些防范措施

防范措施	具体内容
保证足够现金	● 现金在任何时候都是最直接的保障。就短期而言，企业能否维持下去，并不完全取决于是否盈利，而取决于是否有足够现金用于各种支出。因此企业管理者必须要保障留存足够的备用现金，以备不时之需。
及时追回赊账	● 企业一般都会存在大量的赊销，需要严格把关，在合同中把付款条件规定清楚，防止客户故意拖延。如果应收款延付已经发生，企业需要制定严格的回收政策，提醒客户及时付款。
处置不良存货	● 不良存货占用着原本可以用于生产的资金。对每一件需要储备的产品，应当统计出合适的存货余额，既防止销售波动，又不至于占用大量资源。
加强安全防范	● 加强企业的安全防范措施，防止盗窃行为发生。企业面临的偷盗行为可能来自外部和内部。企业安全部门应分析企业的重点部位和薄弱环节，制订周全的防盗设施和安保方案。

5.5　人力管理

人才是组织最宝贵的资源。人力管理是组织关于用人的行动准则、办事规程和管理体制的总和，包括工作人员的选拔、录用、培训、薪酬、福利、监督、奖惩、岗位变动、离职、退休与抚恤等各项具体制度。完整的人力体系如图 5—16 所示，从员工进入组织到离开组织，所有一系列的管理措施，都应当有明确合理的制度规定。

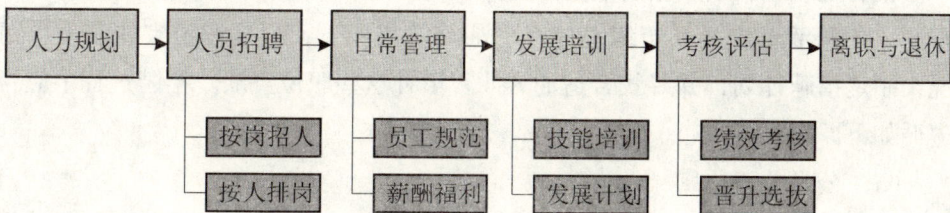

图 5—16　完整的人力体系

5.5.1　人力规划

在开展招聘活动之前，人力资源部门应当首先对组织当前的人力资源状态进行梳理，全面核查现有人力资源结构，主要包括：

（1）员工现状，比如员工的地区分布、部门分布、岗位分布、职位类别、技术知识水平、年龄构成、性别构成等；

（2）工作条件，比如作息制度、轮班制度等对员工的影响；

（3）员工的流动情况，包括离职、岗位提升和内部调动等情况，保证工作和岗位的连续性；

（4）员工的来源渠道，包括组织内部和外部；

（5）薪酬福利状况；

（6）企业品牌对人才的吸引力情况。

在现状分析的基础上，以组织发展战略为指导，预测组织未来发展对人力资源的需求。在估算人力需求时应该考虑以下因素：

（1）配合组织发展战略需要的储备和补充人员；

（2）配合公司的业务发展或紧缩而所需增减的人员；

（3）因现有人员的离职和调转等所需补充的人员；

（4）因管理体系变更、技术革新及经营规划调整所需增减的人员；

（5）应对未来外部可能的变化趋势（比如金融危机等）需要调整的人员。

在进行人力规划时，一定要围绕组织的战略目标和实际发展情况制定人力需求，避免出现"帕金森法则"所指出的人力怪圈，如果雇员的工作并非最终为组织目标服务，那么员工数量的增长并不能为组织带来多少实际的贡献。

5.5.2 人力招聘

招聘是组织吸纳人才的重要渠道，招聘合适的优秀人才对组织的发展至关重要。招聘活动应当在组织总体发展战略的指导下，根据职位空缺和需求情况，制定招聘计划，并寻找合适的人才来填补这些职位空缺。招聘过程中应当遵循如下原则：

（1）公平公正原则

在招聘过程中，应当公开空缺职位、职位要求、选拔程序、录用结果等信息，确保有相同的资格条件的人具有均等的参与竞争的机会，避免暗箱操作。对所有应聘者应当一视同仁，采用科学客观的考核方法对应聘者进行测评，以严格的标准确定录用人选，要谨防"血缘、亲缘"关系在人才选用上的误导，做到任人唯贤，"内举不避亲，外举不避仇"，同时在一些特定情况需要应用回避原则。

（2）人岗匹配原则

任职者的能力与岗位相契合，能够胜任岗位的各项工作，并最大限度地发挥任职者的才能，坚持"能者上、平者让、庸者下"的用人原则。人岗匹配包含两层含义：一是岗位要求与任职者的知识、技能等素质相匹配，二是工作报酬与工作动机相匹配。

（3）关注价值观原则

招聘时尤其需要考量求职者的价值观是否与组织核心价值观相一致。前面第2章曾提到杰克·韦尔奇将员工分为三类，其中那些能力很强，但是价值精神与公司理念不一致的员工可能会给组织造成不可估量的破坏，应坚决不予录用。选人不淑是人力招聘的最大失败。

（4）发现潜能原则

招聘时还要考虑到任职者的潜能，关注其未来发展与组织长远规划相一致，为组织培养未来中高层管理者做储备。

（5）双向选择原则

招聘是一个双向选择的过程，组织需要寻找胜任岗位工作、能够创造价值的员工，而应聘者则是在寻找一份能够体现个人价值、报酬公平的工作。双向选择才能够实现人力资源的最佳配置。

人员招聘既可以面向社会招聘，也可以面向组织内部招聘，内部招聘的人员对组织各方面有一定的认识，一般只需进行新岗位的知识技能培训即可上岗，更加容易认同组织的文化。从外部招聘的人员需要进行完整的培训，需要有一段磨合期才能较好地融入组织，但是外部人员可以给组织提供新鲜的思路，有利于促进组织的更新成长。

华为公司自1987年成立以来，短短二十年时间发展成为世界领先的电信设备商，无不得益于其人才战略。在人员招聘中，华为始终遵循一个准则：招聘公司最需要的人，让员工做到人尽其才。具体有七条原则：

1.最合适的才是最好的

2.强调"双向选择"

3.坚持条条都有针对性的招聘策略

4.招聘人员的职责＝对公司负责＋对应聘者负责

5.用人部门要现身考场

6.设计科学合理的应聘登记表

7.人才信息储备就是备足粮草

（来源：张继辰.华为的人力资源管理［M］.海天出版社）

● 胜任力

研究人员从大量的招聘案例中发现，那些知识技能出色、背景优秀的人员并不一定能获得成功，甚至不能很好地完成岗位职责，那么什么因素才应该成为组织招聘人员的标准呢？1973年美国心理学家戴维·麦克利兰（David C. McClelland）提出了"胜任力（Competence）"的概念，胜任力指能将某一工作中优秀者与普通者区分开来的个人的深层次特征，可以是动机、特质、自我形象、态度或价值观、某领域知识、认知或行为技能等任何可以被测量和区分的个体特征。麦克利兰认为传统的智力测验、性向测验和学术测验等都不能预测一个人未来在工作上的绩效表现，胜任力不仅仅考察个人的能力和素质，更注重能力素质与岗位要求的匹配程度，以及个人在组织中的适应能力等，通过第一手材料直接发掘真正影响工作业绩的个人条件和行为特征。因此，胜任力更能评估一个人是否能胜任其工作岗位，胜任力模型如图5—17所示。

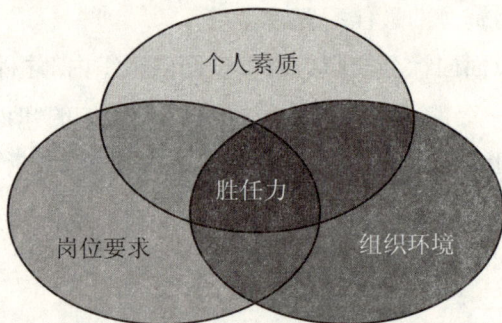

图5—17　胜任力与个人素质的关系

美国学者莱尔·斯潘塞（Lyle M. Spencer）和塞尼·斯潘塞博士（Signe M. Spencer）提出"素质冰山模型"，如图5—18所示，将员工个体素质的不同表现划分为"冰山"的表面部分和"冰山"的深藏部分，"冰山"以上部分包括基本的知识和技能，是外在表现，是对任职者素质的基础要求，称为基准性素质（Threshold），容易了解与测量，相对而言也比较容易通过培训来改变和发展；而"冰山"以下部分包括个人角色定位、自我认知、品质和动机等多方面因素，是人内在的、难以测量和评价的部分，是区分绩效优异者与平平者的关键因素，称为鉴别性素质（Differentiating Competence）。它们不太容易受到外界的影响而改变，但却对人员的行为与表现起着关键性的作用。职位越高，鉴别性素质的作用比例就越大，越能体现一个人的卓越素质。

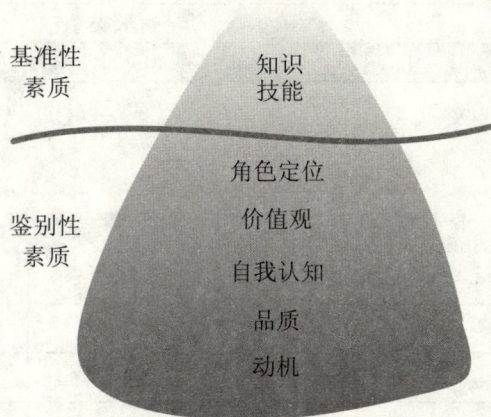

基准性
素质

知识
技能

角色定位
价值观
自我认知
品质
动机

鉴别性
素质

图 5—18　素质冰山模型

表 5—22　素质层级

素质层级	定义	内容
知识	● 指一个人对某特定领域的了解。	如：管理知识、财务知识、文学知识等
技能	● 指一个人能完成某项工作或任务所具备的能力。	如：表达能力、组织能力、决策能力、学习能力等
角色定位	● 指一个人对职业的预期，即一个人想要做些什么事情。	如：管理者、专家、教师
价值观	● 指一个人对事物是非、重要性、必要性等的价值取向。	如：合作精神、献身精神
自我认知	● 指一个人对自己的认识和看法。	如：自信心、乐观精神
品质	● 指一个人持续而稳定的行为特性。	如：正直、诚实、责任心
动机	● 指在一个人内在的自然而持续的想法和偏好，驱动、引导和决定个人行动。	如：成就需求、权力需求、人际交往需求

表 5—23　职位说明书

职位说明书			
职务定位			
职务名称：		隶属部门：	
直属上司：		直属下级：	
岗位等级：		薪酬类型：	
职务概述			
职责范围			
重要性	工作模块	主要内容	衡量指标
任职资格			
知识技能水平	外语水平		
	计算机水平		
	资格证书		
	其他		
教育及培训	教育水平	□博士　□硕士　□本科 □大专　□高中及以下	
	相关培训		
工作经验	□无要求　□1年　□2~3年　□3—4年　□5年以上		
能力素质要求	能力项目	能力标准	
	决策能力		
	协调能力		
	领导能力		
	沟通能力		
	创新能力		
	其他		
个性特质要求			
部门负责人签字：		上级主管签字：	
日期：		日期：	

组织在招聘人才时，不能仅局限于对知识和技能的考察，更需要对应聘者的求职动机、个人品质、价值观、自我认知和角色定位等方面进行综合考虑。如果没有良好的求职动机、品质、价值观等相关素质的支撑，能力越强、知识越全面，对企业的负面影响会越大。

5.5.3 日常管理

组织应当对员工的日常活动进行有效地管理，以保证员工的行为符合组织利益，并能够在职权规定的范围内发挥最大的主观能动性。

（1）制定员工规范：组织应当通过建立制度而不是通过人治来规范员工的行为，建立积极正向的员工关系，避免在管理中的随意性。员工规范中通常会明确规定工作行为规范、职业操守、办公管理制度、考勤制度、工作流程等内容，对员工的日常行为提出严格的要求，有助于规范化管理。

（2）合理安排工作：管理者应当了解员工的优势和劣势，根据员工是否能够完成任务为标准来进行工作分配，既让员工的工作量适度饱满，同时又能保留相对的自由度，给员工发挥创造的空间。

（3）实施有效沟通：沟通不仅是信息传递的重要手段，还是建立良好员工关系的主要方法。建立自由沟通、和睦友好的气氛，可为组织实现管理目标提供精神支柱和思想动力。管理者应注重与员工的沟通交流，以及时了解员工的境况和真实想法，并在员工心目中建立亲民的形象和应有的威望。

管理者还要善于对冲突进行管理。冲突会影响组织的绩效以及目标的达成。管理者需要专心思考冲突的解决办法，更重要的是在冲突发生之前，做好预案，防止冲突的产生。

5.5.4 员工培养

● 培训体系

对于新员工来说，组织应该帮助其尽快适应并胜任工作；对于在岗的员工来说，需要不断调整和提高自己的技能，以适应市场形势的变化；对于组织来说，培训工作会让组织工作顺利开展，业绩不断提高，为组织创造更大的价值，同时提高员工的工作满意度。因此，组织需要通过科学合理的培训体系帮助员工掌握其所在岗位需要的技能，最大程度开发潜能，更加胜任工作。

知识经济时代要求员工具有较高的技术和管理素质，组织尤其要注重员工的教育与培训，并为员工学习提供良好的条件，将组织建设成为"学习型组织"，鼓励员工在学习中进步、成长，充分保障组织的可持续发展。

为了使培训达到最大效用，组织应当建立一套有效的培训体系，如图5—19所示，通常包括如下几大步骤：

分析培训需求 ➡ 确定培训内容 ➡ 制定培训计划 ➡ 实施培训流程 ➡ 评估培训效果 ➡ 完善培训体系

图5—19 建立有效的培训体系

第一步：分析培训需求

在拟定培训计划之前，首先应当确定培训需求。围绕组织的发展战略，根据组织业务发展方向和变革计划，确定业务发展重点，将其纳入优先培训范畴。根据工作需要，确定待培训对象，通过面谈或者调查问卷等形式，了解其学习需求。

第二步：确定培训内容

根据组织战略需求和员工发展需求，确定培训的内容，并确认培训内容和组织战略目标、组织文化一致。

第三步：制定培训计划

根据待培训对象和培训内容，选择合适的培训机构和培训老师，并探讨确定培训形式，制定培训具体安排。

第四步：实施培训流程

培训计划制定后，就要有组织有计划地实施。在执行培训时需要重视过程控制，观察培训过程中培训对象的反应及意见。培训活动应注意事前沟通，加强学习互动，营造良好的学习气氛，逐步建立学习型组织。培训最好能够与考核相结合，以保证员工的参与度和积极性。

第五步：评估培训效果

培训的成效评估和反馈是不容忽视的。培训的成效评估一方面是对学习效果的检验，另一方面是对培训工作的总结。效果评估的方法分为过程评估和事后评估两种。过程评估在培训过程中进行，有助于培训活动的改善，从而达到提升实质培训成效的作用；事后评估在培训结束后，进行多方面评价，用于人力资源管理部门参考，决定后续培训计划。

第六步：完善培训体系

培训结束后，根据教员和学员的反馈，对培训体系进行不断改进和完善。

除了请外部专业的培训机构外，组织内部的培训也不可忽视。通常有以下几种成功的方式：

（1）导师制

采用"导师制"让经验丰富的老员工指导新员工，帮助新员工迅速熟悉工作，是一种非常有效的内部培训方式。老员工对组织文化和业务技能都有相当的积累，同时出于培养助手分担工作的动机，往往会乐于分享经验。导师制充分利用组织内部优秀员工的先进技能和经验，有利于知识资产的转化。不仅针对新员工，骨干员工也需要更高层的人在工作中提供指导。甚至有公司（比如华为）采用"全员导师制"，不但使每位员工都有自己的导师，同时只要在思想、技术、业务能力等某一方面有一技之长，都可以成为他人的导师。"教学相长"，从而激励人人都为能当上导师而努力，有利于营造学习互助的氛围。

（2）在职培训（OJT）

在职培训（On the Job Training，OJT）指在日常的工作实践中，经验丰富、技能娴熟的老员工为缺乏经验的新员工提供必要的专业知识、技能经验、工作方法等方面的辅导。通常辅导者会一边示范讲解、一边要求学员现场实践学习，因此辅导者也被称为"教练（Coach）"。与导师制略有不同的是，这种培训直接落实在具体工作中，强调面对面培训、贴近工作实际、提倡体验式学习。OJT 培训的目的在于让员工通过现场培训，掌握与工作直接相关的知识、技能，并且应用到日常工作当中。OJT 的优势在于在工作中培训，不必额外投入时间、精力和费用，而且还能使培训和实际工作密切联系。在教与学的互动中甚至还发现以往工作操作中的不足之处，共同加以改善。当然，OJT 的效果很大程度上取决于教练的水平，所谓"名师出高徒"，为新员工选择合适的教练尤为重要，同时组织也要加强对教练的培训和管理，同时给予适当的激励，保障其辅导的积极性。

（3）企业大学

在一些大型组织里，内部培训需求旺盛，组织经过长期的积累，形成一套系统的培训课程和成熟的培训机制，由组织出资成立专门的培训机构，聘请内部高级管理人员、资深员工担任讲师，成为所谓的"企业大学"。企业大学在管理方式、课程设置、讲师风格、学员类别等方面都带有浓厚的组织自身色彩。通过企业大学的形式集聚了组织内外的各类学习和培训资源，围绕组织战略发展和现实需求自主开发课程、挖掘培训讲师、开发新的培训项目。世界

500强企业大部分都拥有自己的企业大学，比如海尔大学、西门子管理学院、惠普商学院等。

● 发展通道

　　组织需要为员工的发展提供科学的发展通道。组织内员工的发展路径通常两条主线，一条是管理类，一条是技术/业务类。除此之外，还有一类支持性岗位，此岗位虽然与公司主营业务关系不大，但是默默从事着服务和后勤的工作，支撑和保障公司的日常运营，不可或缺。如果企业设计的员工发展通道不合理，则会导致优秀人才向某些"热门岗位"拥挤，而真正需要人才的岗位却留不住人。在中国企业里，传统上大家认为从事管理类工作才是事业的成功，导致许多技术能力强的人宁可放弃技术优势，也要向管理岗位转型，形成"h"型发展结构。而事实上，很多擅长技术工作的人并不擅长管理工作，造成了人才的错位。现在越来越多的组织意识到这一点，提高了对技术/业务类人才的重视，努力促成"H"型的员工发展通道。

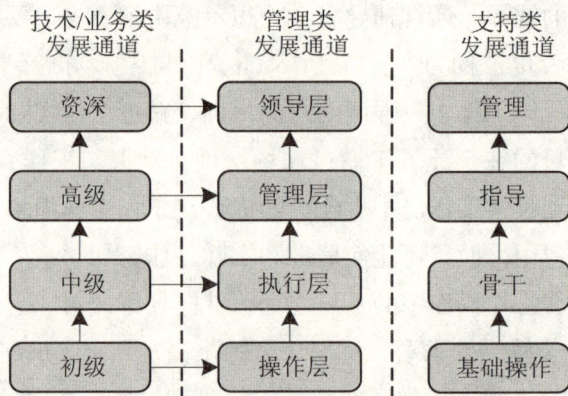

图5—20　组织中不同类型的发展通道

● 个人发展计划

　　员工入职之后，组织应该为其个人发展提供多方途径，帮助员工提升职业技能、塑造职业精神，使其在组织中更好地成长。个人发展计划（Individual Development Plan，IDP）指结合工作岗位需要及员工个人发展意向，经过双方沟通达成的，旨在促进员工自身素质、技能提高的发展计划，这些发展计划包括参加职业培训、岗位轮换、外派锻炼、执行特别项目等。

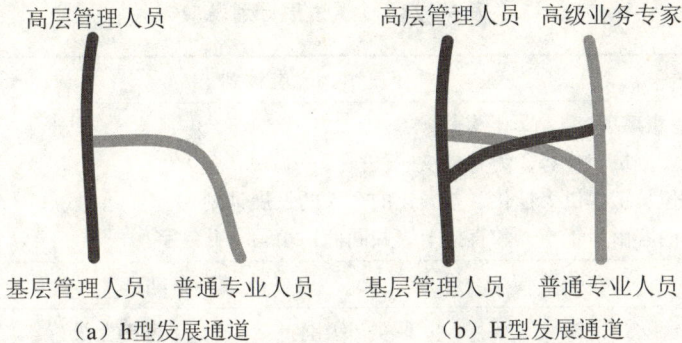

图 5—21　h 型发展通道与 H 型发展通道

员工应该结合组织发展的需要和自己的兴趣、专长选择适合自己的发展通道，并制定相应的个人发展计划。制定个人发展计划通常依据如下三方面内容：

首先，根据每个岗位的职责和评估标准，明确为胜任该岗位应当具备的能力，然后让员工进行自我评估，分析自身实际水平与岗位要求的差距，形成职能评鉴结果；

其次，根据岗位说明书和职能评鉴结果，制定专业学习蓝图，依据员工个人的专业程度及学习的优先级，由上级安排其应该学习的项目；

最后，根据该员工的年度绩效考核结果，帮助其分析不足，针对其欠缺的部分需要加强学习。

● 员工帮助计划

除了帮助员工在本企业更好地发展，很多企业还启动了人性化的员工帮助计划（Employee Assistance Program，EAP）。EAP 是企业出资为员工设置的一系列系统的、长期的帮助与福利项目，其最初目的是帮助员工解决职业心理健康问题，通过聘请专业人员对员工及其亲属提供专业指导、培训、咨询，帮助他们解决生活和工作中出现的各种心理和行为问题等。随着员工需求的发展，逐渐发展成针对员工的全方位综合性服务，比如工作适应、压力管理、职业生涯发展、健康饮食、情感问题、理财问题、亲子教育、法律诉讼等各个方面。

因此实施 EAP 项目的意义也被扩展为帮助员工排除工作之外的所有障碍，使其能够专注于工作本身，提高工作绩效，最终提升组织绩效。随着社会对劳动者身心权益的日益关注，EAP 已经发展成组织中重要的福利形式。

表 5—24　个人发展计划表

_____ 年度个人发展计划		
填写要点及注意事项： 　1）充分发掘员工优势，为其提供成长机会 　2）为每位员工提供个性化、差异化的个人的发展计划 　3）表格内容由员工本人和直接上级共同商讨填写，并签字。		
姓名：	填写日期： _____ 年 ___ 月 ___ 日	
部门：	职务 / 级别：	直接上级：
未来 3 年的 职业发展目标	**管理方向：**	
	技术 / 业务方向：	
	其他方向：	
达成目标 所需的条件	**1）基本素质：**	
	2）工作经历：	
	3）个人能力：	
个人现状总结	主要优势：	
	主要劣势：	
本年度发展机会		
分类	发展项目	具体内容
工作经验 （70%）		
向他人学习 （20%）		
教育培训（10%）		
* 以上内容已经过充分沟通，并达成共识。		
本人签名： 　　　　 _____ 年 ___ 月 ___ 日	直接上级签名： 　　　　 _____ 年 ___ 月 ___ 日	

联想集团客户服务部是中国大陆最早实施 EAP 项目的单位。EAP 实施项目组首先对全体员工进行"心理把脉"，通过对员工心理状况的调查、研究和诊断，对员工心理进行全面和深入地了解，并提出相应的组织管理建议。随后开展大量宣传活动、咨询式管理者的培训、各种专题小组咨询，同时还开通了心理咨询热线电话，并提供个人面对面咨询。项目组还建立了良好的反馈机制，定期将培训、咨询中发现的与组织管理相关的问题反馈给企业，以帮助改进管理。EAP 项目的实施在公司管理层和员工中引起相当大的反响。

5.5.5　考核评估

对员工的工作表现进行考核，有助于组织掌握员工的工作状态，并通过相应的奖惩措施以督促和激励员工，同时有助于了解员工在工作方面的不足，帮助员工制定相应的发展改进计划。

绩效考核是考核的重要内容，其目的在于借助一个有效的体系，通过对业绩的考核，肯定过去的业绩并期待未来绩效的不断提高。只有建立公平公正的评估系统，对员工和组织的绩效做出准确的衡量，才能对业绩优异者进行奖励，对绩效低下者进行鞭策，形成良性的激励机制。

根据员工的表现程度可以大致分成五类员工，如图 5—22 所示。

（1）模范员工：各方面表现卓越，对组织有重大贡献。

（2）业绩突出者：业务能力突出，工作业绩显著。

（3）潜力员工：工作积极努力，虽然经验不够丰富，偶尔犯些错误，但是可塑之才。

（4）边缘人物：对工作漠不关心，敷衍了事，不能很好地融入组织文化，与同事相处困难。

（5）低效员工：工作效率低下，作风懒散，无进取心，混日子。

对于模范员工和业绩突出者，这些人是组织主要价值的创造者，对组织的发展起到至关重要的作用，需要不吝给予物质奖励，并提拔到合适的重要岗位，千方百计留住优秀人才；对于潜力员工，要重点加以培养，期望他们尽早成长为业绩突出者；而对于边缘人物和低效员工，应该尽快解雇，不要浪费额外的时间和精力在这些人身上，以减少开支。及时清除"害群之马"，避免消极作风的扩散和传染，有利于营造积极向上的文化氛围。

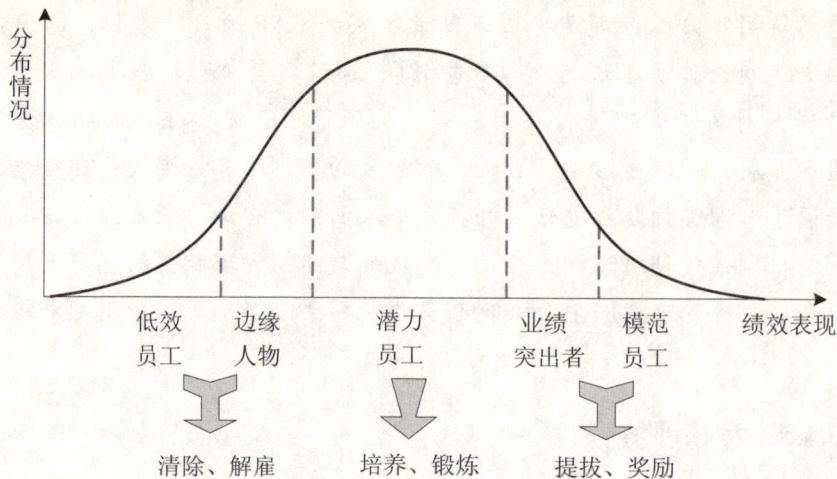

图 5—22　员工分类曲线

管理学家劳伦斯·彼得（Laurence J. Peter）根据上百个组织中员工不能胜任其岗位的失败案例，归纳出一个结论："在一个等级制度中，每个员工趋向于上升到他所不能胜任的地位"，称为"彼得原理"。彼得指出，员工由于在原有职位上工作表现好、成绩优异，将被提升到更高一级职位；其后，如果继续胜任则将进一步被提升，直至到达他所不能胜任的职位。所以每一个员工最终都将到达其能力天花板。"彼得原理"给管理者的启示是，在提拔优秀员工的同时，也要注意加强相应的培训和指导，帮助其更好地发展提升，避免其不能胜任新的岗位而造成组织的损失。

5.5.6　离职与辞退

组织中出现人员流动的情况在所难免，一种是员工主动离职，另一种则是被辞退。

主动离职者可能因为各种各样的原因选择离开现在的组织，可能是个人主观的因素，比如个人兴趣、家庭因素等等，也可能是组织方面的因素，比如现有岗位和薪酬不能满足其发展需要，组织内部变动等等。管理者要重视与离职者面谈，了解员工离职的真实动机。事实上离职面谈是一种很好的发现问题的方式，如果能够合理运用离职面谈的话，不仅可以发现组织中存在的问题，甚至从谈话中可以获得解决问题的思路。

组织应当建立合理的信任机制，能够虚心接受批评，并为批评者提供隐私保护，否则离职面谈就不能达到期望的效果。同时管理者应该重视离职者的批评意见，并落实内部审查和改进。如果面谈的反馈结果没有得到利用，也没有造成任何改进，那么离职面谈就毫无意义。

对于被辞退的员工，组织应该在法律要求的范围内给予补偿，避免发生劳动合同纠纷，影响组织形象。处理好与离职员工的关系，既是组织人力管理不可忽视的内容，也是组织公关管理的重要环节。

5.6　信息管理

信息、能源和物质并称为当今世界三大资源，信息资源广泛存在于社会、经济的各个领域与层面。信息如同人才、原料和能源一样，被视为组织生存发展的重要战略资源，其重要性不言而喻。

组织是一个动态的系统，既包括物理形态的生产要素流动，也包括是虚拟形态的信息流动，物流和资金流通常是有形的单向流动，而信息流往往是无形的双向流动。信息资源贯穿于组织的日常生产经营活动中，管理者依赖于来自组织内外部的各种信息实现对组织有效控制。物流、资金流能否顺畅流转，很大程度上取决于信息流运转是否正常，因此可以说信息流在整个组织的活动中起着主导作用。管理系统规模越大，组织结构越是复杂，对信息的渴求就越加强烈，信息管理的复杂度也就越高。

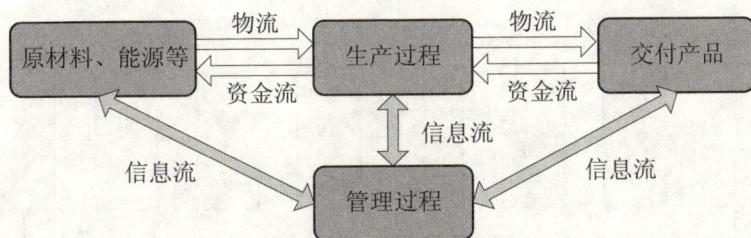

图 5—23　组织生产活动中的信息流

从广义上理解，信息资源是人类社会在生产、生活等各种活动中积累的以信息为核心的各类信息要素的集合。信息资源的功能主要包括四大方面：经济功能、管理协调功能、选择与决策功能、研究与开发功能。

信息管理（Information Management，IM）指组织为了有效地开发和利用信息资源，以现代信息技术为手段，对信息资源进行计划、组织、领导和控制

的活动。信息管理的核心理念是利用先进的
管理思想和管理模式，将信息作为组织的一
种战略资源加以管理和利用，使之为组织发
展服务。从上述定义可以看出，信息管理包
括两个方面，一是对信息资源的管理，二是
对信息活动的管理。

图 5—24　信息资源的功能

（1）信息资源：信息资源是信息生产者、
信息、信息技术三个要素构成的一个有机体。信息管理的本质是生产、传递和
利用信息资源，实现信息的效用和价值。但是并非所有信息都是资源，要使其
成为有用的资源，就必须借助人的智力和信息技术等手段，使其发挥效用创造
价值。因此人是控制信息资源、协调信息活动的主体。人类在信息的收集、存
储、传输、处理等信息活动中离不开信息技术的支持。没有信息技术的强有力
作用，要实现有效的信息管理几乎是不可能的。

（2）信息活动：信息活动指围绕信息资源的形成、传递和利用而开展的管
理活动与服务活动。信息管理的全过程可以分为两大阶段，即信息形成阶段和
信息利用阶段，如图 5—25 所示，其中信息形成阶段以信息的产生、记录、收
集、存储等活动为特征，目的是形成可以利用的信息资源，在信息利用阶段以
信息资源的分析、选择、吸收、评价、利用等活动为特征，目的是实现信息资
源的价值。最后还要对信息进行反馈，以便系统更新信息需求。

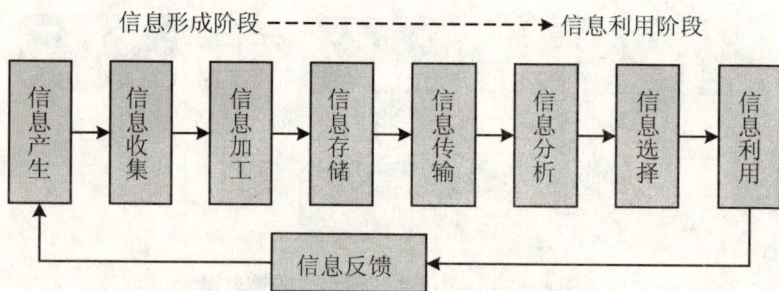

图 5—25　企业信息管理的内容与程序

　　由于信息管理在组织管理中的重要性越来越高，现在很多企业都专门设置
了首席信息官（Chief Information Officer，CIO），首席信息官是组织信息管理
工作的总负责人，旨在将原先分散在各部门的信息资源重新组合并置于统一管
理之下，在组织的管理中起着重要的作用。

5.6.1　信息收集

信息是决定市场成败的关键因素，组织应当建立完善的市场信息体系并加以科学运用，形成严密的市场监测体系、危机预警体系和决策支持功能系统。

罗斯柴尔德家族拥有自己的信息情报系统，他们的情报人员遍布欧洲各大城市，其效率和准确度甚至远远超过了政府的信息网络。正因如此，罗斯切尔德家族才能在第一时间得知滑铁卢战役的结果。通过先抛售英国国债，再大批买进，一举成为英国政府最大的债权人。

（来源：宋鸿兵 . 货币战争 [M]. 北京：中信出版社，2007 年）

从信息的范围来看，组织信息资源可分为宏观信息和微观信息，其中宏观信息主要指组织外部的经济、政治、社会等信息，微观信息则主要指组织自身的一些数据、趋势等，具体如表 5—25 所示。

表 5—25　组织信息分类

宏观信息	人口信息	●人口数量、性别比例、年龄结构、民族构成、职业分布、婚姻状况、居住分布等信息
	经济信息	●GDP、个人可支配收入、经济增长率、恩格尔系数等经济指标
	政治信息	●各种政策、法律、法规、条例、条令等
	文化信息	●消费者受教育程度的高低与文化背景、宗教信仰等因素
	科技信息	●科学发展水平、技术方案、专利信息等
	环境信息	●自然资源条件、自然环境变化等
微观信息	销售信息	●销售数据、区域与整体的销售走势，行业规模、行业发展趋势等
	渠道信息	●供应商的增加与减少、发展与衰退等动态信息
	费用信息	●企业自身费用分析、费用投入规律，竞争对手的费用投入
	促销信息	●广告、专柜、陈列、促销活动、促销手段等
	突发性信息	●执法机构的突击检查、消费者权益保护组织抽样调查、媒体的负面报道、消费者投诉、产品质量波动等

随着互联网时代的到来，组织面对的信息呈现出爆炸式增长的趋势。如何

从繁多而无序的信息中，提炼出对组织占领市场、保证可持续发展的关键信息，是现代组织面临的一个挑战。组织不仅需要把信息收集起来，还需要进行加工处理去伪存真，把原始信息变为二次信息，才能为其所使用。信息分析就是对收集来的大量原始信息，按照不同的目的和要求进行判别和筛选、分类和排序、计算和研究，而使之成为具有一定使用价值的信息。

在市场竞争中，组织必须时刻获取市场信息和竞争对手动态，以便制定相应的发展策略，因此竞争信息对组织尤为重要，几乎所有的企业都建立了自有的竞争信息系统，获取竞争信息。下面将就竞争信息系统做一些简单的介绍。

● 竞争信息系统

企业竞争信息系统是对组织所处的整体竞争环境进行全面监测的工具，组织利用内外部信息评估瞬息万变的市场竞争环境，分析行业发展趋势，把握行业结构的调整，跟踪正在出现的连续性与非连续性变化，以及分析现有和潜在竞争对手的能力和方向，从而协助组织保持和发展可持续性的竞争优势。据统计，全球500强企业90%都拥有竞争信息系统。

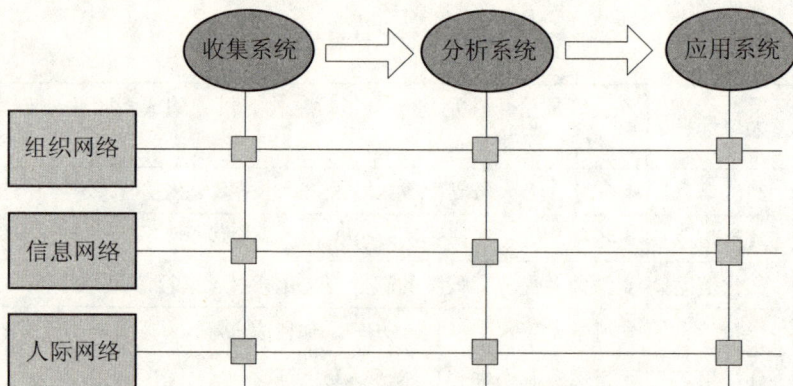

图5—26　竞争信息系统的三大网络与三大系统

竞争信息系统由三大网络构成：

（1）组织网络：组织网络描述的是企业的框架体系，是组织开展竞争信息工作的基础，竞争信息组织网络的设计应当充分考虑到竞争信息工作特点。

（2）人际网络：竞争信息人员通过个人交往和联系拓展企业的竞争信息来源渠道。通过建立在个人网络的非正式交流方式，可以挖掘到正式交流中所不能获得的隐性信息。

（3）信息网络：信息网络是对原始收集到的信息资源经过处理加工的关键环节，信息经过加工后又经过信息网络在组织内部传播并为生产经营活动服务。

这三种网络之间有着非常密切的联系。信息网络要靠组织网络的结构与人员来实现，组织网络正是一个个的人际网络交织而成，因此存在大量重叠交叉的部分。

企业竞争信息系统的运作紧扣竞争信息的产生和收集、分析、应用几个关键环节。在企业竞争信息项目工作开展的过程中，首先是明确竞争信息需求方的需求，然后对信息资料进行收集、审核、组织、存储、加工，生成最终符合要求的竞争信息，再传递给信息需求方，进行实际应用。

5.6.2　信息发布

根据信息共享的对象，信息发布分为对外发布和对内发布。组织对外发布信息的渠道包括书面文件、公众媒体（包括网络）、召开新闻发布会等几种方式。

表 5—26　举办新闻发布会的注意事项

时间	具体活动
准备阶段	● 确定新闻发布会日期、地点、新闻主题、组织者与参与人员，选定合适的主持人和发言人； ● 撰写新闻发布议程、发言提纲、新闻通稿及宣传辅助材料； ● 确定参加新闻发布的领导、嘉宾、记者及相关人员并进行通知； ● 做好预算，购买礼品及相关物品； ● 对主持人、礼仪人员和接待人员进行培训和预演； ● 确定安全人员并做好安全预案，进行处置突发事件的预演； ● 安排好饮食、娱乐等相关事项。
实施阶段	● 来宾签到、贵宾接待、发放相关资料、引导就座； ● 做好发言的引导及维持好会场秩序； ● 应对现场发生的各种意外情况。
总结阶段	● 整理记录材料并归档； ● 跟踪媒体和公众的反应，对偏差和不良反应及时纠正； ● 评测新闻发布会效果，收集反馈信息，总结经验。

新闻发布会是一种重要的企业信息发布渠道，包括例行新闻发布会、重大活动新闻发布会、突发事件新闻发布会。新闻发布会直接关系到企业的立场和形象，必须实现做好充分的准备。在准备阶段、实施阶段、总结阶段做好每一个细节。

除了可对外发布的信息外，更多的信息只限于组织内部人员知悉，比如涉及到企业商业机密的内容等。在信息管理过程中，尤其要注意组织内部信息的保护，可采取以下措施：

（1）建立内部人员信息保密制度，可以通过发放保密工作手册、签定保密协议等方式，提高全员保密意识。

（2）建立内部技术保密制度，保护企业的核心技术。

（3）建立经济部门保密制度，防止一些重要的商业信息外泄。

（4）建立宣传保密制度，在产品文献、产品展览会、产品鉴定会、订货会、交易会等宣传过程中，注意保密。

（5）建立废品处理制度，防止一些重要信息随废弃物品不经意间泄露出去。

5.6.3　信息化管理

企业信息化管理是指利用计算机、网络、数据库等信息技术，集成企业生产经营活动中的各种信息，将关键的、准确的数据及时地传递到需求方手中，实现企业内外部信息的共享和有效利用，提高信息的使用价值。

企业信息化绝非安装几台计算机、搭建一个互联网系统那么简单。技术为管理服务，技术是手段，管理是目的。计算机网络技术仅仅是企业信息化的实现手段，信息化管理的背后是企业管理理念的创新、管理流程的优化和管理方式的创新。企业信息化也不仅是生产过程的信息化，还包括企业管理者和员工理念的信息化、组织管理和决策等全方位的信息化。

企业信息化建设涉及到企业经营管理的各个主要方面，包括业务流程信息化、供应链管理信息化、管理流程信息化、组织建设信息化等，具体内容随企业的行业类型、经营性质、规模大小等情况有所不同。

企业信息化管理的实施过程包含对信息化过程的计划、组织、领导、控制一系列的管理活动，具体内容如表5—27所示。

表 5—27　企业信息化实施运作过程管理的具体内容

步骤	具体内容
计划	● 确定信息化管理需要解决的问题，确定主要实施内容、资金投入计划、实施步骤、阶段目标和考核指标等内容，。
组织	● 为企业信息化实施确定组织架构和职能，确定信息化组织岗位和职权，建立信息化项目团队，制定信息化管理制度，对信息化人员技能与绩效进行考核等。
领导	包括协调和沟通两方面： ● 协调主要是指调解企业信息化过程中产生的各种矛盾，包括协调业务部门与 IT 部门关系，不同 IT 项目之间的资源分配，不同信息化岗位职责间的协调等。 ● 沟通主要是指通过命令、指示等形式，对组织成员施加影响，将信息化规划的目标或者领导者的决策变成全员统一活动。
控制	● 对企业信息化的过程进行有效的控制，包括信息系统实施项目的选择、信息化项目实施过程的管理、制定企业信息化评价体系、评价方法，对信息技术的风险进行分析管理等。

有关企业资源信息化管理，还将在 5.12 小节中结合企业资源规划（ERP）详细介绍。

5.7　知识管理

亘古至今，知识一直都是人类社会进步的推动力量。到了近代社会，随着科学技术的迅猛发展，人们的知识总量呈现出爆炸式增长，深刻地改变了人类知识的结构和经济发展的模式。1996 年，世界经济合作与发展组织（Organization for Economic Co-operation and Development，OECD）发表了一篇《基于知识的经济》（The knowledge-based Economy）报告，指出以知识为核心的新经济将改变全球经济发展的形态。知识经济是建立在知识和信息之上，以知识资源的产生、拥有、配置和使用作为最重要的生产要素所形成的经济形态。知识经济的出现，表明人们对知识在经济增长中的作用有了更充分的认识。

彼得·德鲁克在《后资本》中将未来社会称为"知识社会"，知识将取代资本、机器、原料与劳动力等成为后资本经济时代最重要的生产要素；所有价值都由"生产力"与"创新"来创造，而这两者都需要在工作中大量使用知识。当知识成为组织最重要的生产要素时，人们对于知识管理的热情也就不言而喻了。根据美国管理协会的调查显示，近80%的跨国公司已经在内部实施知识管理。

对于一个组织来讲，知识就是对于特定领域的专业化认知，包括专利、版权、员工技能等，知识资产具有容易复制、容易流失、难以估值等特征。知识资源是企业最宝贵的无形资产，知识的获取、创造及应用是公司核心竞争力的关键性因素。尤其在现代社会人员流动已经不可避免的情况下，如何将人力资源积累的知识固化在企业中，成为企业的资产，是知识管理的重要内容。

知识管理是指通过对组织内部的各种知识进行梳理、建库、建立联接，实现知识的检索、利用、管理，建立起知识共享与创新的组织内部环境，从而运用集体的智慧提高应变和创新能力，最终达到组织目标。安达信公司（Arthur Anderson）提出著名的知识管理公式，表明人、信息、技术与共享之间的关系为：

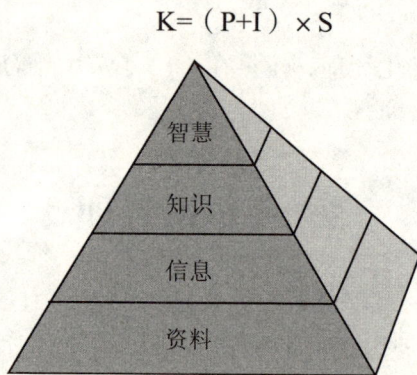

$$K=（P+I）\times S$$

图 5—27　知识的四个层次

上式中，K代表Knowledge（知识），P代表People（人），"+"代表Technology（技术），I代表Information（信息），S表示Share（分享）。

从知识管理公式可以看出，知识管理强调把知识、信息、人力资源、市场与经营过程等通过技术的方式协调统一起来，并且在开放共享的组织文化中可以达到放大的效果。增加知识的方式有两大途径：创造知识和共享知识。只有通过知识共享才能使知识创造成倍的价值，因此知识共享在知识管理中有着重要的作用。

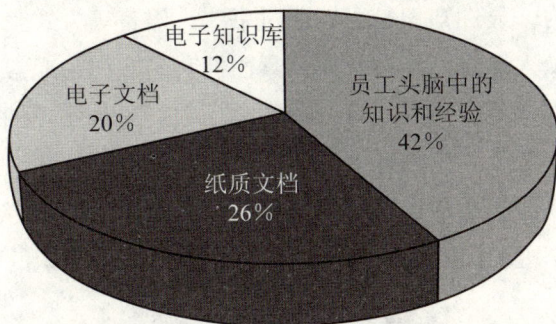

图 5—28 组织中的知识分布情况

（来源：安德鲁·J.杜柏林，领导力——研究·实践·技巧（第四版）[M].中国市场出版社，第 403 页）

研究表明，员工大脑中的知识和经验这些隐性的知识占到整个组织知识的 40% 以上，因此如何将员工个人的智慧转化为企业的知识资本，是企业知识管理的重要内容。

美国福特汽车公司一台大型发动机发生故障，请了很多专家都束手无策，最后请来了著名的电机专家斯坦门茨。斯坦门茨围着机器检查了几圈之后，用粉笔在机器某个位置画了一道线，说："把该记号处的电机线匝减少 16 匝。"问题迎刃而解，斯坦门茨索要 1 万美元酬劳。很多人不服气，认为这简直是狮子大开口。斯坦门茨答道："用粉笔画一条线只值 1 美元，但是知道在哪里画值 9999 美元。"

5.7.1 知识链

知识管理可分为知识收集、知识存储、知识转化、知识共享、知识利用、知识创造等基本环节，形成一个链状结构，如图 5—29 所示。

● 知识转化

英国哲学家波兰尼（Michael Polanyi）将知识区分为显性知识和

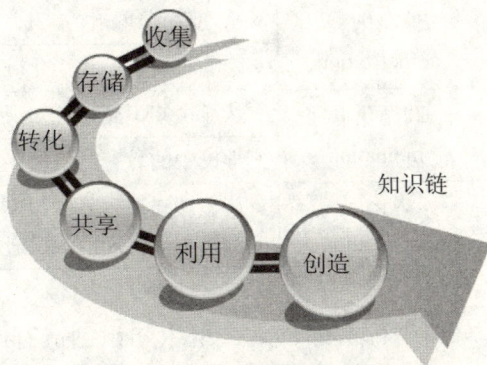

图 5—29 知识管理的步骤

隐形知识。他认为，显性知识是可以通过书本、语言等方式来传输的知识，而隐形知识是通过个人或组织经过长期积累而拥有的知识，通常是具体的情境之中、不可言传的经验等，并且处于不断发展修正完善的过程中。波兰尼认为，隐形知识事实上支配着我们的整个认知活动，是获得显性知识的向导。隐形知识虽然难以捉摸，但是在知识经济中起着关键的作用，知识管理的核心目标之一，就是通过共享组织内复杂的隐形知识，增强对隐形知识的获取能力。

表 5—28　知识的分类

分类	显性知识	隐形知识
传播方式	● 理性的知识，可以通过文字记录和传播	● 经验的知识，难以文字记录和传播
沟通方式	● 可以通过语言、视觉、模型等组织、交流	● 个人固有的，个性化的，难以与他人交流的知识

　　日本学者野中郁次郎提出的 SECI 模型是知识管理理论中比较经典的模型，在很多企业和组织中得到普遍应用。野中认为，创造新知识的过程是通过隐性知识和显性知识之间的互动与转换来实现的。他还梳理了企业内部的知识转化过程，提出了知识转化的四种具体模式，如表 5—29 所示。

表 5—29　知识转化的四个模式

模式	具体内容
社会化 Socialization	● 从隐性知识到隐性知识，产生共感知识，比如师徒制 ● 共享经验的过程，个人从其他人那里直接获得知识。
外在化 Externalization	● 从隐性到到显性知识，产生概念知识，常用演绎与归纳 ● 隐喻、模拟、模型化，比如程序师设计程序。
联结化 Combination	● 从显性知识到显性知识，将概念综合为知识体系 ● 学校中的教育与培训，重新分类，整理整合成系统知识
内化 Internalization	● 从显性知识到隐性知识，产生操作知识，"做中学" ● 例如员工将理论知识通过实践学习，改善其技能与知识。

　　野中郁次郎认为，组织知识创造有两个维度，即认识论维度和存在论维度。认识论维度是隐性知识与显性知识之间产生了知识转换的维度，存在论维

度指将个体创造的知识向组织层次的知识转移的维度。组织的知识创造是一个隐性知识与显性知识持续相互作用、动态螺旋上升的过程，因此也称为"知识螺旋"，如图 5—30 所示。

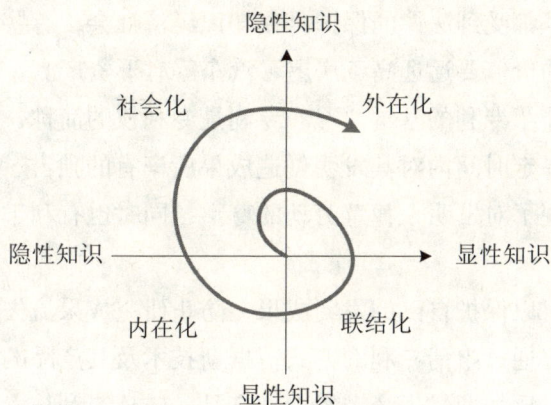

图 5—30　知识螺旋

个体的隐性知识是组织知识创造的基础，组织需要通过调动由个体所创造及积累的隐性知识，通过认识论维度的四种知识转换模式得以放大并在存在论维度的较高层次沉淀下来。

美国 3M 公司是一家以勇于创新、产品繁多著称于世的百年老店，多次被评为全球最具创新精神的公司之一。3M 公司在其百年历史中共开发了 6 万多种高品质产品，公司每年 30% 的收入来自于新近四年开发出的产品。3M 公司鼓励各个层次的研究人员用 15% 的工作时间从事个人感兴趣的研究。人人都有资格申请资金以支持他们的研究，并鼓励他们让其他员工参与他们的项目。迪克·德罗发明的苏格兰胶带就是这种创新文化激励下最著名的成果。当时他只是一名砂纸推销员，这在大多数公司里，他或许会被告知产品开发不是他的事。3M 公司根深蒂固的信仰和价值鼓舞着知识传递并在知识传递机制中进行大量的新产品研发投资，已经成为了公司文化的一部分。

5.7.2　知识产权

知识作为企业的一种重要的无形资源，同时又具有容易复制的特征，因此尤其需要重点加以保护。知识产权是保护知识最有效的途径。知识产权指所有人对智力劳动成果享有的受法律保护的占有、使用、处置和受益的权利。知识产权不仅包括人们熟知的专利权，还包括商标权、著作权、商业秘密以及其它智慧成果。知识产权是一种无形财产权，它与物产、设备等有形资产一样具有价值和使用价值，都受到法律的保护。在知识经济社会，有些核心专利、驰名商标或文化作品的价值要远远高于房屋、汽车等有形资产。

本小节主要介绍专利的基本情况。专利是专利权的简称，它是国家按专利法授予申请人在一定时间内对其发明创造成果所享有的独占、使用、和处置的权利。专利权体现了对发明人智慧劳动的尊重，同时也有利于科技进步和经济发展。

申请专利既可以保护自己的发明成果，防止研究成果流失，专利权是一种财产权，人们可以通过申请专利的方式占据新技术及其产品的市场空间，获得相应的经济利益，比如通过生产销售专利产品、转让专利技术、专利入股等方式获利。尤其中国加入 WTO 后，发达国家对中国实施技术保护壁垒，专利成为企业运用法律手段抢占市场、维护经济利益的有力武器。

● 专利种类

在中国，专利包括发明专利、实用新型专利和外观设计专利三个种类，具体描述如表 5—30 所示。

表 5—30　专利的种类

专利种类	具体描述
发明	● 对产品、方法或者其改进所提出的新的技术方案
实用新型	● 产品的形状，构造或者其结合所提出的适于实用的新的技术方案
外观设计	● 对产品的形状、图案、色彩或者其结合所做出的富有美感并适于工业上应用的新设计

专利具有一定的时效性，我国专利法规定发明专利权的保护期限为 20 年，实用新型专利权和外观设计专利权的保护期限为 10 年，均自申请日起计算。专利还具有一定的地域性，专利只在专利授予国内有效，在其他国家不受保护，因此发明人需要在有意进行推广的国家同时申请专利。专利人可以通过申请 PCT（Patent Cooperation Treaty，专利合作条约）专利，获得 PCT 联盟国家的保护权。

● 专利要求

中国专利法第22条规定：授予专利权的发明和实用新型，应当具备新颖性、创造性和实用性。因此，所有新技术、新工艺还是新产品都可以申请专利，申请专利都必须具备这三个特征：新颖性、创造性和实用性，如表5—31所示。必须注意的是：已投放市场进行销售的新产品，即失去新颖性，不能再申请专利。

表5—31　申请专利必须具备的特征

专利要求	具体特征
新颖性	● 该发明或者实用新型不属于现有技术，也没有任何单位或者个人在申请日以前向专利管理机构提出类似申请，并记载在申请日以后公布的专利申请文件或者公告的专利文件中。
创造性	● 与现有技术相比，该发明或者实用新型具有突出的实质性特点和显著的进步。
实用性	● 该发明或者实用新型能够制造或者使用，并且能够产生积极的效果。

● 专利权利

发明创造被授予专利权后，申请人具有下列权利：

（1）自行实施其专利的权利；

（2）转让专利权的权利；

（3）许可他人实施其专利的权利；

（4）禁止他人未经许可实施其专利的权利；

（5）在专利权受到侵犯时请求保护的权利；

（6）在产品上标明专利权的权利。

专利转让指专利权人将自己的专利权全部转让给受让方。需通过签订书面的方式予以认定，并且经过国家知识产权局专利局登记和公示后才能生效。中国单位和个人向外国人转让专利权的，必须经国务院有关主管部门批准。

专利许可使用，又称专利实施许可，指专利权人有权允许他人实施其专利，并取得相应报酬的制度。许可他人实施其专利是专利权人的重要权利。专利法规定，任何单位或者个人实施他人专利，必须与专利权人签订书面实施许可合同，向专利权人支付专利使用费。被许可人无权允许合同规定以外的任何单位或者个人实施该专利。专利实施许可是专利使用权的有偿转让，是一种有限制的许可，比如对实施专利的时间、地点、范围等做出限制性的约定。当事人双方要签订书面实施许可合同。被许可人只能自己享有专利的使用权并向专利权人支付专利使用费。

据专利法第 57 条的规定，未经专利权人许可，为生产经营目的实施其专利的行为即专利侵权行为。具体而言，对于发明和实用新型是指未经专利权人许可，以经营为目的制造、使用、销售、许诺销售、进口其专利产品或依照其专利方法直接获得产品的行为；对于外观设计是指以经营为目的制造、销售、进口其外观设计专利产品。

● 专利申请

发明人需要向国家专利管理机构（中国是专利局）提交发明申请材料。发明专利申请的审批程序包括：受理、初步审查、公布、实审以及授权 5 个阶段，实用新型和外观设计申请不进行早期公布和实质审查。

在初步审查和实质审查阶段，专利审查员会对专利的新颖性、创造性和实用性以及专利法规定的其它实质性条件进行全面审查提出质疑，发明人必须在规定时间内进行答复，逾期不答复的，申请将被视为撤回。经答复仍未满足专利要求的，则予以驳回。

专利在受理之后即享有受到保护的权利。申请公布以后，申请人就获得了临时保护的权利。

对于发明专利，因为需要经过实质审查程序，从提交申请到获取发明专利授权时间较长，一般需要三至五年。实用新型专利和外观设计专利无需经过实质审查程序，授权较快，实用新型一般自申请日起 6 个月—12 个月可获得授权，外观设计一般在申请日起 6 个月左右即可授权。

如果想将专利技术拓展到国外市场，则需要申请国际专利。目前我国的申请人向国外申请专利的途径一般有两种：

第一种是较传统的方法，即巴黎公约途径：申请人应自优先权日起 12 个月内向多个巴黎公约成员国所在的专利局提交申请，并缴纳相应的费用。利用这种途径，申请人可能没有足够的时间去准备文件和筹集费用。

第二种是 PCT 途径：申请人自优先权日起 12 个月内直接向中国国家知识产权局提交一份用中文或英文撰写的 PCT 国际申请，确定了国际申请日后，则该申请在 PCT 的所有成员国具有正规国家申请的效力。

5.7.3　知识管理工具

在本小节中，将介绍一些企业实用的知识管理工具，包括构建知识库、建立知识地图、建设知识社区等。

● 知识库

知识库（Knowledge Base）是对组织有关领域的知识进行采集、整理以及提取，并通过知识表示方式存储、组织、管理和使用的知识集合。知识库通常针对某一领域相关的理论知识、事实数据以及常识性知识等内容进行归类整理。

建立知识库的目的是使组织中的知识从原来的混乱状态变得有序化，并提供相应的检索手段。为了使知识库中的知识能够被有效利用，知识库中的知识应当便于存取、搜索、修改和编辑。通过建立知识库，对原有分散在组织中的信息和知识做一次大规模的收集和整理，使得大量的显性知识和隐性知识被发掘出来，并按照一定的方法进行分类保存。

● 知识地图

在信息爆炸的时代，知识的总量非常庞大，如果不能有效地将知识进行分类并提供高效的检索方式，那么对知识的使用将非常不便。为此，信息学家布鲁克斯（B. C. Brooks）提出"知识地图"的概念，认为人类的知识结构可以绘制成以各个知识单元概念为结点的学科认识地图。知识地图是经由专家整理的一种知识索引，是企业的知识财产清单，它的主要功能是快速找到需要的知识，以及评估组织知识的概况。知识地图并不包括具体的知识内容，只是告诉人们知识所在的位置，当人们需要某项专业知识时，可以通过知识地图的指引找到所需的知识或掌握该知识的人。一幅好的企业知识地图不仅需要清楚揭示企业内部、外部相关知识资源的分布及知识节点间的相互关联，还要建立知识与人、人与人之间的联系，有助于增强企业的学习能力，促进知识共享，有效地防止知识的重复生产，节约检索和获取时间。

著名咨询机构 Gartner Group 提出了绘制企业知识地图的四个主要活动，包括知识审计、知识制图、知识索引、知识轮廓化，如图 5—31 所示。

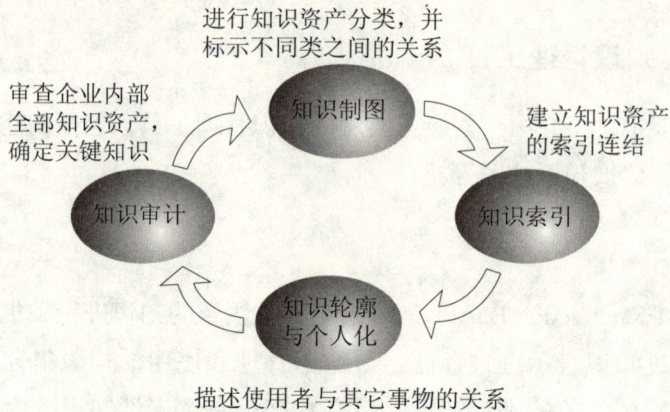

图 5—31 知识地图制作过程

在绘制知识地图时，应当使它包含的直观信息量尽可能少，既便于进行知识检索，也减少后续的维护成本。

● 知识社区

随着信息技术的迅猛发展尤其是互联网的普及，人类获取信息的方式便得极为便捷。一方面，每个人可以通过互联网获取信息，另外一方面，也可以通过互联网发布信息，人们交流的方式不再局限于实体场所，网络成为人们交流的重要渠道，使得知识日益社会化。

实践证明，社会化学习更有效率，即人们在群体中能够更有效地学习。知识社区把对某一主题都怀有热情的一群人组织在一起，通过持续的互相沟通和交流增加彼此在该领域的知识和技能。在知识社区里，人们愿意分享自己的知识、信息、观点和经验，促进彼此共同成长；通过众人的智慧，可以更快、更好地解决问题。正是由于知识社区的这些特性，使其成为知识管理的有效工具之一。

维基百科（Wikipedia）由吉米·威尔士在 2000 年创办，现在已经成为全球最大的资料来源网站之一。维基百科创新了知识共享的方式，将资料编辑权开放给所有人，无论是任何年龄、来自何种文化或社会背景的人都可以撰写、修订维基百科条目。维基百科的目的在于建设一个全球性的知识社区，将免费的知识提供给地球上的每个人。

维基百科有一连串复杂的品质管理政策和程序，当某个条目被修改时，新旧版本都会被保留起来。编辑者可以立即检查其他使用者所做的每项改变，比较不同版本之间的差异，在需要时将文章恢复到旧版本，以保证资料的准确性和品质。到 2011 年，维基百科的编辑次数已经超过了 40 亿次，活跃用户也超过了 12.7 万，为维护一个世人共享的庞大知识库不懈努力。

企业建设知识社区，主要可以分为两类：

（1）实体社区：企业可以针对某些与业务相关的主题在部门内、跨部门、跨组织建立实体知识分享社区，可以是专门的学习小组，或者兴趣小组，甚至是松散的虚拟小组。社区内成员围绕主题、兴趣等进行深入研讨。

在硅谷的创新型公司中，盛行一种被称为 "TGIF"（Thank God.It's Friday）的活动。每周五下午，大家放下手中的工作聚在一起，围绕某些话题进行自由交流，有时还会邀请不同领域的专家参加做一些分享。在这种看似轻松、随意的交流中，打破了原来知识封闭的状态，既开拓了员工的视野，同时启发了大家的创新精神。很多重要的创意就是在这样的交谈中产生的。

（2）网络社区：互联网的发展使得在线互动越来越方便，通过在线模式，可以突破企业组织结构和等级，从而建立跨组织边界的知识社区，使知识传播与分享更为便捷。BBS（Bulletin Board System，公告板系统）、Web 论坛等网络社区就是这样一种基于互联网的以共享知识和信息为目的的虚拟社区。

"移动 Labs" 是中国移动研究院主办的通信行业汇聚门户，旨在为通信 / 互联网领域人员搭建沟通平台，打造中国移动公司内外专家畅通无阻的沟通机制，通过专家博客、讨论社区、无限论坛、个性频道等板块，汇聚通信、互联网、移动互联网等领域内全面、专业、深度的信息咨询，已经成为通信行业影响力最大的媒体之一。

5.8 文化管理

宋朝军队的战斗力一直比较孱弱，而岳飞的 "岳家军" 却一枝独秀，多次击溃彪悍凶勇的金国军队，成为抵御女真侵略的中流砥柱。在岳飞的领导下，岳家军有一个共同的愿景，那就是"还我河山"。岳家军以收复河山为使命，在朝廷偏安求和的情况下，仍然主动出击，屡屡取得大捷。"精忠报国"不仅是岳飞个人的信仰，更成为全军将士共同的价值观念。岳飞推崇"仁、信、智、勇、严"治军，处处以身作则，与部下同甘共苦。不仅如此，岳家军纪律严整、赏罚分明。正是这样的军队文化，使得全军将士同仇敌忾、奋勇杀敌，令敌人闻风丧胆，连其最强劲的对手金兀术也不得不感叹：憾山易，憾岳家军难！

管理组织、带领团队，和古人领军打仗颇有相似之处。一个军队需要有灵魂，一个组织也需要有灵魂，这个灵魂就是组织文化。

每个组织在自身成长和发展过程中，由于自身特定的历史、性质、规模、人员素质等内在因素的不同，以及外在环境的影响，逐渐形成具有鲜明个性特征的价值观、道德规范、经营准则、行为作风等，积累成为一种文化现象，植根于企业全体员工心中，体现在员工们的日常行为中。组织文化之所以被誉为一个组织的"灵魂"，是因为组织文化是所有员工的向心力，组织文化像是一种无形的精神力量存在于员工的意识中，潜移默化地影响着组织中每个成员的行为习惯、思想观念。一个没有鲜明文化的组织就像一盘散沙，虽然可以通过各种规章制度、服务守则等明文规定来约束和规范员工的行为，但是员工很难从心里认同组织。

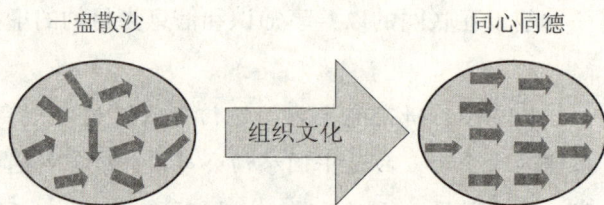

图 5—32　组织文化是组织员工的向心力

在管理学中，组织文化的研究起源于美籍日裔学者威廉·大内（William Ouchi）。20 世纪 80 年代，日本经济高速发展，大有一举超越美国之势，引起美国管理学界的反思。大内在研究中发现，企业的竞争力不仅仅取决于先进的技术和设备，还包括社会文化、心理状态等因素，美、日企业管理中的差别根源在于两个国家文化的差别。他在比较美国管理文化（被其称为"A 组织"）

和日本管理文化（称为"J组织"）之后，提出一套符合美国文化、并融合日本管理长处的"Z组织理论"。A组织、J组织和Z组织的比较如图5—33所示，其中A组织是典型的西方管理方式（以美国为代表），J组织则是典型的东方管理方式（以日本为代表，受东方文化熏陶），Z组织则在两者之间各取其长。实际上，任何一种文化都有其长处也有其短处，管理者需要清晰地认识到自身管理文化的优势和局限，并结合具体的管理环境灵活调整，在管理实践中探索出适合本组织发展的文化。中国的企业管理者大都深受中国传统文化的影响，同时一些人同时接受过西方管理学的教育，在管理过程中，既不能迷信西方教科书的定律，又要避免陷于自身文化的思维惯性。

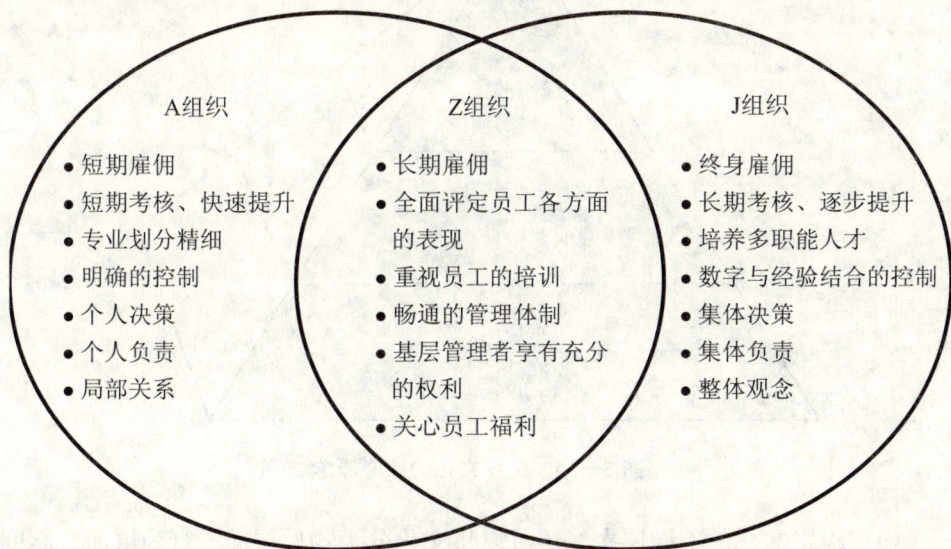

A组织
- 短期雇佣
- 短期考核、快速提升
- 专业划分精细
- 明确的控制
- 个人决策
- 个人负责
- 局部关系

Z组织
- 长期雇佣
- 全面评定员工各方面的表现
- 重视员工的培训
- 畅通的管理体制
- 基层管理者享有充分的权利
- 关心员工福利

J组织
- 终身雇佣
- 长期考核、逐步提升
- 培养多职能人才
- 数字与经验结合的控制
- 集体决策
- 集体负责
- 整体观念

图 5—33　Z 组织与 A 组织和 J 组织的比较

5.8.1　文化范畴

组织文化是本组织区别于其他组织最重要的内在素质，正如世界上没有完全相同的两个人，每个组织也都有其各自的独特性。组织文化有广义和狭义之分。狭义的组织文化是指组织在长期的经营管理活动中，逐步形成并为全体成员共同遵循的，带有组织特色的价值取向、行为方式、经营作风、企业精神、道德规范、发展目标以及思想意识等因素的综合。广义的组织文化是指组织在创业和发展的过程中所形成的物质文明和精神文明的总和。

● 核心概念

组织文化的核心概念包括三大方面的内容：价值观，使命和愿景，如图5—34 所示，具体含义如下：

价值观——我们在追求目标时遵循何种原则；

使命——我们处在什么行业，谁是我们的客户，我们如何为客户服务；

愿景——我们渴望成为什么样的企业。

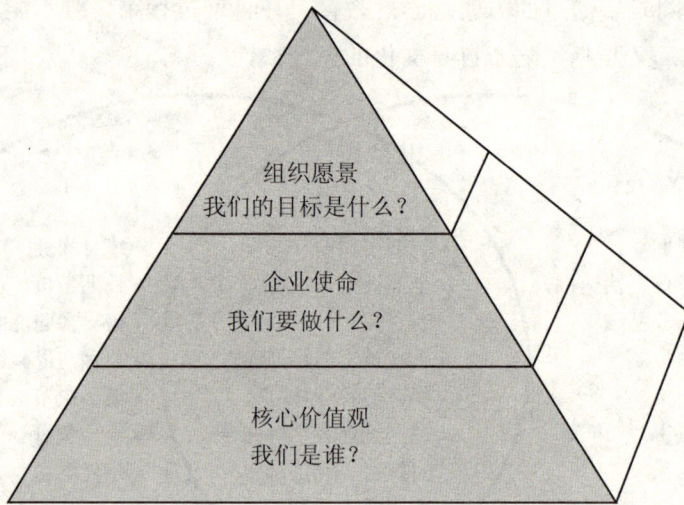

图 5—34　组织文化的核心概念

根据组织文化的不同层次，还可以将文化分为物质层面、行为层面、制度层面和精神层面。物质文化是组织文化的表层部分，以物质形态呈现，包括组织的生产工作环境、文化设施、员工薪酬福利等；行为文化是组织员工在日常生产经营活动的行为规范、工作作风、人际关系等，是组织精神的折射；制度文化指对组织和成员的行为产生规范性、约束性的各种规章制度、行为准则和道德规范等，制度文化体现了组织文化对组织和员工的行为要求；精神文化是组织在长期实践中形成的群体价值标准、精神信念、道德准则和精神风貌，反映了全体员工的普遍认识和共同追求，精神文化是组织文化的核心，是维系组织发展的精神支柱，是一个组织的"精"、"气"、"神"。

美国麻省理工学院教授埃德加·沙因（Edgar H. Schein）借助睡莲来比喻组织文化的不同层次，如图 5—35 所示。其中睡莲的花是是可以观察到的组织结构和组织过程等，即物质文化和行为文化，睡莲的茎杆是支持性的战略、制度、规范等，而睡莲的根则是基本的潜意识、信仰、思想等，可以理解为精神文化。

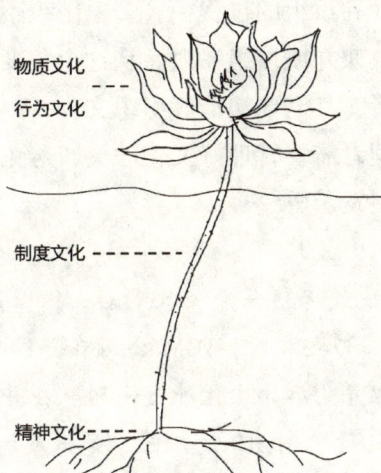

图 5—35 企业文化的不同层次

● 文化功能

组织文化是一种无形的力量，在潜移默化中影响组织中个体的精神气质、行为方式。组织文化的功能可归纳为表 5—32 所示的六大功能。

表 5—32 组织文化的六大功能

功能	具体含义
导向功能	● 引导成员的性格、心理、行为 ● 使成员潜移默化地接受本组织的价值观
凝聚功能	● 沟通成员的思想感情，融合他们的理想信念，培养激发群体意识 ● 令成员对工作产生自豪感和责任心，增强对组织的认同感与归属感
激励功能	● 组织文化倡导的观念与宗旨，为成员提供了良好激励的标尺 ● 成员的贡献受到肯定，将会产生极大的荣誉感和责任心
约束功能	● 组织文化无形地、非正式地对成员的思想和行为起约束作用 ● 成员依照价值观的指导进行自我管理和控制
美化功能	● 让成员发掘工作本身的意义，而不仅作为谋生手段 ● 美化工作本身，使之成为一种激励因素
协调功能	● 满足客户不断变化的需求，协调好与社会的关系 ● 传递组织文化的信息，得到社会肯定，实现组织与社会的"双赢"

另一方面，组织文化在某些特定阶段也可能成为组织发展的负面因素，比如当组织面临外部环境巨变需要实施变革时，组织文化的惯性可能会阻碍变革的实施；在组织进行兼并和重组的过程中，多家组织不同的文化进行碰撞，如果处理不好，会直接导致兼并或重组失败。从这个角度看，组织文化是组织发展的一把双刃剑。管理者尤其需要塑造好组织文化，并促使其成为组织绩效的催化剂；另一方面，管理者需要管理好文化冲突，避免组织内部不同文化之间不能有效协同公司从而引发矛盾。

1998年，克莱斯勒被戴姆勒—奔驰收购后，很多高级管理人员因为文化差异的原因离开了公司。与之相对，IBM公司在并购其他公司之后，会立即成立全职的工作队伍处理并购后的文化冲突问题。在并购交易6个月后，并购公司的领导者会一起讨论他们对IBM管理、领导、产品和服务的看法。IBM的全球HR主管指出："任何并购其他公司的人都会面临这样的危机，即认为自己公司的文化是正确的……我们欢迎别人提出改进意见，这样可以开展对话，建立合作关系，共建新的文化。"

（来源：[美]约瑟夫·奈.领导力需要与环境共舞[J].培训，第11期，2009）

5.8.2　文化建设

只有优秀的组织文化才能对组织起到导向、凝聚、激励等正向的促进作用，不良的组织文化反而会成为组织发展的障碍，因此组织需要有意识、有目的地培养、倡导一种积极的组织文化。

组织文化具有可塑性。组织文化虽然受到组织传统因素的影响，但它也受宏观形势、组织结构、战略目标等组织内外部环境的影响。只要充分发挥能动性、创造性，积极倡导新的准则、精神和作风，就能够对传统的文化因素扬长避短，形成新的组织文化。这正是组织文化建设的意义所在。

● 建设内容

组织文化建设围绕组织文化的核心内容要回答三个基本问题：

（1）我们组织应建立什么样的价值观？

（2）我们组织的使命是什么？

（3）我们组织要实现什么样的目标？

在回答上述问题之后，组织文化建设从精神文化、制度文化、行为文化、物质文化四个层次展开，具体内容如表5—33所示。

表5—33 组织文化建设的主要内容

建设内容	具体内容	审视方面
精神文化建设	●培育组织的价值观念和企业精神，建立适合组织的价值观念体系，创建具有本组织特色的企业精神文化。	●成员是否有积极的工作态度和良好的精神面貌
制度文化建设	●将组织的价值共识，以及分工协作，协调等共同文化以条文的形式确定下来，对成员形成有形或无形的约束。	●规章制度是否健全、合理 ●规章制度是否严格执行
行为文化建设	●主要包括组织经营，教育宣传，人际关系的活动，文娱体育活动中产生的各种文化现象；要注意发挥组织内模范人物的示范榜样作用；还要注重习俗仪式的建设。	●有没有形成良好的惯例、习俗和传统， ●是否建立了各种必要的文化礼仪
物质文化建设	●物质文化是组织文化的物质表现，是组织成员赖以生存和发展的环境与条件。物质环境好坏是组织文化优劣的最直观反映。	●生产经营环境是否完善 ●组织生活和文化设施是否齐全

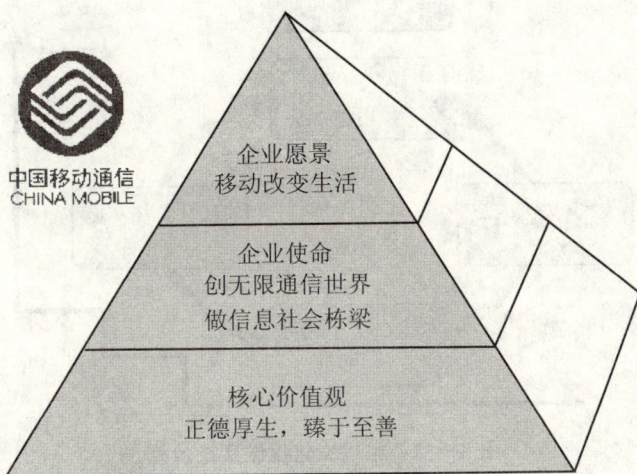

图5—36 中国移动企业文化

中国移动通信集团自 2000 年成立以来，从文化制度工程、文化人才工程、文化知识工程、文化示范工程等多个方面，积极开展企业文化理念体系建设，确定了以"责任"和"卓越"为核心的企业文化理念，以"正德厚生，臻于至善"为核心价值观，以"创无限通信世界，做信息社会栋梁"为企业使命，致力于成为卓越品质的创造者，通过移动通信改变人们的生活。中国移动作为社会的一员，将"负责任"和"最优秀"作为自己的追求，承担起信息社会的"移动信息专家"的责任。

● 实施步骤

每个组织的文化都是在组织长期生产经营管理实践的基础上，有意识有目的地培养起来的。组织文化不是口号，也不仅仅是一种理念，必须与组织的生产经营实际工作有机结合起来，才能对工作起到促进作用。一些缺乏实践性而流于形式的口号，对组织文化建设没有任何意义。

组织文化建设是一项复杂的系统工程，在建设组织文化的过程中，必须根据组织文化发展规律的要求，按照科学的程序和原则办事，克服主观盲目性。建设组织文化也遵循 PDCA 的规则，一般分为调研阶段、策划阶段、实施阶段、巩固阶段和完善阶段五个阶段。

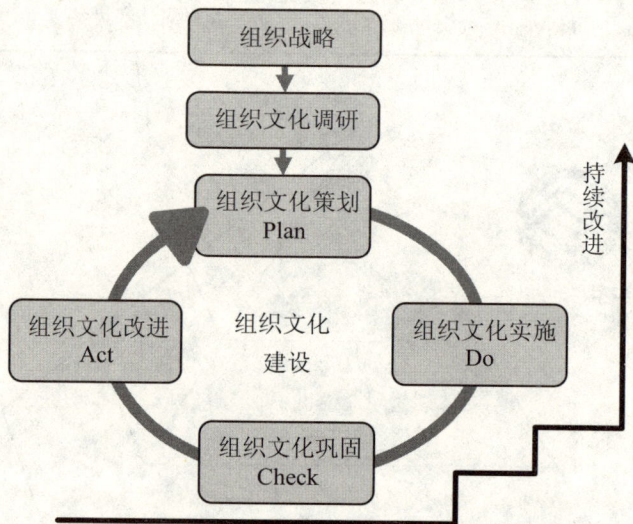

图 5—37　组织文化建设实施步骤

（1）调研阶段：除了新建组织尚未有成型的文化外，大多数组织在长期过程中已经形成了根深蒂固的文化，因此组织文化建设通常必须建立在原有文化基础之上。组织应首先深入调查了解现有的文化状况以及影响组织文化的各种因素，为组织文化策划做好准备。组织文化调查的内容主要包括组织文化现状、组织领导人的个人修养和精神风范、组织成员素质及需求，以及组织所处的地区经济与人文环境对组织文化的影响等。

（2）策划阶段：在组织文化策划阶段，应专门成立组织文化建设工作小组，并获取领导支持和员工参与，适当时可以外聘专家作为组织文化建设的顾问。策划阶段的主要工作内容是把组织的基本价值观、职业道德用文字表述出来，构成组织价值理念体系，在此基础上开发具有组织特色的组织使命和战略目标，提出组织的经营理念、管理理念、服务理念等，设计出组织精神及组织口号等内容。可以动员全体员工参与组织文化的设计工作，通过评选等方式确定多套备选方案，广泛调动员工的主体意识，有利于后续组织文化的实施巩固。

（3）实施阶段：在组织文化实施过程中，首先创造适应新的组织文化运行的机制，使新的组织文化融入到制度中。组织领导者在组织文化的塑造中扮演着关键角色，必须身体力行、以身作则，起到示范效应。在组织日常生活的细节中营造良好的文化氛围，对新的组织文化进行宣传、传播，使组织文化内化成组织生活的一部分。对员工采用因势利导的灌输方式，做好思想沟通工作，使员工对组织产生归属感、信任感，继而从心理上自发地认同组织文化。

（4）巩固阶段：组织文化的建设并非一劳永逸。在实施过程中，应保障通畅的信息渠道，及时了解文化建设状况，对执行情况和实施效果进行衡量、检查、评价和估计，解决好可能产生的冲突和矛盾，并及时调整目标偏差，避免出现文化的负面效应，使组织文化建设朝着健康、稳定的方向发展。

（5）完善阶段：随着组织内外部环境的变化，组织文化也需要不断进行发展和完善。对现有组织文化进行提炼、升华，剔除其中不利于组织长远发展的成分，并不断吸收外部组织文化的精华，保持组织良性健康发展。

　　华为创始人任正非对企业文化有个精辟的比喻："碳元素平行排列，可以构成石墨，非常松软；而若三角形排列，则可以构成金刚石，异常坚硬。"因此军人出身的他尤其重视塑造企业精神。在他的直接安排下，邀请多名管理学专家为公司量身打造了《华为基本法》，以华为独特的语言方式和习惯，阐述了华为的使命、经营政策、管理政策、人力资源政策等内容，成为华为人的基本行为准则，体现了任正非所倡导的"狼文化"。正是这种拼搏精神和奋斗意志，使得华为在 20 年间从一个几十人的小公司成长为世界五百强和世界通信行业的领导者。另一方面，《基本法》也由于过于强调发展、缺乏人文关怀被许多人诟病，华为对《基本法》进行过多次修订，使之不断适应实践需要。

5.9　品牌管理

提到饮料，你就会想到可口可乐、百事可乐；提到运动服装，你就会想到阿迪达斯、耐克，提到汽车，你就会想起宝马、奔驰……这就是品牌效应。品牌是品质的象征，成功的品牌深入人心，甚至成为物品的指代。品牌是一家公司无形的宝贵资产，在 2011 年世界品牌 500 强中，苹果击败 facebook 成为最有价值的品牌，品牌价值为 1530 亿美元，超过了绝大多数公司的净资产价值。

按照著名公关公司奥美的定义，品牌是一种错综复杂的象征，是品牌属性、名称、包装、价格、历史、信誉，广告方式的无形总称。品牌对企业具有长期而重要的价值，是一项重要的资产。品牌管理则是企业为了提升品牌资产而开展的基于消费者满意的规划、传播、提升和评估等一系列战略决策和策略执行活动。

对于消费者来说，品牌就是消费者对产品和产品系列的认知，反映了消费者的满意程度，也反映了一个企业的形象。对于很多中小型企业来说，品牌的内涵在一定程度上反映了企业文化，所以对这类企业来说，品牌不仅是对外（分销商、消费者）销售的利器，而且也是对内（员工、供应商）管理的道德力量。在营销中，品牌是唤起消费者重复消费的最原始动力，是消费市场上的灵魂。

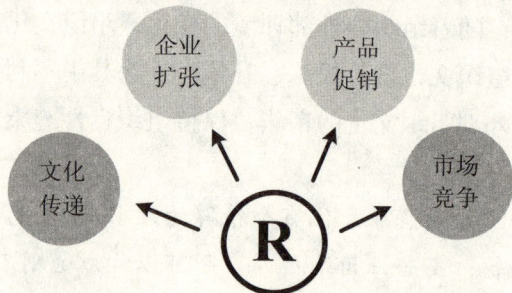

图 5—38　品牌具有的功能

品牌资产是一个系统概念，它由一系列因素构成。品牌名称和品牌标识是品牌资产的载体，品牌知名度、品牌美誉度、品牌认知、品牌联想、品牌忠诚度和附着在品牌上的其他资产都是品牌资产的有机构成，为消费者和企业提供附加利益是品牌资产的实质内容。

图5—39　品牌资产的实质内容

无论是提高产品质量，还是提供产品附加利益，企业最重视服务于消费者满意这一终极目的。因此，从这一意义上说，消费者满意比产品质量或产品及附加利益具有更大的包容性和更为深邃的内涵，消费者满意是品牌资产的基础。

消费者对品牌的满意度具体来讲体现在以下几个方面：

（1）理念满意：用户至上，质量第一；

（2）行为满意："言必行，行必果"；

（3）视听满意：赏心悦目；

（4）产品满意：对产品质量、价格、易用性等方面满意；

（5）服务满意：服务周到。

品牌管理就是打造名牌，达到建立品牌知名度，建立品质认知，建立品牌联想，建立品牌忠诚度的目标。一些有发展眼光的企业，都在不惜投入巨额的品牌管理开支，创名牌、保名牌。

摩托罗拉（Motorala）原来只是加尔文制造公司（Galvin Manufacturing Corporation）旗下一种收音机的品牌，后来因为摩托罗拉太出名了，干脆成了整个公司的名称。

从直观的形式看，品牌是企业的商标，含有产品的质量、价值、知名度、市场覆盖率等经济指标。但在品牌的背后，则是企业在经营、管理、人力资源、服务体系和企业文化等方面持之以恒的高层次、高质量工作的集成。

5.9.1 品牌规划

打造一个成功的品牌不是一件容易的事情，好的品牌必须从规划开始，从品牌定位到品牌识别，每一个细节都需要尤其注意。

● 品牌定位

品牌定位指建立一个与目标市场有关的品牌形象的过程与结果，品牌的定位决定了品牌特性和品牌发展动力。其意义有四点：帮助消费者进行品牌识别，明确目标消费者，积极传播品牌形象，创造品牌的差异化优势。

品牌定位的核心在于选择目标市场和具体定位，其最终目的是获取差异性竞争优势，在消费者心中树立起独一无二的品牌形象。其阶段如下：

图 5—40　品牌定位的三个阶段

品牌营销要仔细研究消费者心理需求分类，让品牌在消费者的心目中占据某个类别或特性的定位，即成为该品类或特性的代表品牌，让消费者产生相关需求是成为其首选，比如同样是高端车，奔驰彰显"声望"，宝马标榜"舒适"，法拉利代表"速度"，通过不同的定位吸引不同喜好的消费者，从而避免了恶性竞争带来的价格战。

● 品牌识别

品牌识别代表了品牌的内涵，也就是企业希望消费者认同的品牌形象，它是品牌战略的重心。它从品牌的理念识别、行为识别与符号识别三个方面规范了品牌的思想、行为、外表等内外涵义，其中包括以品牌的核心价值为中心的核心识别和以品牌承诺、品牌个性等元素组成的基本识别。

一个好的品牌名称是品牌被消费者认知、接受、满意乃至忠诚的前提，品牌的名称在很大程度上影响品牌联想，并对产品的销售产生直接的影响。

品牌取名时要做到以下几点：

（1）简洁：名字单纯，简洁明快，易于传播；

（2）独特：名称应具备独特的个性，避免混淆；

（3）新颖：名称要有新鲜感；

（4）响亮：名称要易于上口。

在设计中还要考虑认知、营销、创意、情感等原则，具体如表 5—34 所示。

表 5—34 品牌命名的原则

认知原则	营销原则	创意原则	情感原则
● 通俗易懂 ● 吸引公众注意 ● 印象深刻 ● 容易记忆 ● 符合文化背景与接受心理 ● 与时代要求一致	● 体现产品特征 ● 准确传递产品信息 ● 体现品牌价值和理念 ● 成为企业象征 ● 体现企业实力	● 醒目直观 ● 新颖独特 ● 视觉冲击力强 ● 具备法律上的显著性 ● 适合各种媒体 ● 趋向国际化	● 现代气息 ● 容易接受 ● 感染力强 ● 美的享受 ● 丰富联想 ● 令人喜爱

视觉识别（Visual Identity，VI）是通过系统的、统一的视觉符号，对外传达企业的经营理念与形象信息，视觉识别的基本要素系统包括：企业名称、企业标志、企业标准字、标准色彩、象征图案、组合应用和企业标语口号等。其中品牌标志（Logo）是品牌图形标记，是一种视觉语言。

视觉识别是静态的识别符号具体化、视觉化的传达形式，它接触的层面最广泛，效果更直接，可快速而明确地达成认知与识别的目的。

图 5—41 北京 2008 奥运会 LOGO

北京奥运会的会徽采用中国传统印章设计，篆刻出艺术化的汉字"京"，寓意"舞动的北京"，同时红色的印章代表了北京向全世界做出的承诺。整体设计简洁明快，寓意清晰，很好地宣扬了中华文化和特色，成为视觉形象设计史上的经典之作。

5.9.2 品牌经营

企业始终要树立以消费者满意为中心的经营理念，保持品牌的高品质。

● 品牌传播

广告是品牌的武器，要用好这个武器不断将品牌信息传递给消费者才能保持品牌在消费者心目中的印象。

（1）名人战略：即利用一些著名人士的知名度，托起企业及产品的品牌。邀请名人代言产品，这是打造品牌最常用的手段。

（2）名品战略：即利用企业某些已经产生重大影响的拳头产品来推广企业形象，制造一系列名牌。比如海尔电器借助冰箱、洗衣机等优质产品，打造出著名家电品牌，在此基础上，又推出空调、彩电等系列产品。

（3）名门战略：即利用企业的整体形象，来提升一些产品的形象。有些企业将企业自身打造成品牌，让消费者产生信任和依赖。比如宝洁公司，作为最大的日用品生产商，旗下拥有很多的品牌产品，都是依托宝洁（P&G）成功推向市场。

● 品牌延伸

品牌延伸是指一个现有的品牌名称使用到一个新类别的产品上，品牌延伸策略是将现有成功的品牌，用于新产品或修正过的产品上的一种策略。

品牌延伸的途径包括：产业上延伸，比如在与原来主打产品相近的领域进行拓展；档次上延伸，比如针对不同层次的消费者推出不同价位的产品；以及其他方面的相关延伸。

海尔集团从冰箱做起，花了7年时间，通过各种促销手段和传媒渠道来打造出冰箱名牌"海尔"。在此基础上，将产品线延伸到洗衣机、空调、彩电，使得"海尔"成为白色家电的世界级品牌。

企业应当慎重选择品牌延伸战略，明确产业定位，选择那些能够共享自身核心竞争力的产品，有利于发挥所长，形成规模效应。对于企业并不擅长的领域，应当慎之又慎。事实证明，海尔后来在医药领域、计算机通信领域的延伸并不成功。

● 品牌更新

品牌更新是指随着企业经营环境的变化和消费者需求的变化，品牌的内涵和表现形式也要不断变化发展，以适应社会经济发展的需要。

联想在进军国际市场时，发现其英文名"Legend"几乎在所有国家都被注册了，于是重新设计了新名称——Lenovo，"novo"是一个拉丁词根，代表"新意"、"创新"，"Le"为"Legend"的继承部分，寓意为"创新的联想"。联想公司根据新Logo采用了全新的VI，以崭新的形象出现在世人面前。

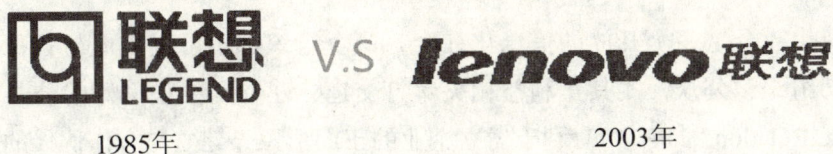

1985年   2003年

图5—42 联想公司不同时期的标识

5.9.3 品牌保护

品牌作为企业的一项重要的无形资产，需要持之以恒的呵护。保护品牌要从以下几个方面着手。

● 珍惜商标

商标是生产经营者为了区别商品或服务来源、采用的具有显著特征的标志，一般由文字、图形或者其组合构成。经国家核准注册的商标为"注册商标"，受法律保护。商标注册人享有商标专用权。

商标应当及早注册，注册内容要全面，包括名称、标志、包装、广告语、网站域名等，同时应当将相似的类似商标注册，避免仿造；有实力的企业应该考虑相近行业注册和异域注册，以便日后长久发展；商标权有时间性，超出有效期限，就不再受法律保护，到期前要及时续注。

● 严守机密

企业应当要求所有员工严守商业秘密，谢绝外人技术性参观。对于企业的核心技术要申请专利，寻求法律保护。

● 谨防假冒

必须坚决制止各式各样的侵权行为，对于疑似侵权的行为要及时提出异议；企业还可以采用高科技防伪手段，提高假冒的技术门槛。

总之，品牌建设非一日之功，品牌维护更非一蹴而就，需要品牌管理者长久经营和呵护。

5.10　公关管理

现代社会是一个开放的信息化社会，每个组织都不可避免地与各种各样的外部组织、公众，尤其是利益相关者打交道，建立和维护良好的公共关系（Public Relations，PR），有利于树立企业的正面形象，建立与合作伙伴的信任关系，并赢得公众的信赖和支持。

公共关系管理是一个组织运用有效的传播手段，使自身适应公众的需要，并使公众也适应组织发展需要的一种思想、策略和管理职能。企业公共关系管理的作用具体来讲可以归纳为四个方面，如表5—35所示。

表5—35　公共关系管理的作用

塑造形象	传播沟通	协调关系	决策咨询
● 基本功能	● 公众好印象	● 政府	● 知名度
● 不造假	● 获取支持	● 客户、供应商	● 美誉度
● 形象传播推广	● 维护形象	● 媒体、社区	● 公众心理

公共关系状态是一个企业或组织所处的社会关系和社会舆论的状态，即这个组织在公众心目中的现实形象。公共关系状态可从美誉度和知名度两个维度进行衡量，如图5—43所示。公共关系管理的目的正在于使企业能够美名远扬，避免出现一些恶性事件破坏企业公共形象。

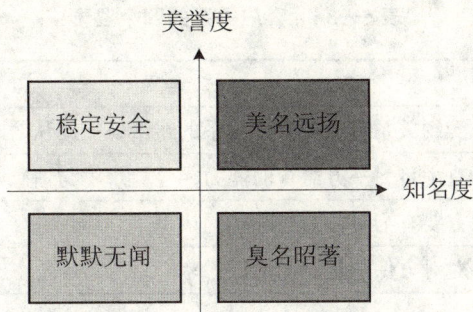

图 5—43 企业公共关系状态

公共关系管理可以帮助企业维护良好的公众形象，拓展新市场，维护与政府的关系，处理危机事件等等，但是公关也不是万能的，公关不能篡改事实，不能通过违法的渠道来解决问题，同时，公关是主观方面的行为，不能确保达到预期的效果，比如媒体的报道、公众的反应等等。

企业公共关系主要包括客户关系、政府关系、媒体关系等方面，这些外部组织对企业的发展至关重要。

5.10.1 客户关系

客户关系是企业外部公共关系中最重要的关系，市场的激烈竞争使企业关注的焦点逐渐由关注产品转移到关注客户上来。企业与顾客不仅仅是商品交换上的经济利益关系，同时还广泛存在信息交流、情感沟通等多方面的社会关系。良好的客户关系是建立和维系稳定的经济利益关系的基础。

客户关系管理帮助企业最大限度地利用以客户为中心的资源，并将这些资源集中应用于现有客户和潜在客户身上，缩短销售周期和降低销售成本，通过寻求扩展业务所需的新市场和新渠道，并通过增进客户价值、客户满意度、盈利能力以及客户的忠诚度等方面来改善企业的管理。

客户关系是建立在以契约、互惠、认同、信任为基础的四要素上的，全面考虑这四个维度，客户关系管理才能称为真正全面的关系营销。

企业与客户的关系可以分为五种不同的层次，如图 5—44 所示。企业可以根据产品和市场的不同，分别选择与客户建立不同水平的营销关系。

表 5—36　客户关系的四个要素

要素	含义
契约	● 可靠的契约关系是维持双方关系的纽带，彼此从对方获得利益与支持
互惠	● 企业要有满足另一方需求的能力，建立理解与情感
认同	● 关系双方要有为对方着想的感同认识
信任	● 双方要对对方保持足够的信任

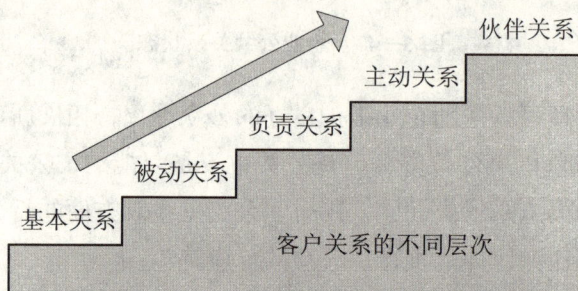

图 5—44　企业与客户关系的不同层次

　　企业与客户的关系历经整个客户生命周期，更加强调长期的合作关系而不是短期的交易行为。因此企业应该构建统一的基础结构，储存起与客户交互的历史记录，成为共同的数据源，数据应该涉及客户销售、支持、营销、后端办公等，这样企业内部可以共享客户的相关信息，从而对客户运用合适的解决方案。

　　除了企业直接服务的客户外，企业还应当重视与供应商的关系，以及与竞争对手的关系。

图 5—45　客户生命周期

　　供应商关系是指企业与各类生产、流通企业之间的协作关系。处理这方面关系的原则是：互惠互利，加强协作。通过建立信息交流制度，实现信息共享；密切人际交往关系，增加信任与了解。

　　竞争者关系是指企业与同行企业的关系。企业必须树立公平竞争的观念，用公平竞争的方式参与竞争，决不采取不正当竞争手段去排斥对手。企业还要懂得运用行业协会的力量，以及在需要的时候要与同业者结成联盟，发出共同声音，使公关事务更加符合行业内所有公司的利益，而不是仅仅符合一家公司的利益。

2001 年 9 月，欧盟制定了针对抵制中国打火机的贸易技术壁垒法案，代表温州市 500 多家打火机企业的民间商会——温州市烟具行业协会邀请知名涉外法律专家举行专题分析会，商讨对策，并组成交涉团前往欧洲谈判。2003 年 7 月，欧洲打火机制造商联合会撤回了对产自中国打火机的反倾销诉讼。这是中国加入 WTO 后，中国企业取得欧盟反倾销诉讼的首起胜案。

（来源：孙雷红. 从温州打火机胜诉看行业协会在反倾销中的作用 [J]. 对外经贸，2004 年第 09 期）

5.10.2 政府关系

在企业的利益相关群体当中，政府对企业的影响无疑是最大的，特别是在中国，政府作为经济调控"看得见的手"，依然发挥着至关重要的主导作用。政府对企业的影响主要表现在监管企业行为，比如：产品质量抽查、财务审计等；政府还可以通过政策、法律等方式以修改"市场游戏规则"来改变企业的外部环境，比如修改税收政策、颁布新的劳动法律法规等。

企业政府关系指企业作为行为主体，利用各种信息传播途径与政府进行双向的交流，以取得政府的信任、支持和合作，从而为企业建立良好的外部政治环境，促进企业的生存和发展。企业政府公关主要有两个目标：一是环境导向的政府公关，主要目的是加强与政府的信息沟通，为企业的正常运营建构一个和谐的政府关系环境；其二是市场导向的政府公关，主要目的是以获取企业竞争优势或市场利益为出发点，影响政策制定，获取政府资源，从而实现企业的市场目的与战略目标。

企业管理者对政府公关常常有这样的误区：政府公关就是走后门、行贿、请官员吃吃喝喝。实际上，政府公关有更多的正常渠道，企业对政府的公共关系活动需要遵循一些基本原则：

（1）诚信守法

企业是法人，对政府来说是一个团体公民，它的所有活动和行为必须在法律法规所允许的范围内进行。企业守法才能在政府面前建立一个良好的政治形象。对政府的公共关系不是阴暗的请客、送礼、拉关系，而是建立在公正、公平和公开基础上的。如果一个企业无视国家政府的政策和法律，为了企业利益从事违法勾当、偷税漏税、生产仿冒伪劣产品、违章作业，那企业就会受到法律的惩罚和政府的处罚，企业甚至被取缔。反之，如果某些政府官员利用手中的权利进行权钱交易的腐败活动，企业的相关人员要坚决抵制，还可向主管当局检举，配合政府的工作。

（2）主动沟通

企业与政府的沟通应该是互动式的、双向的。企业需要通过正常渠道和政府沟通了解政府对自己所处行业的政策，关注有关政策的出台，对政府面对的挑战和政策制定的取向要有敏锐的思考和清晰的理解。这样企业在制定战略的时候就有把握和不盲目，符合政府政策发展的方向。另外，企业应该经常向政府汇报自己的发展方向和工作开展情况。在选择沟通方式上，可采取通过企业设立的公共事务部门进行日常的沟通工作以及让公司的最高首脑定期拜访，邀请政府官员参观企业，开展座谈会，并寄送企业内刊，促进双方深入交流。

（3）利益互惠

企业是社会经济建设的主力军，企业的发展有利于推动当地的经济发展，而经济发展往往是政府最重要的考核指标。一方面，政府为企业营造良好的公共设施环境，通过各种政策优惠鼓励企业发展；另一方面，企业为当地劳动力提供大量的就业机会，并向政府缴纳税金。因此企业和政府双方是互惠的关系，有企业家评论，政府与企业是水与鱼的关系，非常形象。

除了政府，企业还应当处理好与所在地居民及其他社会组织的关系。社区对企业而言，既是企业的生存空间，又是企业的服务对象。企业可以通过参加或举办各种公益活动，比如赞助支持当地的体育事业、文化事业、教育事业、社会福利和慈善事业等社会事业，创造社会效益，树立企业良好形象，赢得公共支持，扩大企业知名度。

5.10.3　媒体关系

媒体关系指企业与新闻传播机构、新闻界人士的关系。从公关的角度看，媒体具有很强的舆论导向性，媒体对企业的影响是一把双刃剑，既可以帮助企业渡过危机，为企业制造商机，也可以瓦解企业声誉，使企业一蹶不振，因此企业应该重视新闻媒体在提高企业知名度、树立企业形象等方面的作用，积极建立与媒体间的和谐关系。企业与媒体间不仅仅是信息提供者与信息发布者的关系，更需要与媒体间建立较深层次的合作方式，平等互惠、相互支持。企业与媒体维持关系的主要方法有：

（1）主动提供新闻。企业必须要站在新闻的角度去了解什么是新闻点、亮点。资源在自己身上可以自己直接掌握，不需要靠专门的公关公司去策划，这样就拥有主动权，多和媒体朋友沟通有时可以清楚企业应该怎样去增加影响力。

（2）适时召开新闻发布会。新闻发布会是企业向公众和媒体披露信息的正式渠道，有利于形成统一的官方信息，避免各种流传的不实消息。

（3）利用新闻媒体做广告。广告是企业重要的宣传手段，也是媒体最重要的收入来源，因此企业是媒体的重要客户，通过广告不但可以达到向大众公关的效果，还可以影响媒体关系。

（4）其他沟通渠道，比如共同举办研讨会，或者经常安排非正式会议与重要媒体记者和编辑沟通，这样相对积极主动地沟通和合作方式不仅有利于企业与媒体保持良好关系，而且有利于掌握市场信息和新闻导向。

企业还应该与那些对公众舆论和社会生活有较大影响力的社会名流建立良好的公共关系，有助于企业扩大社会交往范围，提高企业知名度，从而扩大企业的市场影响力。

5.10.4　危机公关

公共关系危机会令组织损失惨重，有些公关危机是因为组织自身原因造成的，比如公司领导人的丑闻、质量问题曝光等等，也有因为客观因素造成的，比如散布谣言、或者合作伙伴的丑闻等等。企业需要针对这些问题，掌握必要的公关技巧，巧妙化解危机，渡过难关。

全球领先的公共关系和传播咨询公司博雅公关公司的亚太区总裁鲍勃·皮卡德（Bob Pickard）评价道："在面对新媒体上出现的危机时，大多数公司与机构面临的最大问题是无法对新媒体包括社交媒体作出有效应对，而且响应时间较长。"这些评价客观反映出企业在公关意识和公关能力方面的严重不足。

● 公关危机防范

危机公关最重要的是"防患于未然"，企业公关部门应该从以下多个方面做好事前预防工作。

（1）提高危机防御意识。危机防御的关键在于培养员工未雨绸缪的危机意识。危机并不可怕，缺乏危机防御的意识才是企业最大的危机。而事实上，多数企业都缺乏较高的危机防御意识。

（2）建立危机预警体系。企业应当在危机爆发前便落实全面的危机管理工作，做好人力、资金、组织三方准备，在前期预案中评估可能发生的情景、制定行动计划、危机情况下的财务规划、问题监控。

（3）加强危机防范培训。每一位的员工都直接代表了公司的形象和立场，员工如何在危机后冷静应对媒体，避免发生内讧，事前防范培训不可忽视。

● 公关危机应对

一旦发生公关危机，企业应首先获取媒体的理解和支持，使媒体公正而客观地评价企业的危机事件，向公众正确地传递企业处理危机事件的态度和措施，以获取更多公众的理解和支持。

表 5—37　危机公关应对的原则

原则	具体行动
主动迅速	● 态度决定一切。很多企业奉行"鸵鸟政策"，想通过逃避的方式是解决不了问题的。企业要把握回应时机，避免被推上舆论的风口浪尖而又不至背上"逃避责任"的恶名。 ● 企业应当把握主动权，尽早站出来作出澄清、表明立场、稳定人心，疏导公共情绪，引导事态向有利的方向发展。
真诚真实	● 企业首先应该发布声明，表现出对于事件受害方的关注，如果由于自身原因造成的损失，应该摆出诚恳道歉的态度，承认错误并积极采取补救措施，以求公众谅解。 ● 在声明发布之后，要迅速组织更充分的事实依据和第三方证言来回应公众质疑，通过权威第三方的证据来证明事实。
上下统一	● 在危机处理上需要内部的高度一致性，强调利益相关方，在行为上按照规范做出一致反应。内部沟通是前提，做到企业上下一致，对外发布信息一致、真实可靠。
改善行动	● 企业本身应该采取行动，控制局势进一步恶化，并随时向受影响的公众公布事件的真实可信的原因及所采取的补救措施。

2012年中央电视台"315"晚会上曝光了麦当劳的一家门店的食品卫生问题，麦当劳第一时间在官方微博上了发布了一条声明，堪称危机公关的佳作，

原文如下：

@麦当劳：央视"315"晚会所报道的北京三里屯餐厅违规操作的情况，麦当劳中国对此非常重视。我们将就这一个别事件立即进行调查，坚决严肃处理，以实际行动向消费者表示歉意。我们将由此事深化管理，确保营运标准切实执行，为消费者提供安全、卫生的美食。欢迎和感谢政府相关部门、媒体及消费者对我们的监督。

（来源：新浪微博麦当劳主页weibo.com/mcdonaldsworlds，2012年3月15日）

麦当劳在对待被曝光这个危机事件上，符合上述几个原则，因此取得了良好的效果，果断化解了一场危机，主要体现在：

（1）主动迅速：在被曝光后不到一个小时，即发布了上述微博声明，表达歉意的同时表明立场。麦当劳将被曝光的问题界定为个例，并明确指出这属于"违规操作"，强调麦当劳的标准没问题，是执行问题，将整体信誉问题转化为个别管理问题。

（2）真诚真实：麦当劳连续用了多个程度副词，比如"非常""立即""坚决严肃""以实际行动""深化""确保"等，这些副词传递出企业的管理责任和对事情的态度。

（3）改善行动：麦当劳提出"深化管理，确保营运标准切实执行，为消费者提供安全、卫生的美食"，再次将问题定性为管理问题，并承诺改善。

● 公关危机反思

危机事件发生之后，必须进行详尽的总结，总结教训，对管理方法和业务流程加以改进，并对员工展开培训和教育，确保以后不再发生类似事件。

5.11 供应链管理

现代经济学的奠基者亚当·斯密（Adam Smith）认为，市场越广阔，社会分工越精细，不同分工的群体有条件从事自己最擅长的工作，社会化生产的工作效率越高，因此社会生产力也越高。社会分工从原材料到零配件、到加工装配成产品、分销、到销售给最终客户，形成一条完整的供应链，如图5—46所示，具体包括：

（1）供应商：为制造产品提供原材料、零配件等；

（2）制造商：进行产品的制造加工，比如加工厂或装配厂等；

（3）分销商：从事产品的分销工作，将产品从生产车间分发到各个销售机构，比如代理商、批发商；

（4）零售商：直接向消费者出售产品，比如商场、百货商店、超市、专卖店、便利店和杂货店等；

（5）消费者：商品的使用者，愿意为获得商品的使用价值而支付费用。

供应链是连接企业与外部的重要联系，供应链上伴随着价值的增加与转移，是企业资源整合的核心部分。

供应商　制造商　分销商　零售商　消费者

图5—46　供应链上的成员

供应链流程是以满足客户需求为目的围绕供应链上的一系列活动，包括计划、采购、制造、销售、物流、配送、客服等活动，供应链流程涉及企业几乎所有内部职能以及与外部相关企业的交易活动。

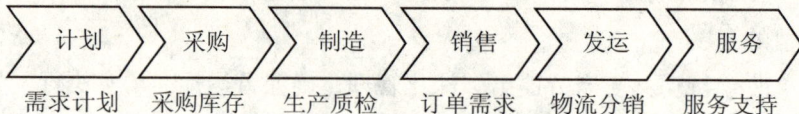

计划　采购　制造　销售　发运　服务

需求计划　采购库存　生产质检　订单需求　物流分销　服务支持

图5—47　供应链上的活动内容

供应链管理（Supply Chain Management，SCM）指企业通过改善供应链上、下游关系，整合和优化供应链中的活动，提高信息流、物流和资金流的流转效率，减少浪费，避免延误，以获得企业的竞争优势。供应链管理不仅包括构建物流系统，还包括对信息和组织的管理，以及相应服务体系的建设。可以说，供应链管理不仅是一种管理方法，更是一种集成的科学管理思想。

要做好供应链管理，必须处理好三个重点：流程、人和技术。供应链之所以称为"链"，是由于供应链上的一系列活动紧密相连，环环相扣，因此流程管理对供应链实施非常重要；人是供应链管理的执行者，需要具备专业且实用的供应链管理知识和技能，需要了解仓库、库存、运输和采购、以及客户关系的管理和运作方法。随着社会化生产日益加强和经济一体化深化发展，尤其是全球制造、虚拟制造这些先进制造模式的出现，使得企业供应链越来越庞杂，需要借助信息化技术来提高供应链管理的工作效率，信息化的供应链管理系统已经成为企业供应链管理必须构建的基础设施。

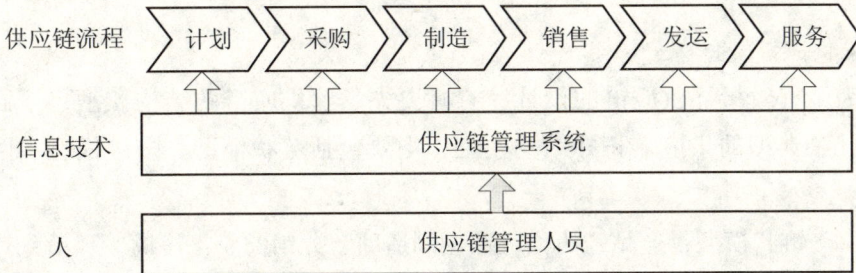

图 5—48　供应链管理三要素

5.11.1　供应链设计

精简高效的供应链是提升供应链管理水平、提高组织绩效的重要保障，设计一个结构合理的供应链对于降低库存、减少成本、缩短工期、提高供应链的整体运作效率至关重要。

在设计供应链之前，首先介绍几个描述供应链的术语。

（1）供应链方向：供应链主要体现为物流、信息流、资金流三者的动态流转，通常按照物流的方向来定义供应链的方向，确定各成员之间的顺序关系，对商品制造行业而言，供应链成员主要包括供应商、制造商和分销商。

（2）层级：本企业在供应链的位置确定之后，按照供应商和分销商的顺序，可分为一级供应商、二级供应商、一级经销商、二级经销商等等，一般级数不超过 4 级。

（3）节点：指供应链上的各个企业。在供应链中，物流是有向的流动，从一个节点流向另一个节点，物流进入的节点称为入点，物流流出的节点称为出点。

（4）子网：有些节点进一步可分解成互相联系的小节点，这些小节点构成了供应链的子网。对于一些规模庞大的企业，同时涉及多种业务，不仅为外部企业形成内容供应关系，内部各部门（事业部、子公司）之间也构成供应关系。

（5）虚拟企业：供应链上的所有节点企业构成了一个大的利益共同体，通过密切合作实现目标，称为虚拟企业。这种虚拟企业建立在共同利益的基础之上，其存在的目的是为了获取相互协作而产生的效益，没有行政力量的约束，一旦目标实现或共同利益被打破便不复存在。

● 供应链模型

为了有效指导供应链的设计，有必要先了解供应链的结构模型，下面将介绍几种典型的供应链拓扑结构模型，主要包括链状模型、多级模型和网状模型。

（1）链状模型：产品经历供应商、制造商、分销商、零售商等环节到达用户，呈现出简单的链状特征，如图 5—49 所示。这种情况在工业社会早期比较常见，在现代化的社会分工生产中已经少见。

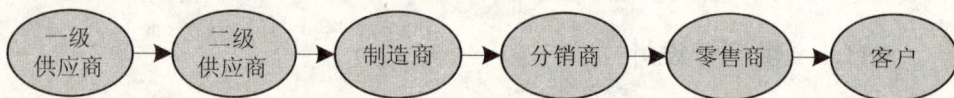

图 5—49　供应链链状结构模型

（2）多级模型：在多级模型中，存在一个核心企业，以该核心企业为枢纽，存在多个前向的供应商和后向的分销商，如图 5—50 所示。多级模型中物流、信息流和资金流呈现出多源单链状。多级模型大都出现在垄断性行业中，该行业的某个环节被少数企业所垄断，该垄断企业即为核心企业。

（3）网状模型：供应商、制造商、分销商之间都呈现出一对多的关系，交叉构成网状拓扑结构。网状模型是现代商业社会比较普遍的供应链结构，有利于促进市场竞争。现代社会中企业之间存在着千丝万缕的联系，随着经济全球化的发展，所有的企业组成了一张广义的网状供应链。

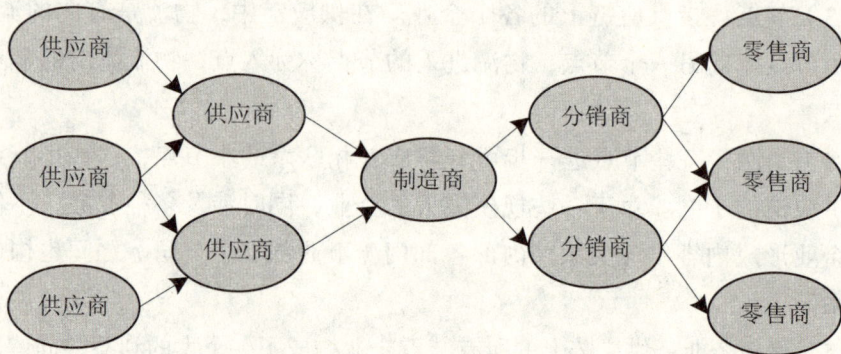

图 5—50　供应链多级结构模型

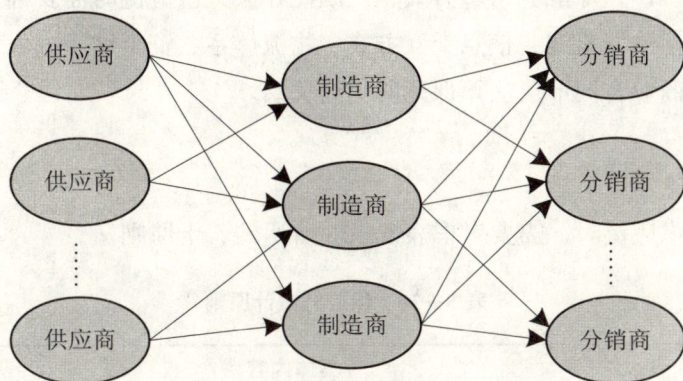

图5—51 供应链网状结构模型

● 供应链设计内容

企业在设计供应链时，主要需要考虑如下三大方面的内容：

（1）供应链结构设计：梳理企业主要经营业务所需的外部合作关系，确定供应链上的合作性质，比如生产产品需要哪些原材料，是否需要外部供应商，如果将产品销售出去，是经过分销商还是采用直销模式等等。供应链结构直接取决于企业的经营战略和商业模式。

戴尔公司首创了个人电脑（PC）的直销模式，其供应链仅包括供应商、戴尔及顾客。戴尔公司直接从顾客手中拿到订单，绕过中间商（例如批发商、分销商和零售商），从而以更低廉的价格直接提供产品给顾客，这一中间环节的省略大大减少了各种分销渠道的费用，排除了中间渠道商对利润的瓜分。戴尔公司从专业分工考虑，专注于自己最擅长的网络销售领域，不从事零部件制造，而是选择一批合作伙伴向其供货，不仅大大地提高本企业的竞争能力，而且使供应链的其他企业都能受益。

（2）供应链成员选择：确定供应链结构之后，紧接着就是对供应链上下游的伙伴进行选择。在选择合作伙伴时，不仅需要从成本角度考虑，还要综合考察该企业的服务质量、信誉关系等，以便建立长期、稳定、可靠的商业合作关系。

（3）供应链运行规则：供应链上的各成员是拥有共同利益的有机整体，只有彼此通力协作，才能获得多方共赢。因此在设计供应链时需要确定彼此的运行机制，包括协调机制，信息交互方式、物流体系、资金结算方式等等，必要时需要通过商业合同形成法律保证的契约关系。

● 供应链设计原则

在设计供应链时，需要考虑表 5—38 所示的若干原则。

表 5—38　供应链设计原则

原则	具体内容
战略性	● 供应链结构应和企业的战略规划保持一致，并在企业战略指导下进行规划与设计。
整体性	● 供应链不仅是企业自身的事情，还关系到上下游合作伙伴的共同利益，因此设计供应链时需要考虑整体利益，寻求企业与供应链伙伴的共赢。
互补性	● 供应链上各个节点的选择应该遵循强强联合、优势互补的原则，达到资源外用的目的，每个企业集中精力致力于各自核心业务。
简洁性	● 为了使供应链具有灵活响应市场的能力，供应链的每个环节都应该是精简的、具有活力的，能够实现业务流程的快速组合。
协调性	● 供应链的业绩好坏取决于供应链合作伙伴关系是否和谐，因此建立战略伙伴关系的合作企业关系模型是实现供应链最佳效能的保证。
动态性	● 预见各种不确定因素对供应链运作的影响，增加透明性，减少不必要的中间环节，从而减少信息传递过程中的信息延迟和失真。
创新性	● 发挥企业各类人员的创造性，并与其他企业共同协作，建立科学的供应链评价体系及组织管理系统，发挥供应链整体优势。

5.11.2　供应链优化

高效可靠的供应链对于提升企业竞争力至关重要，供应链优化即在有约束条件或资源有限的情况下对供应链进行优化，以提高效率、降低成本。

● 供应链评价指标

首先应选择合适的指标分析供应链的优劣，才能找出问题、不断改进。供应链的质量可以从满意度、弹性化、集成化、增值性、协调性等若干方面进行评价，具体含义如表 5—39 所示。

表 5—39　供应链评价指标

评估指标	具体内容
满意度	● 供应链的输出是为了满足客户对产品的要求，因此产品的质量、成本与交货期是评价供应链优劣的首要指标。
弹性化	● 供应链设计需要充分利用链中各企业的资源，加速生产与市场信息在链中的流通，提高链中各企业的生产弹性以及对市场的响应速度。
集成化	● 供应链的核心思想是将链中的企业信息、物资、管理进行集成和整合，使得链中企业的资源能够共享，获得优势互补的整体效益。
增值性	● 供应链是由物流链、信息链、资金链组成的一条价值链，供应链中每一个结点环节应该是价值增值的环节。
协调性	● 供应链中各企业是独立的利益个体，不存在隶属关系，因而协调度难度较大。在构建供应链时，需要将链中各企业之间的利益运作管理机制以条文明确规定，并在供应链运作过程中，根据实际情况加以协调。

● 供应链核心流程

供应链可以看成一条跨组织的业务流程，在进行优化之前，找出核心流程非常关键，如表 5—40 所示。

表 5—40　供应链核心流程

核心流程	内容
需求管理	● 根据客户需求并结合企业产能，预测需求并协调生产、采购和分销等活动。
定单执行	● 将企业的市场、生产和分销同步，以满足客户的需求。
生产流程管理	● 确定生产流程需求，以灵活性和周转率的恰当组合来满足需求。
产品开发与商业化	● 不断开发新产品并将它们投入市场，将流程中的供应商和客户整合在一起，缩短上市时间。
退货管理	● 管理旧货的处理和问题产品的召回，以及将各种要求打包和尽量减少将来的退货。
供应商关系管理	● 管理与供应商的产品和服务协议，与核心供应商建立紧密关系。
客户关系管理	● 明确核心客户，按需定制产品和服务，衡量客户的利润率和公司对客户的影响。
客户服务管理	● 为客户提供相关信息，如可用产品、发运日期、定单状态、产品与服务协议的管理。

● 供应链优化方法

高质量的供应链管理应该体现在：能够将数量准确、质量合格的特定产品以合适的成本在规定的时间送到指定的地点交给特定的客户，因此供应链优化可以从客户满意度的 TQCS 四个方面着手改进。

（1）压缩货运时间（Time）：商品或服务在到达最终用户以前要经过许多环节，所以一流的供应链管理要求各个环节的管理工作都必须是一流的。对于一个企业来说，不仅应该关心本企业范围内产品的周转时间，还要考虑原材料和产品在整个供应链各个环节上的周转时间。只有这样才能最有效地压缩从下订单采购到备货交付给最终客户的总时间。

（2）提高交货质量（Quality）：对于商品的最终客户来说，最为关心的是产品质量。产品质量不仅由制造加工过程决定，还取决于产品的原材料、零配件，以及产品存储、运输过程的保护措施等等。因此供应链管理要求对产品从原材料采购到最终交付的每个环节实行质量管理和监督，确保最终产品的质量。

（3）降低物流成本（Cost）：随着生产全球化、区域化的深入发展，物流成本已经成为产品总成本的重要有机组成部分。选择合适区域的供应商、优化供应环节和销售环节的储运流程，有利于降低企业的物流成本，提升产品价格竞争力。

伊藤洋华堂（Ito Yokado）是日本著名的连锁零售企业，该企业认为通过尽可能地减少库存，可以提高零售企业的竞争力。公司一方面通过实施分散化的信息处理，将信息处理的场所直接放在店铺，使经营决策更及时地反映当地市场的变化特点，商店可以根据前一天的销售数据，结合库存基准从而动态地决定进货；另一方面，通过采用共同配送模式，与批发企业协商达成一致，要求所有商品必须先集中到指定批发商，然后才能对店铺配送，同时加强对供应商的管理，大幅降低货物配送差错率，大大降低了物流管理成本。

（4）改善服务水平（Service）：供应链上的各级成员利益密切关联、运转环环相扣，只有改善每一级组织的服务水平，才能提高整体运作效率。

5.11.3　供应链协同

前文讲到，供应链的企业由于共同利益组成了虚拟企业，但是这种合作关系并不稳定。为了应对竞争激烈且不断变化的市场环境，供应链上的多个企业通过合作协议或联合组织等方式结合成联合体，实现共同的战略目标，称为供应链协同。供应链协同管理的优势体现在两个方面：首先，在协同体内部建立互惠互信关系，能够以低于市场的价格购入产品和原料，缩短内部企业之间的交易时间，节约交易成本，降低库存水平，从而减少库存成本。其次，协同体组成竞争优势群，发挥协同效应，追求价值链整体优势，能够减少市场不确定性影响，提高快速反应能力，与其他同行相比具有较强的市场竞争力。

供应链管理的实质就是使供应链形成一个整体进行集成化管理，其关键就是供应链上下游的协同工作。因此，著名供应链专家 David Anderson 和 Hau Lee 提出"供应链管理的精髓就是协同供应链管理"，该观点得到了业界的广泛认同。

● 协同含义

按照企业协同的内容，供应链协同共包括三大方面：

（1）组织协同：各个成员在供应链中具有明确的分工和责任，每个企业负责各自最优势的环节，获取集群效益，供应链上下游的供需双方由"合作—博弈"的交易关系转变为"合作—整合"的协作关系；

（2）业务流程协同：供应链协同使得各个成员形成紧密的虚拟企业，在业务流程上打破企业界限，围绕满足最终客户需求这一核心目标，对产品整个流程进行整合优化；

（3）信息协同：供应链各成员在信息方面实现运营数据、市场数据的实时共享和互通，从而更快更好地协同响应最终客户的需求。

"长鞭效应（Bullwhip Effect）"是市场中普遍存在的一种高风险现象，指供应链上的信息流从最终客户向原始供应商端传递过程中，由于无法有效地共享信息，使得信息扭曲并逐级放大，导致需求信息波动越来越大，最终导致生产、供应、营销的混乱。在整条供应链上，包括零售商、批发商、分销商和制造商等等，每个节点企业的订单都会产生波动，导致需求信息发生扭曲，增大了生产、供应、库存管理和市场营销的不稳定性，甚至会扰乱生产商的计划安排与营销管理秩序。通过供应链协同，可以减少长鞭效应，实时响应客户需求，降低企业的经营成本。

按照企业协同的层次，供应链协同可以分为三个层次：包括战略层面协同、管理层面协同和执行层面协同，具体为：

（1）战略层面协同：供应链协同各成员以供应链总体战略目标为指导来确定自身的战略方针、理念、目标、标准等。战略协同是供应链协同的最高层次，也是供应链协同得以执行的基础和保障。

（2）管理层面协同：企业管理者打破原有的局限于本企业的管理思维，加强与协同企业之间的沟通和交流，建立互信机制，共享信息、协同管理。

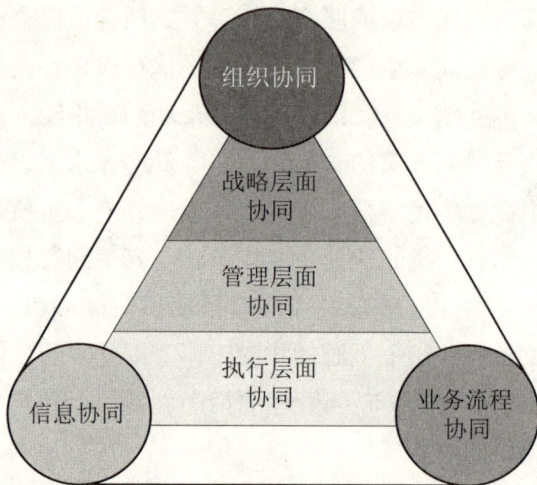

图5—52　供应链协同的内容和层次

（3）执行层面协同：供应链协同的各个企业开放各自的业务流程，从整体上进行流程的优化和整合，缩短流转周期，提高执行效率。

● 形成要素

由于供应链上的各个企业都是完全独立的经济组织，且彼此之间存在着利益关系，在迈克尔·波特竞争学说的"五力模型"（见本书第7章《战略管理》部分）中，供应链上游的供应商和下游的客户都是竞争力量，因此要形成协同体并非是一件容易的事情。

通过建立供应链协同关系，可以降低交易成本和生产成本、缩短新产品上市时间、提高对市场反应的敏捷程度、增加客户满意度等，从而为企业带来巨大的受益。供应链协同需要各节点企业具有长远的战略眼光，注重长远利益而非关注眼前既得利益；管理者需要转变观念，将原来"输—赢"的竞争关系转变为一种双赢的竞合关系；在共同把蛋糕做大的前提下，追求各自利益的最大化。供应链协同在日常经营管理中，需要与协同伙伴经常沟通、交流，建立畅通的信息渠道，消除习惯性的防卫心理与行为，建立互信互惠的关系，形成共担风险、共享利益的信任机制。

如上所述，供应链上的各成员必须要具备一些要素，才有可能促成供应链协同的形成，归纳表 5—41 所示。

表 5—41　供应链协同的形成要素

形成要素		具体含义
战略层面	共同利益	● 供应链各成员具有共同的利益目标，协作可以获得集群优势，让协作各方清楚协作的预期收益，才能确保通力合作。
	成果共享	● 共同承担商业风险，同享商业成果。这就要求各成员必须有长远眼光和战略思维，不能计较一己私利和一时得失而破坏了协作关系。
管理层面	角色明确	● 不是所有的供应链伙伴和活动都能创造出相同的价值。选择那些能够产生最大收益的角色和环节。协作各方需要清楚地了解自己的优势，以便确定自身在供应链中的角色，以及所承担的责任。
	信任公开	● 协同各成员必须建立信任机制，并向合作伙伴公开那些有助于改进供应链整体效益的业务流程和商业信息。
执行层面	协同一致	● 连接供应链关系中所有的环节、行为态度和作业执行必须协调一致，形成一个有序运转的广义业务流程。
	共对危机	● 当协作关系出现问题时，协作各方需要共同努力一起解决问题。不能简单地寄希望于惩罚性的行动来获取转机。

另外，一些负面因素可能导致供应链协同的失败，比如企业管理者视野狭窄，只考虑自身经营领域的利益；谈判缺乏诚意，使彼此处于一种敌对的心理状态；协作伙伴间沟通不足，导致执行过程中出现问题的几率倍增；以及一些信息误导、财务虚报等违背职业道德的行为，最终都可能成为破坏供应链协同关系的障碍。

5.12　企业资源规划

企业资源计划（Enterprise Resource Planning，ERP）是在制造资源计划（Manufacturing Resource Planning，MRP）基础上发展而来的，由原来的生产制造供应链资源的管理扩展面向企业内部资源的全面管理。ERP 管理系统整合了企业管理理念、业务流程、基础数据、人力物力等资源于一体，旨在通过实时反馈更新的物流、信息流、资金流，把客户需要和企业内部的生产经营活动以及整个供应链的资源整合在一起，对采购、生产、成本、库存、分销、运输、财务、人力资源等环节进行规划，实现企业资源的最佳组合和有效利用，体现了用户需求导向的管理理念。

ERP 借助信息化的计算机硬件和软件工作，帮助企业在内部管理、业务操作等实现流程化、规范化、合理化，同时运用网络协作技术可以帮助企业在跨企业合作和贸易伙伴之间提高管理水平，扩展企业竞争空间。ERP 系统近年来在各行各业得到越来越广泛的应用，成为企业管理的基础设施。

5.12.1 管理理念

ERP 不仅仅是一种管理工具，其中体现了大量的先进管理思想和管理方法，主要包括：

（1）业务流程再造：ERP 系统为提高企业供应链的竞争优势，要求企业将采购、生产、销售、财务、决策等不同部门的工作进行有效整合，按照物流、资金流、信息流设计具体业务流程，必然要求企业对业务流程进行全面再造，系统应用程序也必须随业务流程的变化做相应调整。

（2）供应链整合：ERP 系统把客户需求和企业内部的制造活动，以及供应商的制造资源整合在一起，形成了一条完整的供应链，并对供应链上的所有资源及其流程进行有效管理，以提高效率和在市场上获得竞争优势。

（3）精益生产与并行工程：面对激烈的竞争，企业需要运用并行工程组织生产和敏捷制造，保持产品高质量，多样化，灵活性，实现精益生产；ERP 系统支持对上述混合型生产方式的管理。

5.12.2 管理范围

ERP 主要的模块包括如表 5—42 所示。

表 5—42　ERP 管理的内容

模块	具体内容
生产控制	● 工程、材料单、调度、产能、工作流管理、质量控制、成本管理、生产过程、生产工程、生产流程等

模块	具体内容
供应链管理	● 库存、订单输入、采购、生产配置、供应链计划、供应商调度、货物检查、付款请求处理、佣金计算等
财务会计	● 总帐、现金管理、应付账户、应收账户、固定资产、项目成本、账单、时间和支出、活动管理等
人力资源	● 人力资源、薪金名册、培训、工时和出勤、津贴等
数据仓库	● 和客户、供应商、员工之间的各种自助服务接口

5.12.3　实施要点

建设 ERP 项目是一项庞大的系统工程，不是花钱买来软件就可以的。它涉及到企业业务流程、人、财、物等方方面面，投入大，实施周期长，难度大，而且存在一定的风险，需要采取科学的方法来保证项目实施的成功。

● 项目目标

企业信息化不能简单地把 ERP 理解为现有业务流程的电子化。ERP 首先是一场管理变革。企业要结合自身内外部的实际情况和企业发展战略制定出清晰准确的项目目标。ERP 项目如果没有统一的目标，或者目标太抽象，即没有具体的、量化的、可考核的目标，就没有办法在系统实施过程中进行对比和评价。

在制定 ERP 项目目标时，可以邀请专业 IT 咨询机构参与对项目目标的评估与制定。在与 IT 咨询机构签订合作合同前，一定要在技术协议条款中明确 ERP 的实施目标、具体实施内容、实现的技术、实施的计划、步骤以及分阶段项目成果、验收办法等内容。如果项目开始前仍不能明确系统开发目标，很可能导致 ERP 项目最终失败。

对于计算机应用基础薄弱的中小企业必须坚持效益优先，不能盲目追求"高、大、全"，导致投入过多却收效甚微。

● 实施小组

在企业内部，应当在企业负责人的直接领导下，成立专门的项目实施小组，并要求各个业务部门指派专门人员参与项目实施小组中，共同制定项目需求，并负责具体实施工作。

由于企业往往对自身的实施需求认识不够明确，对各种 ERP 系统软件的特点及适用性了解不足，尤其是缺乏科学有效的 ERP 实施方法和技能。因此，在实施 ERP 战略的全过程中，需要聘请专业的 IT 咨询公司指导开发 ERP 系统。IT 咨询公司负责完成总体规划的设计，对企业领导和全体员工进行 ERP 理念的培训，项目的详细实施计划等等。需要特别注意的是，咨询方不可能对企业有深刻的了解，也不可能为企业做决策，因此任何把 ERP 项目当作是咨询方的项目完全外包出去都会导致失败。企业只有把 ERP 项目真正当作自己的项目，才能充分发挥咨询方的作用和实现自身管理变革的目标。

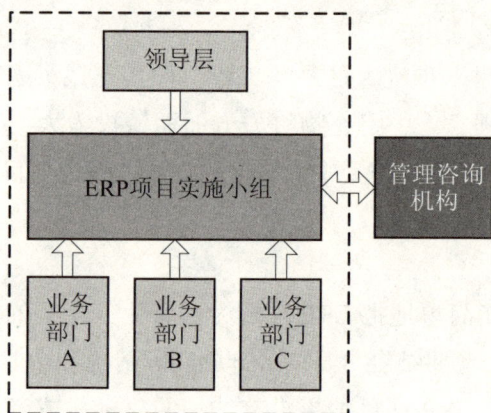

图 5—53 ERP 实施小组

● 获取支持

在实施 ERP 项目过程中，必须获取企业内部各方面的支持，ERP 才能得到有效地执行。这些支持主要包括：

（1）企业高层大力支持：如果企业高层不能清醒认识实施 ERP 的意义和风险，就不会注入足够的资源参与到项目中，也不会投入足够的精力参与项目的各种重大决策，更不会为 ERP 项目营造足够的声势使全体员工在意识上做好迎接管理变革的准备。

（2）业务部门积极参与：ERP 项目不仅仅是 IT 部门和咨询公司的任务，还需要所有业务部门的积极参与。因为 IT 人员缺乏业务背景和决策能力，而 ERP 顾问对企业的了解较少，如果没有业务部门的参与，项目小组无法准确把握业务实际需求，工作结果往往不被业务部门接受，导致项目周期的拖长，总体资源的浪费。由于 ERP 实施通常要涉及企业的相关部门，而不仅仅局限于项目小组，内部沟通就显得十分重要。顺畅的沟通可以提高问题处理和决策的效率。

（3）项目资源投入充分：充足的资源投入是 ERP 项目得以顺利推进的基本保障。ERP 系统实现了企业数据的全局共享，数据规范化是实现信息集成的前提，在实施 ERP 系统之前需要充分准备基础数据，比如产品数据信息、客户信息、供应商信息等。没有准确的数据就没有成功的 ERP。从 ERP 实施项目一开始就重视数据的准备工作，是避免实施风险的重要保障。

● 应用培训

使用 ERP 系统将在较大程度上改变员工现有的操作方式或流程，如果在系统投入使用前不对用户进行充分的培训，将直接导致大量数据错误或操作错误。通过培训和制定制度，提高员工操作技能，保证系统的正常运行。同时通过新的规章制度，把员工的绩效考核与工作内容结合起来，这样员工主动学习使用 ERP 系统的积极性可以得到显著提高，化督导为激励。在实施 ERP 时不能实行粗放式管理，如果仅仅安装了系统却不进行系统地培训，可能招致员工的抵制心理，从而埋下项目失败的种子。

5.12.4　风险管理

ERP 项目的实施涉及面广、难度大、周期长和系统复杂，企业在计划上马 ERP 系统期望获得巨大收益的同时，也应当清楚地认识到 ERP 系统的应用是一项高投入、高风险的项目。在 ERP 系统实施失败的众多企业中，多数是因为企业对实施 ERP 项目的风险内容缺乏深入的了解，对风险重视程度不够，在实施之前和实施过程中缺乏对风险的控制。因此企业有必要对 ERP 实施的风险有充分认识，建立一套行之有效的风险管理机制，从而提高 ERP 系统的实施成功率。

ERP 项目实施的内部风险来自 ERP 系统实施的各个阶段以至全部过程，因此 ERP 项目的风险管理也应当贯穿整个实施过程。在 ERP 实施过程中可能遇到的风险主要包括：实施团队组织、实施成本控制、项目进度控制、实施质量控制、实施结果的评价等。

参考资料

[1] [美]迈克尔·希特，杜安·爱尔兰，罗伯特·雷斯基森.战略管理：竞争与全球化（概念）（原书第6版）[M].吕巍等译.北京：机械工业出版社，2005.

[2] 能源管理体系[M].北京：人民交通出版社.

[3] 司有和.企业信息管理学编著[M].北京：科学出版社，2007.

[4] 罗绍德.非会计人员财务管理（第2版）[M].北京：清华大学出版社，2009.

[5] 张继辰.华为的人力资源管理[M].深圳：海天出版社，2010年.

[6] 易凌峰，朱景祺.知识管理[M].上海：复旦大学出版社，2008.

[7] 德鲁克，张玉文.知识管理[M].台北：天下远见出版股份有限公司，2000.

[8] 顾基发，张玲玲.知识管理[M].北京：科学出版社，2009.

[9] [美]斯蒂芬·哈格，梅扶·卡明斯.信息时代的管理信息系统（原书第8版）[M].严建援等译.北京：机械工业出版社，2011.

[10] 袁竹，王菁华.现代企业管理[M].北京：清华大学出版社，2009.

[11] 张淑君，林光.企业运作管理[M].北京：清华大学出版社，2004.

[12] 侯先荣，吴奕湖.企业创新管理理论与实践[M].北京：电子工业出版社，2003.

[13] 金占明.企业管理学[M].北京：清华大学出版社，2002.

[14] [美]大卫·A.惠顿，金·S.卡梅伦.管理技能开发[M].北京：清华大学出版社，2008.

[15] 王英玮.信息管理导论[M].北京：中国人民大学出版社，2010.

[16] 马费成.信息资源开发与管理[M].北京：电子工业出版社，2009.

[17] 宋鸿兵.货币战争[M].北京：中信出版社，2007年.

[18] 刘仲康，郑明身.企业管理概论[M].武汉：武汉大学出版社，2004.

[19] [美]斯蒂芬·P.罗宾斯，玛丽·库尔特.管理学（第9版）[M].孙建敏等译.北京：中国人民大学出版社，2008.

[20] 焦叔斌.管理的12个问题[M].北京：中国人民大学出版社，2009.

[21] [美]威廉·大内.Z理论[M].朱雁斌译.北京：机械工业出版社，2007.

第 6 章
脱颖而出——创新管理

> 不创新，就灭亡。
>
> ——亨利·福特
> 福特公司创始人

从一般意义上讲，创新就是产生新事物的过程，包括任何新的物品、新的方法或新的思想。美国经济学家熊彼特（Joseph Schumpeter）在《经济发展理论》一书中首次将"创新"（Innovation）作为一种经济理论研究，熊彼特将创新定义为"建立新的生产函数"，即"企业家重新组合生产要素、获取商业利润的过程"。

6.1　创新管理概述

商朝的开国君主商汤在自己的浴盆上刻下一句箴言："苟日新，日日新，又日新"，用来勉励自己不断更新提升自己，意思是如果每天能更新，就应该保持天天更新，每天不间断地更新。《诗经》记载："周虽旧邦，其命维新。"中国历史上每一个兴盛时期，无不是改革创新、锐意进取的时代，而近代中国之所以衰落，也是因为固步自封、不求创新所导致的结果。

一个国家如此，一个企业更是如此。如今，随着经济全球化的不断发展，市场经济的不断开放和深化，企业之间的竞争日益激烈，创新已经成为企业维持长期生存的根本。

1963 年，IBM 的开拓者小托马斯·沃森（Thomas J. Watson Jr）在哥伦比亚大学发表演讲时指出，在 1900 年美国排名前 25 名的工业企业中，到 1960 年只剩下 2 家仍保持在前 25 位。小托马斯严肃地说：这些数字提醒我们，成功充其量不过是一种暂时的成就，这种成就最终会从我们手里溜走。

与小托马斯·沃森的演讲相呼应，另一组统计数据显示，在 1961 年财富 500 强中排名前 25 位的公司，到今天也只剩下 6 家还在榜单上。企业之间竞争的激烈程度不言而喻。福特公司创始人亨利·福特也一再告诫人们：不创新，就灭亡。如果不能够时刻保持危机意识，通过持续的创新提高组织的竞争力，只有走向衰退和没落。

从一般意义上讲，创新就是产生新事物的过程，包括任何新的物品、新的方法或新的思想。美国经济学家熊彼特（Joseph Schumpeter）在《经济发展理论》一书中首次将"创新"（Innovation）作为一种经济理论研究，熊彼特将创新定义为"建立新的生产函数"，即"企业家重新组合生产要素、获取商业利润的过程"。按照熊彼特的理论，创新包括五种情况：

（1）采用一种新产品，或某产品一种全新的特性；

（2）采用一种新的生产方法；

（3）开辟一个新市场；

（4）控制新的原材料供应来源；

（5）实现一种新的工业组织形式。

从熊彼特的定义来看，创新已经超越了传统意义上技术或产品的革新，还包括市场营销的创新、组织模式的创新等更广泛的内容。管理学大师彼得·德鲁克在20世纪50年代把创新引进管理领域，他认为创新就是赋予资源以新的创造财富能力的行为。

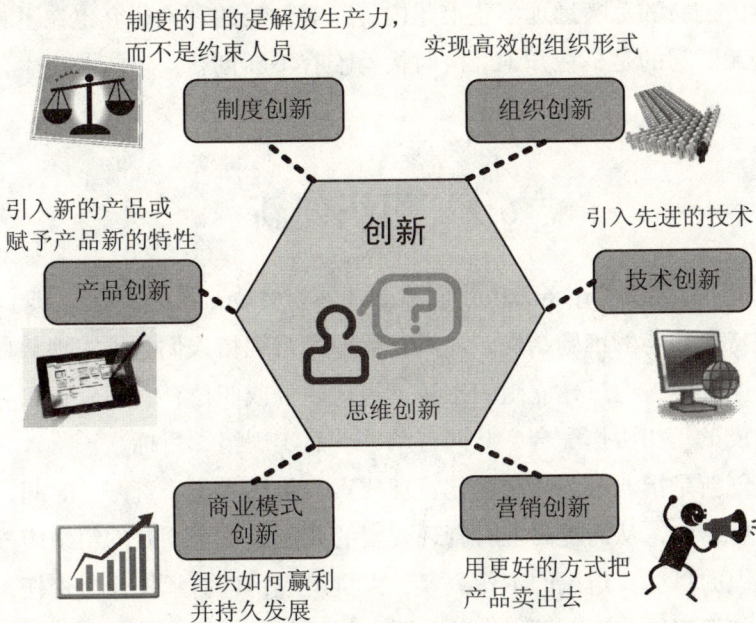

制度的目的是解放生产力，
而不是约束人员　　实现高效的组织形式

制度创新　　组织创新

引入新的产品或
赋予产品新的特性　　引入先进的技术

产品创新　　创新　　技术创新

思维创新

商业模式
创新　　营销创新

组织如何赢利
并持久发展　　用更好的方式把
产品卖出去

图6—1 组织创新内容

组织管理创新的内容包括但不限于如图6—1所示的若干方面内容。具体而言，思维创新是任何创新的前提，如果不能解放思想而被各种条条框框所禁锢，那么创新便无从谈起；组织创新是基础，所有创新都要通过组织来落实，组织只有通过组织结构的不断创新和调整，才能有效地激励和保证其成员的创新行为；技术创新是创新的核心内容，通过持续不断的技术创新为组织的发展注入新活力，提升组织竞争力；产品/服务创新是创新的载体，是创新理念的具体化，创新的结果最终要通过产品或服务来体现；营销创新是产品创新的检验途径，产品创新只有得到市场认可，这项创新才具有现实的意义；商业模式创新围绕着组织如何运营、如何赢利的核心问题，关系着组织发展的前途和命运；制度创新将组织管理和技术创新等制度加以不断革新，使之起到引导和促进创新活动的功效，因此制度创新是管理创新实现的保证。

创新是人类社会进步永恒的话题。本章围绕图6—1所示的三大方面六种创新进行了详细地探讨：

（1）组织管理如何创新，包括组织创新、制度创新；

（2）组织生产如何创新，包括技术创新、产品创新；

（3）组织盈利如何创新，包括营销创新、商业模式创新。

当然，创新的范畴远远不止上述内容，对创新的理论研究也在不断地创新发展。毫无疑问的是，在知识经济时代，唯有不断创新，才能获得生存和持续发展。

6.2   组织创新

"组织"的英文 Organization 来源于"器官（Organ）"一词，即自成系统的、具有特定功能的细胞结构。人类社会中的组织指人们为了实现某种目标而形成的有序群体，通过建立组织结构，规定职务或职位，并明确责权关系，使组织中的成员互相协作配合、共同劳动，从而实现组织目标。

组织创新是指通过调整和优化管理要素，包括人员、资产、时间、信息等资源的配置结构，从而提高现有管理要素的效能。一个高效的组织应该使其成员明确组织的目标，组织的工作内容、人员组成，各自承担什么责任，具有什么权力，与组织结构中上下左右的关系如何。只有这样，才能避免由于职责不清造成的实际执行中的障碍，才能使组织协调高效地运行，保证组织目标的实现。组织创新是高层管理者面临的重要课题，属于顶层设计。如何设计高效合理的组织体系，直接关系到组织的运转效率与未来发展。

"阿米巴经营"是日本"经营之圣"稻盛和夫提出的组织管理方式。阿米巴就是一个个小型的集体组织，阿米巴经营就是通过小集体的独立核算，实现全体参与经营，凝聚全体员工力量的经营管理系统。阿米巴经营以人的心性为基础，使全体员工毫无疑义地全力埋头工作。就像人体内的数十万亿个细胞在一个统一的意志下相互协调，公司内的数千个阿米巴只有齐心协力，公司才能够成为一个整体。有时阿米巴之间也会出现竞争，如果阿米巴之间不能互相尊重、互相帮助，就不可能发挥公司整体的力量。因此，前提条件就是从公司高层到阿米巴成员，必须用信任的纽带连结起来。阿米巴经营的三个目的：第一个目的是"确立与市场挂钩的部门核算制度"；第二个目的是"培养具有经营者意识的人才"；第三个目的是"实现全体员工共同参与经营"。

（来源：稻盛和夫.阿米巴经营[M].陈忠译，中国大百科全书出版社，2009.）

6.2.1 组织结构

● 组织类型

为了实现对组织中众多成员的管理，组织通常以一定的结构相互组合并形成固化的约束关系。常见的组织结构包括直线型、职能型、矩阵型、事业部型等等，具体特点如表6—1所示。

表6—1 常见的组织结构及特点

组织结构	描述	特点	适用范围
直线型	● 上下级职权关系贯穿于组织的最高层到最低层，从而形成链状的组织结构。在直线型的组织结构中，不设诸多部门，由经营者直接管理。	● 权力集中 ● 命令统一 ● 控制严密 ● 信息交流少	劳动密集，机械化程度比较高、规模较小的企业。
职能型	● 按照组织内部的业务内容分成若干个职能部门，有人力资源部、财务部、生产部、技术部等等。	● 权力集中 ● 责任分明 ● 信息交流多 ● 控制严密	劳动密集，重复劳动的大中型企业。
矩阵型	● 矩阵型通常用于从事项目管理的组织，一方面要服从各个职能部门的管理，另一方面要服从项目的管理，形成矩阵形态。	● 加强横向联系 ● 机动性加强 ● 专业人员潜能得到发挥	集权、分权优化组合，员工素质较高，技术复杂的企业。
事业部型	● 按照产品、地区或者客户等类别划分成一些独立的事业部，每个事业部独立经营、独立核算，有经营自主权。但它不是法人，不能独立签合同，一定要获得总部的委托才能签合同。	● 集中决策 ● 分散经营 ● 风险多元化 ● 反应灵活 ● 权力适当下放	适合规模大、产品多、市场分散的企业

● 组织形态

组织形态是组织结构的一种抽象化表示，反映出组织结构中不同单元之间的关系，常见的组织形态包括金字塔形、扁平化、矩阵型与网络型等。

（1）金字塔组织

这是最常见的组织形式，表现为层级结构。在一个组织中，高层、中层、基层管理者依次组成一个金字塔状的结构。管理幅度理论认为，一个管理者由于精力、知识、能力、经验的限制，所能管理的下属人数是有限的。通过层级管理，使得每一级管理者的管理幅度得到很好的控制，

在"金字塔"的管理模式之下，当组织规模扩大时，由于管理幅度的限制，管理层次就会相应增加。一些大型公司的员工人数可达几十万人，管理层次就更多了。据说 IBM 公司内部员工层级最多时高达 18 层。在管理层级众多的组织中，最高决策层的指令一层一层传递到最基层的执行者，不但时间极其缓慢，而且信息在传递过程中可能会发生严重失真，管理效率大大降低；同时，基层的信息也难以真实地反映给最高决策层，造成高层管理者的盲目管理。因此，管理层级过多会导致组织缺少灵活性和适应性，难以在现代快速变化的社会中获取竞争优势。

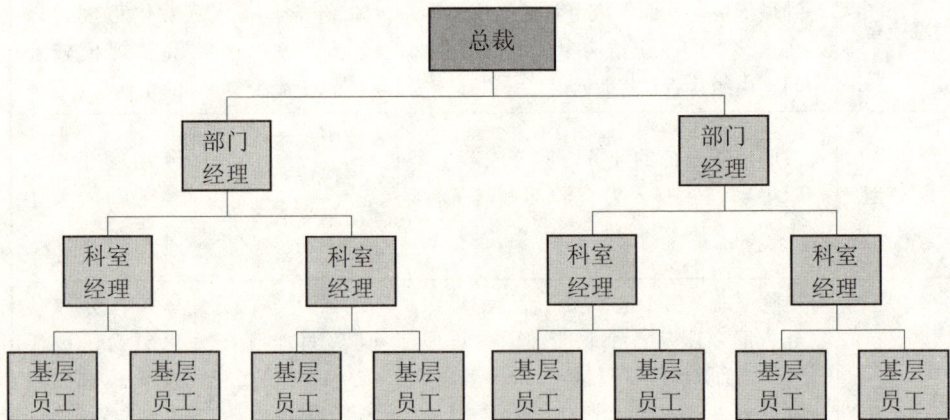

图 6—2　金字塔型组织

（2）扁平化组织

如前所述，层级过多的组织形式在现代环境下面临效率低下的问题。当组织规模扩大时，除了增加管理层级外，另一个有效办法是增加管理幅度。当管

理层次减少而管理幅度增加时，金字塔状的组织形式就被压缩成了扁平状的组织形式。在现代组织中，这种扁平化的管理模式受到管理者亲睐。扁平化组织之所以得以实现，得益于管理科学的发展，通过引入各种先进的管理方式，使得管理者的管理效率大幅提高，从而能够管理更多员工。

美国通用电气公司最早将"扁平化管理"思想付诸实践。1981年，通用公司首席执行官韦尔奇通过对其架构实施重组和精简计划，采取"无边界行动"、"零管理层"等管理措施，将公司从董事长到现场管理员之间从28层锐减至5—6层，赋予一线管理人员更多参与决策的权力，不但节省了大笔开支，更极大地提高了管理效率，企业的经济效益因此大幅提高。

扁平化管理有着不可代替的优势，因此得以在世界范围内广泛应用。通过扁平化管理，一方面能够简化组织机构，大大降低管理成本；另一方面能够提高信息传递效率，使得组织最高管理层得以迅速决策，以适应市场变化。在扁平化组织中，由于管理幅度增加，授权管理成为一种有效方式，为中低层管理者提供了更多的锻炼机会，有助于组织培养自己的管理精英。

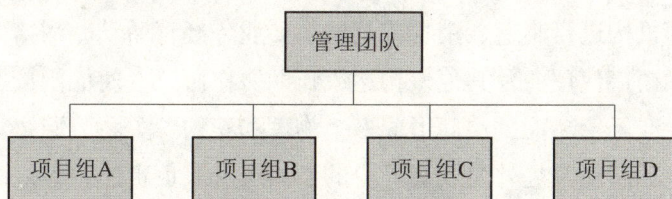

图6—3 扁平化组织

（3）矩阵式组织

组织除了按职能划分成各个部门外，经常会有一些横向的项目需要多个部门之间协作。矩阵式管理就是由纵向的职能部门和横向的业务项目结合而成的管理模式，通过适用于需要不同职能的大型项目管理中，从各个职能部门抽调若干专业人员组成项目组，项目组成员同时接受其所在职能部门和项目组的双重管理。矩阵式管理的优点在于打破职能部门间的限制，充分利用有限的人力资源，协力完成大型项目，实现组织目标。该结构将各种专长的有关人员集合到一起，使其充分发挥各自的特长，同时便于项目组成员间的沟通，因此灵活性与适应性大大增强。

矩阵式管理的一个潜在缺点在于职能部门和项目双重管理增加了管理的复杂性，如果责权不明晰，可能会导致职能部门之间发生冲突。因此，如何处理好集权与分权很重要，特别是参与该项目的两个职能部门之间发生利益冲突时，如何快速地解决冲突显得尤为重要。

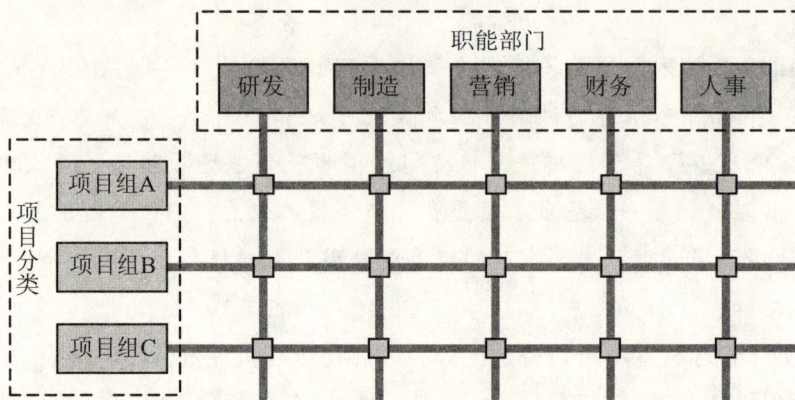

图 6—4　矩阵式组织结构

（4）网络型组织

与传统的职能齐全的组织相比，网络型组织实际上只有一个精干的管理团队，依靠外部机构进行制造、销售或其他重要业务经营活动。网络型组织与独立的制造商、销售代理商及其他机构达成长期协作协议，使他们按照契约要求执行相应的生产经营功能，从而形成一个物理和契约"关系"网络。网络型组织的大部分业务活动都是外包或者外协的，其自身只负责监管组织内部开展的活动，同时协调和控制与外部协作机构之间的关系。核心组织只完成价值链上的部分活动，并联结承担价值链上其他活动的外部组织。与网络型组织相连接的各经营单位没有正式的资本所有关系和行政隶属关系，彼此相对独立，但又要接受核心组织的控制。网络型组织和协作组织间通过契约为纽带，比如协议书、合作备忘录等，基于一种互惠互利、相互协作、相互信任和支持的机制进行合作。

网络型组织结构简化了组织机构和管理层次，可以提高管理效率，降低管理成本；同时由于可以与各类组织灵活合作，有利于实现更大范围内供应链和销售环节的整合。

由于网络型组织的各个协作单位自主经营，如果不能在契约中明确分清权责，容易发生管理混乱的局面，因此这种组织形式具有较高的管理风险。因此，网络型组织结构并不适用于所有企业，更适合那些需要具备较大灵活性的企业，以便对不断变化的外界环境做出迅速反应。

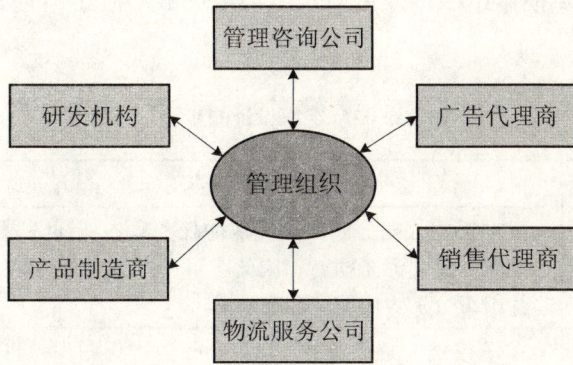

图 6—5　网络型组织

6.2.2　组织设计

● 组织设计原则

当组织刚刚成立、或者业务发生重大转型时，都需要设计其组织结构，以适应组织的发展。组织结构设计通常需要遵循以下原则：

表 6—2　组织设计的原则

原则	具体要求
服从战略	● 战略决定组织结构。具有战略意义的关键业务和新事业生长点应当在组织上有一个明确的负责单位，这些部门是组织的重要构成单元。
统一指挥	● 组织的各级机构及个人必须服从一个上级的命令和指挥，避免出现两个领导人同时对同一个人或同一件事行使权力，保证政令统一、行动一致。
权责对等	● 组织成员承担的义务和责任与提供的权力保证应当相适应，以保证被分配责任的成员具有积极性和主动性，并能通过授予的权力实现目标。
精干高效	● 因事设岗和因人设岗相结合，要求每个部门和每个成员有明确的任务，并且工作量饱满，避免机构臃肿、人浮于事的现象。
管理幅度合理	● 管理幅度受管理者能力、精力和时间的限制。管理幅度过窄，会增加管理层次，降低工作效率；管理幅度过宽，会导致管理者负担过重难以承受。
执行与监督分设	● 要求组织中的执行部门和监督部门必须分开设置，监督部门对执行部门构成制约作用，避免监督缺失导致执行乱权。

● 组织设计流程

组织结构需要根据组织的发展阶段围绕发展战略制定，通常可以通过如下步骤进行设计：

表6—3　组织设计的步骤

步骤		具体工作
1.	职能设计	● 根据组织战略分解需要完成的任务，各项任务需要由具备相应职能的业务单元来执行，因此应当首先研究和确定企业的职能结构，为组织分工协作提供客观依据。
2.	部门划分	● 在任务分工的基础上，对各种任务进行归类，将相同或相近的工作归并到一起，形成专业化的工作部门。
3.	层级设定	● 设置各级行政机构。层级设定的关键是在管理层次和管理幅度之间做一个最佳的折衷。一般来说，管理幅度不能太宽，一般以4—10人为宜；高层主管的管理幅度宜小些，基层主管的管理幅度宜大些。
4.	组织形态	● 根据组织的规模、经营方式和市场特点等因素，参照组织形态的特点和适用范围，选取最合适的组织形态。
5.	职权设计	● 根据人员的职能和层级授予其相应的决策权。管理职权设立的依据是对职能和业务流程的合理分工，职务权限应集中，范围应足够大，以强化责任、减少协调和提高任职的挑战性与成就感。
6.	岗位设计	● 在设计具体岗位时，对其职务目的、工作范围、隶属关系、职责和职权，以及任职资格应作出明确规定。遵循因事设职与因人设职相结合的原则，保证实现组织目标所必须的每项工作都有专人负责，同时保证有能力的人有机会去做他们真正胜任的工作。

表6—4　部门职责说明书

_____ 部门职责说明

一　部门使命

二　部门结构与职位			
（部门结构图）		职位	职责描述
	1		
	2		
	3		
	4		
	5		
	6		

三　部门职责与任务			
职责一			
	衡量指标		
	责任团队 / 职位		
	关键任务		工作相关联系
	1		
	2		
职责二			
	衡量指标		
	责任团队 / 职位		
	关键任务		工作相关联系
	1		
	2		

四　关键绩效指标			
	指标名称	指标说明	预期指标
1			
2			
3			

部门负责人签字： 日期：	上级主管签字： 日期：

6.2.3 无边界组织

传统组织结构存在着各种内部边界与外部边界，大致可以分为四个类型：

（1）组织内各层级之间的垂直边界；

（2）职能部门之间的水平边界；

（3）企业与客户，供应商之间的外部边界；

（4）地点、文化与市场之间的地理边界。

通用电气前 CEO 杰克·韦尔奇提出"无边界组织"（boundarylessness）的概念，旨在打破企业内部部门之间以及企业与供应链伙伴之间的限制，实现"通力合作"。无边界组织并不表示组织的边界都彻底消失了，事实上边界依然以某种形式存在，只是与传统组织结构相比，变得更加开放，交流更多、束缚更少。

无边界组织结构是传统组织结构的一个补充，其边界更具穿透性，可以推动知识和信息跨越组织的内部和外部边界得到广泛共享。无边界组织结构主要包括无障碍组织、模块化组织和虚拟组织。

● 无障碍组织

传统组织结构中职责简单，清楚，界定明确，而无障碍组织打破了这一切，工作角色与任务不固定，模糊而且不清楚，其可以使企业将不同的职能和目标连接起来，消除抑制生产效率和创新的多重边界，从而提高整个企业的潜在能力。

表 6—5　无障碍组织的优缺点

优点	缺点
● 发挥所有员工的智慧	● 难以克服组织内外的政治与权力边界
● 在职能部门、事业部门、战略业务单元和外部之间改善合作，协调和信息共享	● 确实强有力的领导和共同观念，可能会带来协调问题
● 能够使企业通过单一目标集中，更快应对市场变化	● 耗时，难以管理的民主流程
● 可以与主要供应商、顾客与联盟伙伴协调取得双赢局面	● 缺少高度互信，这可能会妨碍表现

（来源：[美]大卫·凯琴，艾伦·伊斯纳．战略：基于全球化和企业道德的思考 [M]．孔令凯译．北京：中国人民大学出版社）

● 模块化组织

模块化组织则是将不重要的职能外包，充分利用供应商的知识和专业技能，但是保留了战略控制权的组织结构形式。根据上一章节基于供应链的资源整合战略，我们可以确定一个企业创造价值时需要从事的基本活动和辅助活动。

模块化使得企业只运用相对较小规模的资本和管理队伍就可以实现相对较大的战略目标，但是外包也会带来一些风险，企业必须与供应商保持密切合作，保证各方利益得到满足，同时必须确信自己将恰当的能力留在了内部。

表6—6　模块化组织的优缺点

优点	缺点
● 指导公司的管理和技术人才投入到最关键的活动	● 依靠外来人员会组织达成共识
● 能保证对大部分重要活动的全面战略	● 如果外包了关键技术和核心能力，会削弱未来的竞争优势
● 在价值链的每一个环节都可以取得一流表现	● 由于市场变化，将现在创造价值的活动收回企业的难度会增加
● 通过外包，可以以较小资本投入借用核心能力	● 带来对跨职能部门技术的损害
● 鼓励信息共享并促进企业学习进程	● 减少了对生产的控制，并有可能丧失对供应商的控制

（来源：［美］大卫·凯琴，艾伦·伊斯纳.战略：基于全球化和企业道德的思考［M］.孔令凯译.北京：中国人民大学出版社）

● 虚拟组织

不同的组织在追求共同的战略目标时，联合起来可能会获得一些单个组织所不具备的优势，由这些组织的一部分组合在一起，就形成了虚拟组织。虚拟组织是一个不断发展变化的网络，它由互相独立而又连接在一起的公司组成，这种连接的目的通常是共享资源、分担成本等。虚拟组织提供了一种借用资源和发现机会的新手段。

表 6—7　虚拟组织的优缺点

优点	缺点
● 使成本可以分担，技能可以共享	● 因为参与者之间存在密切的相互依赖关系，难以确定开始与结束时间
● 提高了进入世界市场的机会	● 在合作伙伴之间可能会丧失经营控制权
● 提高了市场反应速度	● 导致新技术战略控制权的丧失
● 因为每个伙伴都将核心技术投入，创造了"一切都是最好的"组织	● 需要新的，难以获取的管理技能
● 鼓励个人与组织知识共享并加速组织学习进程。	

（来源：[美]大卫·凯琴，艾伦·伊斯纳.战略：基于全球化和企业道德的思考[M].孔令凯译.北京：中国人民大学出版社）

　　无论选择了什么组织结构形式，协调与整合组织价值链上重要活动所必须的技巧和流程是非常关键的。最理想的组织结构既能够支持组织战略的需要，同时由于环境需求相一致，还可以被管理者周围的人有效落实。当然这种理想组织结构是难以实现的，最有效的解决方案就是组合集中组织类型，将价值链上的部分外包出去，以降低成本，提高质量，同时加入多个联盟，利用技术发展进入新市场，以提高灵活性，让组织顺利运转。

6.3　制度创新

　　十八世纪中期，英国政府决定运送大量囚犯去开发新发现的澳洲大陆。由于政府船只不够，于是雇佣私营船只运送囚犯，并按照装载的人数给船主支付酬劳。船主为了牟取暴利，每只船装的囚犯都会超载好几倍。因为过度拥挤及疾病传染，致使大量囚犯在途中死亡，到达澳洲时只剩下不到一半。英国政府急忙调整制度，改成按照活着到达澳洲的人数支付酬劳，同时根据死亡程度处以罚金。新制度实施后，囚犯死亡率下降到了不足 2%。

　　同样一拨人做同样一件事情，却产生了截然不同的效果，这就是制度的力量。制度在组织管理中尤为重要，在一个组织中，什么样的制度决定了什么样的发展结果，决定了什么样的未来。一个好的制度，可以引导成员积极为组织创造价值；而一个不合理的制度，则可能导致各种恶性循环。

组织是多种生产要素的组合体，各生产要素通过规范化或不成文的制度有机组合、相互作用。组织制度创新，就是通过不断对组织现有的运行机制进行变革，将组织的生产方式、经营方式、分配方式、经营观念等进行更优的设计与安排，调整组织中所有者、经营者、劳动者的权力和利益关系，使之更好地促进组织的生产力发展，使组织具有更高的活动效率。

在这一节中，将主要围绕组织的产权制度、集权与分权制度以及分配与激励制度进行一些介绍和探讨。

6.3.1　产权制度

● *产权的含义*

产权是"财产权利"（Property Rights）的简称，指建立在一定生产资料基础上的财产的归属权利和行为权利。产权客体是指可以被产权主体控制支配或享用的、具有文化科学和经济价值的物质资料以及各类无形资产，如设备、原材料、知识产权、发明权、商标权等。

狭义的产权是对财产的所有权，实际上产权包括所有权、占有权、使用权、受益权、处置权等一组权利，各项权利的具体含义如下。

（1）所有权：财产的法定归属人；所有权是对财产归属关系的权利规定，对财产最高的、排他的独占权，所有权是产权的基础和核心。

（2）占有权：指对财产的实际拥有；

（3）使用权：指在法律允许的范围内，以生产和其它方式使用财产的权利；

（4）受益权：指直接使用财产或通过财产转让的方式获得收益的权力；

（5）处置权：指通过出租、出售或把与财产有关的权力让渡给他人的权利。

产权制度是现代公司制企业与传统的独资企业、合伙企业等组织形式在制度上的重要区别。企业选择不同的组织形式，直接影响到企业所有者的所有权、决策权、控制权、债务责任和利益分配。

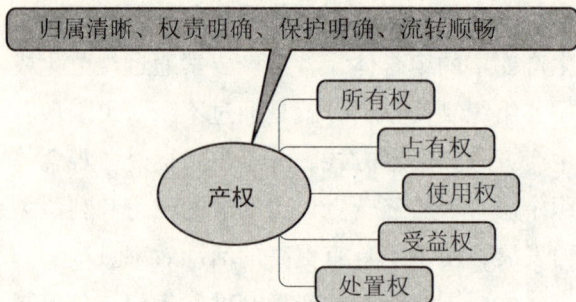

图 6—6　产权的内容和特征

组织形式	产权方式
个人独资企业	● 由一个自然人投资，资产为投资人个人所有，投资人以其个人财产对企业债务承担无限责任。
合伙制企业	● 由多个合伙人签订合伙合同，共同出资、合伙经营、共享收益、共担风险，共同对企业债务承担无限责任。
有限责任公司	● 有限责任公司是企业法人，股东以其出资额为限对公司承担责任，公司以其全部资产对公司的债务承担责任。
股份有限公司	● 公司资本为股份组成，股东以其认购的股份为限对公司承担责任，所有股份公司都必须是承担有限责任的有限公司。

产权制度特征

产权制度指根据一定的产权规则对产权关系实现有效的组合、调节和保护的制度安排。现代产权制度是权责利高度统一的制度，其基本特征是：归属清晰、权责明确、保护明确、流转顺畅，具体描述如表 6—8 所示。

产权制度具有减少不确定性、外部性内部化、激励作用、约束作用等功能，从而达到资源最优配置的目的。通过确立产权，可以使不同资产的不同产权之间边界确定，使不同的主体对不同的资产有不同的确定权利，从而减少在经济活动中的不确定性。只要产权界定清晰并可转让，就可以通过市场交易和谈判的方式进行转移。任何产权主体对其产权的行使，都是在收益最大化动机支配下的经济行为，期望通过拥有财产而获得效用，因此能够激励产权主体更好的行使产权。同时产权对产权主体在行使产权的经济活动中规定其行为边界，哪些行为可以实施，可以实施到什么程度，都有明确的限制。

表6—8 现代产权制度的特征

特征	具体描述
归属清晰	● 产权主体归属明确和产权收益归属明确是现代产权制度的基础,产权必须有明确的承担主体。由于产权具有可分离性,特定财产的各项权利可以分属于不同的主体,如企业投资者享有企业财产的收益权、而企业的经营者可行使企业财产的使用权。
权责明确	● 产权是权责利的统一,各种具体的产权(如物权、债权、股权和知识产权等)都包括权责和利益的两个方面,权责规定了产权主体的权能和职能,利益规定了产权主体的收益,它们之间相互依存、相互制约。
保护严格	● 产权所有人可以对产权自行支配财产,以充分发挥其资产的属性,并承担依法纳税、自负盈亏的责任,产权主体的资产受到法律的保护,不容他人侵犯。保护严格是现代产权制度基本要求。
流转顺畅	● 各种产权可以在不同主体之间有偿转让或流转,在流转过程中得到有效配置,资产可在流动中获得增值,从而重新调整利益分配格局。产权的交易方式包括企业兼并、产权租赁、产权拍卖、产权股权化等。产权从静态占有转为可以动态交易是现代产权制度健全的重要标志。

企业产权安排

现代企业制度的主体是公司制,核心是产权制度。现代公司的产权制度最大的特征是实行所有权和经营权的分离。作为公司出资者的股东只能拥有虚拟的公司股份,而公司实际的资本占有权、使用权、处置权等则归公司的实际运营者。图6—7给出了现代股份制公司与其最直接的利益相关者之间的关系模型。

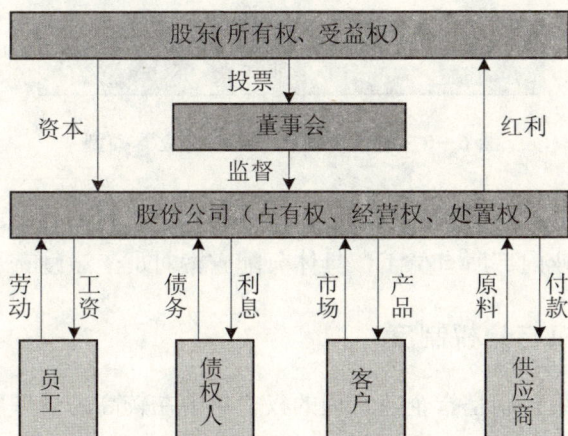

图6—7 股份制公司的基本模型

现代公司制的企业产权安排包括如下四个层次：

（1）所有权主体结构的产权安排，主要内容包括企业的所有权分布情况，所有权的主体以及不同主体的分配比例，这些内容决定了企业的股权结构。

（2）所有者与企业之间的产权安排，即企业所有者只保留最终控制权，根据委托代理合约转让资产的经营权和管理权，形成了股东的股权和企业的法人财产权，这种双重的权利分配使得所有权与经营权分离，为了实现所有人对资产的实际控制，在企业内部构建制衡机制非常必要。

（3）企业法人财产权在企业内部不同机构之间分解与配置。股东作为产权的所有者掌握着公司的最终控制权，有权推选董事会人选，并可设立监事会对对董事会进行监督。董事会必须对股东负责，全权负责公司的经营，拥有支配公司法人财产的权利，并聘用经理人员具体执行公司的日常运营工作。本层次的产权安排实现了董事会的决策权、经理层的执行权和监事会的监督权"三权"分立、相互制约的权力构架体系，从而达到相互制衡的目的，如图6—8所示。

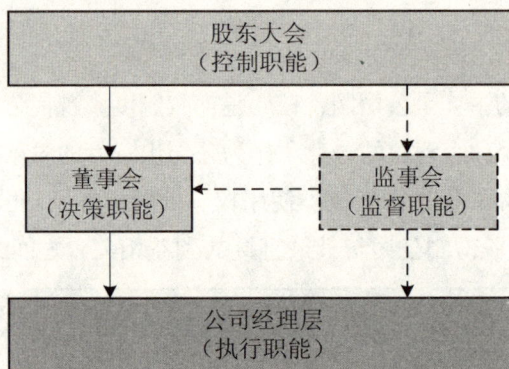

图6—8 现代公司制"三权分立"模型

（4）企业内部不同机构拥有的产权在不同人员之间的分配。这个层次的产权安排涉及到企业内部所有员工，具体分配方案对员工激励有着重要的影响。

6.3.2 集权与分权制度

企业管理的集权制是指企业管理的权力集中在较高的管理层，以领导为中心管理，实现指挥的高度统一，下层没有决策权；分权制则是把企业管理的权力在很大程度上分散在下级管理层，以下属为中心管理，以最大限度地发挥分级管理的优势。

表 6—9　集权制与分权制的优缺点比较

	集权制	分权制
优点	● 有利于管理者在生产经营活动中统一指挥、集中领导、果断决策； ● 有利于企业领导人对企业的整个组织及经营活动实行全面控制； ● 有效地制定和贯彻企业经营战略； ● 可以充分利用企业的经营资源，提高整体效益。	● 一线部门可以机动、灵活、及时把握商机，根据情况处理问题，避免层层上报审批。 ● 减少管理层决策压力，避免过分干预造成的负面效应。 ● 有利于集思广益，充分发挥一线部门的主管能动性。
缺点	● 加重企业高层管理人员工作负荷，难以腾出时间和精力来深入考虑企业发展的重大问题； ● 不利于调动员工的积极性、主动性，底层管理人员缺少锻炼机会，减弱了企业的人力资源储备； ● 容易因个别高层管理人员的个人偏见、私利观念等因素导致企业重大的决策失误。	● 难以统一指挥和协调，上层因权力下放而失去权威性，无法发挥协调功能。 ● 当部门局部利益与企业的整体利益相冲突时，容易偏离企业目标，忽视企业整体利益。 ● 使各部门之间协调困难。各自为阵，容易发生扯皮、推诿等一些不良情况，有损企业工作效率。

在实际管理中不存在绝对的集权和分权，关键在于管理者对集权和分权的权衡。组织管理权的集中与分散，实际上是信息传递成本和委托代理成本的折中，其相互关系如图 6—9 所示。

信息传递成本：在集权制下，上层不能及时、完全地掌握企业所处的经营环境信息，容易造成盲目决策；下层虽然能够准确地获取信息，但是没有决策权限，产生信息不对称成本。

委托代理成本：在分权制下，组织各级管理层之间产生委托代理关系，直接影响组织的决策效率。权力越集中，决策效率越高。

那么应当如何把握集权与分权的黄金分割点呢？管理者应综合考虑下述因素，采取恰当的行动，力求达到管理总体成本最低。

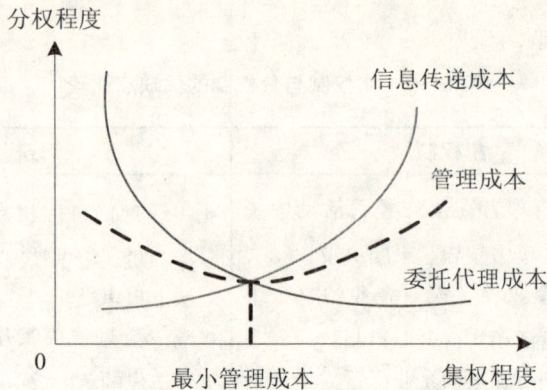

图 6—9 分权与集权曲线

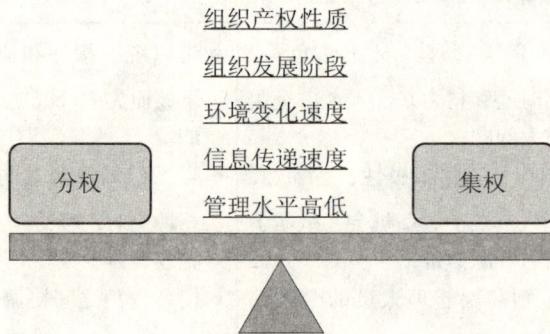

图 6—10 企业管理集权与分权的考虑因素

（1）组织产权性质

一般情况下，在私人企业中，权力集中在所有人身上，越有利于避免以权谋私；在公有制企业，权力适当分散，彼此之间相互制衡，更有利于避免以权谋私。

（2）组织发展阶段

组织处于不同的发展阶段，对于集权和分权的选择需要相应地调整。

在初创阶段，人员相对较少，企业一般选择集权模式，领导者能够迅速获取信息并进行决策，能够快速调动资源，把握市场时机。

在成长阶段，企业发展到较大规模，造成决策者的精力和知识难以应对时，企业应进入分权阶段，管理层通过具体明确的计划指导工作，多给下属一些自主决策、灵活应变的空间。

企业进入成熟期后，规模更加庞大，组织结构更加复杂，管理体制相对稳定，适合制定长期计划，采用更强的集权对数量众多、规模庞大的下属机构进行有效控制。

当企业从成熟期进入衰退期，企业需要重新考虑目标、分配资源。短期计划和适度放权能释放最大的灵活性，充分发挥各管理层的主动性和积极性。

因此集权与分权的关系，伴随着企业的生命周期循环转换，就像钟摆的两极，在摆动中达到动态的平衡。需要注意的是，在企业发展过程中，要避免从一个极端走向另一个极端，导致各种矛盾和冲突的爆发。

（3）环境变化速度

企业内外部环境变化得越快，就越需要及时作出决策，集权管理势必影响决策速度，使企业坐失发展良机。而对外部环境比较稳定的企业，其对市场适应力的要求不高，集权制可以增加管理的效率。

（4）信息传递速度

信息传递速度越快，高层的管理决策越容易向下传达，企业管理中出现的问题也越容易从低层管理部门向最高决策层转移，有利于集权化管理。信息传递速度与企业规模有着密切的关系，往往企业规模越大，组织的层次和部门会因管理幅度的限制而不断增加，从而造成信息延误和失真，信息沟通导致信息成本剧增，分权的优势会显著提高。组织规模较小时，由于信息沟通方便，一般倾向于集权。

（5）管理水平高低

管理水平直接决定了管理幅度，管理水平提高有利于加快信息沟通，有助于高层领导集权化管理；另外一方面，如果组织管理水平能够有效监督与评价各层次决策人员的业绩，从而降低代理成本，则有助于企业分权化治理。因此，在管理水平较高的企业，应当采取权变策略，实现集权制和分权制相融合的模式，将部分权力适度下放。一般来说，事关组织发展大局的决策，比如确定组织发展战略、制定经营方针和投资计划、批准财务预算等，其权力配置给高层管理人员；而组织的日常经营决策权，比如拟定各种具体的项目计划、控制现金流量、进行管理报告与分析、落实财务预算等，配置给中层管理人员；对于一般成本费用的控制、采购方式的选择等日常活动，其权力可直接配置给基层有关执行人员。

集权制和分权制相融合的管理体制已成为跨国公司最广泛采用的企业治理

方式，最典型的是美国通用电气公司采取的"全球中心体制"。一方面，通用电气把事关企业命运的重大决策权集中在公司总部，在财务、人事和研发三大关键领域对子公司进行严密控制；另一方面，又把需要灵活反应的具体安排和经营业务分散在各子公司，在营销决策、劳动关系、生产关系等方面赋予各子公司较大的自主权。这种管理模式使集中管理在协作中节约资源、提高效率，并通过分散经营充分发挥了子公司各级人员的积极性，提高了经营的灵活性，从而能获得良好的经济效益。

以财务管理为例，通用电气实行"集权为主，分权为辅"。公司总部设有财务部，是全公司财务管理的中央机构，各子公司根据各自的不同业务构成来设置其财务机构，直接向子公司分管财务的副总裁汇报。子公司在总部制定的财务制度范围里，享有完全的财务自主权。

（来源：赵杰.美国通用电气的集权与分权[J].政策与管理，2000年10期）

6.3.3 分配和激励制度

美国哲学家罗尔斯（John Rawls）在《正义论》中讲了一个著名的关于分粥的故事：

一群人每天共食一锅粥，因人多粥少，每次吃饭时都争先恐后，秩序混乱，强壮的人总能抢到更多的粥。于是，他们想办法如何公平合理地来分一锅粥。

第一种方法，指定一个人分粥，很快大家就发现，这个人为自己分的粥最多，于是又换了一个人，结果总是主持分粥的人碗里的粥最多；

第二种方法，大家轮流主持分粥，每人一天，虽然看起来平等了，但是几乎每周下来，他们只有自己分粥的那天是饱的；

第三种方法，推选出一位品德高尚的人分粥，但没多久，他开始为自己和与自己关系亲密的人多分；

第四种方法，选举一个分粥委员会和一个监督委员会，形成监督和制约机制，公平基本上做到了，可是大伙七嘴八舌吵下来，每次吃的粥都是凉的；

第五种方法，还是轮流分粥，但是分粥的人要等到其他人都挑完后才能取剩下的最后一碗。采用此办法后，不管轮到谁分，每只碗里的粥几乎都一样多！

［来源：约翰·罗尔斯.正义论（修订版）[M].何怀宏，何包钢，廖申白译.北京：中国社会科学出版社，2009.］

薪酬与福利是激励员工的最有效手段之一，一方面是对员工过去业绩的肯定，提高工作的积极性；另一方面通过差异化、层次化的薪酬福利体系促进员工不断提高业绩。

● 公平理论

在讨论分配与激励制度时，公平性是一个非常重要的考虑。人们常常把自己和周围的人进行比较，一旦产生不公平感，将会影响该员工以后工作努力的程度。公平是关于合理性的概念，是一个相对的概念，与其他同等状况的人相比较而言的平等待遇。

公平理论（equity theory）是斯达西·亚当斯（Starcey J. Adams）提出的。公平理论指出，员工首先会将自己的投入与收获进行比较，如果员工认为自己的投入与收获不匹配时，会产生不公平感；然后，员工还会将自己的投入 - 收获的比率与其他人的投入 - 收获进行比较，如果员工认为自己的比率与别人的比率不同时，也会产生不公平感。在比较过程中，员工会选择一个参照点，这个参照点通常是和自己有着相同背景、经历的同事、朋友、邻居等，也可以是过去的自己。通过比较，员工会产生不同的心理效果，比如当他觉得某位同事不如他努力反而收入比他高时，会产生强烈的不公平感，可能会选择降低自己的努力程度，或者向上司申诉、甚至辞职。同样，当员工发现自己的努力获得了对应的回报，会激励自己更加努力获得更多的回报，否则会认为不管自己如何努力，都不会改变现状，从而放弃努力。公平理论强调决定激励效果的是人们投入与收获的相对水平，而非绝对水平。

对公平理论的研究主要关注两大点：分配公平和程序公平。分配公平强调的是不同人之间报酬分配的额度是否合理，程序公平强调的是报酬分配的程序是否合理。分配公平会直接影响员工的满意度。程序公平要求管理者公开分配的决策是如何制定的，依据是什么，是否坚持按程序办事，是否一视同仁，是否一以贯之。程序公平会影响到员工对管理者的信任、对组织的承诺以及对未来的期望。在程序公平的前提下，即使员工对当下的分配结果有所不满，依然能够正面地、积极地接受现状、规划未来。

组织在制定员工薪酬制度时一定要公平对待和尊重员工，体现在三个维度：

（1）外部公平：使得企业薪酬福利在市场上具有竞争力；

（2）内部公平：体现薪酬的横向区别和纵向区别，不偏袒；

（3）岗位公平：体现同岗位员工胜任能力的差距。

员工的能力不尽相同，对组织的贡献也有大有小，通过差异化的分配制度，使得员工的付出和回报相适应，达到一种公平的状态。对于任职期间表现优异，为组织贡献突出的员工，应当通过奖金、股份、期权等方式予以奖励；对于在任职期间玩忽职守的员工，可酌情扣减其奖金数额；对于严重违纪的员工，要坚决予以开除，做到奖罚分明。

根据马斯洛的需求理论，人有着不同层次的需求，需求决定动机，动机决定行为。因此对于员工，需要制定多样化的激励机制。完善激励机制必须做到物质形式与非物质形式有机地结合，不但要给予物质上的奖励，使其劳有所得，满足生活要求，还要完善福利保障体系，使其无后顾之忧，安心工作，同时要还赋予员工职业上的成就感，这样才能满足员工的不同需求，在工作中能充分发挥积极性、主动性和创造性。

一些国有企业的管理者在临退休前大肆侵吞国有资产谋取私利，称为"59岁现象"。除了企业家自身腐化变质外，与现阶段国有企业的激励机制有很大的关系。在国有企业里，管理者的正规收入收到严格限制，但是其管理权力却缺乏约束，其收入与其控制的经济规模之间存在巨大的鸿沟。企业对管理者的激励只能是更高的职位和更大的职权，一旦临近退休，职位和权力再也无法激励管理者，企业家需要的满足程度与实际形成巨大反差，使得部分人在失去管理全权之前铤而走险，大量侵吞国有资产。

组织处于不同的发展阶段，经济条件和员工构成具有很大的不同，因此其激励方式应当有较大的差异。

（1）初创期：在创业阶段，成员较少，组织尚未实现盈利，员工主要靠精神激励，通过许以较高的期权，让员工看到未来的发展前景。

（2）成长期：处于成长期的组织业务快速发展，资金迅速流入，此时组织应适当增加固定薪酬与福利，同时加大个人业绩与薪酬关联的比例。在成长期组织需要招聘大量新员工，此时可以许以较高的薪酬，吸引优秀人才加入。

（3）成熟期：处于成熟期的组织已经形成市场规模，具有较为稳定的利润来源，这时薪酬制度需要注重内部公平性，同时进一步加大固定薪酬与福利占比，可以从多个方面、不同层次进行激励，包括薪酬体系、晋升制度、荣誉奖励等。

（4）衰退期：处于衰退期的组织销售额和利润会出现大幅度下降，为了降低运营成本，组织需要严格控制人力开支成本，这时可能出现裁员现象，辞退不合格的员工，同时需要通过相对优越的薪酬稳住优秀员工，使其继续为组织服务。

表6—10　组织在生命周期不同阶段的激励模型

组织生命周期	盈利状况	薪酬要素组合			与市场平均水平比较
		基本薪酬	短期激励	长期激励	
初创期	差	低	低	高	低
成长期	较好	较高	中	较高	接近
成熟期	好	高	高	中	略高
衰退期	较差	中	中、低	低	低

对于组织中的不同职能部门，激励机制也应有所差别。对于经营管理者，直接通过组织业绩或部门绩效考核管理人员，提高管理者的经营责任感，想方设法加强管理，促进企业各项经济指标的完成。对于研发部门，通过设置技术成果股、人力资本股等方式，提高技术人员特别是核心科技人员在企业中的持股比例，对做出突出贡献者实施重奖，使科技人员与组织真正结为利益共同体，进一步激发其创新热情。对于销售部门，销售提成是一种重要的激励机制，销售是直接给企业创造利润的部门，对于销售业绩突出的人员，应当予以重奖。虽然分配方式有所不同，但是不同部门收益的总体水平应当相近，避免引起部门间发生矛盾，出现互不配合、各自为政的局面。

6.4　技术创新

据说1899年美国专利局局长查尔斯·杜埃尔（Charles H. Duell）打算关

闭专利局，因为他认为"所有能被发明的东西都已被发明出来了"！一百多年过去了，这句话已成为笑柄，二十世纪里不断涌现出来的创新，飞速地改变着我们生活的世界。

技术是智慧和经验的结晶，是组织保持生命力的源泉，是组织核心竞争力的重要组成部分。技术创新是经济增长的根本动力，组织通过技术引进和技术创新，能够弥补传统方式所无法实现的增长鸿沟，从而创造新的物质财富。组织之间的竞争在很大程度上就是技术先进性、适应性的比拼，在许多时候掌握技术比对手快一点、好一点、多一点都会成为组织生命力强弱的关键所在；在技术上的任何一次重要的变革都会带来组织之间竞争格局的变化，最终成为竞争成败的决定因素。

根据创新的重要性程度，英国苏塞克斯大学（University of Sussex）将创新分为四类，分别为：

（1）渐进性创新：渐进性的、连续的小创新。比如富士、佳能在柯达发明的数码相机基础上推出各种改进的新机器。

（2）根本性创新：有重大技术突破的创新。比如电灯的发明是人类照明方式的革命。

（3）技术系统的变革：这类创新往往伴随着新产业的出现，将产生具有深远意义的变革，通常技术上会有关联的创新群出现。

（4）技术—经济范式的变更：这类创新包含很多根本性的创新群以及很多技术系统变更。这类创新几乎影响到经济的各个部门，甚至导致经济周期出现，比如信息技术的迅速发展使人们跨进了信息时代，极大地改变了人类的生活方式。

技术创新在经济学上的意义只是包括新产品、新过程、新系统和新装备等形式在内的技术通过商业化实现的首次转化。这一定义突出了技术创新在两方面的特殊涵义：一是活动的非常规性，包括新颖性和非连续性；二是活动必须获得最终的实现。

从组织管理的角度，技术创新就是一种新的思想从产生，到研究、发展、试制、生产制造直至首次商用的过程。因此，技术创新不仅仅是发明一项新技术，而且需要将其实现商用，才算完成真正意义上的创新。没有市场前途的技术发明最终将会被人们遗忘在专利局的故纸堆里。

美国战略与创新研究学者，有"硅谷教父"之称的杰弗里·摩尔（Geoffrey A. Moore）在《公司进化论》一书中，将商业环境与自然规则相比拟，认为创新就是一片"达尔文之海"，在激烈的商业竞争中同样存在着"适者生存"的"达尔文法则"。组织唯有将创新纳入有效的管理规划之中，遵循创新规律和方法论，在内部建立起持续创新的机制和文化，进行持续不断地系统化创新，才能长久保持竞争优势，顺利地穿越这片"达尔文之海"。

技术转化
与应用

研究和
取得发明

技术风险　商业风险

创新与
建立新企业

达尔文之海

图 6—11　穿越达尔文之海

技术进步只有通过应用转化为人们生产生活所需的产品或工艺，才能真正实现价值。技术进步和应用创新两个方向可以被看作既分立又统一、共同演进的一对"双螺旋结构"。

6.4.1　技术创新流程

企业的技术创新流程通常包括创新构思产生、研究开发、技术组织与管理、工程设计与制造、市场营销等一系列活动。在创新的过程中，这些活动相互衔接，相互联系，有时还会形成循环、交叉和并行的状态。这些活动以不同的方式联系起来，就形成了不同的技术创新流程。

企业研发行为需要紧扣市场需求，过于超前的研究可能会导致投入过多，暂时得不到回报而导致资金缺口；同时，企业也要及时预见技术的发展趋势，如果技术能力落后于竞争对手，则不免处于被动地位，丧失市场主动权。

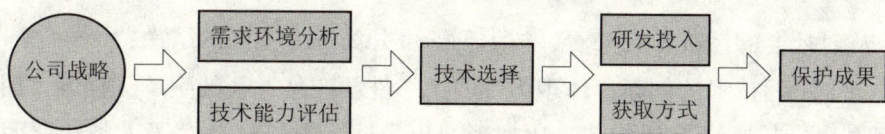

公司战略　→　需求环境分析／技术能力评估　→　技术选择　→　研发投入／获取方式　→　保护成果

图 6—12　技术创新流程

根据技术创新的驱动力不同，典型的技术创新流程可以分成三类：技术进步推动型、市场需求推动型以及技术和市场交互推动型。技术推动型的创新过程起始于基础性的研究，由技术成果引发生产行为，最终被市场接受。在市场需求拉动的创新模型中，市场需求刺激了企业投入人力物力成本开发可行的技术方案，继而填补市场需求，占领市场份额。

在社会中更常见的模型是需求和技术相互作用，一方面，市场的不断发展，人们的需求不断提高和改变，促使企业改进生产技术，创造新的产品；另一方面，生产力的发展和科技水平的提高，使得一些技术实现成为可能，从而促进了技术创新。

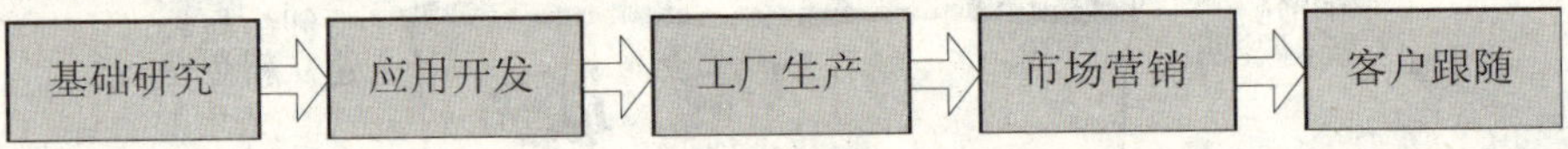

图6—13　技术推动型的技术创新过程

图6—14　市场驱动型的技术创新过程

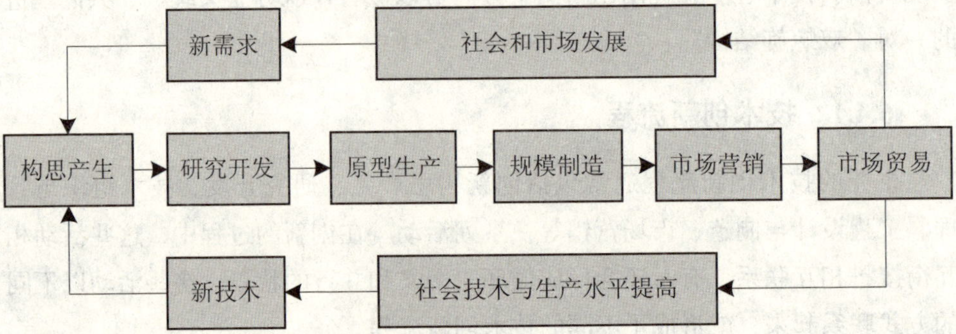

图6—15　技术与市场交互的技术创新过程

6.4.2　技术创新层次

从对社会的经济影响来看，技术创新可分为三个不同的层次：

（1）工程技术的创新，体现为发明出一件新产品、新的生产流程等，拥有发明专利为其法律上的权利。比如爱迪生发明了电灯，改变了人类的照明方式；福特公司发明了流水线生产法，极大提高了汽车的生产效率。

（2）标准体系的创新，体现为将技术写入标准，成为行业公认的规范。比如美国高通公司发明了码分多址（CDMA）技术，并将其发展为第三代移动通信（3G）标准的基础专利，从中获利甚丰。

（3）商业模式的创新，体现为依托技术和标准开发产品或提供服务，拓展新的市场，并占据相当的份额，直接为社会经济创造效益，推动生产力发展。比如苹果公司虽然不是音乐播放器的发明者，但是凭借其ipod音乐播放器和在线音乐商店的商业模式，开辟了数字音乐的新时代。

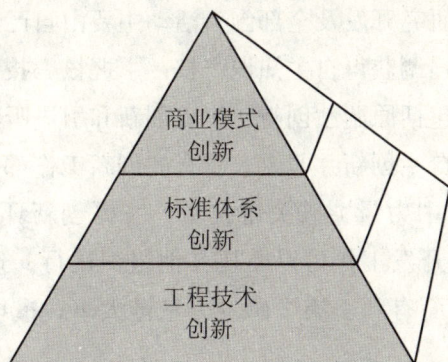

图6—16 技术创新的三个层次

6.4.3 技术创新模式

创新不仅仅是一种思维和理念，更需要付诸于具体的行动中。按照创新的主体和深入层次，可以分成如下几种：

（1）自主创新：即完全依赖组织个体的力量完成的原创性的发明。

（2）合作创新：通过和其它单位合作，形成优势互补，实现创新和突破。

（3）模仿创新：通过借鉴并加以改进，使得产品具有新的功能或者新的使用体验等。

另外，创新并非总是具有变

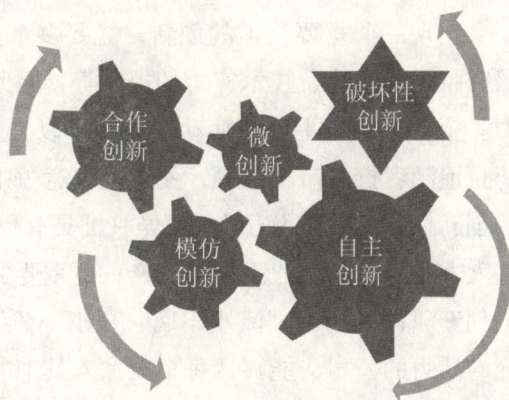

图6—17 创新的模式

革性的改进，通过对产品和服务进行微小改进，积少成多，也可以实现产品的进步。有人把这种微小的改进称为"微创新"。

● 自主创新

自主创新指企业主要依靠自身技术力量进行研发，实现科技成果商品化，最终获得市场的认可，具有率先性。自主创新通常要求企业有雄厚的研发实力和研究成果积累，处于技术领先地位。自主创新包括如下三个基本特征：

（1）创新主体：研究开发及全部创新活动主要由自己独立完成。

（2）知识产权：强调获得自主知识产权，掌握核心技术。

（3）创新模式：包括原始性创新、集成创新和引进吸收再创新。

需要指出的是，自主创新并非要求所有的创新工作都由自己完成，对于一个组织而言，只要集中力量突破关键技术，掌握创新环节中最难的技术点，其他辅助性的研究和开发工作可以委托其他组织进行，这并不会对组织效益造成严重的影响，反而有利于集中研发力量做大事，攫取产业链中附加值最高的部分。

美国高通公司独立提出了码分多址（CDMA）技术，成为第三代（3G）移动通信最核心的基础专利。虽然很多其他公司在此基础上进行了再创新，但是都逃不出 CDMA 基础专利的保护范围。高通公司坐收专利费，成为 3G 最大的受益者。

实现一项重要技术的创新，需要多个方面的积累，包括研发人才的培养、研究氛围的塑造、技术实力的提升等，因此自主创新代表了一个企业的综合实力。企业进行自主创新活动一方面可以为企业创造出领先市场的技术和产品，防止追随者抢占市场份额，使企业在竞争中立于不败之地；另一方面通过持续的创新活动"锻炼队伍"，培养一批具有创新意识和创新能力的技术经理，这些人才本身也是企业重要的资产；更重要的是，在不断的创新活动中塑造企业的创新氛围，所谓"流水不腐，户枢不蠹"，一个持续创新的公司必定是一个充满活力的公司，能够让每个新加入其中的人都能感受到朝气和激情，迸发出创造力。历史上成功的大公司都是通过大量的自主创新获得市场，而那些没落的公司又无一不是在固步自封、自我满足中走向灭亡的。

自主创新还可以打破高端技术拥有者对市场的垄断。在一个既有的成熟的市场上，市场份额往往被几家巨头所瓜分，这些垄断者依靠强大的技术实力和市场号召力，扼杀后来者，在这样恶劣的竞争环境中，只有通过自主创新，实现技术或者商业模式上的变革，才有可能重新定义市场。

在电脑杀毒软件市场上，国外巨头诺顿、McAfee、卡巴斯基，国内的金山、江民等公司占据了几乎了中国全部市场，一方面垄断者收取高价费用，另一方面盗版横行、病毒泛滥，奇虎 360 公司创新了"免费杀毒"模式，将杀毒软件免费给用户，通过附加广告等模式盈利，一下子抢占了大量的市场。

自主创新是企业成为市场领先者的必由之路，但是自主创新也不是一蹴而就的。世界上一些著名企业往往经历了技术引进、模仿跟随、吸收再创新等学习追赶阶段，最终才实现了自主创新的飞跃。清华大学吴贵生教授在总结了国内一些典型企业的发展历程后，认为企业的自主创新过程可以分成"三大步10 小步"，如图 6—18 所示，从最初的全套引进国外设备，到吸收消化进行适应性地改进，再到引进国外平台的基础上进行产品创新，到最终自主开发完整的新平台，逐步成长为具有核心竞争力的世界型企业。这一条循序渐进的发展路线值得有志于登上世界经济舞台、建设世界一流企业的民族企业借鉴。

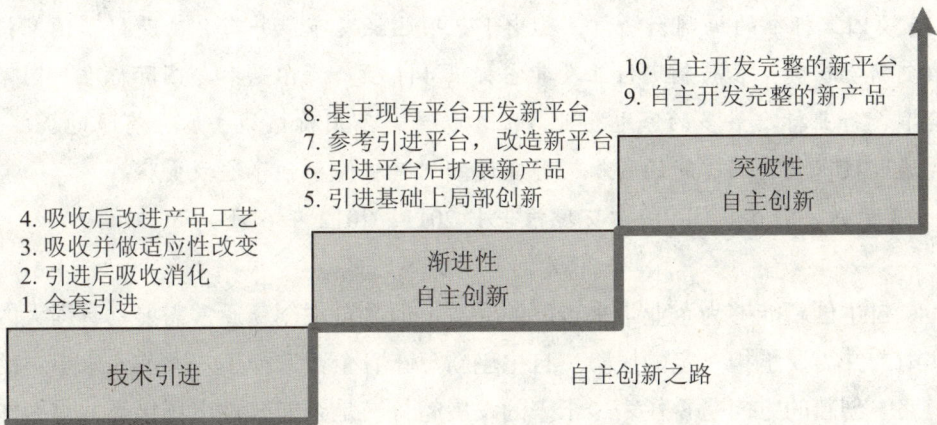

10. 自主开发完整的新平台
9. 自主开发完整的新产品

8. 基于现有平台开发新平台
7. 参考引进平台，改造新平台
6. 引进平台后扩展新产品
5. 引进基础上局部创新

突破性
自主创新

4. 吸收后改进产品工艺
3. 吸收并做适应性改变
2. 引进后吸收消化
1. 全套引进

渐进性
自主创新

技术引进

自主创新之路

图 6—18　吴贵生教授总结"自主创新之路"

中国是世界上最大的电视机生产国，在模拟电视时代，中国的电视生产厂商每年要向国外交纳数百亿的专利费。随着数字电视时代的到来，中国电视机产业迎来了前所未有的机遇。清华大学敏锐地抓住这个历史时机，投入到自主数字电视标准研制工作中，取得多项关键技术突破，获得国家基础性发明专利三项。如今数字电视节目已经在中国数百个城市开播。随后，在国家发改委和国家标准委牵头下，中国标准成功走向海外，成为第四个数字电视国际标准，并被古巴、老挝、柬埔寨等国家采纳。

（来源：数字电视国家工程实验室（北京）. 强制性国标 DTMB 在国内外的推广应用 [J]. 中国新技术新产品，2011 年第 14 期）

数字电视自主创新为民族企业节省了大量的专利费用，大大提升了中国企业在国际谈判中的话语权。一个国家如此，一个组织更是如此。通过自主创新获得的知识产权是一个组织的核心竞争力。

《商业周刊》评选出 2010 年度"全球最具创新力企业 50 强"，海尔名列其中，成为唯一上榜的家电企业。海尔自 1984 年创立以来，一直坚持以创业和创新精神创造世界名牌，自主创新成为企业不断突破的驱动力。截止到 2009 年上半年，海尔累计申请专利 9258 项，其中发明专利 2532 项。在自主知识产权的基础上，海尔已参与 19 项国际标准的制定，其中 5 项国际标准已经发布实施，表明海尔自主创新技术在国际标准领域得到了认可；海尔主持或参与了 215 项国家标准的编制、修订，其中 172 项已经发布，并有 8 项获得了国家标准创新贡献奖；参与制定行业及其它标准 441 项。海尔是参与国际标准、国家标准、行业标准最多的家电企业。海尔认为，不用价格战去瓜分有限的蛋糕，要通过技术创新创造新的蛋糕，并通过知识产权保护独享这块蛋糕。

（来源：海尔集团. 海尔环境报告书 2011，2012 年 6 月）

自主创新能够为企业带来丰厚的受益，但是自主创新通常需要具有强大的实力，并需要承担一定的风险。自主创新意味着企业选择了一条前人未走过的道路，创新的方向是否代表了未来的发展趋势，是否能够被市场接受，是否能够为企业创造实用价值。这些问题在上马创新项目之前都需要进行充分地论证。企业的自主创新行为一定要和企业的发展目标保持一致，如果仅仅为创新而创新，不仅让创新成为一个空口号，而且会成为员工的沉重包袱。

在建设"创新型国家"的时代背景之下，自主创新成为许多企业的发展战略。但是一些企业盲目地追求专利数量这样容易量化的指标，导致了大量"垃圾专利"的产生。据汤森路透公司（Thomson Reuters）的研究报告显示，2011年中国的专利申请量跃居世界第一，超过美国和日本。同时也需要看到，中国专利获批的比例仍远远不及美国、日本以及一些欧洲发达国家，专利质量有待提高。数量不等同质量，数量再多的无效或者低值专利带来的价值，远远抵不上一件核心专利的价值。如果不注重专利的质量，一味追求数量上的"大跃进"，既浪费大量的人力物力，同时企业每年还需要支付大量的专利保护费，增加财务负担。

● 合作创新

合作创新指以企业为主体，企业与企业，企业与研究院所或高等院校合作推动的创新组织方式。合作的成员之间，可以是供需关系甚至是相互竞争的关系。合作创新的条件是共享成果、共同发展。

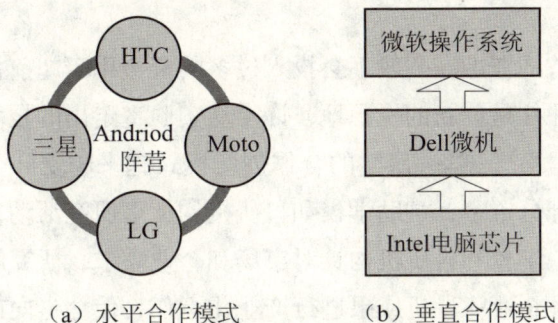

（a）水平合作模式　　（b）垂直合作模式

图 6—19　合作创新的两种模式

合作创新可以实现优势互补、资源共享，促进企业间的知识交流，并分担研发的成本和风险。多家具有实力的企业之间进行合作，能够形成规模优势，缩短研发周期，快速获得新技术并占领市场。

随着新经济形式的不断涌现，社会化分工越来越精细，企业之间的合作也越来越密切。多个企业凭借各自的优势，可以结成产业联盟。合作创新可以包括水平模式和垂直模式。

水平合作模式指在同一领域的企业形成合作关系，在项目上深度合作，共同开发产品和市场。比如由 Google 主导的 Android 手机阵营，由摩托罗拉、三星、LG、HTC 等公司形成产业联盟，共同对抗其他手机操作系统。

垂直合作模式指产业链的上下游企业形成合作关系，提供整体的解决方案，降低中间成本。比如 Intel 提供电脑芯片，Dell 提供 PC 机器，而微软提供操作系统，共同占领 PC 市场。

在全球一体化经济的背景下，单个公司难以形成一家独大的局面，合作创新成为一种主流趋势，甚至在某些领域彻底改变了产业格局。

在第三代（3G）移动通信时代，以高通公司的 CDMA 技术为基础，形成三大国际标准：WCDMA（欧洲主导）、CDMA2000（美国主导）、TD-SCDMA（中国主导）。三种标准互不兼容，既浪费资源，不同网络之间也无法切换。到 4G 时代，国际通信标准化组织致力于形成全球性的统一标准，各家公司和研究机构通过向标准化组织提交文稿，经过全会讨论选取最优的技术方案写入标准。这样通过全球通信产业界的集体智慧，实现无线通信技术的创新大发展。

企业处于利益的考虑，一般不会投入过多的资金用于超前技术的研究，而高校和研究机构往往是创新的发源地，许多从实验室走出的技术，最终改变了世界，造福人类。"产—学—研"的合作创新模式越来越受到企业的青睐，一方面，企业投入部分资金，赞助学校和科研机构从事研究活动，缓解学术机构经费紧张的问题；学校和科研机构针对市场和企业需求，研究解决相应的技术问题；另一方面，企业将科研成果进行产业化运作，使之走向市场，直接服务人们的生产生活。拥有"IT 创新发源地"美誉的美国硅谷，正是依赖于斯坦福大学这样的世界顶尖高校，创造了惠普、Google 这样的奇迹。

合作创新过程由于牵涉到多家单位之间利益，不可避免地会发生一些冲突。这表现在合作过程中投入人力产生的知识是无形资产，其贡献难以统一计量，因此在合作过程中产生的知识产权归属容易产生纠纷；由于知识产权归属问题，在合作中可能出现某一方故意隐瞒重要的信息，独享技术成果，从而形成互不信任，导致合作破裂；多方合作，企业之间不同的文化氛围、管理方式，会使得人员的管理和调配成为团队的负担，如何协调各方行动、激励不同背景的成员、提高管理效率，是合作创新面临的重要课题。因此，在开始合作之前，一般都需要签署正式的法律合同，明确各方的责任和义务，以及知识产权属性，避免在合作中产生不愉快的经历。

● 模仿创新

模仿创新指在率先创新的示范影响和利益诱导之下，企业通过合法手段引进技术，并在率先者技术的基础上进行改进的一种创新形式。明智的选择应该是先做到高质量的模仿，在模仿中再创新。

哈佛商学院西奥多·李维特教授（Theodore Levitt）提出"创造性模仿"的概念，即所谓模仿创新，是"模仿"还是"创新"，从字面上看似明显矛盾的两个概念，但是从模仿中确实同样能够实现创新。创造性模仿描述了一个"模仿"战略，别人已经做过的事情，但是本企业更好地理解了创新所代表的意义，又"创造性"地进行了商业拓展。创造性模仿者并没有创新一种产品或一项服务，它只不过完善这种产品或服务，并给它重新定位，比如突出产品特性以适应稍有不同的市场，真正满足顾客的需求，从而占领市场。

彼德·德鲁克在《创新与企业家精神》一书中这样解释创造性模仿："创造性模仿就是等到别人创造了新的事物，但还差一点火候时，它再开始行动。在短时间内，这个真正的新事物就会正式满足顾客的需求，做顾客想要、并愿意为之付钱的工作，创造性模仿然后设立标准，接管市场。"与原始创新者相比，模仿创造者的战略目标也是占据市场或行业的领导地位。在模仿创新者开始行动时，市场已经形成，需求已经产生。市场研究可以调查出哪些顾客购买、如何购买，以及可以为他们带来哪些价值等等。原始创新者所面临的大部分不确定因素已经消失或者可以预见，因此模仿创新的优点是风险相对较小。模仿创新省去了新技术在探索过程中所需的前期投入和市场验证的过程，能够集中人力、物力直接投入到生产线和产品设计中，使得创新链上资源得到最有效的利用。

一般而言，新的产品上市都会经历一段"沉默期"，等待消费者的响应。新产品可能会引起消费者使用习惯、文化惯性上的改变，令大多数在短时间内难以接受，也有可能是因为技术尚未成熟，使用体验还有待改进，消费者处于观望状态。在过去一些传统行业，这种"沉默期"可能尤其长，比如圆珠笔发明之后，这种简易的书写工具并没有得到市场的追捧，钢笔仍然垄断着市场，经过长达 8 年的推广，人们才逐渐接受了这种新的产品。微波炉刚刚上市时，人们对其功能、原理缺乏了解，担心会受到辐射。微波炉的发明者 Raytheon 公司投入了巨额资金，向消费者普及微波炉原理，微波炉的市场一直不愠不火，经过了近20年的时间才获得市场的认可。虽然如此，在当今技术飞速发展的时代，大部分产品的"沉默期"不会这么长，一般会在两年之内，好的产品很快就能赢得消费者青睐，并席卷市场。因此要求模仿者具备对市场的敏感和灵活性，辨别介入的最佳时期。

杰弗里·摩尔在《跨越鸿沟》（Crossing the Chasm）一书中分析了创新型高科技产品的市场生命周期，摩尔认为高科技产品的客户按照使用时间顺序可以分为创新者、初期使用者、早期大众、晚期大众和落后者。在市场早期，产品主要是创新者自己和一些兴趣强烈的爱好者使用，市场对该产品处于观望状态，市场很小；当产品逐渐被大众所接受，会获得飞速的发展，市场总额大幅增长，成为主流市场。但是在早期市场和主流市场之间存在着一条巨大的"鸿沟"，一些早期取得成功的产品，由于未能跨越这个鸿沟从而惨败。因此摩尔认为在早期市场取得成功的企业未必能在主流市场继续保持优势，关键在于能否顺利跨越这个鸿沟并进入主流市场，获得具有实用主义的普通大众的支持。

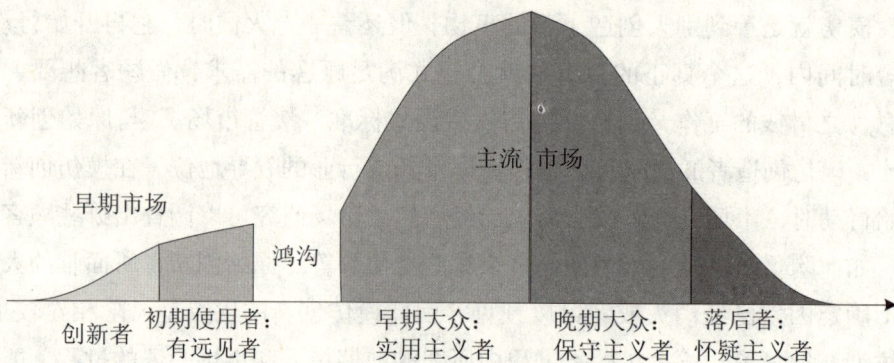

图6—20 高科技产品的生命周期

模仿创新是一种比较普遍的学习跟进方法，在原始创新者开发出新产品后，其竞争对手通过学习模仿并加以改进，推出类似的产品。新的产品对原有产品形成竞争，使得原始创新者必须不断改进、完善产品才能保持竞争力，客观上促进了产品的成熟和市场的发展。模仿创新者本身不开拓新的市场，而是在原始创新者基础上发展市场。原始创新者毕竟是少数，任何一家公司都难以独吞全球这么庞大的市场，选择合适的模仿创新战略，有助于企业规避风险、降低成本，形成与原始创新者不同的竞争优势。

"蓝色巨人" IBM 之所以能够在 IT 领域屹立百年，得益于其相对保守的市场战略。在每一次产业变革时，IBM 都能通过模仿创新成为产业领军。个人计算机（PC）原本是苹果公司的想法，当苹果公司第一代 PC 上市时，IBM 认为生产小型、独立的计算机是一个错误，既不经济，也不完善，而且昂贵。然而当 Apple PC 大受欢迎时，IBM 立即着手设计自己的个人 PC，并采取一系列改进方案。在两年内，它就取代了苹果公司在个人计算机领域的领导地位，甚至成为行业标准。

当然，相对于自主创新，模仿创新也存在着多方面的风险，主要包括：

（1）市场定位。创造性模仿战略不应该总是想着把顾客从首创产品取得成功的企业那里夺过来，而应该是指向首创者已经开拓出来但还未能充分满足的那些市场，以及首创者尚未开拓的潜在市场，以避开首创产品的先发优势。要立足于研究市场走势，研究顾客的需求，以及市场的可能变化。

（2）创新亮点。先入为主是产品进入市场的规律，如果以相似度很高的产品跟进，必然会处于被动位置。因此必须要根据市场调研得到的顾客新需求和对首创产品进行分析的一手资料，在首创产品的基础上着力进行二次开发和创新，设计和开发出本企业特有的新功能，能够形成对首创产品的"杀手锏"。模仿创新者如果仅仅是亦步亦趋，跟随率先者的路线，没有谋求差异化竞争优势，最多只能从市场里分得微不足道的一杯羹。

（3）进入时机。对任何首创产品的跟进，都要建立在对市场进行足够研究和分析、透过现象看出本质的基础之上，不要盲目跟进和扎堆。以二次开发和创新的速度为前提，在竞争对手不多时进入市场，才能维持产品较好的价格。

（4）知识产权。任何模仿都不应该成为侵犯知识产权的借口，否则将会付出沉重的代价。因此，在选择目标首创产品进行创造性模仿时，一定要了解对方是否为专利产品或拥有其他的知识产权，以免招来法律纠纷和不必要的损失。

中国的"山寨"手机因为质量问题饱受诟病，然而却依然能够大行其道，深受低端消费者的欢迎，除了价格低廉外，与"山寨"厂商的模仿创新不无关系。真正卖得好的山寨手机不仅仅满足于简单模仿，还针对中国消费者使用习惯进行了一系列的改进，比如针对商务人士的双卡双待功能，针对老年人的大键盘、大音量扬声器等。更为重要的是，著名手机芯片厂商联发科（Media Tek）提供了整套手机解决方案，使得手机制造过程大为简化，极大地降低了生产成本。山寨机使得中国普通老百姓用得起手机，使移动通信惠及最广大的人民，难怪联发科创始人蔡明介欣然悦纳"山寨之父"这个称谓。

"山寨机"正是模仿创新的典型，一方面通过高效低廉的生产模式，模仿率先者已经在市场上取得成功的产品，并针对消费者做相应的改进，走低端实用路线，从而迅速占领广大的农村市场。另一方面，知识产权始终是"山寨机"逃避不了的问题，因此真正能够发展壮大的山寨机厂商微乎其微。

● 破坏性创新

过去十年里，诺基亚一直统治着手机市场。近年来随着苹果的复兴和Andriod系统的崛起，手机市场逐渐被苹果、三星和HTC等公司所瓜分。曾经风光无限的芬兰巨人岌岌可危。不可否认的是，诺基亚一直是创新的积极推动者，甚至有人指出，诺基亚是最早研究触屏手机和开发在线商店的厂商，但是却在智能手机的争夺战中一败涂地。

哈佛商学院克莱顿·克里斯坦森教授（Clayton Christensen）在《创新者的窘境》（The Innovator's Dilemma）一书中提出这样一个深刻的问题：为什么管理优良、持续创新的企业会遭遇失败？他通过对若干典型行业进行深入的研究，得出一个颠覆性的结论，克里斯坦森认为：这些以管理卓越著称的企业遭遇失败的原因正是它们优良的管理方法，这些管理方法在推动它们发展为行业龙头企业的同时，也阻碍了它们发展破坏性技术（Disruptive Technologies），而这些破坏性技术被默默无闻的竞争对手采用，最终吞噬了它们的市场。

根据对创新类型的研究，克里斯坦森将创新分为两种：一是延续性创新，即在现有技术基础之上向市场提供更高性能、更高品质的产品；二是破坏性创新，即利用技术进步效应，从产业的薄弱环节进入，先争取少数用户，一旦在新市场或低端市场站稳脚跟，就会随着整体技术的进步不断改良，逐渐满足更多用户的需求，蚕食优势企业的市场，从而颠覆市场结构。

管理良好的企业因为实力雄厚而善于发展延续性技术，它们以绝大部分消费者所认可的方式不断提高产品的性能，其管理方式通常基于以下几点被广为接受的管理原则：

　　（1）听取消费者的意见；

　　（2）大力投资消费者表示希望得到进一步改善的技术；

　　（3）争取更高的利润；

　　（4）以更大的市场，而不是较小的市场为目标。

　　上述四点是能进行延续性创新的优秀公司的特征，但是为什么这种看上去运转"正确"的公司最终却失败了？克里斯坦森指出在市场竞争中存在着另外一种强大的力量，一种与延续性创新完全不同的创新模式——破坏性创新。

　　延续性创新定位于不断满足现有的主流客户，为这些客户提供超越当前市场水平的产品性能，以维持其市场领先地位。因此这些优秀企业投入巨资、年复一年地进行持续性技术创新和改进。在延续性创新技术的市场竞争中，获胜的几乎总是先入为主的领先者。根据克里斯坦森的"RPV 框架"（见本书第 5.1节），这些处于领先地位的企业有充足的资源，有成熟的生产流程，它们的价值观也是为最优质的客户生产高利润的产品，因此它们有足够的动力去发展延续性技术，并保证充分的优势。

　　与之相反，破坏性创新者没有能力也不会去尝试为现有市场的主流客户提供性能更好的产品，他们更倾向于通过引入性能稍逊但是简单便捷、低成本的产品或服务来迎合低端客户的需求。这些破坏性创新产品一旦在新市场或低端市场站稳脚跟，就会开始启动其自身的改良周期。因为技术进步的步伐总是超过客户的实际使用能力，那些当前"不够成熟"的技术在通过改良后，反而恰好能切合更高级别客户的实际需求，从而破坏和重新定义现有的市场。可以用图 6—21 所示的模型来解释破坏性创新，当现有市场客户对产品表现的需求不断提高时，为满足这一需求，技术创新表现也随之提高。在技术高速发展的现代社会，技术创新表现与客户需求表现的提高过程通常沿着两条不同的曲线。当破坏性技术创新的发展曲线超过了大众客户需求曲线的时候，就意味着原来使用

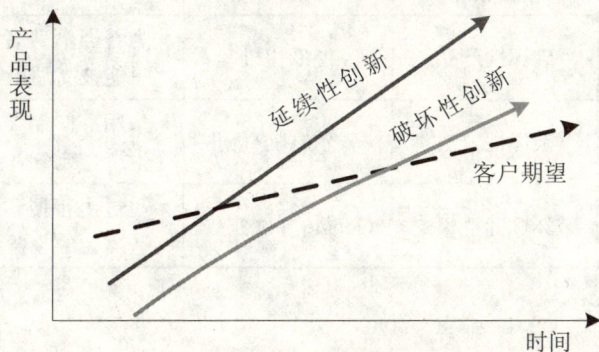

图 6—21　破坏性创新模型

延续性创新产品的众多用户不必为超标的性能付出额外的费用，从而转向破坏性产品。

如果一个企业将其产品性能表现提升到超过客户需求的程度，并使得顾客不得不为超标的性能付出额外的费用（高性能产品的价格自然要高于低性能产品），那么这些在创新中投入过多的企业是不可能赢得市场的，其结果要么是直接被破坏性创新产品抢走市场，要么只能降低自身利润以挽留原来的客户。因此破坏性创新往往能使这些领先企业遭受致命的打击。由于这些领先企业的资源分配和生产流程往往是为延续性创新设计的，因此它们从本质上来说无法有效地响应破坏性创新。它们的价值观使得它们总是瞄着高端市场，几乎从未考虑过进入新市场或低端市场的阵营，而这些市场恰恰是破坏者的根据地。这正是创新者陷入窘境的关键原因，也是新生力量的潜在机遇。

并非所有面向低端客户的创新都能成为破坏性创新，实现破坏性创新必须具备三个条件：

（1）是否由于新技术的发展，使得应用这样的产品和服务变得更加简便？

（2）是否存在一些人愿意以较低价格获得质量较差但尚能接受的产品和服务？

（3）该项创新是否对现有市场的领先者都有破坏性？

破坏性创新的形式可以是多种多样的，可以是一种破坏性的产品、或者破坏性的生产和销售方法或者破坏性的商业模式，表6—11列举一些典型的破坏性创新案例。

表6—11　破坏性创新方式

创新领域	案例	具体模式
破坏性产品	傻瓜相机	● 为普通消费者生产简易廉价的相机，打破相机只能被高端摄影爱好者所有的局面。
破坏性方法	戴尔电脑直销	● 采用准时制（Just-In-Time）方式组织电脑配件生产，充分降低了仓储费用。
破坏性商业模式	Google 在线广告	● 通过出售搜索结果旁的高度精准的文本广告创造出新的收益源。

● 微创新

在知识爆炸的信息时代，创新似乎越来越难。但是在我们的日常生活中，还有许多不完善的地方，只要拥有一双善于观察的眼睛、一种努力改善生活现状的心态，不难做出一些微小的改进，这就是"微创新"。

在传统的工业时代，一个产品从设计、创意、研发、生产，周期比较长，"十年磨一剑"的创新模式比较常见。但在当下的信息时代，产品的生命周期正发生巨大的改变，一个新产品研发周期可能只有几个月、几周、甚至几天，如果不能快速地进行创新，不能迅速与用户进行互动，可能很快就被淘汰。

与传统的颠覆性创新相比，微创新带来的突破似乎毫不起眼，但正是一个个不起眼的改进，影响着用户体验，从而最终决定了产品的竞争优势。表6—12从经营模式、学习行为和组织设计三大方面对颠覆性创新和微创新进行比较。

表6—12　颠覆创新与微创新比较

差异	颠覆创新	微创新
经营营模式	● 全新的方式做事以求繁荣 ● 新的市场机会，努力改变经营领域 ● 以全新的方式利用企业资源 ● 新兴产业，新兴技术 ● 更多依靠先行优势 ● 较大的风险和不确定 ● 适合快速变化环境	● 将已经在做的事情做得更好 ● 明确的运营领域 ● 成功占据市场并领先于对手 ● 成熟产业，成熟技术 ● 更多依靠成本优势 ● 较小的不确定性 ● 相对稳定的市场环境
学习行为	● 突破现有领域 ● 鼓励试验新产品、新技术及新方法 ● 资源用于把握客户需求 ● 充分的自由，独立判断 ● 方法流失	● 了解现有领域 ● 在产品和流程上循序渐进的改进 ● 学习源于最佳实践，并做得更好 ● 资源用于满足现有顾客需求 ● 组织学习，整理知识并在组织内传播
组织设计	● 更有利于产生广泛变革 ● 结果不确定 ● 独立自主的开发和决策 ● 结果相互影响和依赖小 ● 目标分散，视为对创新和变革的投资	● 高效，有利于实现规模经济 ● 有效复制经验 ● 资源有效利用，分工明确 ● 局部变革，风险可控 ● 目标明确，聚焦

对于企业而言，纯粹的颠覆创新和微创新都难以持久生存，企业需要分析

自身竞争优势，找到最佳平衡点。

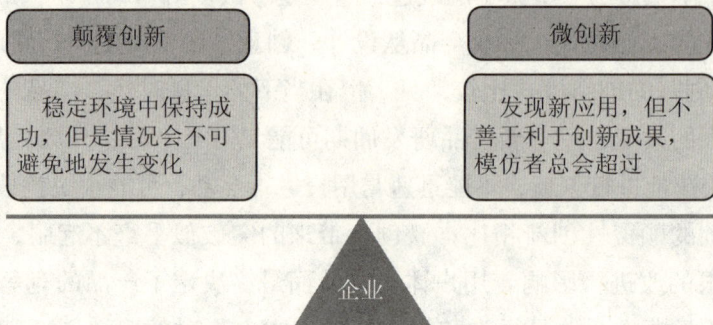

图 6—22　颠覆与微创新

6.5　产品创新

如前文所述，技术不能脱离市场而存在，因此技术创新最终必须以市场认可的产品作为输出。技术创新是产品创新的前提和基础，产品创新满足了客户的需求，同时又激发了新的需求，进一步刺激技术创新。

斯蒂芬·乔布斯的伟大之处不在于其创办的苹果公司市值全球排名第一，也不在于其拥有巨额的个人财富，而在于他总能通过天才的创意推出一些划时代的产品，从而掀起技术革命的浪潮。21 世纪初，一个普遍的看法是通信行业已经成为夕阳产业，现有的无线网络已经能满足人们高质量的语音通话需求，同时人们可以通过家中的光纤宽带高速上网。2007 年，苹果公司推出 iPhone 智能手机，人们对于手机上网的热情一下子被激发出来。到 2012 年，智能手机的出货量首次超过个人电脑。智能手机的蓬勃发展极大地推动了移动互联网的发展，也开创了通信产业的新局面。

6.5.1　新产品类型

新产品是指产品在原理、用途、性能、结构和材质等方面或某一方面同已有产品相比具有显著改进、提高或独创的，具有先进性和实用性，能提高经济效益，有推广价值，并在一定的地域范围内第一次试制成功的产品。一般来说，新产品通常包括如下几种类型：

（1）新问世产品。一种前所未有的产品，包括：完全变革性的新产品，比如爱迪生发明灯泡、苹果公司推出个人电脑；以及从已存在的产品改进而来的新产品，比如 iPhone5 对 iPhone4 做了较大的改进，成为一款新的产品。

（2）新产品线。市场上已经存在此类产品，公司新进入这个市场，推出自己的产品线，比如 IBM 在苹果之后推出自己的个人电脑。

（3）现行产品线的扩展。在现有市场上的产品线进行扩充，增加新的样式、新的口味、新的技术等，比如可口可乐公司不同口味的饮料……

市场是不断发展的，用户的需求和体验也在不断发展，新技术的不断进步使得产品更新换代日益加速。如果一家公司只满足于既有的产品，很快就会被新生的竞争力量所吞噬。在传统行业，这种竞争也许不是那么明显，我们用的打火机也许还是十年前的款式，用的剪刀并不见得比一百年前的剪刀更锋利。但是在新科技领域，这种变化翻天覆地，计算机领域里著名的"摩尔定律"指出："计算机芯片的计算速度每 18 个月提升 1 倍，同时成本降低 1 倍。"Intel 的芯片处理能力每 18 个月就翻一番，微软的操作系统也几乎每两年就要出一个新版本。如果你再试一下一台五年前的电脑，你会觉得运行速度简直是龟速！

6.5.2　产品层次

在开发产品之前，我们首先来认识一下产品的概念，一般认为产品就是购买到的实物或服务，实际上产品包括三个不同层次：

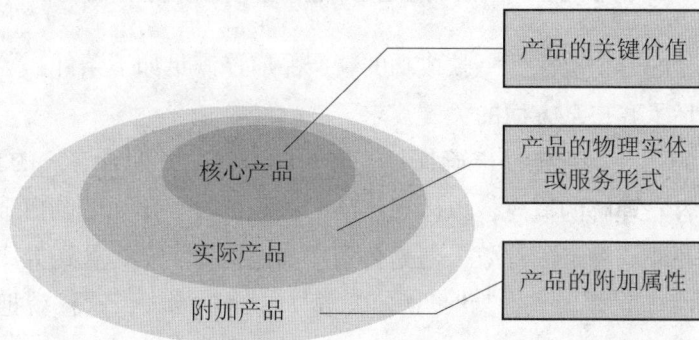

图 6—23　产品的三个层次

第一层次：核心产品。核心产品是由产品提供给客户的关键价值，比如买药，药品本身是商品，买药的人的购买动机是获得健康，因此药的关键价值是健康。

第二层次：实际产品。这是我们通常意义上理解的产品，即我们通过购买行为获得的实物或者服务。比如一块香皂，或者一次心理咨询。

第三层次：附加产品。购买产品时，往往还有很多附属物，比如购买音乐播放器，往往会赠送耳机，还有产品的保修卡、售后服务等，有的产品还会提供送货上门，免费安装等服务，这些附加产品虽然不是产品的主体，但是对于客户的满意度体验尤为重要。

表6—13　产品的不同层次示例

苹果产品	核心产品	实际产品	附加产品
iPod	海量数字音乐	音乐播放器	iTunes 在线音乐库
iPhone	互联网智能手机	手机	Apple 软件商店、手机配件
iPad	娱乐休闲终端	平板电脑	Apple 软件商店、配件

图6—24　苹果公司推出了一系列极为成功的新产品

针对产品的三个层次，一款成功的新产品应该满足如下条件：

（1）满足了客户某方面的关键需求。

一款好的产品，肯定是准确抓住了客户的心理，并迎合客户的真正需求，有一个让人容易理解的概念，以体现产品的核心价值。比如"脑白金"作为一种保健品，并非有神奇的疗效，但是公司准确地把握了"送礼送健康"这个理念，让"脑白金"成为"礼品"，送给需要"健康"的人，这样就把产品的核心价值推销出去了。

（2）质量上有保障、品质上信得过。

能够持久占领市场的产品，必然在质量和品质上经得起时间的考验。顾客的眼睛是雪亮的，那些质量不过关、返修率高的产品，很快会被市场抛弃。因此，要求企业在产品开发过程，严格把好质量关，提供消费者放心的产品。

（3）服务品质好，附加属性高。

在产品性能、质量差不多的情况下，服务和配件往往成为产品营销的重要手段。有的顾客买一款手表，也许只是因为手表盒精致，这种心态在奢侈品市场尤为常见，包装成为消费者尤为关键的考虑；购买家电时，提供送货上门且免费安装的商家能够获得更多的订单；笔记本电脑的保修期从原来两年延到三年，甚至有厂商宣称终身保修，而实际上，笔记本电脑出现故障的概率非常之小，除非人为损坏。

在当今的信息时代，出现一种新的趋势，即硬件的价格越来越低廉，软件和服务成为盈利的主力军，因为硬件设备的成本越来低廉，而且生命周期一般比较长，利润空间越来越小，而软件和服务的生命周期却比较短，能够很快实现盈利。因此，整个市场的产品格局也在发生着深刻的变化。比如移动通信运营商将定制手机送给客户，通过用户的持续话费支出来实现盈利。苹果公司的手机、平板电脑虽然利润非常高，但是其在线软件商店 Apple Store 已经成为更重要的收入来源。数据显示，平均每位 iPhone 用户每月会花费 9.49 美元用来购买软件，苹果公司会获得其中 30% 的利润分成。

6.6　营销创新

两名推销人员到一个岛屿上去推销鞋。第一个推销员到了岛屿上之后，非常失望地发现每个人都是赤脚，原来这个岛屿上没有穿鞋的习惯。他气馁了，没有人穿鞋，鞋怎么卖得出去。于是他马上发电报回去，鞋不要运来了，这个岛上没有销路，每个人都不穿鞋。第二个推销员来了，高兴得几乎要昏过去，这个岛屿上的鞋的销售市场太大了，每一个人都不穿鞋，要是一个人穿一双鞋，那得是多大一笔生意啊。他马上向总部打电报，请求赶快空运鞋来。

面对相同的市场，不同的思维方式导致了截然相反的效果，这就是营销的奇妙之处。

6.6.1 营销模型

美国营销学家杰罗姆·麦卡锡教授（Jerome McCarthy）在《基础营销》

中将企业的营销要素归结为四个基本策略的组合，即著名的"4P"理论：

（1）Product（产品）——创造价值。如前文所述，产品既包括有形的实物，也包括无形的服务、知识等。产品是营销的主体，任何营销活动的目的都是将产品卖出去，因此产品需要体现其存在价值，如何满足客户的需求。

（2）Place（渠道）——交付价值。产品通过什么样的渠道交付给客户。这个概念有一个更准确的说法：分销（Distribution），即建立供应链，组成营销网络，将产品分散到各地的客户手中。

（3）Price（定价）——体现价值。根据市场的不同定位，制定出合适的价位，吸引顾客且保证盈利。

（4）Promotion（促销）——宣传价值：通过各种方式让消费者了解产品，关注产品，购买产品。

图6—25　营销的4P理论

4P理论在营销实践中得到了广泛的应用，已经成为人们思考营销问题的基本模式。然而随着市场环境的变化，4P理论逐渐显示出其弊端：一是营销活动着重企业内部，对营销过程中的外部不可控变量考虑较少，难以适应市场变化；二是随着企业间在产品、价格和促销手段等相互模仿，在实际运用中效果有限。

为此，美国著名营销专家罗伯特·劳特朋（Robert F. Lauterborn）教授在1990年提出了以客户需求为导向的4C理论，重新设定了市场营销组合的四个基本要素：即消费者（Consumer）、成本（Cost）、便利（Convenience）和沟通（Communication）。4C理论认为企业首先应该把追求顾客满意放在第一位，并努力降低顾客的购买成本，要充分注意到顾客购买过程中的便利性，而不是从企业的角度来决定销售渠道策略，最后还应以消费者为中心实施有效的沟通以制定针对性的营销策略，而不是企业单方面的促销。4C 理论重视顾客导向，以追求顾客满意为目标，这实际上是当今消费者在营销中越来越居主动地位的事实对企业的必然要求。

4C 理论将企业生产的目标从"生产好的产品"变成了"生产顾客认为好的产品"，有助于企业了解消费者的需求，制定能够直接吸引消费者的营销策略。实际上 4P 理论和 4C 理论并不矛盾，4P 理论以企业活动为主体，是营销手段，4C 理论以客户满意为导向，是营销目的，两者可以结合起来，共同为制定营销策略服务。

表 6—14　4P 理论和 4C 理论的对比

类别	4P		4C	
出发点	以市场为导向		以客户为导向	
含义	产品 Product	产品定位和服务范围	客户 Custom	研究客户需求，提供相应解决产品或服务
	价格 Pirce	基本价格、支付方式	成本 Cost	考虑提供产品的付出、客户愿意付出的价格
	渠道 Place	直接渠道和间接渠道	便利 Convience	考虑让客户享受第三方物流带来的便利
	促销 Promotion	广告、人员推销、营业推广、公共关系	沟通 Communication	积极主动与客户沟通，寻找双赢的认同感

6.6.2　营销战略

一个企业难以独吞所有市场，营销人员需要对市场进行细分，确定合适的目标市场，最后把产品或服务定位在目标市场中的确定位置上。这样一套流程即著名的 STP 战略理论，具体如图 6—26 所示。

图 6—26　市场营销 STP 战略

● 市场细分

由于每个人的爱好、看法不尽相同，因此人们对于产品的需求也是多样化的。市场可以根据客户的属性进行细分，通常有如下细分属性：

表 6—15　市场细分属性

人口因素	性别、年龄、种族、教育程度、收入等
地理因素	国家、区域、文化
经济因素	经济发展水平、支付方式
心理因素	性格特征、专业爱好、品牌追求
行为因素	生活习惯、产品使用习惯

由于人们需求的广泛性和多样性，企业难以生产出符合所有人预期的产品，任何精明的营销人员都不会试图抓住整个市场，在细分市场里，客户由于较大程度的同质化，对产品的需求相似，营销手段也可以比较接近，对于企业而言，能够很大程度地降低成本和风险。

在评估市场细分方案时，首先需要能够识别细分市场的相关数据，现成的或者实地调研得到的原始数据并不一定能够反映全部问题，需要进行提炼整理；针对细分市场建立客户资料库，掌握客户的直接资料，以便进行调研和推销；根据客户的人口数据和行为特征制定恰当的盈利模式，并分析调研其可行性。

麦卡锡教授提出"市场细分的七个步骤"，具体为：

（1）依据需求选定产品市场范围：根据消费者的需求情况、企业的营销目标以及经营产品的特性来确定其进行营销活动的初步的产品市场范围。企业的产品市场范围最终还是由消费者的需求来确定的。

（2）列举潜在客户的基本需求：确定了产品市场范围以后，企业的营销人员通过"头脑风暴法"对潜在的顾客的基本需求进行一定的估算。

（3）分析潜在客户的不同需求：根据影响消费者需求的各种不同因素，向不同的潜在客户了解这些因素对他们影响作用的大小，从消费者对这些因素影响作用的认识可以分析不同潜在客户的不同需求。

（4）移去潜在客户的共同需求：从某种意义上来说，客户的共同需求是所有客户对企业的基本要求，也是企业在产品决策时的重要依据。它固然重要，但是不可能作为市场细分的基础。只有那些不同的需求才可能成为划分不同细分市场的标准，因此需要筛选出最能发挥企业优势的细分需求。

（5）为各细分市场暂时取名：为了便于分析，企业可以根据细分的特征给每个细分市场取一名称，以反映不同细分市场的不同特点。

（6）进一步认识各细分市场的特点：企业应该对各细分市场进行深入的分析，以掌握它们的特点，为企业的营销活动设计提供依据。

（7）预测各细分市场大小：通过购买者数量、购买力和购买动机三个因素来预测市场容量，其中的潜在购买者数量和潜在顾客的购买能力就决定了企业未来销售的潜力。

● 目标市场

将市场进行细分后，从中选取符合公司利益的营销目标。对于某个细分市场，根据其市场吸引力和公司的优劣势，制定目标市场的策略如图 6—27 所示。对于吸引力高的市场，如果正是公司的优势所在，立马采取行动，占领市场；如果是公司的相对弱势，需要采取进一步评估，公司是否需要进入该市场，如果进入，采取什么样的策略能够扭转劣势。对于吸引力低的市场，如果也是公司的优势所在，所谓"鸡肋市场"，食之无味、弃之可惜，不妨采取放任的战略，不投入重点力量进行营销，任市场自由发展；如果也不是公司的优势，果断放弃，以便集中力量攻取更有价值的市场。

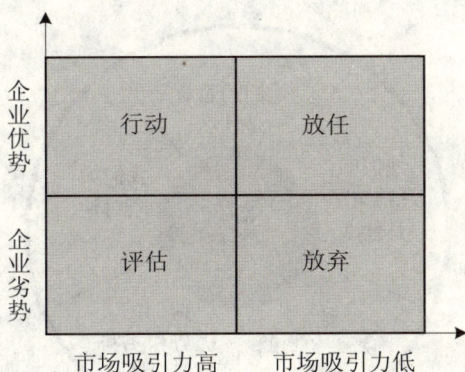

	市场吸引力高	市场吸引力低
企业优势	行动	放任
企业劣势	评估	放弃

图 6—27　针对不同吸引力的市场的营销策略

● 市场定位

定位用来明确公司在市场的位置，通过产品的质量和定价这样两个维度，得到如图 6—28 所示的市场定位图。不同的公司有不同的定位，以酒店行业为例，希尔顿定位在高品质、高价值的商务旅店，形成经久不衰的著名品牌；如家快捷酒店看到很多中低端商务人士出差对服务质量的期待和对价格的犹豫，选择了一条服务质量中端、价格水平低廉的发展路线；而另外有一些小旅馆，服务质量也许很差，但是价格相当低，对于低收入人群是一个不错的选择，这些小旅馆也可以实现自身的盈利。市场定位图有利于帮助公司找到合适自身条件的定位，并形成差异化竞争，避开实力雄厚的竞争对手。

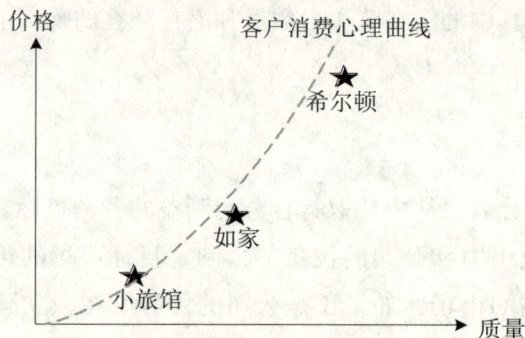

图 6—28　市场定位图

选择目标市场既要考虑自身公司的产品和营销方案，也要考虑竞争对手的潜在威胁。如果在营销战略制定的过程中没有考虑竞争对手，很可能会遭遇市场份额争夺战的"滑铁卢"。

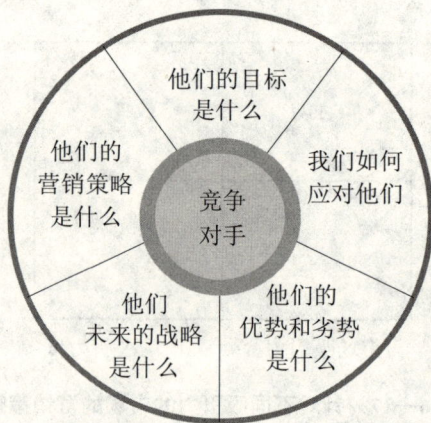

图 6—29　竞争对手分析框架

对竞争对手的分析，可以通过图 6—29 所示的分析框架，具体为：

（1）竞争对手的目标是什么，对方对目标市场的分析和定位是什么。

（2）竞争对手现有的营销策略是什么，有哪些面向目标市场的产品，价格如何制定，采取了那些促销手段。

（3）能否预计到对方未来的战略是什么，相比较现在可能会发生哪些变化

（4）竞争对手的优势和劣势分别是什么，竞争对手的产品特征有什么优点和缺陷，对方的现有市场份额如何。

（5）我们如何应对，相比较对方的优势和劣势，我们的优势和劣势如何，如何能够应对对方的威胁。

最后，借助 SWOT 分析法，了解企业自身的优势和劣势，市场潜在的机会和威胁，确定合适的定位。

6.6.3　产品营销

产品从开发成功到走向市场，经历着市场导入阶段、成长阶段、成熟阶段和衰退阶段一系列的演变历程，如图 6—30 所示。在不同的阶段，产品的销售额和销售利润呈现出一定的规律，产品创新需要结合产品的生命周期不断加以改进，同样，产品营销也需要根据生命周期的不同阶段制定不同的策略。

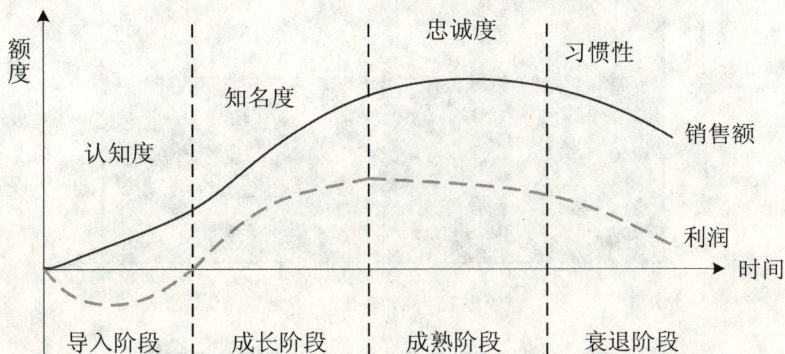

图 6—30　产品的生命周期

在市场导入阶段，企业需要支付巨额的营销费用进行大规模的宣传和推广，以获取消费者的认知度。早期的产品定价往往有两种策略，第一种是由于竞争产品较少，可以以较高的价格弥补前期开发的投入，同时辅以各种优惠吸引顾客；第二种是较低的价格，即渗透定价，迅速获取庞大的客户群。

在市场成长期，产品已经获得一些市场口碑，具有一定的知名度，销售额

不断增长，利润也迅速增加。此时竞争对手会相应进入该市场，瓜分利润。

随着市场逐渐成熟，销售额和利润趋于平稳，各个细分市场的顾客形成对品牌的忠诚度，企业通过加大广告、促销等方式抢夺市场份额，这时竞争最为激烈，一些弱势企业会被淘汰出局，有远见的企业开始着手新产品的开发，以谋求新的市场增长点。

当新的产品上市，逐渐取代旧产品，原有产品的市场开始迅速萎缩，销售额和利润急剧下降。妥善处理旧产品，并及时提供平滑的升级产品，能够挽留住原有顾客，培养用户忠诚度。

BCG矩阵是由波士顿咨询集团（Boston Consulting Group）提出的一种规划企业产品组合的方法，将现有的产品标在一种二维的矩阵图上，从而显示出哪个产品能提供高额的潜在利益，以及哪个产品是企业资源的漏斗。BCG矩阵关注企业现有产品的市场份额及未来发展潜力，以便决定如何调整相应的产品生产及营销策略。

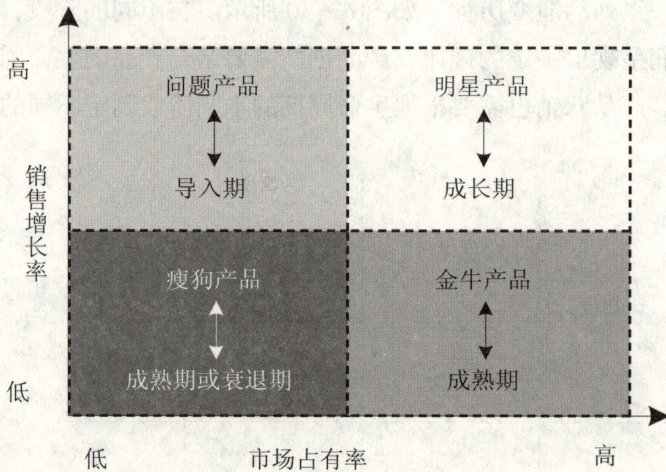

图6—31 波士顿"增长—市场份额矩阵"

（1）明星产品：就像明星一样，销售量大，市场占有率高，处于高速成长期。这些明星产品是企业主要利润来源，企业往往会投入巨大的资金来满足市场需求，维持营销规模。

（2）金牛产品：一些产品进入市场有较长的时间，已经占据较高的市场份额，但是销售增幅明显减慢，进入市场成熟期，这样的产品面临着市场饱和、发展潜力有限的风险，企业需要提早考虑改进产品，以刺激市场新的增长点。

（3）问题产品：虽然销售量在增长，但是在迅速成长的市场中市场份额较小，意味着在市场竞争中处于劣势。企业需要反思检查，问题出在哪一个环节，产品功能不够好，还是促销力度不够，还是定价过高……对问题的及时纠正，能够帮助企业恢复竞争力，占领更高的市场份额。

（4）瘦狗产品：产品销售量平平，市场份额一般，不被市场看好。对于这样的产品，往往需要及时砍掉，或者出售给其他具有相对竞争力的公司。比如IBM 的 PC 业务，虽然占据不错的市场份额，也能给公司创造利润，但是利润率远远低于公司的其他业务，于是 IBM 将其卖给了联想。

6.7　商业模式创新

6.7.1　商业模式要素

哈佛商学院将商业模式定义为"企业赢利所需采用的核心业务决策与平衡"。可以简单理解为，企业通过什么方式来实现盈利。一个好的商业模式，必须面对三个基本问题：

（1）企业的客户在哪里；

（2）企业能否为客户提供哪些（独特的）价值或服务；

（3）企业如何以合理的价格为顾客提供这些价值，并从中获取利润。

因此，客户、价值和利润构成了商业模式最核心的三要素。亚历山大·奥斯特瓦德（Alexander Osterwalder）提出一个更为详细的商业模式九要素模型，如图 6—32 所示。该模型考虑了商业模式运作的各个方面，具体含义如下：

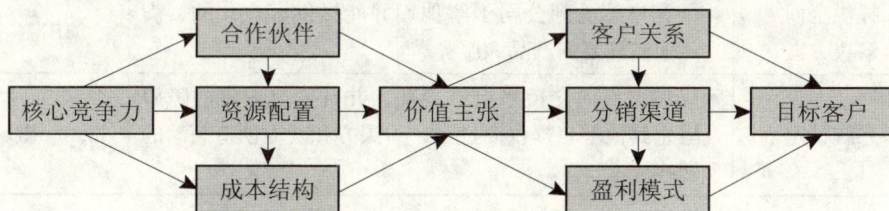

图 6—32　商业模式九要素

（来源：亚历山大·奥斯特瓦德.商业模式：设计与创新.）

（1）目标客户：目标客户是组织所瞄准的消费者群体，这些群体具有某些共性，组织需要针对这些共性创造相应的价值。

（2）价值主张：价值主张指组织通过其产品和服务为消费者提供的价值。对于组织来说，为用户提供价值是最重要的。组织提供的核心价值可大致划分为五类：产品、价格、渠道、服务和体验。

表 6—16　典型的核心价值主张及示例

核心价值	形式	案例
产品	卓越的产品	Intel（电脑芯片）、诺基亚（手机）
价格	低廉的价格	沃尔玛（连锁）、淘宝（网店）
渠道	信息互通	Google（搜索）、Amazon（在线图书）
服务	提供便利、享受	IBM（企业服务）、海底捞（优质服务）
体验	文化／休闲	星巴克（休闲办公）、Apple（时尚品质）

一旦企业确定了谁是它的目标客户，它将确定目标和指标来反映想要提供的价值主张，向客户传达这样的信息：企业期望做的事情比竞争对手更好或与众不同。通常有四种客户价值主张：

表 6—17　客户价值主张

客户价值主张	目标	案例
总体成本最低	● 有吸引力的价格、卓越而一致的质量、较短的交货期、方便的购物和良好的选择。	沃尔玛
产品领先	● 提供独特的产品特征和性能或者新特征和性能率先上市，比如速度、尺寸、准确性、功耗或其他超出竞争产品并被客户看重的性能特征。	Apple
提供全面解决方案	● 令客户感受到公司了解他们并能提供客户化的、满足他们需要的产品和服务。	IBM
系统锁定	● 成为主流的交换平台供应商，并且创造大量的障碍阻止其他平台提供商进入，给买方和卖方创造高昂的转换成本。	Intel、微软

（3）盈利模式：盈利模式回答了公司如何通过各种收入流来创造财富。投资者最看重的就是公司的盈利模式，如何为投资人创造利润。

盈利模式分为自发的盈利模式和自觉的盈利模式两种。对于自发盈利模式，企业虽然盈利，但盈利模式不明确不清晰，其盈利模式具有隐蔽性、模糊性、缺乏灵活性的特点，企业对如何盈利，未来能否盈利缺乏清醒的认识；对于自觉盈利模式，企业通过对盈利实践的总结，对盈利模式加以自觉调整和设计而成的，具有清晰性、针对性、相对稳定性、环境适应性和灵活性的特征。在市场竞争的初期和企业成长的不成熟阶段，企业的赢利模式大多是自发的，随着市场竞争的加剧和企业的不断成熟，企业开始重视对市场竞争和自身赢利模式的研究，既使如此，也并不是所有企业都有找到赢利模式的幸运。

表 6—18 网站的集中常见盈利模式

盈利模式	收入来源	案例
广告	● 通过提供广告来收取费用	雅虎
订阅	● 通过提供信息内容和服务来收取订阅者的费用	华盛顿邮报
交易费	● 通过授权交易或进行交易来收取费用（佣金）	eBay
淘宝销售	● 销售产品、信息或服务	亚马逊
京东商城 会员制	● 通过业务推荐收取费用	问卷星

（4）核心竞争力：核心竞争力是组织执行其商业模式所需的能力。创业型组织的核心竞争力通常包括核心技术、营销渠道、创始团队等，而创始团队是重中之重。很多知名投资人都表示，他们选择投资，往往看重的不是项目本身，而是项目团队。

（5）分销渠道：分销渠道是组织用来接触消费者的各种途径，创业型组织面临着如何开拓市场和实施营销策略等诸多问题；

（6）客户关系：组织同其消费者群体之间所建立的联系；

（7）资源配置：开拓新的商业模式所需的资源和活动配置；

（8）合作伙伴：本组织同其他组织之间为有效地提供价值并实现其商业目标而形成的合作关系网络。

（9）成本结构：所使用的工具和方法的货币描述；

6.7.2 商业模式设计

要想弄清楚一个企业的商业模式，需要围绕着上述三要素回答清楚5W2H，即企业在何时（When）、何地（Where）、为何（Why）、如何（How）及多大程度（How much）地为谁（Who）提供什么样（What）的产品和服务。

一个成功的商业模式是对现有方法的有效改进或突破，即改变 5W2H 中的任何一项或几项，都是商业模式的创新。但是并非所有的创新都会成功，评价一个商业模式是否具有重要的商业价值，通常包括如下方面：

5W2H	解释	案例（以 Google 为例）
When（何时）	●在什么样的时代背景	互联网时代，信息爆炸，人们面对大量的信息手足无措。
Where（何地）	●服务区域有什么特点	虚拟的区域：互联网世界
Who（谁）	●面向客户群是什么样的人	广大渴望获得信息的网民
What（什么）	●提供什么样的产品或服务	信息搜索
Why（为何）	●满足客户的什么需求	快速获取信息
How（如何）	●如何运作以实现赢利	客户定向的广告
How much（程度）	●多大程度地满足客户需求，多大程度地创造利润	无所不能的搜索；无处不在的广告

（1）是否能够让客户清晰地了解企业提供的产品和服务，实现企业在客户心目中的目标定位；

（2）是否能够让企业员工全面了解企业的目标和价值所在，清楚地知道自己行动的意义；

（3）是否能够让股东更清晰、方便地判断出企业的价值及其在市场中的地位变化。

6.7.3 商业模式循环创新

商业模式创新的过程包含四个阶段：环境分析—商业模式创新—组织规划—商业模式执行。

（1）环境分析：在有了商业模式原型之后，首先需要进行市场环境的分析，通过调查分析目标市场规模，是否存在类似的公司，市场的盲点在哪里，如何切入，等等。

（2）商业模式创新：在商业模式原型框架下，根据环境分析的结果，对商业模式原型进行修正、再创新。

（3）组织设计：在合适的商业模式基础上，公司应该思考怎么才能将商业模式分为业务单元和具体的流程，并选择合适的人执行。建立一个包含不同知识结构（包括技术、销售、客户关系、人力资源等）的商业模式创新团队，所有团队成员必须对商业模式达成共识。

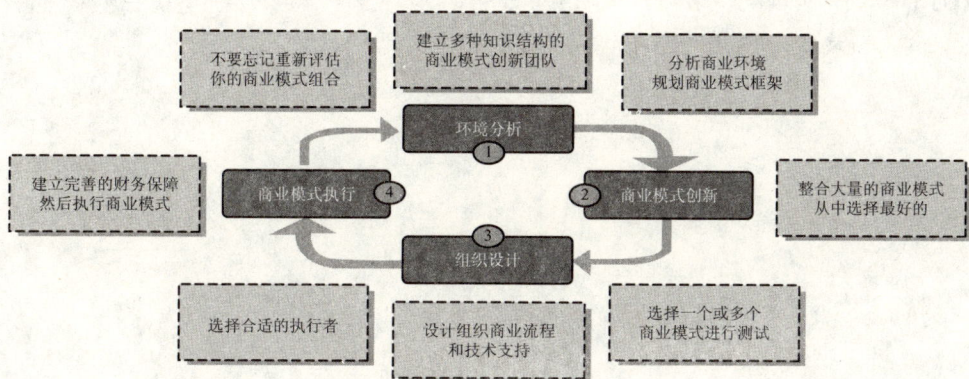

图6—33 商业模式循环创新

（来源：亚历山大·奥斯特瓦德.商业模式：设计与创新）

（4）商业模式执行：将设计好的商业模式、组织模型、业务流程、信息系统等模型付诸实践。商业模式能否有效执行，直接关系到创业的成败。

商业模式创新是一个不断循环的过程，在实际执行中，需要根据外部环境的变化，不断调整发展战略，以应对新的竞争。

参考资料

[1] 刘仲康，郑明身.企业管理概论[M].武汉：武汉大学出版社，2004.

[2] 约翰·罗尔斯.正义论（修订版）[M].何怀宏，何包钢，廖申白译.北京：中国社会科学出版社，2009.

[3] 侯先荣.企业创新管理理论与实践[M].北京：电子工业出版社，2003.

[4] [美]大卫·凯琴，艾伦·伊斯纳.战略：基于全球化和企业道德的思考[M].孔令凯译.北京：中国人民大学出版社，2009.

[5] [英]J. Tidd，J.B essant，K. Pavitt.创新管理——技术变革、市场变革和组织变革的整合（第二版）[M].王跃红，李伟立译.北京：清华大学出版社，2008.

[6] 吴贵生.技术管理创新——中国企业自主创新之路[M].北京：机械工业出版社，2011.

[7] [美]杰弗里·摩尔.跨越鸿沟[M].赵娅译.北京：机械工业出版社，2009.

[8] [美]克莱顿·克里斯坦森.创新者的窘境[M].北京：中信出版社，2010.

[9] [英] 弗朗西斯·麦肯纳利.破坏性创新 [M].北京：东方出版社，2010.

[10] [瑞士] 亚历山大·奥斯特瓦德.商业模式：设计与创新.

[11] [瑞士] 亚历山大·奥斯特瓦德，[比] 伊夫·皮尼厄.商业模式新生代 [M].王帅等译.北京：机械工业出版社，2011.

第 7 章

高瞻远瞩——战略管理

> 不谋万世者，不足谋一时；不谋全局者，不足谋一域。
>
> ——[清]陈澹然

对于管理者而言，激烈的市场竞争就是一场没有硝烟的战争，通过制定战略，确立企业在市场中的位置，与竞争对手展开竞争，吸引并满足客户的需求，创造业绩并获得持久发展。没有战略的组织就像一艘没有舵的船，将会迷失在市场的海洋里。战略就是组织这艘巨轮的舵，引领组织向既定的方向发展。德鲁克认为：做正确的事比正确地做事更重要。战略就是做正确的事。

7.1　战略管理概述

战略是一个组织在一定时期内全局的、长远的发展方向和目标。战略这个词源自军事术语，原指将领指挥作战的谋略。中国自古以来对战略非常重视，凡是一流的政治家、军事家，首先都是一流的战略家，能够准确分析形势并制定行动方针，引领队伍一步步走向成功。

据《三国志》记载，东汉末年，当刘备尚无任何根基的情况下，三顾茅庐拜访诸葛亮，诸葛亮在《隆中对》中为刘备分析了天下形势，提出先取荆州安身，再取益州筑基，与曹孙形成鼎足之势，继而图取中原的战略构想。后来诸葛亮出山成为刘备的军师，这一战略成为刘备集团的基本路线，成就了三分天下的霸业。

对于管理者而言，激烈的市场竞争就是一场没有硝烟的战争，通过制定战略，确立企业在市场中的位置，与竞争对手展开竞争，吸引并满足客户的需求，创造业绩并获得持久发展。没有战略的组织就像一艘没有舵的船，将会迷失在市场的海洋里。战略就是组织这艘巨轮的舵，引领组织向既定的方向发展。德鲁克认为：做正确的事比正确地做事更重要。战略就是做正确的事。

美国哈佛大学商学院阿尔弗雷德·钱德勒教授（Alfred D. Chandler Jr）将战略定义为一个组织长期目标的决策，以及为实现这个目标所采取的路线和资源的配置。从这个定义看，组织战略既包括宏观的长期目标，也包括具体的行动计划。根据影响范围大小，可将组织战略划分为三个层次，如表7—1所示。

战略管理的过程如图7—1所示。战略管理者需要根据组织使命明确组织的经营理念，对战略环境进行分析，制定符合自身发展需要的战略模式。战略的实施及控制同样重要，没有执行力的战略只是一纸空文。在战略执行过程中，还需要对组织面临的风险进行规划和防范，在利用机会的同时避免损失。以战略为中心的组织是战略的执行载体，组织应该根据战略需要进行变革，以提高战略执行效率和整体竞争力。

表 7—1 组织战略层次

战略层次	战略特点	职责所有者
组织战略	●组织战略规定了组织的使命和目标及发展计划、整体的产品和市场等重大决策，为实现组织未来发展方向做出的长期性和总体性战略，是组织最高管理层指导和控制一切经营活动的最高行动纲领。	高层管理者
业务单位战略	●在总体战略指导下，每个战略业务单位（Strategic Business Unit，SBU）根据市场状况对产品和市场进行战略规划，巩固其在该行业的竞争地位。	事业部领导层
职能战略	●组织的各个职能部门制定用于指导其职能活动的战略，描述在执行组织整体战略和业务单位战略的过程中，各职能部门所采用的方法和手段，具体包括人力资源战略、研发战略、生产战略、市场营销战略等。	职能部门经理

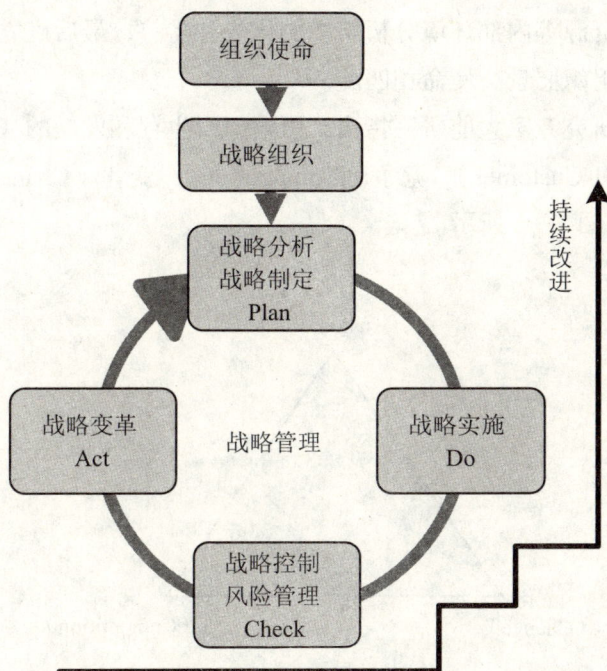

图 7—1 战略管理模型

本章将围绕战略管理的战略分析、战略制定、战略实施、战略风险以及战略变革五大方面进行详细地阐述，并介绍一些常用的分析和管理工具。战略管理是一门实践的艺术，需要在不断的实战中总结经验和教训。本章所介绍的理论和工具都是管理学者们基于大量的案例研究总结出来的一些普遍性规律。对于战略管理者而言，战略通常是无定规的，需要根据当时当地的综合情形进行决策。古语云：运用之妙，存乎一心。战略管理关系组织命运，对管理者综合素质的要求极高。

7.2　战略分析

战略分析是战略管理流程的第一步，通过明确组织的使命并分析组织所处的环境，对于组织选择和制定何种战略具有至关重要的指引意义。战略分析主要包括两大方面：一方面通过分析政治、经济宏观形势、行业价值链、市场需求预测、竞争环境等深入分析组织的外部环境，梳理出影响组织现在和将来状况的因素，发现外部的机会和威胁；另一方面通过业务组合、内部价值链、财务状况、人力资源等内部环境分析组织的优势和劣势，最后确立组织战略，使得战略目标与组织愿景、使命相匹配。

日本战略研究专家大前研一指出，影响组织生存和发展的战略包括三个核心要素：客户（Customer）、竞争（Competition）、变化（Change），即"战略三角模型"，如图7—2所示。

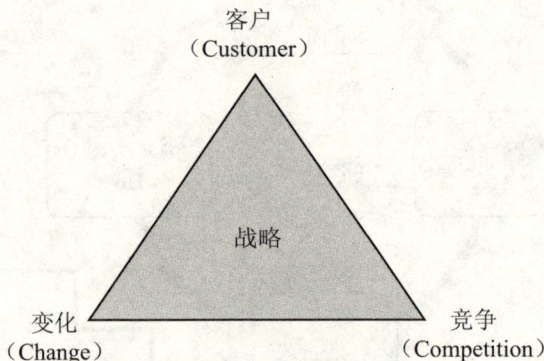

图7—2　战略三角

（1）客户：客户是所有战略的基础。德鲁克在《管理的实践》一书中指出，企业的目的只有一个正确而有效的定义，即创造客户。从长远来看，只有那些真正为客户着想的企业对于投资者才有吸引力。因此组织首要考虑的应该是客户的利益，而不是股东或者其他群体的利益，如果客户利益不能满足，组织失去其利润来源，就谈不上股东利益了。

（2）竞争：所谓"知己知彼，百战不殆"，战略制定者必须从整体上关注自己的竞争者，并设身处地地站在竞争对方战略规划者的位置考虑问题，以便了解对方制定战略的基本思路。战略制定者应该清楚地认识自身组织在整个价值链中的位置，分析自身的优势和不足，发掘区别于竞争对手的核心竞争力。

（3）变化：组织处在日新月异的市场环境中，面临着机遇、价格和服务水平等多方面的挑战，组织战略只有紧随市场的变化，不断改善经营模式，并做到未雨绸缪，迎接一切可能的挑战，才能在激烈的市场竞争中赢得生存和发展。德鲁克曾告诫道：变化所带来的最大的危险不在于变化本身，而是拘泥于运用过去的逻辑来应对变化。

因此，在战略分析中必须紧密围绕上述三个方面，确保核心战略要素。

7.2.1 组织环境

在战略分析过程中，战略制定者应当首先认清组织所处的环境，既包括外部环境，也包括内部环境。外部环境不仅仅要关注客户、供应商、竞争对手等直接的利益相关方，更要关注宏观的政治、经济形势等因素。

● 利益相关者

利益相关者是指与组织有一定利益关系的个人或组织群体，可能是组织内部的雇员，也可能是企业外部的供应商和客户等。大多数情况下，利益相关者可分类如图 7—3 所示。

在战略决策的过程中，与组织利害相关的各个团体的利益总是相互矛盾的，不可能有一个能使每一方都满意的战略。因此，一个高层管理者应该知道哪些团体的利益是要特别重视的。美国管理协会（AMA）曾经对 6000 位经理进行调查，分析各种利益团体对企业的重要性，结果如表 7—2 所示，可见客户和员工最受重视。原因不言而喻，客户是企业利润的直接来源，而员工则是利润的直接创造者。只有客户满意、员工满意，才能实现组织的持续发展。

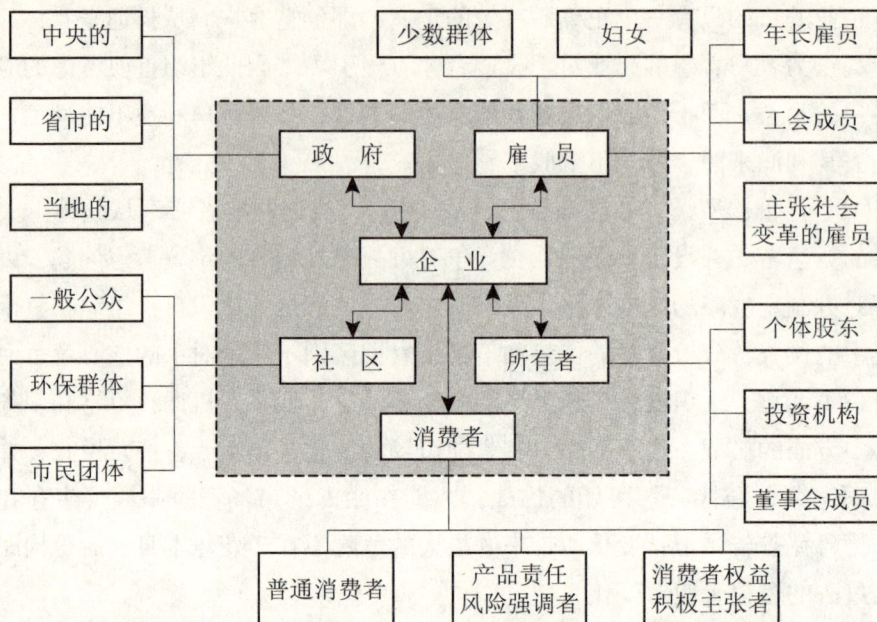

图 7—3　企业的利益相关者

［资料来源：阿奇·B.卡罗尔，安·B.巴克霍尔茨.企业与社会：伦理与利益相关者（第五版）.北京：机械工业出版社］

表 7—2　各种利益相关团体对企业的重要性

利益相关团体	得分排序（最高为7分）
客户	6.40
员工	6.01
主要股东	5.30
一般大众	4.52
一般股东	4.51
政府	3.79

● PESTL 分析

分析组织外部宏观环境有一个常用的工具，即 PESTL 模型，包括政治（Political）、经济（Economic）、社会（Social）、技术（Technological）和法律（Law）五大类影响组织的主要外部环境因素。

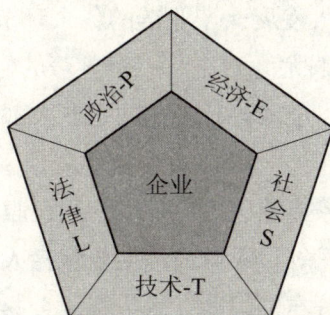

图7—4　企业外部环境分析

（1）政治环境

政治环境主要包括社会制度与政治体制，以及政府的方针、政策、法令等等。政府对企业的影响途径主要包括两个方面：

第一，监管调控手段：政府通过制定法律规范市场和企业的行为，如最低工资限制、劳动保护、社会福利等方面，这些政策直接影响企业的经营行为。

第二，经济金融手段：政府运用财政政策和货币政策来实现宏观经济的调控，以及通过干预外汇汇率来确保国际金融与贸易秩序，比如以税率、利率、汇率、银行存款准备金做为经济调控的杠杆。

一些跨国企业还面临着国际关系的挑战，国家之间的关系、民族情绪可能会严重影响到跨国企业的发展，也是管理者不可忽视的潜在风险。

受"钓鱼岛事件"影响，中日关系紧张。2012年丰田汽车在华销量大幅下降。据路透社报道，丰田汽车9月在中国的汽车销量较上年同期下降约40%，约5万辆，销量下滑可能将使得公司无法完成今年在华销售100万辆汽车的目标。

（来源：车讯网，http://www.chexun.com，2012年10月9日）

（2）经济环境

企业的经济环境主要包括宏观和微观两个方面。宏观经济环境主要指世界整体的经济形势，以及所在国家的经济发展情况，包括国民收入、国民生产总值等经济指标；微观经济环境主要指企业业务所在区域的消费者收入水平、消费偏好、居民储蓄情况等因素，这些因素直接决定着企业市场规模的大小。

随着经济全球化的深入发展，产业链的各个环节分布在全球的各个角落，宏观经济形势对企业的影响尤为明显。一个显著的例子就是 2008 年美国次贷危机引发的全球金融危机，全球各行各业的企业大都无法幸免。

（3）社会环境

社会环境包括一个国家或地区人口环境、居民教育程度和文化水平、宗教信仰、风俗习惯、价值观念等。人口环境主要包括人口规模、年龄结构、人口分布、种族结构以及收入分布等因素；教育程度会影响居民的需求层次，决定了消费理念和消费结构；宗教信仰和风俗习惯会鼓励或抵制某些活动；价值观念会影响居民对组织目标、组织活动认可与否。

（4）技术环境

技术环境主要指与企业所处领域直接相关的技术水平的发展情况，包括与本企业产品有关的新技术、新工艺、新材料的发展趋势，技术转移和技术商品化速度，专利保护情况等等。不仅如此，企业还要关注国家对科技开发的投资和支持重点，借助扶持政策会大幅降低企业成本。

（5）法律环境

法律环境主要包括国际公约以及政府制定的法律、法规。法律法规起到规范市场和企业行为的作用，任何企业都必须在法律的框架下运行，违反法律可能会面临巨额的经济损失。企业在制定战略时，不仅要充分了解既有法律的规定，还要关注那些正在酝酿之中的法律，及时做好应对准备。

表 7—3　PESTL 分析要素举例

要素	示例
政治	●政权稳定性、政府管制、政府鼓励行业、国际关系、政府预算、失业政策、进出口限制、关税
经济	●经济规模、财政和货币政策、经济增长率、居民可支配收入、利率、汇率、通货膨胀率
社会	●人口增长率与年龄分布、收入分布、生活方式、风俗习惯、宗教信仰、教育程度、劳动力流动性、社会福利体系
技术	●政府研究开支、基础工业水平、扶持产业技术、新型发明与技术发展、知识产权保护、技术转让率、信息技术变革
法律	●宪法、公司法、合同法、劳动保护法、消费者保护法、环境保护法、反垄断法

7.2.2　行业分析

除了关注政治、经济等宏观形势，企业还需要重点关注本行业以及整个产业链的发展形势。通过分析行业状况和产业链发展形势，有助于理解企业内部和外部的环境。

●价值链

哈佛商学院迈克尔·波特教授（Michael E. Porter）在其《竞争优势》一书中提出"价值链"的概念，波特认为企业的行为可以看成一系列有序的创造价值的活动组合，称之为"价值链"。价值链上主要包括两类活动，一类是基本活动，包括企业外部物流、生产、内部物流、销售、服务等五类直接创造价值的基本活动，另一类是辅助活动，包括采购、技术开发、人力资源管理、基础设施管理等与基本活动直接相关的活动。价值链反映出企业各项活动之间存在密切的联系，比如原材料供应、生产制造、产品销售环环相扣、密不可分。根据价值链评估企业的各项活动是否能够能给企业带来有形或无形的价值，有利于企业改进内部流程。

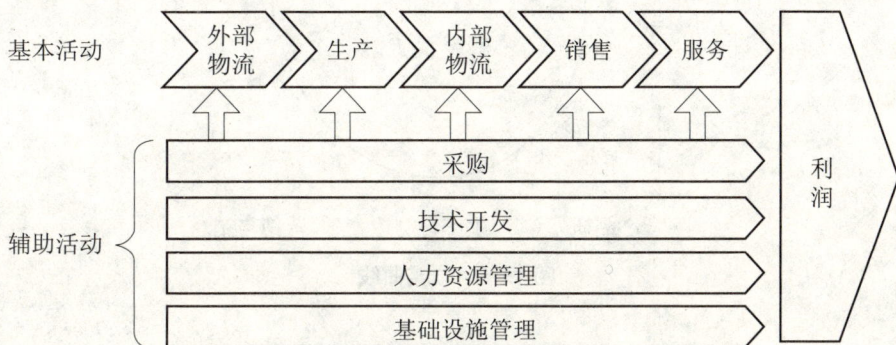

图 7—5　企业基本价值链

价值链并不局限于企业内部，为了更充分地利用价值链分析，还需要考虑供应商、合作伙伴、客户等利益相关者的价值链，即整个产业链的结构。价值链理论揭示了企业之间的竞争不只是单个环节的竞争，而是整个价值链的竞争。事实表明，以往仅仅关注于改善企业内部流程的做法已不足以应对现今复杂的市场环境，企业要保持生存和发展，必须与产业上下游伙伴充分协调，建立一个具有竞争优势的价值链。

● 产业链

产业链是一个相对宏观的概念，用于描述具有某种内在联系的企业群结构，具体指各个产业组织之间基于一定的技术经济关联，并依据特定的关系形成的链式关联形态。产业链中存在着大量的上下游价值互换，一方面上游组织向下游组织输送产品或服务，另一方面下游组织向上游组织反馈市场信息。在分析产业链时，要充分利用价值链理论，理顺价值在整条产业链上是如何产生和分配的，才能抓住关键价值点，认清本企业在产业链中的地位。

台湾宏碁集团（Acer）董事长施振荣根据制造业的价值链分布提出一条"微笑曲线"，在价值链的上游，由于新技术研发的投入，产品附加值较高；在价值链的下游，由于品牌运作、销售渠道的建立，附加值也较高；而作为劳动密集型的中间制造、装配环节，不但技术含量低、利润空间小，而且市场竞争激烈，很容易被成本更低的同行所取代，因此成为整个价值链中附加值最低的部分。"微笑曲线"告诉我们，企业应该在自主研发能力、品牌营销等附加值高的环节上投入更多的资源，向"微笑曲线"的两端渗透来创造更多的价值。

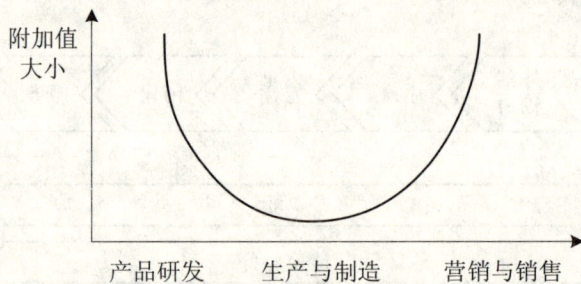

图 7—6　微笑曲线

● 商业生态系统

在错综复杂的商业世界里，企业之间以各种各样的方式和途径发生着联系，互相竞争又互相依存，形成了一个又一个商业生态系统。商业生态系统影响着整个商业环境，左右企业的战略方向。商业生态系统的思想最早由美国学者詹姆斯·摩尔（James F. Moore）在其著作《竞争的衰亡》一书中提出，他把商业生态系统定义为"以组织和个人的相互作用为基础的经济联合体"。摩尔认为，一个领导型的企业以及它的上下游成员之间相互作用、相互影响，组成一个商业生态系统。商业生态系统中的所有成员互惠互存，共同进化，推动整个系统的前进与发展。如今，越来越多的企业开始认识到商业生态系统的理念，并用行动诠释这一理念，以不同的方式构建自己的商业生态系统，构建属于自己的商业帝国。

阿里巴巴在马云的雄伟战略布局下不断推出新产品，从阿里巴巴 B2B 电子商务平台到 C2C 模式的淘宝网，再到 B2C 的天猫商城，形成了一个创新型的电子商务生态圈。阿里巴巴的成功不仅仅为马云及其创业伙伴创造了巨大的财富，也为中国的中小企业提供了发展的平台，实现了电子商务生态链的共赢。

（来源：卓骏，李富斌，陈亮亮，卫军. 共赢的生态链——阿里巴巴的商业生态系统之路 [J]. 浙江经济，2012 年 02 期 .）

现代商业社会正发生着日新月异的发展和变化，市场竞争异常激烈，商业生态系统也遵循着自然界"优胜劣汰"的进化法则。企业一方面要善于借用生态圈的整体力量，构建良性的产业发展态势，另一方面必须时刻保持变革创新的能力，保持竞争优势，以应对不断变化的市场的挑战。正如自然界中各种不同的生态系统具有不同的特点，演进模式也不尽相同，但都符合自身特点，在商业世界中也没有唯一正确的模式，只有适合的才是最好的，印证了中国一句俗语："不管白猫黑猫，抓到老鼠才是好猫"。

7.2.3 竞争分析

竞争分析是组织环境分析的重要内容，在一个有限的市场中，企业的竞争环境直接影响着企业的盈利能力。在进行竞争分析时，有一些有效的分析工具，可以帮助管理者梳理竞争因素、制定应对策略。

● 五力模型

迈克尔·波特提出了"竞争五力模型"，描述了五种基本的竞争力量，如图 7—7 所示。波特的"五力模型"打破了传统对竞争的认识，他认为，竞争并不仅限于直接的产品对手，那些可能进入本行业的企业，以及未来可能取代自己产品的企业，都是企业潜在的竞争者。甚至上游的供货商和下游的购买方由于其议价能力，直接与企业形成利益的分割，因此也是不可忽视的竞争力量。

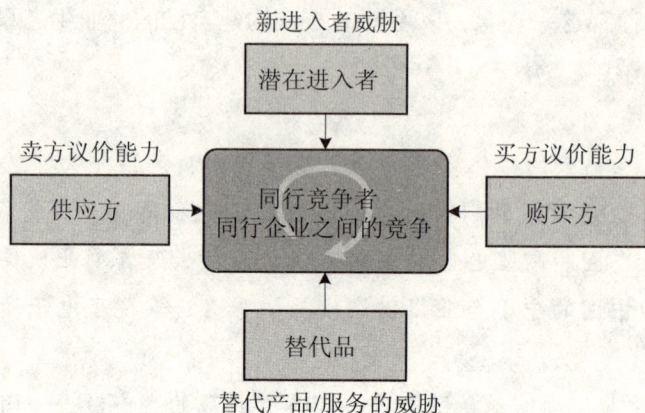

图7—7 波特竞争分析的"五力模型"

● 战略布局图

在进行竞争分析时，可借助战略布局图展示企业现有市场的战略状况，清楚地描绘影响行业内企业之间竞争的因素，显示行业的战略轮廓，识别竞争者和潜在竞争者重点投资的战略因素。参照图7—8，绘制战略布局图可分为三个步骤：

首先，在横轴上依次列举各种竞争因素。

然后，对各个竞争者分别分析其竞争因素，并在纵轴方向进行标记，将统一竞争者的各竞争因素的标记连接起来，形成价值曲线。

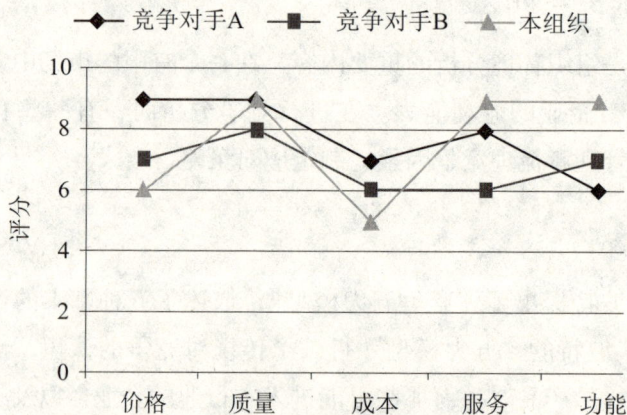

图7—8 战略布局图

最后，标记本企业的价值曲线。

通过战略布局图，可以清晰地看出本组织与竞争对手之间的差异性，从而制定适合本组织的战略路线。

●SWOT 分析

SWOT 分析法不仅可以用来进行个人的环境分析，也可以用于企业的行业分析。在竞争的市场环境中，企业拥有哪些机会，又面临哪些威胁，企业自身的优势在哪里，劣势是什么。一个企业的战略必须建立在自己的优势之上，利用环境里出现的机会争取扩大优势，并努力弥补自己的劣势，保护企业免受威胁。SWOT 分析的详细解释如图 7—9 所示。

	优势（S）	劣势（W）
机会（O）	SO 战略：增长型战略 ●依靠内部优势，把握外部机会 再创佳绩	WO 战略：扭转型战略 ●利用外部机会，克服内部劣势 把握时机
威胁（T）	ST 战略：多种经营战略 ●依靠内部优势，回避外部威胁 果断迎战	WT 战略：防御型战略 ●减少内部劣势，回避外部威胁， 休养生息

图 7—9 SWOT 分析市场环境、选择组织战略

7.3 战略制定

在战略分析的基础上，组织要确立经营理念，包括愿景、使命、价值观等方面，以及制定具体的战略目标和衡量战略绩效的标准，并明确主要采取的战略措施，包括业务发展战略以及价值链战略等。

7.3.1 战略目标

战略目标是组织制定战略的基本依据，是战略实施的指导方针和战略控制的评价标准。愿景描述了组织的美好前景，能够激励员工向着这个美好的愿望不断奋进。与愿景不同，使命更加强调组织的任务和手段，如何在满足社会需求的同时为组织创造利润。组织的战略目标则要求具有可操作性，能够让组织成员知道如何实施行动去完成使命，并始终朝着"最高目标"——愿景前进。

战略目标的不同层次如图 7—10 所示。

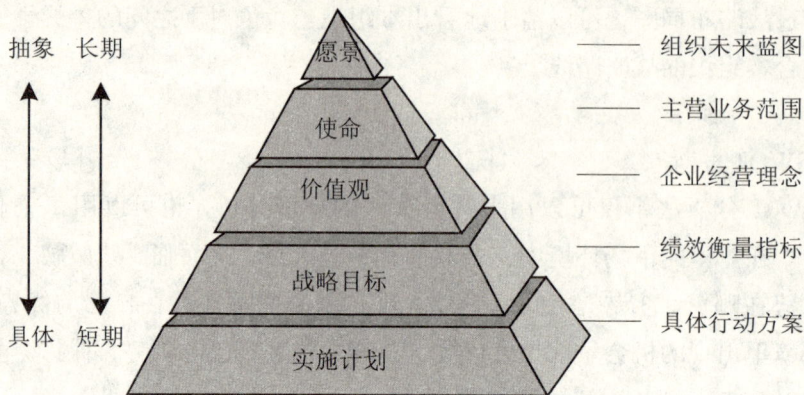

图 7—10 战略目标的层次

制定组织的战略目标同样要遵循"SMART"原则，即满足"明确、可衡量、可实现、相关性、时限性"的要求。

7.3.2 战略模式

在制定组织战略的过程中，需要对各种战略进行评估，战略的优劣可以从如下几个方面评判：

（1）该战略是否适宜组织目前所处的市场环境；

（2）该战略是否符合利益相关者（包括客户、投资者、员工等）预期；

（3）从组织的资源和能力看是否实际可行。

不同组织需要根据外在环境和自身实际制定适合自己的战略模式。迈克尔·波特于 1980 年提出了组织的三大基本竞争战略，包括成本领先战略、差异化战略和聚焦战略，如图 7—11 所示。

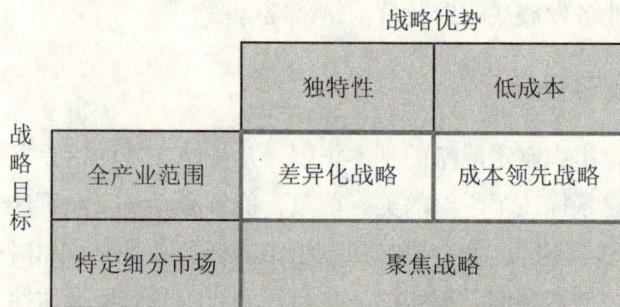

图 7—11 波特提出的三大基本战略

● 成本领先战略

成本领先战略也称低成本战略。当企业能够以低于竞争对手的成本提供的相同或相似价值的产品时，企业通常采用以下两种方式获取利润：

（1）采用低价策略来吸引顾客购买。因为其售价较低，收入会减少，为此，必须增大产量以保持甚至增加收入，即所谓的"薄利多销"。

（2）不刻意追求更大的市场份额，而将价格定得与竞争对手大致相当，以提高毛利率进而增加总利润。

总体来讲，成本领先战略就是以大规模生产和经营来降低成本，再以低成本所支持的低价格来赢得市场，增加收入，最终实现赢利。

成本领先战略适用于客户对某一类商品存在巨大的共同基本需求的市场，此时，质量可接受的标准化产品就能够满足用户需要，价格成为客户购买的主要决定因素，比如沃尔玛这样的销售日常消费用品的大型连锁超市。

成本优势的来源因产业结构不同而异，包括追求规模经济、受专利保护技术、原料集中采购、政策优惠等因素。成本领先企业往往采购大量的原料，因此对供应商具有很强的议价能力，常常能够压低供应品的采购价格。另一方面，这样的企业对供应商也有较强的依赖性，一旦供应商的成本提高，成本领先企业不得不承受相应的涨价。

富士康依靠中国大陆廉价的劳动力，拥有相比竞争对手的成本优势，从而获得苹果公司大量的订单。一旦中国大陆的劳动力成本提高，苹果公司必须支付更高的代工费用。

● 差异化战略

差异化战略通过创造与竞争对手有明显的区别、在整个行业内具有独特价值的产品和服务等，从而吸引特定的消费者群体。

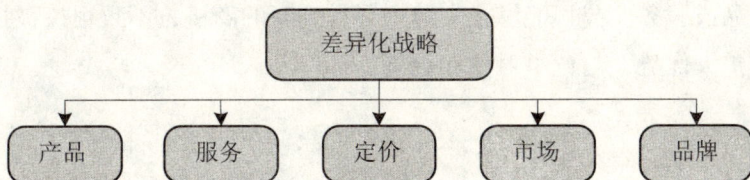

图 7—12　差异化战略的不同定位

（1）产品差异化：设计独特功能、优异品质的产品，使之在某个方面与市面上已有的产品形成明显的优势。比如"老人手机"针对老年人视力和听力都衰退的问题，设计了超大字体和高功放音箱，满足老年人的通讯需求。

（2）服务差异化：提供优质特色的服务吸引顾客，从而为产品本身增值。比如"海底捞"通过提供无微不至的贴心服务，使其在庞杂的火锅市场独树一帜；海尔电器通过优质的售后服务，使消费者买得放心，用得舒心。

（3）定价差异化：不同层次的消费者对价格的承受能力不同，对产品的期望值也不同。一些奢侈消费品就是利用富人的心理，将价格定得非常高，从而凸显其"高贵"的身份；另一方面，一些低端产品通过简化设计，只满足最低要求，从而将成本压到最低，以占领广大的农村市场。

（4）市场差异化：由于地理、气候、文化、经济条件等大环境的差异，不同地区的市场需求会迥异，有必要针对市场的差异化制定差异化的发展战略。随着社会经济的发展，企业的发展战略也要及时调整。比如中国改革开放初期，经济水平相对落后，劳动力成本低廉，企业的发展战略多为劳动密集型；随着改革开放的巨大发展，中国的市场也发生了巨大的变化，高科技企业的比例逐步增加，一些劳动密集的企业已经开始战略转移到其他国家。

（5）品牌差异化：品牌是企业在消费者心目中的直接形象，通过对品牌定位的差异化，形成企业的核心价值。

中国移动针对年轻人推出"动感地带"品牌，邀请周杰伦、S.H.E等青年人气偶像代言，在大学校园内大力推广，形成了优质的口碑；而"全球通"品牌针对商务人士设计，以"全球通，我能"的口号，彰显成功人士的自信，也取得了很好的效果。

差异化战略可以缓解公司所面临的竞争压力。在一个较为成熟的市场中，竞争对手已经利用某一种或几种特色产品在市场上占据主导地位，通过提供差异化的产品或服务，公司能够在夹缝中寻找到新的商机，不致很快被挤垮，继而进一步扩大优势，与竞争对手相抗衡。

● 聚焦战略

聚焦战略又称为集中型战略，指企业把经营战略的重点放在一个特定的目标市场上，为特定的地区或特定的购买者提供特殊的产品或服务。采用聚焦战略，企业能够集中使用资源，避免大而弱的分散投资局面，能以更高的效率和更好的效果为某一狭窄的细分市场服务，通过扩大某种产品的销售额和市场占有率来增加企业利润。

聚焦战略放弃了其他市场机会，因此对环境的适应能力较差。如果目标市场突然变化，比如购买者兴趣转移、出现替代品等，导致市场萎缩，企业就有可能陷入困境。聚焦于单一产品或服务的发展战略存在较大的风险，因此，企业采用聚焦战略时需要谨慎，当鸡蛋在同一个篮子里时，一定要做好风险控制。

● 多元化战略

除了上述三种基本战略模式，在产业链协同层面实现多元发展也是一种重要的战略思维，主要通过横向一体化和纵向一体化两种战略来实现。每个企业都处于产业链中的某一环节或多个环节，通过在产业链上进行横向和纵向的扩张，覆盖产业链的各个环节，达到产业链整合协同的效果，构建商业生态系统。

（1）横向一体化战略

横向一体化战略也叫水平一体化战略，指企业为了扩大生产规模、降低成本、巩固企业的市场地位而与同行业的企业进行联合的一种战略。横向一体化战略实质上是资本在同一产业内集中，从而获得规模经济，使得资源和能力具有互补性。企业通过收购或合作，还可以遏制竞争对手的扩张意图，维持自身的竞争地位和竞争优势。跨国企业的国际化推广就是横向一体化的一种形式。

横向一体化战略也存在一定的风险，如果扩张过度，所产生的巨大生产能力一旦超过市场需求规模和企业销售能力，就会形成挑战。横向一体化战略所面临的另一个风险是扩张过程中的组织障碍，比如"大企业病"、并购后文化冲突等。

（2）纵向一体化战略

纵向一体化也称为垂直一体化，指企业在产业链前向和后向上扩展现有经营业务的一种发展战略，从而在业务布局上占据产业链上的多个环节。前向一体化指企业对现有产品做进一步深加工，或建立自有的销售组织来销售本企业的产品或服务。比如物流企业建立网络购物商城，利用自有的物流平台直接销售产品，降低成本。后向一体化则是企业自己供应生产现有产品或服务所需要的全部或部分原材料，比如三星公司不仅生产手机，还自行生产手机所需的存储器芯片和屏幕材料等。

表7—4　几种常见的战略模式比较

战略模式	优点	风险
成本领先	• 抵挡现有竞争对手的对抗； • 抵抗购买者的议价能力； • 灵活处理供应商的提价行为； • 形成进入障碍； • 树立与替代品的竞争优势。	• 降价过度导致利润率降低； • 新加入者可能后来居上； • 丧失对市场变化的预见能力； • 技术变化降低企业资源的效用； • 容易受外部环境的影响。
差异化	• 避开价格竞争，在特定领域形成独家经营的市场； • 容易建立客户忠诚度； • 形成强有力的产业进入障碍； • 产生较高的边际收益，增强企业对付供应者的议价能力； • 可以运用产品的独特性来削弱购买者的议价能力。	• 针对特定客户的特定需求，可能流失另一部分客户； • 用户所需的产品差异因素下降； • 容易被竞争对手模仿； • 过度差异化导致客户不能接受。
聚焦	• 可以集中企业的资源向某一特定市场提供最好的产品或服务； • 经营目标集中，管理简单方便； • 实现生产的专业化，实现规模经济的效益，降低经营成本。	• 对环境的适应能力较差，一旦市场萎缩，就会面临困境。 • 如果竞争对手采取更优的战略，将会被严重挤压。 • 产品要求不断更新，造成生产费用的增加
多元化	• 将生产技能由一种业务直接转到新的业务中，复制成功经验； • 在新业务中借用原有品牌的信誉； • 分散单个行业的风险； • 能将不同业务的相关活动合并，降低成本； • 整合价值链上有价值的资源。	• 原有主营产业的资金投入和管理层注意力被削弱； • 难以在各个经营业务中与对手展开竞争，容易被各个击破； • 进入不熟悉的新行业的风险； • 难以对不同行业的资金流、物流、人力流进行有效整合。

（3）混合多向经营战略

　　除了在一个行业进行扩张，企业还可以选择跨产品、跨行业的经营扩张。多向经营战略是企业在现有状态下增加差异性的产品或产业的一种经营战略。

企业实行多元化经营，一般是在原基础上向新兴产业扩展，一方面可以减轻对原市场的依赖，另一方面可逐步从增长缓慢、收益率低的行业向收益率高的行业转移。企业运用多向经营战略，使得企业的生产经营活动仅限于一类产品或集中于某个行业，有利于分散风险，避免单个行业衰落引发的危机，提高经营安全性。

当然，多元化扩张的经营活动要符合企业的战略利益，要和公司的能力和优势相结合，否则，一味盲目扩张，只能导致精力分散，资金链紧张。

● 稳定型战略

除了上述几种增长型战略外，还有稳定型战略和紧缩型战略。

稳定型战略是指企业遵循与过去相同的战略目标，不改变基本的产品或经营范围，采用安全经营、以守为攻，不冒较大风险，力求维持现有的市场份额和利润水平。实行稳定型战略的企业，通常是在市场占有率、销售规模或总体利润水平上具有一定优势的企业。稳定型战略并非指企业满足于维持现状，而是指企业在已有成功基础上沿袭既定的或与过去相似的经营方式和经营目标，以期实现稳定的增长，维持和巩固企业现有的竞争地位。

从企业经营风险的角度来说，稳定型战略的风险是相对较小的，对于一些处于上升趋势的行业、变化不大的环境中已经取得成功的企业会很有效。但是另一方面也要看到，企业采用稳定型战略意味着企业准备以过去相同或基本相同的产品或服务参与市场竞争，这意味着企业在管理方式和产品研发上的创新较少。长而久之，容易导致组织僵化、竞争力不足，缺乏发展后劲，因此稳定型战略并非是企业发展的长久之计。

● 紧缩型战略

紧缩型战略是指企业对现有的产品和市场领域进行收缩、调整和撤退的一种经营战略，比如放弃某些市场和某些产品线系列、移交和出售部分资产等。从企业的规模来看是在缩小的，同时一些效益指标，比如利润率和市场占有率等，都会有较为明显的下降。

企业采取紧缩型战略，往往会尽量削减各项费用支出，只投入最低限度的生产经营资源。紧缩型战略通常是一种权宜策略，具有明显的短期性和过渡性，其根本目的在于节约开支、暂渡难关，为今后发展积蓄力量，以求东山再起。

● 蓝海战略

蓝海战略（Blue Ocean Strategy）最早是由 W. 钱·金（W. Chan Kim）和勒妮·莫博涅（Renée Mauborgne）在《蓝海战略》一书中提出。该理论将竞争相当激烈的成熟市场比喻为"红海"。在红海中，产业边界是清晰明确的，竞争规则也是已知的，企业聚焦于红海受到各种限制性因素制约，只能在有限的海域上通过挤压竞争对手求胜。身处红海的企业必须表现得超过竞争对手，才能从既定规模的市场中抢夺更大的份额。

蓝海与红海相对应，指的是未知的市场空间。企业要保持持续性获利增长，就必须超越现有的产业竞争，将视线从竞争对手转移向买方需求，跨越现有竞争边界，开创全新市场。蓝海包括两大领域：一是从旧市场中开发出新产品或新模式；二是创造新市场、新细分行业甚至全新行业。

表7—5　红海与蓝海战略比较

红海战略	蓝海战略
● 在已经存在的市场内竞争	● 拓展非竞争性的新兴市场空间
● 商业规则已经确定	● 没有既定的商业规则
● 如何击败竞争对手	● 如何为买方提供新价值
● 参与竞争	● 规避竞争
● 在价值与成本之间取舍	● 打破价值与成本的权衡
● 追求差异化或者低成本	● 同时追求差异化和低成本

"红海"是竞争极端激烈的市场，"蓝海"也不是一个没有竞争的领域，而是企业凭借其创新能力，通过差异化手段开拓崭新的市场领域，从而获得更快的增长和更高的利润。任何一家企业在决定进入蓝海领域之前，都应该充分调研，通过情景规划设想一切可能发生的变化，做好应对准备。

蓝海战略所创新的价值随着模仿者的进入，先期所获得的快速增长和巨额利润会受到较大的冲击，因此企业为了维持自身的优势，需要持续地进行价值创新，不断开拓新的蓝海。

在《蓝海战略》一书中，作者总结了蓝海战略的六大原则，如表7—6所示。

表7—6 蓝海战略的原则

战略过程	原则	风险
制订战略	● 重建市场边界	搜寻风险
	● 注重全局而非数字	计划风险
	● 超越现有需求	规模风险
	● 遵循合理的战略顺序	商业模式风险
执行战略	● 克服关键组织障碍	组织风险
	● 寓执行于战略	管理风险

原则1：重建市场边界

红海与蓝海并非有一条明确的边界，因此制定蓝海战略的难点在于如何从一大堆机会中准确地挑选出具有蓝海特征的市场机会。

表7—7 寻找蓝海机会的途径

途径	做法	红海思维	蓝海思维
产业	跨越产业看市场	● 盲目跟随产业定界，并一心成为其中最优。	● 一家企业不是与自身产业对手竞争，而是与替代品或服务的产业对手竞争。
战略集团	跨越产业内不同的战略集团看市场	● 受制广为接受的战略集团概念，并努力在集团中技压群雄。	● 突破狭窄视野，搞清楚什么因素决定客户选择，例如高档和低档消费品的选择。
买方群体	重新界定产业的买方群体	● 只关注直接买方，不关注最终用户。	● 买方是由购买者、使用者和施加影响者共同组成的买方链条。
产品或服务范围	跨越互补性产品和服务看市场	● 雷同方式为产品服务的范围定界。	● 互补性产品或服务蕴含着未经发掘的需求，分析顾客在使用产品前、中、后的不同需要。
功能情感导向	跨越针对卖方的产业功能与情感导向	● 接受现有产业固化的功能情感导向。	● 市场调查反馈的往往是产业教育的结果，企业挑战现有功能与情感导向能发现新空间。
时间	跨越时间参与塑造外部潮流	● 制定战略只关注现阶段的竞争威胁。	● 从商业角度洞悉技术与政策潮流如何改变顾客获取的价值，如何影响商业模式。

原则2：注重全局而非数字

战略管理者应当超越表面的统计数据，从宏观的角度纵观全局的发展趋势。战略布局图可以将一家企业在市场中现有战略定位以及与竞争对手的区别以视觉形式表现出来，从而启发企业管理者将视线引向蓝海。

原则3：超越现有需求

在红海里，企业为了增加自己的市场份额努力保留和拓展现有客户，常常导致更精微的市场细分。在蓝海市场里，企业不应一味通过个性化和细分市场来满足客户差异，而应当寻找买方共同点，发现新的客户需求。

原则4：遵循合理的战略顺序

企业可以买方效用、价格、成本、实施等方面确认战略的商业可行性。

原则5：克服关键组织障碍

执行蓝海战略的挑战是严峻的，企业将面对四重障碍，如图7—13所示。只有克服这些障碍，才能实现开拓和创新。

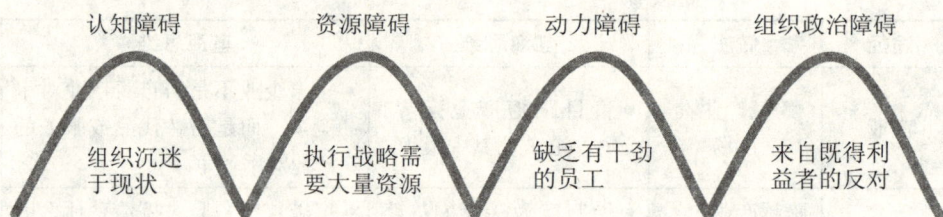

认知障碍	资源障碍	动力障碍	组织政治障碍
组织沉迷于现状	执行战略需要大量资源	缺乏有干劲的员工	来自既得利益者的反对

图7—13 实施蓝海战略的四重障碍

原则6：将战略执行建成战略的一部分

基层员工是执行蓝海战略最根本的行动基础，战略管理者必须借助"公平过程"来创造一种充满信任和忠诚的文化来鼓舞人们认同战略，从而有效执行战略。

● 价值创新

价值创新（Value Innovation）是蓝海战略的基石，它不是单纯通过提高产品的技术竞争力或是降低价格来抢夺市场，而是发掘并努力满足客户尚没被满足的需求，向客户提供新的价值，开辟一个全新的、非竞争性的市场空间，从而赢得成功。

价值创新主张同时追求差异化和低成本。当组织行为对组织成本结构和客户价值同时带来正面影响时，在这个交汇区域将能够实现价值创新，如图7—14

所示。

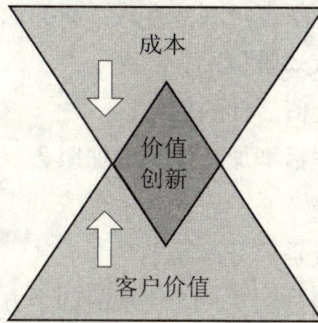

图 7—14 价值创新

价值创新不是对现有产品的简单改进，而是通过创新将效用、价格与成本整合为一体；不是比照现有产业标杆去赶超对手，而是在新辟市场中重新设定游戏规则；不是瞄准现有市场某一特定的客户群，而是主动激发大众的潜在需求。价值创新对企业的整个经营系统都提出一定的要求，需要有新的商业模式支持。因此，价值创新的本质是商业模式创新，这种创新可以为企业带来竞争对手难以模仿的优势，并为持续的创新提供一个良好的基础。当然，价值创新也不是一味地求新求奇，而是发掘用户的潜在需求，有针对性地激发这种需求，从而扩大市场范围。

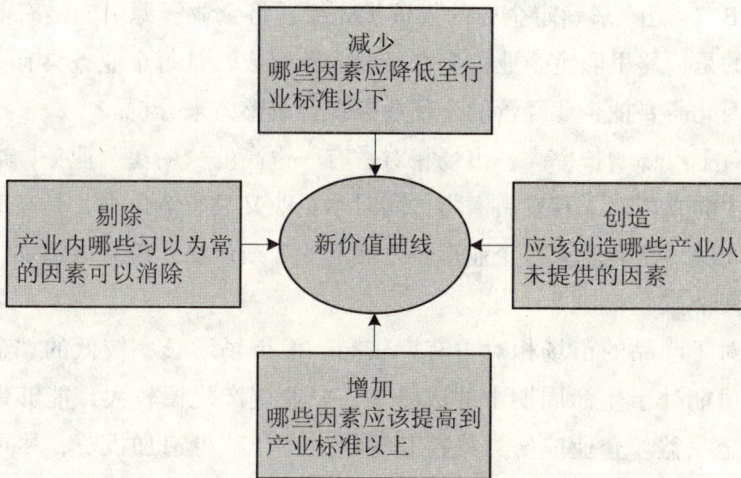

图 7—15 创造新价值曲线的方法

（W.钱·金，勒妮·莫博涅.蓝海战略.商务印书馆）

企业创造产品价值的渠道包括：

（1）定义新目标市场（新客户划分方式、新的地理区域）

（2）重新定义客户的认知质量；

（3）价值链的重组与价值活动的创新；

（4）创新商品组合，包括增加功能、增加服务、改变产品定位、改变交易方式等；

（5）利用引进新科技或是提升产品平台。

创造新价值曲线可以通过图7—15所示的四个方面进行梳理。随着时间的推移，由价值创新所带来的规模效应会进一步促进成本下降。

7.3.3　业务投资组合分析

一些较大的企业都会同时经营多种产品，并面对多个细分市场，因而这些企业不可能选择单一的经营战略，而必须根据产品、市场的不同而选择一个战略组合群。当企业的各业务单位在不同的行业进行竞争时，企业在制订总体战略时，必须综合考虑所有业务单位和产品的具体情况。

●BCG 矩阵

前文曾介绍采用BCG矩阵分析市场营销战略。对于业务投资组合，同样可以采用BCG矩阵来确定企业的投资优先级，将企业资源引向最有前景的业务。不同的是，这里假定企业由多个经营业务组成，且每个业务具有不同的细分市场，因此需要把企业经营的全部业务组合成整体来分析。

（1）对于市场增长率高、市场相对占有率也高的"明星"业务，通常处于生命周期中的成长期，有发展潜力，同时本企业又具有竞争力，是高速成长市场中的领先者，这类业务是企业重点发展的业务或产品，应采取追加投资、扩大业务的策略。

（2）对于产品的市场相对占有率较高、但市场增长率较低的"金牛"业务，行业可能处于生命周期中的成熟期，企业生产规模较大，能够带来大量稳定的现金收益。企业应努力维持其稳定生产，减少追加投资，尽可能地回收资金。

（3）对于产品的市场相对占有率较低、同时市场增长率也较低的"瘦狗"业务，该行业可能处于成熟期或衰退期，市场竞争激烈，企业获利能力差。如果该业务能够继续维持，则应逐渐缩小经营范围；如果企业亏损难以维继，则应果断采取措施，进行业务整合甚至退出该领域，将资源转移到更有利的领域。

（4）对于市场增长率较高，但企业产品的市场相对占有率不高的"问题"业务，这类产品或业务有发展潜力，但要深入分析企业是否具有发展潜力和竞争力优势，决定是否追加投资，扩大企业市场份额。

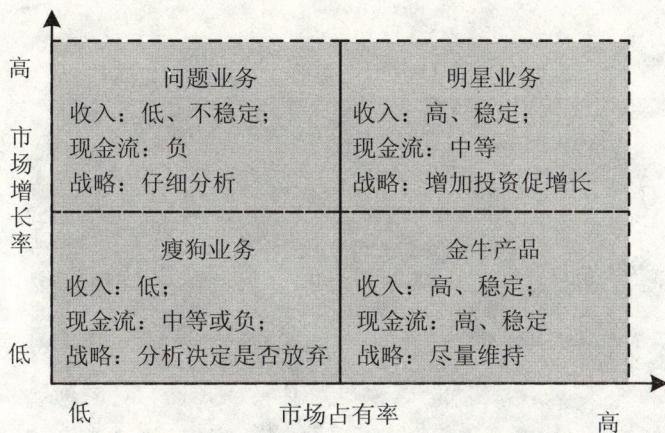

图 7—16　BCG 矩阵分析业务投资组合战略

BCG 矩阵是一个比较成熟的分析工具，但是也具有一定的局限性。BCG矩阵只考虑了业务的市场增长率和市场占有率两个因素，事实上还有其它一些影响行业发展和企业战略的因素。在使用 BCG 矩阵时，应该有条件地参考其分析结论，并结合其他因素综合考虑。

●GE 矩阵

针对 BCG 矩阵的局限性，美国通用电气公司（GE）开发一套新的投资组合分析方法，称为"GE 矩阵"。该矩阵的实质是把外部环境因素与企业内部实力归纳在一个矩阵内，因此又被称为"市场引力—企业实力矩阵"。其中，市场引力主要取决于外部环境因素，比如市场规模、市场增长率、市场竞争强度、政府政策与法律因素等；企业实力取决于企业自身的研究开发能力、制造及营销能力、资金能力、产品质量、价格竞争力、综合管理能力、业务流程等。GE 矩阵根据市场引力、企业实力强、中、弱三种程度共分为 9 个区域，具体如图 7—17 所示，不同区域内的业务共有如下几种基本战略方针：投资发展、择优重点发展、区别对待、利用或退出。同时，GE 矩阵还形象地借用"交通灯"表示战略方针，绿灯表示"发展"；黄灯表示"临界点"；红灯表示"不发展"。

相比 BCG 矩阵，GE 矩阵采用市场引力和企业实力代替了市场增长率和市场占有率作为评价维度，考量更多的因素，并对每一个事业单元的竞争地位进行评估分析，使得 GE 矩阵结构更复杂，同时分析也更准确。

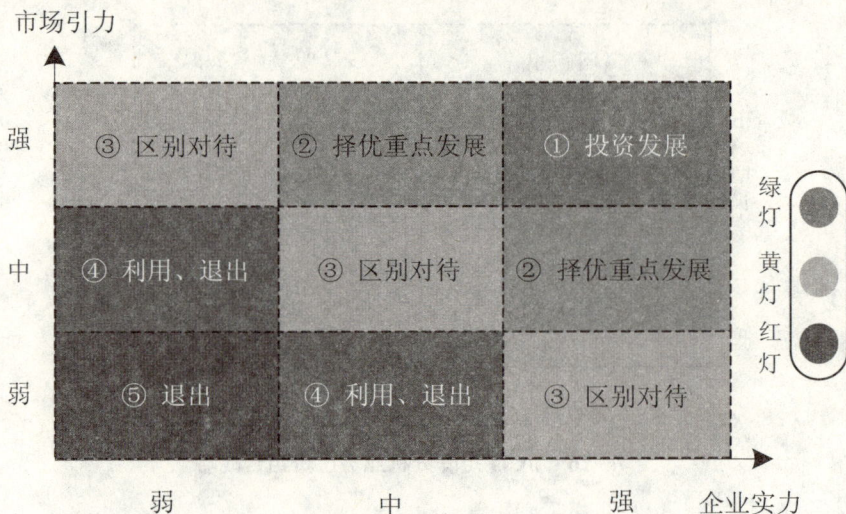

图 7—17　GE 矩阵（市场引力—企业实力矩阵）

7.3.4　情景规划

市场环境瞬息万变，未来充满着各种不确定性，一旦决策失误，很可能导致企业走向没落，所谓"一步失着，满盘皆输"。企业如何才能在不断变化的市场中预测未来的市场形势，并思考企业的未来战略方向？情景规划（Scenario Planning）是由美国兰德（RAND）公司开发的一种战略设计和战略对话的工具，有助于战略管理者理清扑朔迷离的未来。情景是用于对未来可能的环境的感觉结构化的框架，情景规划要求战略管理者先设想几种未来可能发生的情形，接着再去想像在哪些情况下哪些事件可能发生。管理者需要对这些具有重大价值的情景加以改进，以使问题表述得更加清楚明晰。情景规划通过提供一个审视多样化未来的思考框架，帮助组织充分考虑各种不确定性和不可预测性，以此认清形势，制定发展战略。

古典名著《三国演义》里有一段非常精彩的故事。刘备出访东吴，诸葛亮交给赵云三个锦囊，令其遇到危险时依次打开，里面有化解的妙计，果然帮助刘备化险为夷。诸葛亮事先对刘备此行中可能遇到的各种情形进行预测，并事先制定好应对方案，正是娴熟地运用了"情景规划"。

情景规划的核心在于认识到事物必然存在着不确定性，在问题没有发生之前，想象性地进入到可能的情景中预演并思考解决之道，一旦想象过的情景真正出现时，就能从容地应对。情景规划有些类似于军队里的军事演习，通过假想各种可能发生的情景以及对手策略，在演习中研讨对策。这种分析方法可以帮助战略管理者开展充分客观的讨论，使得战略更具弹性。

20 世纪 70 年代初，荷兰皇家壳牌石油的皮埃尔·瓦克领导的情景规划小组，开发了一个名为"能源危机"的情景。他们想象，一旦西方的石油公司失去对世界石油供给的控制，将会发生什么，以及如何应对。果然，当 1973 年至 1974 年冬季 OPEC（石油输出国组织）宣布石油禁运政策时，壳牌由于充足的现金储备，成为唯一能够抵挡这次危机的大石油公司，并因此一跃成为世界第二大石油公司。"情景规划"也因此受到管理学界的极大重视。

情景规划作为一种战略思考和行动选择的工具，主张从对商业情境的切身感知出发，而不是从原则和信念出发。情景规划不是简单的预测，而是基于一连串符合逻辑和经验事实的分析、推演，看到事物演进的趋势、形态以及影响变化趋势的系统结构。通过情景规划，管理者可以将其所关心的影响决策的各种因素进行周密、全盘地深入剖析，研究这些因素之间的关系，力求抓住组织所面临的所有不确定性，找出其中影响最大的因素，并研究对策。情景规划能帮助组织打破群体局限思维，拓展管理团队的视野，启发思考各种可能；同时，情景规划还有利于人们在情景假设和研讨中增进对彼此观点的理解，从而达成共识、实现统一行动。

《系统思考》一书的作者丹尼斯·舍伍德（Dennis Sherwood）认为情景规划是一种能够激发雄心、远见和想象力的战略规划方法，虽然未来充满不确定因素，但是现在可以对一系列可信的、可能发生的未来情景进行模拟决策并反复检验，一旦未来这些情景真的发生了，就可以采用已经验证过的决策，最大

限度地避免因为突然出现意外而陷入慌乱的情况，增加把握机会的概率。系统
思考是提升组织情景规划能力的重要方式，通过系统思考，管理者能够全局
地、动态地、客观地考察现状，并对未来的状况做出科学的判断。

比尔·莱尔斯顿（Bill Ralation）和伊恩·威尔逊（Ian Wilson）在《情景
规划的 18 步方法》一书中，将情景规划分为四大步 18 小步，如表 7—8 所示。

表 7—8　情景规划的 18 步方法

一、开始行动
第 1 步：设制情景模式
第 2 步：赢得高级管理层的理解、支持和参与
第 3 步：定义决策焦点
第 4 步：设计情景规划流程
第 5 步：选择主持人
第 6 步：搭建情景规划团队
二、奠定情景分析的基础
第 7 步：搜集可以得到的资料、观点以及构想
第 8 步：识别并评估关键的决策因素
第 9 步：识别关键的力量和推动因素
第 10 步：开展专题研究
三、创造情景
第 11 步：评估关键力量和推动因素的重要性、可预测性以及不确定性
第 12 步：识别关键的"不确定性的主轴"，以此作为情景规划的逻辑和结构
第 13 步：选择情景推理方式以应对"不确定区域"
第 14 步：设计情景的故事情节
四、从情景分析到决策
第 15 步：用情景预演未来
第 16 步：征集决策建议
第 17 步：识别监控标志
第 18 步：向组织汇报结果

情景规划是一个持续的过程，需要根据新形势的变化对未来环境进行持续
规划，并依据规划结果对应对措施进行持续调整。

7.4 战略实施

纸上谈兵很容易，但真正将战略落实到组织的日常管理中，却并非易事。《Why CEOs Fail》一文指出，大约有 70% 的 CEO 失败的原因是"公司战略执行不到位"。组织战略在实施过程中可能会遇到各种各样的问题，需要战略执行者利用智慧解决。

史玉柱看到中文电脑软件的商机，从做汉卡开始经营巨人，不到五年时间就跻身中国富豪榜前列。在做大做强的雄心驱动下，巨人开始多元化经营，大举进入房地产、保健品等行业，然而不到一年，巨人资金链断裂，迅速陷入巨亏的惨局。

曾经多少企业由于战略得当轰轰烈烈地壮大，又因为战略失误轰轰烈烈地坍塌，正所谓"成也战略，败也战略"。组织战略直接决定了组织的生死存亡，一个项目失败了还可以接着再做，但是组织发展的方向偏离了，将会走上不归之路。

7.4.1 实施原则

组织不但要制定战略，更重要的是将战略付诸实施。调查显示，在战略实施的过程中，往往存在以下普遍问题，如表 7—9 所示。

表 7—9 战略实施过程经常存在的问题

问题	问题描述
计划不周	● 关键的实施任务定义不清晰； ● 实施过程比计划花费更多的时间。
人员素质不足	● 部门经理领导力不足； ● 战略执行者没有足够能力胜任他们的工作； ● 低水平的雇员没有足够的培训。
协调监督不力	● 战略实施产生无效协调； ● 实施过程中的监督系统不完善。
环境变化	● 无法预测所有的因素影响，无法掌控外界环境因素； ● 竞争压力和经济危机让企业转移了战略实施的注意力。

针对上述主要问题，在战略执行过程中需要遵循一定的原则，如表7—10所示。

表 7—10 战略实施原则

原则	解释
适度合理	● 制定的战略目标应当与组织的现状、实力相匹配，并留有适度的机动性，以随时应对可能的变化。
上下同欲	● 调动起大多数员工实现新战略的积极性和主动性，对管理人员和员工进行培训，灌输新的思想、新的观念，使大多数人逐步接受新的战略。
统一指挥	● 战略实施应当在高层的统一领导下进行，以保证资源分配、组织调整、信息沟通及控制、激励制度等各方面相互平衡。同时，管理者要对矛盾冲突进行协调、妥协，寻求各方面都能接受的解决办法。
机宜权变	● 对可能发生的变化及其造成的后果，以及应变替代方案，都要有足够的了解和充分的准备，以使组织有充分的应变能力。

麦肯锡提出战略实施的7-S模型，指出企业在发展过程中必须全面考虑各方面的情况，包括结构、制度、风格、员工、技能、战略、共同价值观。也就是说，企业仅具有明确的战略和深思熟虑的行动计划是远远不够的，还必须从组织的各个方面保障战略顺利执行。

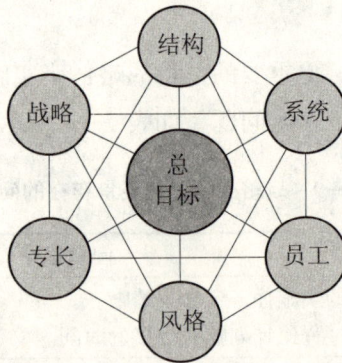

图 7—18 麦肯锡战略 7-S 模型

表 7—11 麦肯锡战略 7-S 模型的具体含义

实施要素	具体内容
结构	● 组织结构应当与战略相适应，根据战略实施的需要作出调整。

续表

实施要素	具体内容
战略	● 组织的执行力是战略实现的前提，再雄伟的战略没有被落实，只是一纸空文。
系统	● 战略的实施需要整个组织内部系统协同工作，使得战略深入到组织的每一个流程中。
风格	● 风格是组织的管理文化，营造良好的文化氛围，对员工精神和行为起到重要的引导。
员工	● 员工是实现战略的最主要力量，使组织战略深入人心，并为员工提供必要的培训和发展机会，有利于上下一心，共同为战略奋斗。
专长	● 专长是组织最擅长和最为人知的领域，往往是企业的竞争优势所在，但是在市场变革的形势下，有时也需要组织有壮士断腕的决心。
总目标	● 总目标是组织追求的目标和愿景，对员工有明确的激励和鼓舞作用

7.4.2 实施模式

在组织战略的经营实践中，不同的组织有不同的执行模式，这可能和组织文化有关，可能和最高层管理者有关，也可能和组织所处的具体环境相关。战略实施大致有以下五种不同的模式，分别为：指挥型、变革型、合作型、文化型、增长型，各自特点如表7—12所示。

表 7—12 不同的战略实施模式

实施模式	特点	缺点
指挥型	● 高层决定战略，自上而下强制执行； ● 管理者具有较高的权威，适用于高度集权的体制；	● 战略制定者与执行者分开，基层缺乏执行动力和创造精神； ● 难以准确有效地收集信息，不适应高速变化的环境
合作型	● 高层管理者和其他管理人员一起对战略问题进行讨论，形成一致意见； ● 发挥集体智慧，提高战略实施成功的可能性； ● 高层管理者接近一线管理人员，容易获得比较准确的信息。	● 战略是不同观点、不同目的的参与者相互协商折衷的产物，有可能降低战略的经济合理性； ● 多方协调耗费较多的人力和时间

实施模式	特点	缺点
变革型	● 对组织实施一系列的变革，把注意力集中于战略重点所需的领域； ● 采用激励手段和控制系统促进战略实施； ● 充分调动组织内部人员的积极性	● 战略灵活性不足； ● 在外部环境不稳定下，增加组织运营风险；
文化型	● 不断向组织全体成员灌输战略思想，建立共同的价值观和行为准则； ● 所有成员在共同的文化基础上参与战略的实施活动。	● 一般成员对战略制订的参与程度受到其文化素质的限制； ● 极为强烈的组织文化可能会掩饰组织存在的问题
增长型	● 激励下层管理人员制订实施战略的积极性及主动性； ● 鼓励员工的首创精神，提出一切有利企业发展的方案，自下而上；	● 难以识别和判断有效的建议； ● 集体决策耗时耗力

上述几种战略实施模式都是一些抽象的模型，指挥型和合作型侧重于战略如何制定，而变革型、文化型和增长型则更多地考虑战略如何实施。在实践中，战略实施充满了各种矛盾和问题，只有调动各种积极因素，才能使战略获得成功，因此上述五种模式往往是交叉使用的。

7.4.3 战略中心型组织

组织是战略实施的主体，组织结构的优劣直接决定了战略的实施效果。钱德勒教授在研究美国典型企业的发展史时发现，当企业制定一个新的战略后，由于管理人员在现有组织结构中拥有既得利益，或不了解现有经营管理以外的情况，或对组织结构变革的必要性缺乏认识，使现有的组织结构不能适应新的战略。直到管理问题逐渐暴露，严重影响到企业的效益，管理者才开始重视组织变革。这些企业经过组织结构变革后，战略实施得到保障，盈利能力大幅提高。钱德勒教授据此得出一个重要的结论：组织结构应该服从战略。

战略中心型组织（Strategy-Focused Organization）的概念是平衡计分卡创始人卡普兰教授与诺顿博士提出的。战略中心型组织以平衡计分卡为核心，把各业务单位、职能部门、团队、个人与组织战略目标紧密联系起来，使管理者关注于实现战略的关键管理流程，所有计划、资源分配、预算、定期报告以及会议都围绕战略进行，从而促进战略的实现。卡普兰和诺顿还提出战略实施五项原则，如表 7—13 所示。

表 7—13   战略中心型组织五项实施原则

原则 1	高层领导积极推动变革
原则 2	将战略转变为可操作的层面
原则 3	将组织和战略整合和统一
原则 4	把战略转化为每个员工的日常工作
原则 5	使战略成为一个持续的流程

随着 IT 技术在企业中广泛应用，卡普兰和诺顿于 2005 年对战略中心型组织的核心流程进行了改进，提出了更为有效的实施方法和实施工具，并且充分整合了最新的 IT 技术。新的战略中心型组织模型包括三大部分，即一个核心管理流程、一套组合实施工具和一个先进的 IT 平台。

（1）一个核心管理流程：组织的管理流程必须以战略为中心、以目标为导向，实施 PDCA 闭环的绩效管理，实现持续改进；

（2）一套组合实施工具：针对核心管理流程中的每个阶段，进一步提升与开发了系列的具体可行的实施工具与方法，促使组织将战略执行落到实处。

（3）一个先进 IT 平台：由于信息技术的迅猛发展，越来越多的组织引入了信息化平台，工作效率得到显著改善，因此在改进的战略中心型组织模型中着重强调了 IT 平台，对基于组织战略整合 IT 系统、评估 IT 系统能力、构建信息管理中心、执行绩效管理等关键内容提出了指导性的框架。

● 战略地图

很多组织都建立了战略目标，但是由于无法全面具体地描述战略，使得管理者之间以及管理者与员工之间无法对战略达成共识，调查发现事实上只有 10% 的企业真正在执行战略。为此，卡普兰和诺顿提出使用"战略地图"来描绘战略，将管理目标和战略的各个组成部分关联起来，描述组织如何创造价值，从而弥补了制定战略与执行战略间的缺失。

战略地图基于平衡计分卡，同样根据财务、客户、内部流程、学习与成长这四个层面的目标，分析这四个层面目标的相互关系，即组织如何通过运用人力资本、信息资本和组织资本等无形资产（学习与成长），进行创新、建立战略优势、提高运营效率（内部流程），进而把特定价值带给市场（客户），实现股东价值（财务）。

与平衡计分卡相比，战略地图将四个层面分解为更多的要素，细化每一项步骤；相对平衡计分卡这种静态的考核指标，战略地图是动态的，可以结合战略规划过程来绘制，如表7—14所示。

表 7—14　基于平衡计分卡的战略地图要素

战略重点	财务层面	确定股东价值差距： 提高资产收益率，增加利润	增加销售收入
			增加利润
			增加股东收益
	客户层面	调整客户价值主张： 提高客户满意度，建立和谐的客户关系	客户满意度
			品牌忠诚度
			品牌美誉度
	内部流程	确定战略主题： 创新流程，规范化管理	运营管理流程
			客户管理流程
			流程优化、再造
	学习与成长	提升战略准备度： 提高人才素质，关注员工满意率	以人为本
			民主沟通
			领导协调
行动方案		配备资源	
		制定预算	
		确定时间表	

参照表7—14，绘制企业战略地图可分为如下六步：

第一步：确定股东价值差距（财务层面），了解股东的期望价值，并与企业现有的盈利能力比对，这个差距就是企业需要完成的总体目标。

第二步：调整客户价值主张（客户层面），对现有的客户进行分析，调整客户价值主张。客户价值主张主要包括四种：总体成本最低、产品领先、提供全面客户解决方案、系统锁定，具体含义可参见本书第6.7节。

第三步：确定价值提升时间表，针对实现股东价值的目标确定时间表。

第四步：确定战略主题（内部流程层面），梳理出组织的关键流程，确定短期、中期、长期目标。

第五步：提升战略准备度（学习和成长层面），分析组织现有人力和知识等是否具备支撑关键流程的能力，如果不具备，采取措施予以提升。

第六步：形成行动方案。根据前面确定的战略地图以及相对应的不同目标和具体指标，制定一系列的行动方案，配备资源，制定预算。

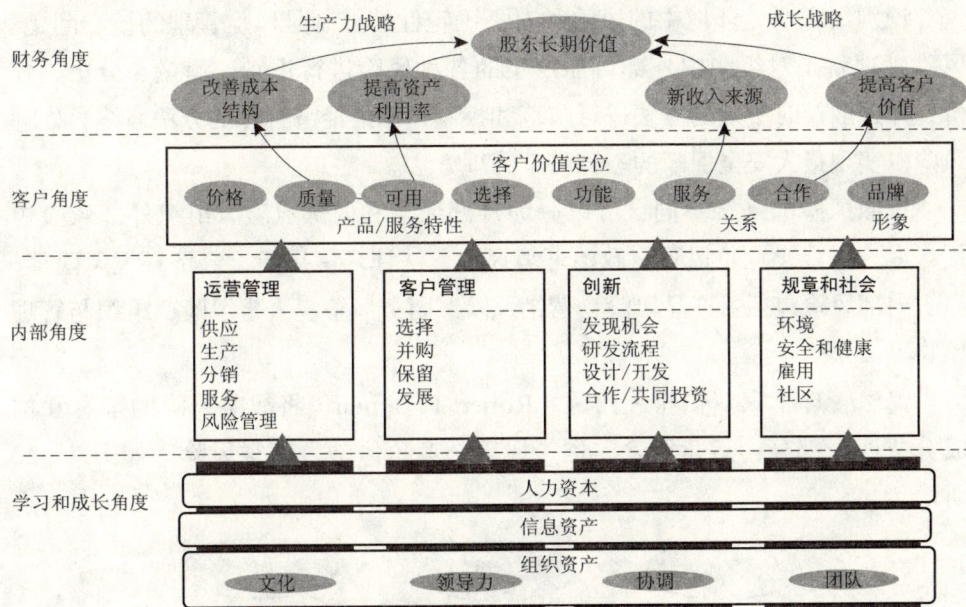

图 7—19　战略地图示例模板

（来源：[美] 罗伯特·卡普兰，大卫·诺顿 . 战略地图：化无形资产为有形成果 [M]. 刘俊勇，孙薇 译 . 广州：广东经济出版社）

7.5　战略风险

组织运营不会是一帆风顺的事情，时刻面临着各种不断变化的内外因素，同时生产经营活动受到人力、财力、物力、技术、信息和时间等生产要素的约束，由于各种主客观原因，组织不可能完全把握和控制这些不断变化的显性和隐性因素，因此造成了经营活动的不确定性，这种不确定性就是风险。如果组织没有足够的能力应对这些不确定性，很可能会导致实际收益达不到预期，甚至导致生产经营活动失败，因此风险管理是组织无法回避的现实问题

2002 年诺贝尔经济学奖得主丹尼尔·卡尼曼（Daniel Kahneman）提出一个"前景理论"，指出人们在决定得失取舍时，理性永远是有限的。收益与风险往往正相关，只有敢于冒险的人才能超越寻常，走向致富之路；同时利益也

容易让人迷失方向，即使是最成功的企业家，在巨额的利益诱惑面前，他们的想法也并非一直都是理智的。因此在战略实施过程中，对于风险的识别和管理尤为重要。

识别组织所处环境中的风险和对不确定性的控制是风险管理的核心问题。风险管理就是对组织内外部可能产生的各种风险进行识别、衡量、分析、评价，并采取及时有效的方法进行防范和控制，用最经济合理的方法来综合处理风险以实现最大安全保障的一种科学管理方法。

按照风险的来源不同，可以分为外部风险和内部风险。组织外部风险包括：客户风险、竞争风险、政治环境风险、法律环境风险、经济环境风险等；组织内部风险包括：产品风险、营销风险、财务风险、人事风险、组织与管理风险等。

美国管理学家罗伯特·西蒙（Robert F. Simon）将战略风险的来源和构成分成四个部分：运营风险、资产风险、竞争风险、商誉风险，如图 7—20 所示。

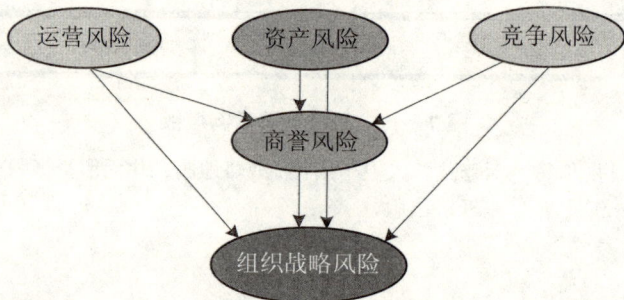

图 7—20　罗伯特·西蒙关于组织战略风险的来源和构成

从风险包含的内容来看，国际上比较流行的分类是安达信公司提出的 8 种风险，而中国国务院资产管理委员会（以下简称"国资委"）在《关于 2012 年中央企业开展全面风险管理工作有关事项的通知》将企业风险分为 5 类，两种分类方法如表 7—15 所示。

除了上述风险外，组织还应当对各种可能发生的自然灾害和事故灾害有充分的准备，防患于未然。

从风险的性质来看，组织的风险还可分为纯粹风险和投机风险。纯粹风险指只有损失可能而无获利机会，投机风险指既有损失可能又有获利的机会。在充满不确定的商业世界里，组织不但要学会规避风险，还应当学会从风险中发掘机会，任何循规蹈矩、畏手畏脚的管理者都难以获得巨大的成功。当风险损失可能发生也可能不发生时，设法降低风险发生的可能；当风险损失不能避免时，尽量将损失减少至最小；当风险预示着机会时，争取将风险转化为创造企业价值的机会。

表 7—15　企业风险分类

国资委分类	安达信分类
战略风险	策略风险
市场风险	市场风险
运营风险	作业风险
	信息风险
财务风险	流动性风险
	会计风险
	信用风险
法律风险	法律风险

7.5.1　全面风险管理

为了指导企业开展风险管理，一些组织制定了相应的风险管理体系，帮助企业建立风险管理流程，实践风险管理工作。这里介绍常用的三种体系框架。

●ISO 风险管理体系

国际标准化组织（ISO）于 2009 年发布 ISO 31000 标准，即《风险管理—原则和指导方针》，为组织风险管理提供了一整套行之有效的标准化流程。ISO 31000 认为，组织应该通过规划的、结构化的流程识别风险，对每一种风险的可能性和后果进行分析，按照重要性进行排序，划分出风险管理的优先次序，做出合理的风险处理决策。同时，整个风险管理的流程应该得到复核和监控，并进行持续改进。组织风险管理流程也遵循 PDCA 闭环模型，如图 7—21 所示。

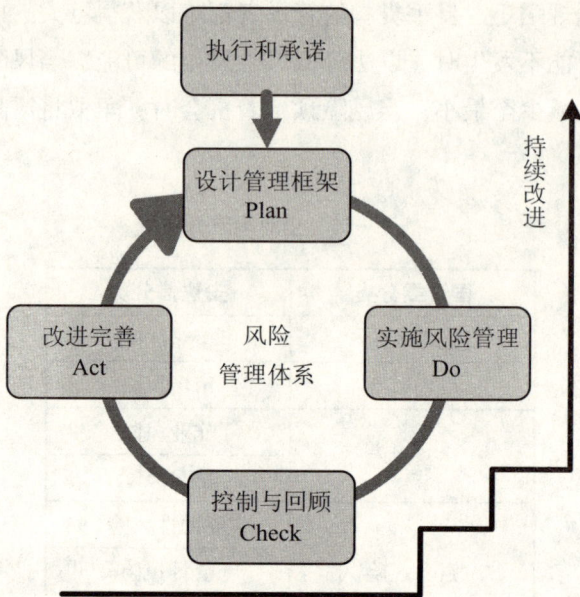

图 7—21　风险管理体系

ISO 还给出了风险管理的一般性原则，如表 7—16 所示。

表 7—16　风险管理的原则

原则	含义
创造价值	● 风险管理创造并保护价值，有助于目标达成和绩效的明显改善。
组织流程	● 风险管理是管理的一部分，是整个组织流程，比如战略规划、项目变更等流程的组成部分。
决策参考	● 风险管理可以帮助决策者做出明智的选择，确定优先行动和区分备选行动方针。
动态迭代	● 风险管理明确地考虑不确定性及其性质，以及如何解决，需要持续的意识和不断响应变化。
信息资源	● 风险管理必须基于最有效的信息。
环境匹配	● 风险管理与组织的内外部环境及风险状况相匹配。
透明包容	● 吸收利益相关者参与风险管理，并允许提出异议，将其意见考虑到风险标准的制定过程中。
系统组织	● 系统的、结构性的和及时的风险管理方法有助于提高效率。
持续改进	● 组织应通过制定和实施战略，以改善组织各个方面的风险管理的成熟度。

●COSO 风险管理体系

美国 COSO 委员会（Committee of Sponsoring Organizations of The National Commission of Fraudulent Financial Reporting，美国虚假财务报告全国委员会的赞助组织委员会）于 2004 发布《企业风险管理——整体框架》，旨在为各国的企业风险管理提供一个统一、全面的应用指南。COSO 提出企业风险管理由 8 个相互关联的要素构成，如表 7—17 所示。

表 7—17　COSO 企业风险管理要素

风险管理要素		内容
1	内部环境	● 组织内部看待风险、对待风险的态度，包括风险管理理念、风险承受能力、工作环境及道德价值观等。
2	目标设定	● 风险与可能被影响的目标相关联，确保所制定的目标不仅和企业使命一致，而且与其风险承受能力相符。
3	事项识别	● 管理者应考虑可能影响企业目标的各种企业内外部的因素，识别可能发生的事件，分清风险和机会。
4	风险评估	● 对识别的风险进行分析，评估风险的可能性和影响大小，以便确定管理的依据。
5	风险对策	● 管理层选择风险应对方式，并制定一套措施把风险控制在企业的承受能力之内。
6	控制活动	● 制定和实施政策与程序以确保管理当局所选择的风险应对策略得以有效实施。
7	信息沟通	● 企业的各个层级都需要借助组织内外有效的信息沟通来识别、评估和应对风险。
8	监督修正	● 通过持续管理，使整个企业风险管理处于监控之下，动态地反映风险管理状况，在必要时进行修正，使风险应对措施根据实际条件而变化。

● 国资委风险体系

为了加强国有企业的风险管理能力，指导相关企业制定并落实风险管理内容，避免国有资产损失，国资委制定了一份《企业内部全面风险管理实施指导手册》，将风险管理过程分为风险识别、风险评估、风险控制和风险回顾四大步骤，具体工作内容如表 7—18 所示。

表 7—18　全面风险管理工作内容与相关文档

阶段	工作内容	相关输出文档
风险识别	● 通过整理风险清单，熟悉各类风险的定性描述和指标体系，准确理解和掌握各类风险的特征。结合自身情况和外部环境，从战略、市场、运营、法律、财务五个方面逐一辨识可能存在的风险。	《风险识别报告》
风险评估	● 以风险定性评价模型和风险定量评价模型为基础，对第一阶段识别出的风险进行评价。针对重大风险，紧密结合组织自身风险管理现状、风险偏好、风险控制目标，提出可能的风险解决措施建议。	《风险评估报告》
风险控制	● 对第二阶段提出的解决方案进行评估，找到最佳方案并付诸实施。	《风险解决方案》
风险回顾	● 对风险管理工作进行总结、评估，形成工作总结文档，用于指导下一阶段的风险管理工作。	《风险管理工作总结》

（来源：国资委.企业内部全面风险管理实施指导手册，2011 年 2 月）

图 7—22 给出了组织风险管理要素与组织目标和组织结构的关系。

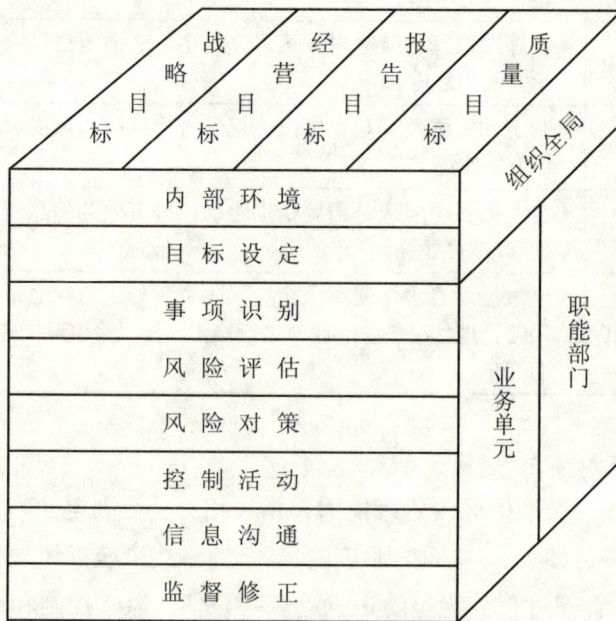

图 7—22　组织风险管理要素与组织目标和组织结构的关系

7.5.2 风险识别

风险识别是风险分析和管理的基础，其主要任务是明确组织潜在的风险，并找到主要的风险因素，按业务或风险类别罗列风险因素，为风险评估和风险应对决策奠定基础。

通常采用的风险识别途径包括现场调查法、问卷调查、财务报表分析、风险指标法、组织结构图分析、流程图法、事故树法、头脑风暴法等等。

● 风险清单

风险清单针对组织所面临的风险进行详细的分类和阐述，不仅要对风险在现实中的主要表现进行了定性描述，同时还要给出具有代表性的评价指标体系，有助于识别企业所面临的风险，并进行系统分类和管理。国资委在《企业内部全面风险管理实施指导手册》中给出了一份非常详尽的风险识别清单，主要框架如表 7—19 所示。

表 7—19 风险识别清单

风险类型		定性描述	指标体系
战略风险	环境风险		
	公司治理风险		
	计划与资源配置风险		
	并购合作风险		
	品牌策略风险		
	经营管理一体化风险		
	信息沟通风险		
市场风险	市场竞争环境风险		
	消费者需求及其趋势风险		
	技术革新风险		
	新兴市场风险		
运营风险	供应链风险		
	生产风险		
	产品销售风险		

风险类型		定性描述	指标体系
运营风险	市场营销风险		
	运营控制风险		
	人力资源风险		
	信息技术风险		
法律风险	政治法律环境风险		
	法律法规遵从性风险		
	道德操守遵从性风险		
	重大协议和贸易合同风险		
	重大法律纠纷风险		
财务风险	会计与财务报表风险		
	流动性风险		
	金融市场价格风险		
	资产管理风险		
	融资风险		

（整理自国资委《企业内部全面风险管理实施指导手册》，2011 年 2 月）

7.5.3 风险评估

在风险识别之后必须进行风险评估，以便确定其对组织发展的影响程度并采取相应的措施。针对不同类别风险，运用一定的方法（比如数学模型）对风险发生的可能性或损失的范围与程度进行估计和衡量。

● 基线评估

基线风险评估（Baseline Risk Assessment）指根据组织的实际情况，对信息系统进行安全检查，将现有的安全措施与安全基线规定的措施进行比较，找出其中的差距，并实施标准的安全措施来消减和控制风险。

在基线风险评估中，安全基线是根据国际上或者行业里通用安全标准规范中规定的一组风险控制措施，这些措施适用于特定环境下的所有系统，可以满足基本的安全需求，能使系统达到一定的安全防护水平。

基线风险评估需要的资源少，周期短，操作简单，可以直接地实现基本的安全水平，并且满足组织及其商业环境的所有要求。对于环境相似且安全需求相当的组织，基线评估是最经济有效的风险评估途径。

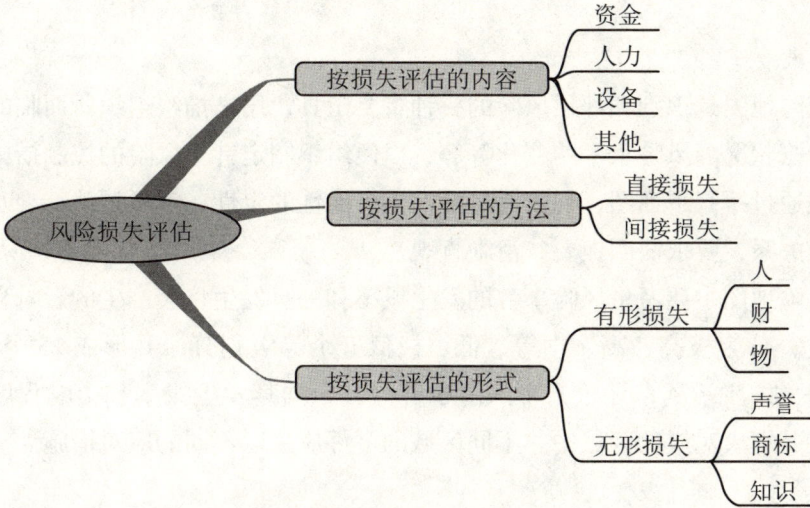

图7—23 风险损失评估内容

基线评估也有其明显的缺点，比如基线水平的高低难以设定，如果过高，可能导致资源浪费和限制过度，如果过低，可能难以达到充分的安全，此外，在管理安全相关的变化方面，基线评估比较困难。因此如果有特殊需要，还应该在基线评估基础上，对特定系统进行更详细的评估。

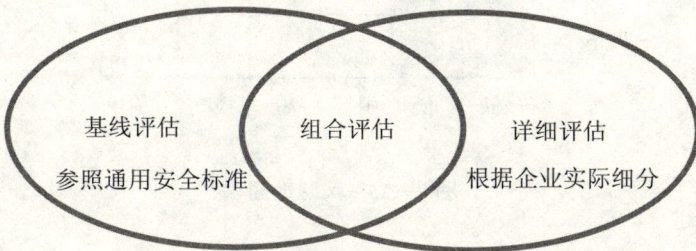

图7—24 基线评估、详细评估与组合评估

基线风险评估简单经济，但不够准确，适合一般环境的评估；详细风险评估准确细致，但耗费资源较多，适合严格限定边界的较小范围内的评估。在实践当中，多是采用二者结合的组合评估方式。组织首先对所有的系统进行一次初步的高级风险评估，识别出组织内具有高风险的或者对业务流程极为关键的资产或系统，这些资产或系统应该划入详细风险评估的范围，而其他系统则可以通过基线风险评估直接选择安全措施。这种评估方法将基线和详细风险评估的优势结合起来，确保获得一个全面、系统的评估结果。

● 风险地图

风险地图是识别和评估风险的一种重要工具，用来描绘组织所面临的总体风险暴露状况、风险水平的变化等等，以便组织制定针对风险的控制措施。风险地图通过一张平面图，列出对风险发生可能性的定性、定量评估标准及其相互对应关系，要求简明扼要、清晰直观。

风险地图主要考量风险事件的发生概率和一旦发生将会产生的影响程度两个维度，分为极高、高、中等、低、极低五个等级划分，共形成 25 个区域，如图 7—25 所示。在评价某个风险事件时，根据其发生概率和影响程度的等级，将其填入对应的区域中。不同区域的事件应采取不同的应对措施。

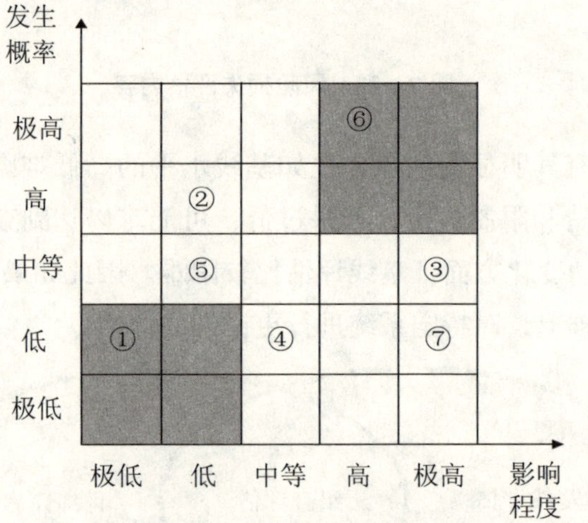

图 7—25 风险地图

7.5.4 风险控制

● 内部控制

1992 年 9 月，COSO 委员会提出了报告《内部控制——整体框架》，详细归纳了企业风险内部控制的框架，如图 7—26 所示。通过内部控制，可以提高组织运行的效果和效率，使企业活动符合相关的法律法规和合同文件，保证财务报告的可靠性和完整性，保障资产的安全。

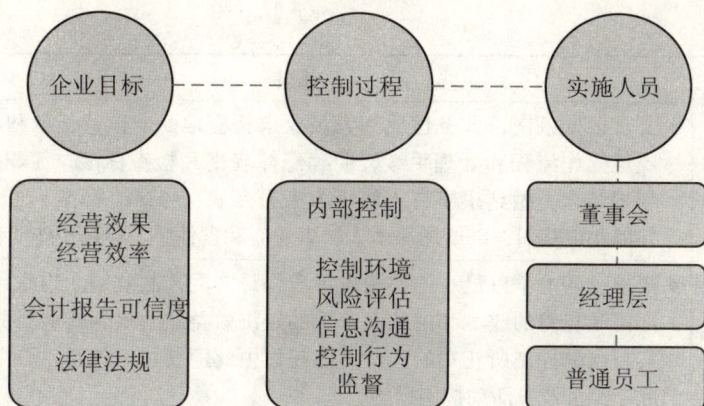

图 7—26　COSO 内部控制框架

　　企业内部控制系统包括控制环境、风险评估、信息沟通、控制行为、监督等五项要素。针对不同类别的风险特性，根据可能损失的大小采取不同措施来化解和防范风险。内部控制活动包括四种类型：预防性控制、检查性控制、纠正性控制、补偿性控制。

　　在设计企业内部控制体系时，需要注意五个基本原则，如表 7—20 所示。内部控制体系既要协调配合，又要相互牵制，从全局设计体系结构，做到流程规范，力求以最小的成本取得最大的控制效果。

表 7—20　内部控制的设计原则

原则	解释
相互牵制	● 要求一项完整的业务活动必须分配给具有互相制约关系的两个或两个以上的职位分别完成。横向上，至少要由彼此独立的两个部门或人员办理；纵向上，至少要经过互不隶属的两个或两个以上的岗位和环节。通过相互牵制，互相监督和检查，约束权力，降低差错概率。
协调配合	● 要求在各项经营活动中各部门或人员必须相互配合，各岗位和环节都应协调同步，各项业务程序和办理手续需要紧密衔接，从而避免扯皮和脱节现象，减少矛盾和内耗，保证经营活动的连续性和有效性。
整体结构	● 要求各子系统的具体控制目标必须服从控制系统的整体目标。各项控制要素、各业务循环或部门的子控制系统，必须覆盖各项业务和部门，有机构成为企业内部控制的整体架构。

续表

原则	解释
流程规范	● 要求根据各岗位业务性质和人员要求相应地赋予作业任务和职责权限，规定操作流程和处理手续，明确纪律规则和检查标准，使职、责、权、利相结合。做到事事有人管、人人有专职、办事有标准、工作有检查，并以此定奖罚，以增加每个人的事业心和责任感，提高工作质量和效率。
成本效益	● 要求企业力争以最小的控制成本取得最大的控制效果。因此，在实行内部控制花费的成本和由此而产生的经济效益之间要保持适当的比例，因实行内部控制所花费的代价不能超过由此而获得的效益，否则应该放弃此项经济业务活动控制措施。

● 压力测试

压力测试是指在极端情景下，分析评估风险管理模型或内控流程的有效性，发现问题，制定改进措施的方法，目的是防止出现重大损失事件。

● 应对策略

风险应对过程是执行风险行动计划，以求将风险降至可接受程度。美国经济学家、诺贝尔经济学奖获得者默顿·米勒（Merton H. Miller）提出组织对于战略环境不确定性的五种反应：规避、控制、合作、模仿以及适应，具体内容如表7—21所示。

表7—21 米勒的五种战略反应类型

战略反应	具体措施
规避	● 当管理者认为与产品或市场相关联的风险是不可接受的，如果已经处于一个高度不确定性的市场，可以选择剥离一部分资产；如果尚未进入该市场，可以选择推迟进入甚至放弃该市场。
控制	● 通过事先安排，控制关键性的意外环境变化来降低不确定性。
合作	● 运用合作手段来进行不确定性管理，包括：与供应商或客户的长期合约，联盟或合资，技术使用协定，参与行业协会等。
模仿	● 通过模仿竞争对手的战略来应对不确定性，包括价格模仿战略和产品模仿战略。
适应	● 旨在提高组织的内在反应能力，比如采取产品多元化和地域市场多元化来规避风险。

为了减少战略风险发生的概率，降低其损失程度并有效地对风险加以利用，依据风险的性质和战略的管理目标，主要有以下几种战略风险管理策略：

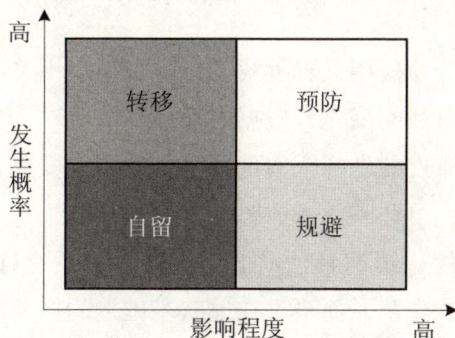

图7—27 风险应对策略

（1）规避风险：通过躲避可能发生风险的事件而消除风险，比如限制一些高风险的经营活动和交易行为，或者停止某些特殊的经营活动等。风险回避是投资主体有意识地放弃风险行为。简单地回避风险是一种消极的风险处理办法，投资者在放弃风险行为的同时，往往也放弃了潜在的目标收益。因此在采取这一方法时，必须仔细衡量各种风险，决定哪些是该回避的，哪些是不该回避的。

（2）预防风险：提前采取措施消除或者减少风险发生的因素，比如储备一些应急物资用于紧急情况等。在预防风险时涉及到预防措施成本与潜在损失比较的问题，若潜在损失远大于采取预防措施所支出的成本，就应采用预防风险手段。

（3）自留风险：企业自主承担风险，将损失纳入生产经营成本，损失发生时用企业的收益补偿。自留风险一般适用于应对损失程度较低的风险。

（4）转移风险：在风险发生之前，通过出售、转让、购买保险等方法，将风险转移出去。这是应用范围最广、最有效的风险管理手段，保险就是一种转移纯粹风险的重要方法。

在选择风险应对策略时，应根据企业自身能力和风险程度灵活处理，将损失降到最小的同时，并把握恰当的机遇，创造高回报。

7.6　战略变革

正如前文"战略三角模型"告诉我们，市场唯一不变的就是变化本身。组织管理必须随时响应市场的变化，根据内外部环境及时调整战略方向，避免被淘汰的厄运。当组织所处的外部或内部环境发生重大变化，组织原有的战略规划与实际环境发生了不可调和的矛盾时，仅仅对战略进行微调是不够的。为了实现自身的生存和发展，组织必须根据变化之后的环境对原有战略进行革新。它更多是一种根本性的变革，而不是在原有基础上的微调。

IBM 公司曾经是世界上最大的 IT 硬件生产厂商，被誉为"蓝色巨人"，一直以来都以"硬件供应商"的形象定位。但是到了 20 世纪 90 年代初，IT 硬件市场已经开始步入衰退期，利润越来越薄。IBM 连续亏损，陷入财务困境。郭士纳（Louis V. Gerstner Jr.）接任公司 CEO 后，他敏锐地感受到了全球信息市场的变化浪潮，在分析比较已经占据计算机芯片市场的 Intel 公司、占据操作系统领域的微软公司，以及占据网络设备领域的思科公司之后，提出 IBM 公司应该成为一家专为客户解决问题的信息技术服务企业。因此服务软件成了 IBM 新的灵魂产品，公司的主要调整行动都围绕着软件系统进行。如今，IBM 成功实现战略转型，使这家百年老店焕发出新的生机。

战略变革是在组织内外部环境与组织战略的匹配方式正在或将要发生变化时，为保持持续的竞争优势，对原有的理念制度、经营范围、产品服务、核心资源等战略内涵进行重新定义，转变组织的战略思维及战略方法，实现整体性、根本性的变革。由组织生命周期模型可知，当组织进入成熟阶段后，市场出现饱和，随着竞争对手的挤压以及新的替代品出现，

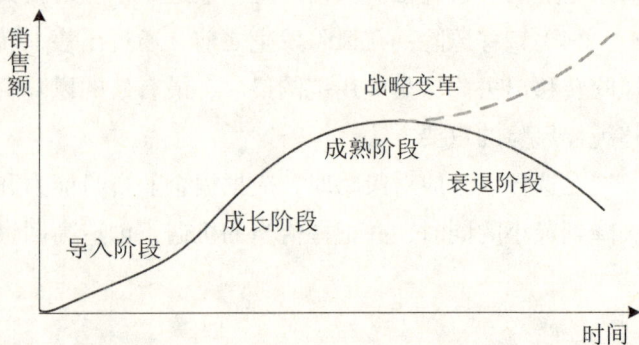

图 7—28　通过战略变革实现"第二次创业"

会逐渐进入衰退状态，这时如果进行战略变革，或者进行产品 / 技术升级，或者进入新的市场领域，则有可能逆转颓势，实现组织的"第二次创业"。

7.6.1 变革动因

从战略变革的主观意愿来看，变革可能是主动自发的革新进步，也可能是迫于外界形势被动地进行改革。一般来说，变革的动因包括环境动因、愿景 / 使命动因、企业动因、领导者动因四种情况，具体内容如表 7—22 所示。

战略变革通常是外部因素和内部因素共同作用的结果，而且内因和外因通常是密切联系的，因此上述动因往往交叉影响。如果外部环境产生较大变化，但组织由于缺乏警惕，仍用老眼光来解释新问题，察觉不到环境变化；或是部分个人或群体已察觉，但不肯放弃自身的利益，采用拖延、抵制、破坏等策略来阻止变革发生，这些因素都使得变革难以发生。只有在外部影响足够大时，组织面临的变革压力也足够大，且组织内部也有动力实施变革，组织才有可能会突破原来的战略惯性，战略变革才可能发生。

表 7—22　组织战略变革的动因

变革动因	具体内容
环境动因	● 组织内外部环境的变化会引发战略变革。由于外部环境是组织无法控制的，环境变化可能是组织战略变革中面临的最大挑战。管理者必须识别组织环境中的变化，理解这些变化对组织战略有什么影响，并相应地调整战略。
愿景 / 使命动因	● 组织渴望生存，渴望增加盈利，渴望成长或诸如高品质和创新等一些其他的目标。
企业动因	● 企业动因包括企业生命周期、企业资源与能力、利益相关者的驱动等因素。
领导者动因	● 由于领导者是整个战略过程的中心，当组织的领导者认为需要变革时，往往会产生变革。

7.6.2 变革内容

从获取竞争优势的角度，组织战略变革的内容可以分为技术变革、产品与服务变革、体系与结构变革、文化变革，具体含义如表 7—23 所示。

表 7—23　组织战略变革的内容

变革内容	涵义
技术变革	●组织生产过程的变革，涉及生产设备、产品制造、工作流程等技术，以及相关的知识和技能等变革。技术变革的目的是提高生产效率，增加产量，从而增加利润。
产品与服务变革	●输出产品或服务的变革，包括对现有产品的调整或开辟全新的产品线。开发新产品的目的通常是提高市场占有率或开发新市场、吸引新客户。
体系与结构变革	●组织管理领域的变革，涉及组织的管理运作方法，包括组织结构、薪酬体系、劳资关系、信息系统、预算系统等方面的变革。系统与结构变革通常是由上而下地进行，即由最高管理层下指令进行变革。
文化变革	●组织文化方面的变革，涉及到组织愿景、规章制度等方面内容。文化变革会对员工价值观、工作态度、技能和行为方式产生转变，必须通过制度规范予以确定。

7.6.3　变革方式

根据变革的激烈程度，可将战略变革分为渐进式变革、激进式变革以及跳变式变革。

（1）渐进式变革

战略渐进式变革指组织在较长时期内，通过小幅度、循序渐进地对现有组织系统进行改进和完善，逐步实现企业战略的转变。渐进性变革认为组织所处的环境是一个简单的、稳定的封闭系统，企业可以对其所处的环境进行充分的分析，并且能够依据这种分析制定出详尽的、可执行的战略方案；企业能够对自己所采取的每一个行动的可能结果进行预测。通过这种循序渐进的改善，实现企业的持续发展。

（2）激进式变革

战略激进式变革指组织在短时期内迅速地、大幅度地推进战略变革，根本转变企业的发展方向。激进式变革通常是由组织外部危机引发的，此时组织面临不可预测和快速变化的环境，处于紧要关头，在这种情况下，一般的渐进式变革难以应付，只有通过激进式的变革，打破组织原有的框架，通过矫正组织成长的轨迹，使其朝着正确的方向发展。

（3）跳变式变革

战略跳变式变革指组织在发展相对稳定的均衡时期内，以小规模与幅度循序渐进地推进战略变革，而在环境动荡的非均衡时期，又以较大的规模、不连续的激进方式打破和改变既定发展战略。从战略变革的过程看，组织经历了一个不断"跳变"的过程。跳变式变革一般发生于组织偏离其平衡点的时期，而偏离是组织内在深层结构与环境要求之间的严重不适应导致的。

在选择战略变革方式时，需要结合组织所处的生命周期不同阶段以及自身的经营状况、市场地位及其变革目的采用不同的变革方式或者组合方式。如果企业处于稳定的增长时期，同时市场环境也处于一种相对稳定的状态下，那么采用渐进式变革比较合适；当企业经营状况不佳，发生严重亏损甚至危及到企业的生存时，为改变现状、扭转不利局面，就需要采用激进式变革，果断迅速地采取行动；当企业经营运转一般，当发现极好的潜在机会时，采用跳变式变革，可以及时、快速地把握住发展机会。

表 7—24　不同变革方式的比较

属性	渐进式变革	激进式变革	跳变式变革
基本特征	长期、小幅度、循序渐进	短期、大幅度、迅速	在均衡期采用渐进式，非均衡期采用激进式
变革着眼点	机会与威胁	威胁	机会与威胁
变革计划性	计划	非计划	计划或非计划
危机程度	小	大	大
时间跨度	长	短	较短
变革幅度	小	大	中
变革阻力	小	大	中

7.6.4　变革过程

变革后的战略同样面临着如何实施的问题，如果变革的战略不能在组织中得以推行，则会前功尽弃，无力回天。

● 变革阻力

如前文所述，战略变革会对组织的技术水平、产品服务形式、组织体系与结构以及组织文化产生重大的冲击，必然会破坏现有的状态，由于既有利益、沟通不畅、观念文化差异等因素，战略变革可能遭遇到一些阻力，甚至难以施行。组织战略变革常见的阻力如表7—25所示。

表7—25　组织战略变革可能遇到的阻力

阻力来源	具体表现
利益阻力	● 战略变革要求组织结构和人事的调整，这就必然引发原有的利益分配格局的改变，一部分人的利益会受到绝对的或相对的损害，从而反对变革。
观念阻力	● 不同管理者对战略变革的内容及方式产生不一致的观点，难以达成统一意见，互相争执不让。
人才阻力	● 知识不充分、员工能力缺乏，对变革后的行为不适应。
沟通阻力	● 信息不全面、员工对新战略理解不充分、部门间工作不协调。
文化阻力	● 变革后的组织文化与原有文化可能发生冲突，员工对旧文化有惯性并产生惰性，对新文化需要适应过程。

● 实施流程

为了确保战略变革得以实施，打破上述的变革阻力，可采取如表7—26所示的一系列的实施流程。战略变革的领导者首先需要让成员认识到当前变革的必要性及意义，并描绘变革后的前景；动员所有成员主动参与到变革中来，发挥聪明才智，解决组织面临的困境；通过短期的阶段性成果鼓舞士气，让成员看到变革带来的好处以及光明的前景，并不断地巩固已取得的成果。战略变革领导者还要逐渐将新战略深植于组织文化中，让所有成员共享变革后的愿景，形成强大的组织向心力。

表7—26　战略变革实施流程

	实施阶段	具体行动
1	建立危机意识	● 考察市场和竞争形势； ● 找出并讨论危机、潜在危机或重要机会。
2	成立领导团队	● 组成一个得力的工作小组负责领导变革； ● 促使小队成员团队合作。
3	提出前景	● 创造前景，协助引导变革行动； ● 拟定达成前景的相关策略。

续表

	实施阶段	具体行动
4	沟通前景	● 运用各种可能的渠道，向所有员工宣传新前景及相关策略； ● 领导团队以身作则改变员工行为。
5	授权员工参与	● 修改破坏变革前景的体制或结构； ● 鼓励冒险和创新的想法、活动和行动。
6	创造短期成果	● 规划明显的绩效改善和战果； ● 创造上述战果，并公开表扬、奖励有功人员。
7	巩固成果	● 在上升的公信力基础上，改变所有不符合转型前景的系统、结构和政策； ● 雇佣、提升和培养能够满足变革前景的员工； ● 以新方案、新主题和变革团队给变革流程注入新活力。
8	建立文化	● 将变革前景和新的战略路线融入组织文化中，使之成为全体成员的共识。

2001 年 3 月，正当华为发展势头十分良好的时候，任正非在企业内刊上发表了一篇《华为的冬天》，文中开篇就尖锐地提出："如果有一天，公司销售额下滑、利润下滑甚至会破产，我们怎么办？我们公司的太平时间太长了，在和平时期升的官太多了，这也许就是我们的灾难。"这篇力透纸背的文章不仅是对华为的警醒，也适合于整个行业。随后而来的互联网泡沫破裂让这篇文章广为流传，"冬天"一词因此成为危机的代名词。华为因为准备充分，安然渡过了这次危机，一举成为世界主要网络设备供应商之一。

● 实施风格

不同的战略变革管理者，针对不同的战略变革环境，实施战略变革的风格也有所不同，常见的几种风格有强制 / 命令式、干预式、教导 / 沟通式、参与式等，具体方法以及优缺点如表 7—27 所示。

表 7—27　战略变革实施风格

实施风格	方法	优点	缺点	适用环境
强制 / 命令	通过强制 / 命令的方式，实施变革权力	在危机或混乱的情况下会成功	如果有危机，则很少成功	危急的迅速的全局性变革，或专制文化下的变革

续表

实施风格	方法	优点	缺点	适用环境
干预	使用控制和协调的手段	过程得以指导和控制,但有人干预其中	有被认为是操纵的危险	逐渐或无风险的全局性变革
教导/沟通	互相尊重互相信任	解决缺少信息或信息错误的问题	耗费时间,方向或进展不明	长时期的逐渐变革或全局性的变革
参与	小团体工作小组协作	增强决策主人翁意识,提高决策质量	耗费时间,解决方法仍在旧战略框架内	

战略变革实施风格一定程度影响到组织成员的认可度,战略变革领导者需要因事制宜、因人制宜、因势制宜,选择不同的变革实施风格。

参考资料

[1] 小阿瑟·A.汤普森,A·J.斯特里克兰.战略管理(第13版)[M].段盛华等译.北京:中国财政经济出版社,2005.

[2] [美]迈克尔·希特,杜安·爱尔兰,罗伯特·雷斯基森.战略管理:竞争与全球化(原书第6版)[M].吕巍等译.北京:机械工业出版社,2005.

[3] [美]弗雷德·R.大卫.战略管理──概念部分(第11版)[M].李青译.北京:清华大学出版社,2008.

[4] [美]大卫·凯琴,艾伦·伊斯纳.战略:基于全球化和企业道德的思考[M].孔令凯译.北京:中国人民大学出版社,2009.

[5] [美]彼得·德鲁克.管理的实践[M].齐若兰译.北京:机械工业出版社,2009.

[6] [美]迈克尔·波特.竞争优势[M].陈小悦译.北京:华夏出版社,2005.

[7] [美]迈克尔·波特.竞争战略[M].陈小悦译.北京:华夏出版社,2005.

[8] 阿奇·B.卡罗尔,安·B.巴克霍尔茨.企业与社会:伦理与利益相关者(第五版).北京:机械工业出版社,2004.

[9] [美]斯蒂芬·P.罗宾斯,玛丽·库尔特.管理学(第9版)[M].孙建敏等译.北京:中国人民大学出版社,2008.

[10] 焦叔斌.管理的12个问题[M].北京:中国人民大学出版社,2009.

[11] [英]黑伊登.情景规划[M].邱昭良译.北京:中国人民大学,2007.

[12] [美]BillRalston,IanWilson.情景规划的 18 步方法[M].齐家才译.北京:机械工业出版社,2009.

[13] [美]W.钱·金,勒妮·莫博涅.蓝海战略[M].北京:商务印书馆,2010.

[14] [美]罗伯特·卡普兰,大卫·诺顿.战略地图:化无形资产为有形成果[M].刘俊勇,孙薇译.广州:广东经济出版社,2005.

[15] [美]罗伯特·卡普兰,大卫·诺顿.平衡计分卡:化战略为行动[M].刘俊勇等译校.广州:广东经济出版社,2004.

[16] [美]罗伯特·卡普兰,大卫·诺顿.平衡计分卡战略实践[M].上海博意门咨询有限公司译.北京:中国人民大学出版社,2009.

[17] [美]罗伯特·卡普兰,大卫·诺顿.战略中心型组织:平衡计分卡的致胜方略[M].上海博意门咨询有限公司译.北京:中国人民大学出版社,2008.

[18] 中国注册会计师协会,公司战略与风险管理[M].北京:经济科学出版,2010.

[19] 刘仲康,郑明身主编.企业管理概论[M].武汉:武汉大学出版社,2004.

[20] 国务院资产管理委员会.企业内部全面风险管理实施指导手册,2011 年 2 月.

第8章
饮水思源——社会责任

现代管理，项目就是一切，每个人都是一个项目管理者。

——汤姆·彼得斯

个人必须要有高度的社会责任感，作为一个组织、一个企业，更需要担负起自己的社会责任。个人从事公益活动的力量是微弱的，只有全社会都主动承担起社会责任，才能真正为社会创造价值、推动社会进步。

8.1 社会责任概述

中国传统文化一直强调个人的社会责任。在儒家文化中，"以天下为己任"是每一代有志之士的抱负与雄心，而"天下兴亡，匹夫有责"更是儒家责任意识的郑重宣言。而在道家文化中，"天人合一"是道家追求的最高境界，"天人合一"描述的就是人与自然的和谐交融、相依相存。西方社会的社会责任思想也可以追溯到两千多年前，在古希腊哲学家苏格拉底、柏拉图、亚里士多德的经典言论和著作中，随处都闪现着这一思想。个人必须要有高度的社会责任感，作为一个组织、一个企业，更需要担负起自己的社会责任。个人从事公益活动的力量是微弱的，只有全社会都主动承担起社会责任，才能真正为社会创造价值、推动社会进步。

英国学者欧立文·谢尔顿（Oliver Sheldon）在 1923 年对美国企业进行考察时，提出了现代意义上企业社会责任的概念。谢尔顿把企业社会责任与公司经营者满足产业内外各种人类需要的责任联系起来，并认为企业社会责任有道德因素在内。1953 年，美国经济学家霍华德·波文（Howard R Bowen）在其著作《商人的社会责任》中正式提出了企业及其经营者必须承担社会责任的观点，并完整地提出了企业社会责任的概念以及针对社会责任实施的审计，由此开拓了现代企业社会责任研究领域，波文也因此被誉为"企业社会责任之父"。

从概念内涵上看，企业社会责任有广义和狭义之分。狭义的企业社会责任专指经济责任以外的法律和道德责任，将社会责任视为与经济责任相对立的概念。广义的企业社会责任不再将社会责任与经济责任相对立，经济责任也是社会责任的一部分，企业要为社会创造财富，提供物质产品，改善人民的生活水平；还包括文化责任、教育责任、环境责任等方面，企业要为员工提供符合人权的劳动环境，给予员工学习培训的机会，在生产方式上符合环保要求。

从主动属性上看，企业社会责任分为强制性质和义务性质两类，强制性质主要指法律规定必须承担的责任，如为政府提供税收，为社会提供就业机会，为市场提供产品和服务，执行政府的宏观政策，维护职工的权利，遵守市场竞争秩序等等。义务性质是企业具有一定的选择权和自主性，自觉自愿，主要是指支持社会的公益活动、福利事业、慈善事业、社区建设等。

美国"钢铁大王"安德鲁·卡内基是社会责任的积极倡导者，他在《财富福音》一书中强调了公司社会责任，并指出社会责任的两个原则：慈善原则和管家原则。慈善原则认为幸运的社会成员有义务处于慈善的目的帮助那些不幸运的成员，这种帮助可以是直接的，比如直接捐赠钱物，或者间接的，比如捐建教堂；管家原则源于《圣经》，认为富人只有社会财富的托管者，因为有责任拿出部分财富用于为其他人服务。卡内基也是社会的责任的积极践行者。在他的带领下，美国钢铁集团在社会慈善方面一直非常活跃，而当时大部分企业还只是迫于法律规定和劳动运动而被迫实施福利项目。卡内基本人也捐助了上千万美元的资金用于慈善和民间事业，赢得了全社会的尊重。

随着社会责任概念深入人心，越来越多的企业将社会责任作为自身可持续发展的一部分提升到企业战略的层面，一些具有社会影响力的大型企业每年都会发布企业社会责任报告，包括雇员福利、环境健康安全、慈善行为等多个方面，反映企业在劳工、经济、环境、社会多方面的责任，并接受全社会监督。

达沃斯世界经济论坛"全球协议"九项原则

1. 企业应支持并尊重国际公认的各项人权
2. 绝不参与任何漠视和践踏人权的行为
3. 企业应支持结社自由，承认劳资双方就工资等问题谈判的权力
4. 消除各种形式的强制性劳动
5. 有效禁止童工
6. 杜绝任何在用工和行业方面的歧视行为
7. 企业应对环境挑战未雨绸缪
8. 主动增加对环保所承担的责任
9. 鼓励无害环境科技的发展与推广

1999 年 1 月，在瑞士达沃斯世界经济论坛上，联合国秘书长安南倡议提出了"全球协议"，号召全球的企业遵守在人权、劳工标准和环境方面九项基本原则。

这九项原则要求企业对内保障员工的人权尊严和福利待遇，对外要对社会环境发挥积极的作用。该协议已经于 2000 年 7 月在联合国总部正式启动，成为社会责任国际化的先声。

8.1.1 社会责任指南

为了适应国际社会对社会责任国际标准化的普遍需求，国际标准化组织（ISO）早在 2001 年就开始着手社会责任国际标准的可行性研究和论证，并于 2010 年 11 月 1 日在日内瓦正式发布社会责任指南标准 ISO26000，意味着社会责任已经达成了广泛的国际共识。

ISO26000 首次在全球范围内定义了社会责任，其定义为："社会责任是指组织通过透明和合乎道德的行为，为其决策和活动对社会和环境的影响而承担的责任。这些行为旨在：

——致力于可持续发展，包括健康和社会福利；

——考虑利益相关方的期望；

——遵守适用的法律，并与国际行为规范一致；

——全面融入组织，并在其关系中得到实践。"

需要说明的是，ISO26000 不同于其他管理体系标准，它是一份指南，不用于认证，它的目的不是要把人们的注意力引导到证书上，而是把人们的注意力集中在对社会的贡献上，强调组织应该和如何承担什么样的责任。

8.1.2 利益相关者

ISO26000 里使用了一个重要的概念，即"利益相关方"。要想理解企业为什么要践行社会责任，首先要明确什么是利益相关者。

在早期的管理学里，企业被视为相对独立的组织，盈利是企业经营的唯一目标。而利益相关者理论认为，企业是一个由很多利益相关者构成的契约共同体，不仅包括企业的股东、员工、消费者、供应商等直接发生经济利益的个体或组织，还包括政府部门、当地居民、媒体等，甚至还包括自然环境、其他物种等受到企业经营活动直接或间接影响的客体。这些利益相关者或是为企业经营提供了便利，比如政府修建公路，有利于企业物流活动；或是分担了一定的企业经营风险，比如企业可以面向社区居民集资；或是为企业的经营活动付出了代价，比如企业排放废气、废水会对当地环境造成污染，影响居民的身体健康……这些利益相关者直接或间接地推动了企业的繁荣和发展。因此企业不能仅仅考虑对股东的回报，还必须全面考虑所有利益相关者的利益，并给予相应的报酬和补偿。企业在经营决策时需要考虑对企业所有利益相关者的影响，主动承担起包括经济责任、法律责任、道德责任、慈善责任在内的多项社会责任。虽然企业承担社会责任可能短期内会减少利润，但良好的社区环境、生态环境、社会环境对企业的长期发展至关重要，如果忽视社会责任会给企业带来不可估量的损失。

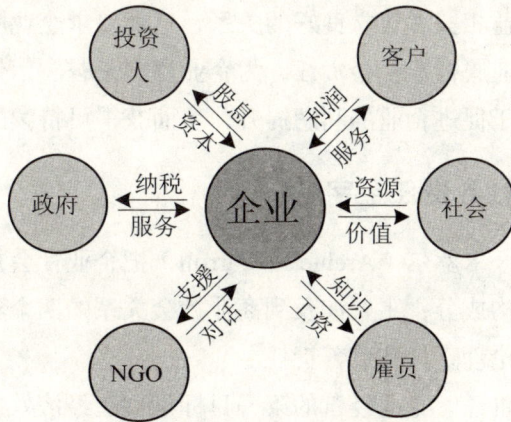

图 8—1 企业的利益相关者图

三鹿奶粉曾经是国内家喻户晓的知名品牌。三聚氰胺事件爆发之后，三鹿奶粉不仅没有正视问题，解决问题，而是采取逃避遮掩的方式，否定错误，没有能够承担起应有的社会责任，最终在全社会的唾弃中走向破产。三鹿集团的行为不仅使无数无辜的儿童受害，也使得整个中国乳制品产业遭遇寒冬，从奶农到超市，均损失惨重，社会影响极其恶劣。三鹿破产后，其几万员工处于待就业状态，也给社会造成巨大的压力。

在三鹿这个案例中，消费者、奶农、超市、员工都是其利益相关者。消费者满意，可以形成品牌知名度，扩大产品销售量；销售量提升了，企业需要扩大生产，带动就业；奶农生产的原奶有更好的销路，超市也能从中获得更多的销售利润。因此，三鹿集团对这些利益相关者都负有责任，如果片面地追求企业自身的利润，使得利益相关者利益受损，最终吃亏的还是自己。

8.2 企业社会责任

彼得·德鲁克指出，企业管理有三项任务：一是追求短期的利润，二是追求长期的可持续发展，三是承担相应的社会责任。这三项任务层层递进，紧密相连。一方面，企业为了生存必须追求利润，但是一个企业要想获得长期的可持续发展，就不能仅仅考虑短期利润，需要从长远的角度与消费者、供应商、政府甚至公众等利益相关者建立良好的关系，这就要求企业履行相关的社会责任；另一方面，企业履行了社会责任，为企业赢得美誉和信任，获得更广泛的消费者支持，有利于促进企业的利润提升，从而获得可持续的发展。

8.2.1 企业社会责任金字塔

美国学者阿奇·卡罗尔（Archie B. Carroll）把企业社会责任看作是一个包含多方面内容的结构成分，主要涉及到商业社会关系的四个不同层面，即经济责任、法律责任、伦理责任和慈善责任。

第一层：经济责任。企业经营的第一目标是创造经济效益，因此经济责任是企业首要的、也是最基础的社会责任。如果企业经营不善，则会导致投资难以回收，影响经济正常运转，同时员工面临失业，则会影响社会稳定。

第二层：法律责任。企业一切生产经营活动都必须遵守所在国家和地区的法律法规，在法律允许的框架内从事经济活动，做到依法经营，并承担法律所规定的法定责任。法律责任是企业必须履行的强制性责任，一旦违反将会遭到严厉的制裁。

第三层：伦理责任。企业经营除了需要遵守法律外，还需要遵守商业伦理。伦理责任是指那些为社会所期望或禁止的、尚未形成法律条文的约束和规则，比如信守承诺、和平交易、互惠互助、平等尊重等。它要求企业的各项工作和行为必须符合社会基本伦理道德，不做违反社会公德的事。企业有责任维护社会共同行为规范，营造公平公正的商业环境。

第四层：慈善责任。慈善责任是指企业基于自身的价值观和社会的期望而开展的与自身生产经营活动不直接相关的慈善活动，比如救助灾害、救济贫困、扶助残疾人，赞助教育、科学、文化、卫生、体育、环保等社会公共事业等。企业作为社会大家庭中的成员，应该为社会的繁荣和进步做出应有的贡献。

卡罗尔按照社会责任的层次性和重要性，将上述四种责任设计为金字塔型结构，如图 8—2 所示，称为"企业社会责任金字塔"。其中，经济责任是企业社会责任的基础，同时占据最大比例，法律责任、伦理责任以及慈善责任依次向上递减。一般地，可以将经济与法律责任视为社会对企业的基本要求，伦理责任是社会对企业的期望，慈善责任是社会对企业的向往。

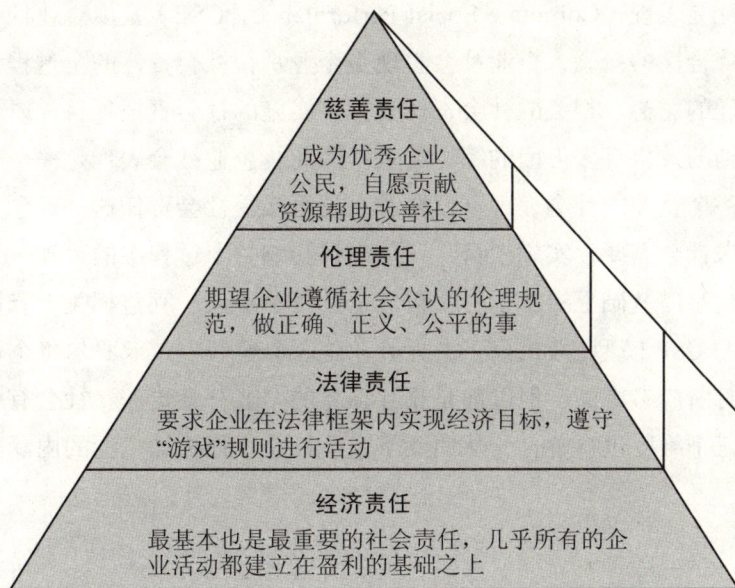

慈善责任
成为优秀企业公民，自愿贡献资源帮助改善社会

伦理责任
期望企业遵循社会公认的伦理规范，做正确、正义、公平的事

法律责任
要求企业在法律框架内实现经济目标，遵守"游戏"规则进行活动

经济责任
最基本也是最重要的社会责任，几乎所有的企业活动都建立在盈利的基础之上

图 8—2　企业社会责任金字塔

表 8—1　企业社会责任的利益相关者观点

企业社会责任的构成	受企业社会责任影响的利益相关者群体				
	所有者	消费者	雇员	社区	其他利益相关者
经济责任	1	4	2	3	5
法律责任	3	2	1	4	5
伦理责任	4	1	2	3	5
慈善责任	3	4	2	1	5

说明：方框里的数字表示每一社会责任行为影响的利益相关者的优先权。

（来源：[美]阿奇·B.卡罗尔、安·B.巴克霍尔茨.企业与社会：伦理与利益相关者管理.黄煜平 等译.北京：机械工业出版社，2004.）

不同层次的社会责任对不同的社会责任对象（即利益相关者）的影响力也不同。经济责任对股东和雇员起的影响作用最大，这是因为如果企业收益不佳，股东和雇员的利益将直接受到影响。在当今社会中，对企业构成诉讼威胁的主要来自雇员和消费者，而与雇员和消费者相关的伦理问题也是最多的，企业对这两者负有更多的伦理责任。慈善责任对社区的影响最大。

8.2.2 企业社会表现

企业社会表现（Corporate Social Performance，CSP）是由企业社会责任衍生的一个综合性的概念，企业社会表现是企业承担社会责任的全过程，包括承担社会责任的意愿、相关的社会责任政策、实施的社会责任项目，以及这些项目可观察到的效果等多方面的综合反映。因此，企业社会表现是一个广义的概念。判断一个企业的社会表现不仅要看它是否接受社会责任这一观念，而且要看它在寻求社会需要、实施项目、评估项目影响整个过程中的表现。卡罗尔在社会责任金字塔基础上提出了一个包含企业社会责任、利益相关者和社会回应三个维度的 CSP 模型，如图 8—3 所示。在这个模型中，卡罗尔将企业在处理社会问题时所应考虑的、但以前是相互独立的企业社会责任、社会有效回应和社会议题三个维度进行整合，从而赋予企业社会责任更加广泛的内涵。

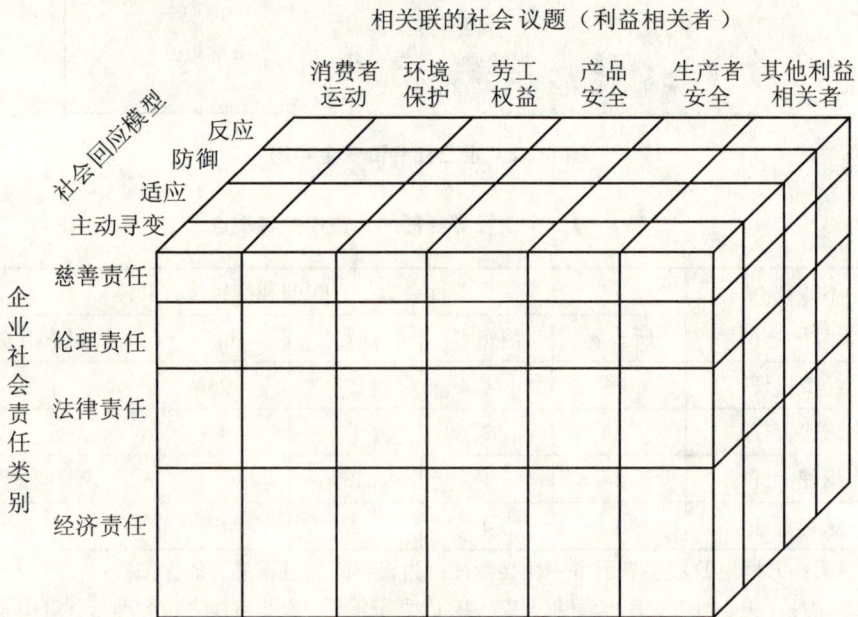

图 8—3　卡罗尔的企业社会表现模型

（来源：[美]阿奇·B.卡罗尔、安·B.巴克霍尔茨.企业与社会：伦理与利益相关者管理.黄煜平 等译.北京：机械工业出版社，2004.）

8.2.3　戴维斯模型

美国学者弗雷德·戴维斯（Fred D. Davis）就企业为什么以及如何承担这种责任提出了自己的看法，被称为"戴维斯模型"，其具体内容如下：

表 8—2　戴维斯模型的内容

内容	说明
● 企业社会责任来源于社会权利。	● 由于企业对诸如促进就业和环境保护等重大社会问题的解决有重大的影响力，社会就必然要求企业运用这种影响力来解决这些社会问题。
● 企业应该是一个双向开放的系统。	● 为了保证整个社会的稳定和进步，企业和社会之间必须保持持续、诚实和公开的信息沟通。既要开放地接受社会信息，也要让社会了解它的经营。
● 企业的每项活动、产品和服务，都必须在考虑经济效益的同时，考虑社会成本和效益。	● 企业的经营决策不能只建立在技术可行性和经济收益之上，而且要考虑决策对社会的长期和短期的影响。
● 与每项活动、产品和服务相联系的社会成本应该最终转移到消费者身上。	● 社会不能希望企业完全用自己的资金、人力去从事那些只对社会有利的事情。
● 企业作为法人，应该和其他自然人一样参与解决一些超出自己正常范围之外的社会问题。	● 整个社会条件的改善和进步，最终会给社会每一位成员（包括作为法人的企业）带来好处。

8.2.4　企业社会责任的限度

企业主动承担社会责任固然是一件好事，也是也不容辞的分内之事。同时企业存在的根本还是盈利。那么，企业需要承担多大的社会责任，企业社会责任的限度是什么？

企业存在于社会，首要的责任是完成企业自身的使命，为社会创造价值。一个企业在合法的范围里生产产品，服务社会，同时创造就业机会，解决员工温饱、福利等问题，这本身就是社会责任的体现。以福特汽车公司为例，福特公司生产出小型廉价汽车，让普通美国人都开得起汽车，推动人类社会进步；福特公司在全世界各地有 90 多家工厂，为 20 多万员工提供稳定的工作机会，对当地经济发展做出了贡献。反之，如果一家公司经营不善，生产陷入困境，产品停滞上市，员工面临着下岗的危险，承担社会责任便无从谈起。

　　曾获得1976年诺贝尔经济学奖的经济学家弥尔顿·弗里德曼（Milton Friedman）的观点代表了另一种极端，他认为：工商企业有且只有一个社会责任，即将有限的资源和能源用于以盈利为目的的活动中，只要它不违反商业规则。企业的首要责任是利润最大化，企业应该高效地生产产品和服务，实现资源和价值的转换，而社会问题的责任应该由政府机构承担，实现资源配置和调控。企业主管将企业资源用来追求个人的善行，把负担强加给股东、员工和顾客身上，这是不公平的。

　　在ISO 26000定义的"社会责任"中，也要求企业考虑利益相关方的期望。因此，企业在承担社会责任时，需要考虑将自身发展和社会效益结合起来，既不能牺牲社会资源谋求私利，也不能只讲奉献不求收益。彼得·德鲁克在《管理的实践》中一针见血地指出："为了承担社会责任而做某些经济上不合理和难以支持的事，永远不能算作是负责任，而只能说是感情用事。其结果必然是造成更大的损失。"

　　因此企业在履行社会责任时面临着两难困境。一方面，企业必须承担起社会责任，另一方面，企业仍然是以盈利目的的经济组织，不可能无限度地实施社会责任。因此需要一些思考框架来帮助企业权衡，该实施何等程度的社会责任。

　　● *成本—效益框架*

　　企业履行社会责任，意味着企业需要付出，比如，企业采用更环保的生产材料会导致原材料成本上升，改善员工福利会导致人力成本提升，对公益事业捐赠则意味着利润的减少……因此企业在实施社会责任时，需要考虑实施的成本和可能带来的效益。

　　成本—效益框架将社会责任纳入企业管理的一部分，从经济学的角度来分析制定行为方式。比如企业采用更环保的生产材料，会增加多大的生产的成本，同时会避免被环保部门处罚，避免消费者抵制，避免企业声誉受损，这些都是企业实施这项方案后可能的收益。如果收益大于成本，则该方案应该实施。

　　成本—效益框架的缺点在于，不是所有的成本的效益都是可以直接量化的，这就增加了评价的复杂性。同时，企业处于短期经济利益的考虑（比如当年的股票业绩），往往会采取保守的、功利的决策。

福特公司在开发其微型廉价汽车 Pinto 时，发现油箱位置设计不当，在发生撞车时容易漏油并引发起火。为此，该公司进行成本—效益分析，发现把所有汽车召回并安装一个安全隔板，总计需要近 1 亿美元。而撞车是小概率事件，撞车后油箱发生爆炸的概率更小，因此把汽车召回维修的总成本要远高于汽车发生事故后的赔偿金。加之当时福特公司急于推出 Pinto 与竞争对手抢占市场，于是福特公司怀着侥幸心理，放弃了召回行动，并隐瞒了这一设计缺陷。1981 年，福特公司因为 Pinto 汽车事故被告上法庭，其明知设计缺陷却隐瞒真相的动机也被曝光。法庭认为福特公司的这种行为刻意漠视人身安全，严重蔑视生命的价值，判决福特公司惩罚性赔偿金 1.25 亿美元。公司声誉也因此大受影响。

（来源：弥尔顿·斯诺因包斯.企业伦理学，1983）

● 可持续发展框架

可持续发展框架要求企业不仅考虑自身的可持续发展，还要考虑社会和环境的可持续发展。可持续发展的内涵包括既包括经济持续发展，也包括社会持续发展和生态持续稳定。维持社会发展和生态稳定要求整个社会和生态系统中的任何个体或群体都对此承担责任。企业处于社会系统之中，可持续发展要求企业不能仅关心其经济利益的实现，而忽视社会及公众利益，更不能以牺牲未来子孙的利益为代价获取短期利益，因此企业对生态环境等全部利益相关者都应该负起其应承担的社会责任。履行社会责任是企业可持续发展的重要保证，而企业的可持续发展又是整个生态系统可持续发展的一个组成部分。

在可持续发展目标框架下，应该激励企业承担社会责任，并接受利益相关者监督。为了对企业可持续发展的相关行为进行监督，全球报告倡议组织（GRI）发布了《可持续发展报告指南》，旨在以全球共享的概念框架、一致的语言以及衡量标准，形成众所信赖的、可被任何规模、行业或地点的组织所使用的可持续性报告框架，为企业披露社会责任提供了全面可操作的参考。该报告分为"原则和指导"、"标准披露项目"两大部分，解释如何定义重要性、利益相关者范围、可持续发展背景等内容，并明确从经济、环境、劳务、人权、社会、产品等方面审视企业社会责任履行情况。

现在，越来越多的企业开始公布独立的社会责任报告，向公众介绍本企业在履行社会责任、维护可持续发展方面所作出的努力和贡献。

2013 年 5 月 27 日，中国移动 2012 年可持续发展报告在北京正式发布。这是中国移动连续第七年发布可持续发展报告，报告全面反映了中国移动 2012 年在可持续发展领域的努力和成效，本次中国移动企业社会责任报告以"连接你我、开启明天"为主题，以"构建更美好的信息化社会"为核心，从生态环境、社区公益、客户服务、员工发展等方面介绍公司在履行企业社会责任的努力。2012 年可持续发展报告还首次引入了第三方鉴证，通过第三方对报告关键数据的管理流程和收集方法进行检验审查，进一步加强了报告的规范性和透明度。中国移动连续五年获得"中华慈善奖"，并被国资委选为中央企业社会责任管理提升的标杆企业。

8.3　新型社会组织

在社会责任意识日益强烈的今天，企业的属性也在逐渐发生一些变化，不再是单纯的以盈利为目的的经济体，而是主动将自身融入社会、积极承担更多社会责任的"企业公民"。同时，越来越多的公益组织如雨后春笋般拔地而起，积极推动地社会的公益事业。不仅如此，新兴的结合盈利和公益两大目的的"社会企业"也成为全社会关注的热点，在社会责任的舞台上发挥越来越重要的作用。

8.3.1　企业公民

企业是社会的主要组成部分之一，企业与社会的关系可以比拟为自然人与社会的关系，企业与自然人一样，在社会中享有特定的权利和义务。企业的成功与社会的发展密切相关，企业从社会中获取资源（包括人力、原材料等）实现经济利益，反过来，企业也应通过各种方式来回报社会。企业也是国家的公民之一，企业有责任为社会，尤其是其利益相关者的发展做出贡献。

"企业公民"已经成为国际上盛行的说法，很多企业已经以"企业公民"为己任，并定期发布企业社会责任报告。建设"企业公民"的目的是寻求企业发展与社会和谐的契合点，达到互惠与双赢。优秀企业公民应该是那些自觉履行社会责任的企业。企业公民行为主要包括如下六个方面：

（1）公司价值观念：企业公民的核心价值观应该与人类的基本道德不相违背，企业的经营行为应遵守所在地的法律法规，并遵循相应的国际规范，企业应致力于促进社会繁荣和人类进步；

（2）对员工的责任：企业公民应当为社会提供公平的就业机会、为员工提供安全可靠的工作环境，反对性别、种族、身体等各种歧视，反对不公正待遇等；

（3）对环境的责任：企业公民有责任保护环境，在生产中尽可能使用清洁能源以减小碳排放，治理回收污水和生产垃圾等。

（4）对供应链伙伴的责任：主要包括对供应链上、下游企业提供公平的交易机会。

（5）对消费者的责任：主要是保护消费者权益，包括采用严格的质量管理流程保证产品的品质和安全，注重提升客户满意度，积极应对解决客户投诉，主动召回有质量缺陷的产品并给予补偿等。

（6）社会慈善事业：指通常意义上的慈善活动，包括慈善事业捐赠、社会灾害救助、设立公益基金会、组织员工志愿者活动等。

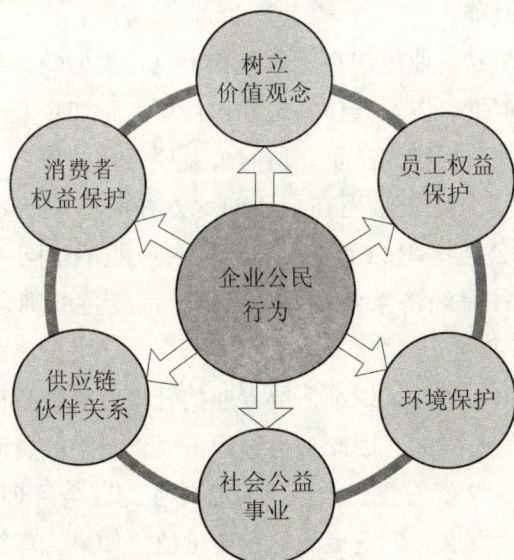

图8—4　企业公民行为举例

嘉康丽（Shaklee）公司是美国最大的天然营养品生产商之一，公司以改善人类健康与生活品质为目标，坚持采用纯正天然的原料成分及通过科学技术，为大众提供高品质、高度安全的营养保健品；嘉康丽还致力于改善人类环境，为降低环境污染研发可降解清洁器，荣获由美国环保局颁发的第一个环境保护奖。除此之外，嘉康利还通过旗下的嘉康利关怀公益基金会积极回报社会，向世界上发生灾难地区的受害者提供援助，捐赠了大量的资金和救助物品。作为一家盈利性企业，嘉康丽致力于开发改善人类身体健康和环境健康的产品，并积极履行社会责任，成为企业公民的典范。

8.3.2　公益组织

公益组织指以公共利益为目的从事相关经营活动的组织，比如以保护野生动物目的的世界野生动物基金会（WWF）、促进提升青年领导力的青年成就组织（JA）等等。与商业组织相比，公益组织有很多的相似之处，也有其独有的特征。

首先，公益组织和商业组织都具备完整的组织架构，包括行政管理团队、财务管理团队和人力资源。为了实现组织的可持续运转，公益组织也需要像商业组织有稳定的收入来源，公益组织获得收入的方式包括面向社会筹款、个人捐赠、自有资金投资等。

其次，公益组织和商业组织在工作流程上也是类似的，包括市场需求调研和评估、项目决策审批，以及具体实施和执行等。正如企业需要向股东负责一样，公益组织也必须对捐赠人负责，所有公益项目在结束之后都应当进行有效的评估和审计，确保公益资金用在合适的地方并取得预期效果。与大多数商业行为不同的是，公益组织的受益人与出资人可能不是同一群体，比如扶贫基金会的出资人往往是经济条件较好的人群，而受益的则是经济上存在困难的人群。

第三，公益组织和商业组织都需要专业的管理。尽管有社会捐助，公益组织的收入来源依然是有限的，因此公益组织需要将有限的资源有效利用，以实现最大的社会效用，这就需要公益组织具备专业的资金管理和项目管理能力，才能保证组织的持续发展，创造更大的社会价值。如果管理得当，公益组织不仅可以实现其公益目标，甚至还可以实现盈利，其中一个成功的例子就是诺贝尔奖。

　　诺贝尔奖是由瑞典化学家、企业家阿尔弗雷德·诺贝尔的部分遗产作为基金创立的，初始资金共 3100 万瑞典克朗。虽然其间也有其他捐赠者向基金捐钱，但是如果仅仅将这些钱存在银行等着发奖金，很快就坐吃山空了。事实上，诺贝尔基金被允许用来投资，并享受一定的免税政策。时至今日，诺贝尔奖基金的资产总额已增至 40 亿瑞典克朗。可见 100 多年来诺贝尔奖基金的经营是相当成功的。

　　在国外，公益组织的基金 95% 的钱可以拿去做其他产业投资，只要拿出 5% 做公益，就已经是一个发展正常的公益组织。在中国，基金企业化运作也在逐渐试水。

　　"壹基金"由中国著名演员李连杰发起创办，致力于传播创新的、人人参与的公益文化。"壹基金"采用了商业化的运作，整个管理、人事、公关、市场、业务、财务等，完全按照企业运营的方式来架构。唯一的区别在于"壹基金"以公众效应、大众利益为目标，而不是以挣钱为考量指标。"壹基金"应用商业机制和市场竞争来产生经济效益。

　　此外，就项目本身来说公益组织与商业组织也有相似之处。比如，企业会为营利目的而修建公路，而公益组织很多时候为了公益目的也会修路；企业可能会在某些欠发达地区发展农产品深加工以求获利，而公益组织为了扶贫也可能实施这样的项目。因此企业从事商业活动和公益组织从事公益活动在某些领域可以有机地结合起来，形成"社会企业"。

8.3.3　社会企业

　　如上文所述，现代企业越来越重视社会责任，而公益组织也逐渐追求管理的科学化，"社会企业"正是在这种环境下应运而生。社会企业作为一种创新的组织形式，兼具"企业"和"社会"的双重特性。从组织的企业特性看，社会企业是追求营利的，它需要通过商业运作赚取利润用以贡献社会；从组织的社会性质看，社会企业的经营活动不以营利为目的，而是为了解决某个社会问题而存在，所得利润用于扶助弱势群体、促进落后区域发展以及社会企业自身的投资。总而言之，社会企业既不是纯粹的商业企业，也不是一般的社会服务机构。

社会企业家打破了传统的公益组织方式，将企业的专业化管理理念引入到公益事业和服务中，使"慈善"与"商业"结合在一起。社会企业依靠自身的经营获得持续的收入，具有"自我造血"功能，摆脱了对社会资助的依赖，同时，社会企业重视社会价值大于商业盈利，所得盈利最终用于实现社会价值。这种新的组织形式无疑对管理者和管理团队提出了新的要求。首先，管理者需要具备奉献精神和责任感，认同自己所从事的公益事业；同时，管理者还需要具备企业家精神，充分运用商业化的运营模式和管理模式，提升自身的市场竞争力。

如今，社会企业已经逐渐被社会和政府所认可，获得一些政策上的支持，甚至推动了相关法律的修改。在一些发达国家，进入社会企业工作成为年轻人正常的职业选择。

2006 年诺贝尔和平奖颁发给了孟加拉国的尤纳斯及其所创办的孟加拉乡村银行（Grameen Bank），该银行的目标客户是乡村里最贫困的人，尤其是没有其他资金来源的贫困妇女。与传统商业银行相比，乡村银行不需要抵押或担保。妇女们要加入乡村银行系统，需要形成由一个 5—10 人组成的借款小组，每个小组根据财务强弱因素对成员进行排序，并由此决定取得贷款的顺序，最迫切需要的成员先获得。一个小组中，每次只能有一个人获得贷款，只有在上一个人清偿完以后，下一个人才能获得。因此小组中同伴间形成监督机制，使得每个借款者有充分的动力去履行贷款条件。

尤纳斯鼓励乡村借款者也能成为存款者，这样居民手中零散的富余资本能转化为当地的贷款。1995 后，乡村银行贷款资金来源中，90% 来自利息收入与存款。虽然它一直赢利，但乡村银行不以赢利为主要目的，因此它的利息保持在相对较低的水平，远低于其他商业银行。

乡村银行颠覆了传统商业银行贷款需要担保或抵押的情况，使大量乡村有潜力的穷人得到摆脱贫困所需的贷款，不仅消除了贫困，也使妇女在家庭中有了更高的社会地位。它的模式不仅为非赢利组织广泛模仿，一些商业公司也开展了微型信贷金融业务，形成微型信贷（micro-credit）产业。

参考资料

[1] 王泽应 . 论企业道德责任的依据、表现与内化 [J]. 道德与文明，2005 年第 3 期 .

[2] 江伟 . 以风险管理的方式来对待企业社会责任 [N]. 中国企业报，2008 年 3 月 7 日 .

[3] 光耀华 . 企业社会责任管理体系建立与实施 . 北京：中国标准出版社，2009.

[4] 崔生祥 . 中国企业的社会责任与竞争力提升 . 北京：东方音像电子出版社，2008.

[5] [美] 阿奇·B. 卡罗尔，安·B. 巴克霍尔茨 . 企业与社会：伦理与利益相关者管理 [M].
黄煜平 等译 . 北京：机械工业出版社，2004.

[6] [美] 乔治·斯蒂纳 . 企业、政府与社会 [M]. 北京：华夏出版社，2002.

[7] 殷格非，于志宏，崔生祥 . 企业社会责任行动指南 [M]. 北京：企业管理出版社，2006.

[8] [美] 詹姆斯·斯顿，爱德华·付雷曼，丹尼尔·吉尔伯特 . 管理学教程（第 6 版），
北京：华夏出版社，2001.

[9] 全球报告倡议组织（GRI），可持续发展报告指南（G3），2000—2006.